THE LIFE AND DEATH OF MR. BADMAN

악인 씨의 삶과 죽음

KB192248

🔵 독자 여러분들께 알립니다!

'**CH북스**'는 기존 '**크리스천다이제스트**'의 영문명 앞 2글자와
도서를 의미하는 '**북스**'를 결합한 출판사의 새로운 이름입니다.

그림 루이스 레드 형제(GEORGE, FREDERICK & LOUIS RHEAD)

조지, 프레더릭 그리고 루이스 레드 세 형제는 모두 뛰어난 업적을 이뤄낸 예술가였다. 맏형 조
지는 '로열 아카데미'의 화가로 40년 간 종사하며 스테인드 글라스를 디자인했고, 수많은 책들
에 삽화를 그려넣었다. 둘째 프레더릭은 아버지의 뒤를 이어 유명한 도자기 공예가가 되었다.
그리고 막내이자 셋 중에 가장 이름이 널리 알려진 루이스는 미국으로 이주하여 탁월한 예술가
이자 삽화가가 되었다.
1890년대 세 형제가 협력하여, 존 번연의 『천로역정』(1898년)을 비롯한 여러 책에 삽화 작업
을 진행했다. 『악인 씨의 삶과 죽음』에는 섬세하고 아름다운 선으로 이루어진 삽화들이 다수 들
어 있는데, 이는 19세기 후반에서 20세기 초반 융성했던 '미술공예운동'에서 상당한 영향을 받
은 것이다. 여기 번연의 대표적인 작품에 실린 삽화들은 독자들에게 특별한 선물이 될 것이다.

세계기독교고전 18

악인 씨의 삶과 죽음

1판 1쇄 발행 2015년 12월 14일
1판 3쇄 발행 2023년 11월 1일

발행인 박명곤   **CEO** 박지성   **CFO** 김영은
기획편집 채대광, 김준원, 박일귀, 이승미, 이은빈, 강민형, 이상지, 이지은
디자인 구경표, 구혜민, 임지선
마케팅 임우열, 김은지, 이호, 최고은
펴낸곳 CH북스
출판등록 제406-1999-000038호
전화 070-4917-2074   **팩스** 0303-3444-2136
주소 서울시 강서구 마곡중앙6로 40, 장흥빌딩 10층
홈페이지 www.hdjisung.com   **이메일** support@hdjisung.com
제작처 영신사

세계
기독교
고전

18

THE LIFE AND DEATH OF MR. BADMAN

악인 씨의 삶과 죽음

존 번연 | 루이스 레드 형제 그림 | 고성대 옮김

CH북스
크리스천
다이제스트

세계 기독교 고전을 발행하면서

한국에 기독교가 전해진 지 벌써 100년이 넘었습니다. 그동안 수많은 기독교 서적들이 간행되어 한국의 교회와 성도들에게 많은 공헌을 해 왔습니다. 그러나 기독교 역사 100년을 넘어선 우리의 교회와 성도들에게 더 큰 영적 성숙과 진정한 신앙을 심어주기 위해서는 가치있는 기독교 서적들이 많이 나와야 한다고 생각합니다. 그리하여 영혼의 양식이 될 수 있는 훌륭한 기독교 서적들이 모든 성도들의 가정뿐만 아니라 믿지 아니하는 가정에도 흘러 넘쳐야만 합니다.

믿는 성도들은 신앙의 성장과 영적 유익을 위해서 끊임없이 좋은 신앙 서적들을 읽고 명상해야 하며, 친구와 이웃 사람들의 구원을 위하여 신앙 서적 선물하기를 즐기고 읽도록 권해야 할 것입니다. 이것은 하나님의 백성으로서 살기 원하는 사람은 누구나 마땅히 해야 할 의무라고도 하겠습니다.

존 웨슬리는 "성도들이 책을 읽지 않는다면 은총의 사업은 한 세대도 못 가서 사라져 버릴 것이다. 책을 읽는 그리스도인만이 진리를 아는 그리스도인이다"라고 말했습니다. 우리는 이제 한국에서 최초로 세계의 기독교 고전들을 총망라하여 한국의 교회와 성도들에게 소개하고자 합니다. 전세계의 기독교 고전은 모든 기독교인들에게 영원한 보물이며, 신앙의 성숙과 영혼의 구원을 위하여 이보다 더 귀한 것은 없을 것입니다.

이러한 취지로 어언 2천여 년의 세월이 지나는 동안 세계 각국에서 저술된 가장 뛰어난 신앙의 글과 영속적 가치가 있는 위대한 신앙의 글만을 모아서 세계

기독교 고전 전집으로 편찬하고자 합니다.

우리는 이 세계 기독교 고전 전집을 알차고, 품위있게 제작하여 오늘날 한국의 교회와 성도들에게 제공하고 후손들에게도 물려줄 기획을 하고 있습니다. 우리는 다시 한번 다니엘 웹스터가 한 말을 깊이 생각해 보아야 할 것입니다.

"만약 신앙 서적들이 우리 나라 대중들에게 광범위하게 유포되지 않고, 사람들이 신앙적으로 되지 않는다면, 우리나라가 어떤 나라가 될지 걱정스럽다 … 만약 진리가 확산되지 않는다면, 오류가 지배할 것이요, 하나님과 그의 말씀이 전파되고 인정받지 못한다면, 마귀와 그의 궤계가 우세할 것이요, 복음의 서적들이 모든 집에 들어가지 못한다면, 타락하고 음란한 서적들이 거기에 있을 것이요, 우리나라에서 복음의 능력이 나타나지 못한다면, 혼란과 무질서와 부패와 어둠이 끝없이 지배할 것이다."

독자들의 성원과 지도 편달을 바라마지 않습니다.

CH북스
발행인 박명곤

차 례

편집자의 해설

해리슨(G. B. Harrison)

번연이 1655년에 출석한 베드포드 회중 공동체(Bedford congregation)에서는, 새신자로 출석하다가 온전한 회원으로 이 공동체에 공식적으로 입회하기 위해서는, 하나님의 은혜가 자기 영혼에 어떻게 역사하였는지를 공개적으로 발표해야 하는 절차가 있었다. 그로 인해 이 17세기에는 회심과 영적 경험을 언급한 많은 문서들이 기록되었다. 그 중 소수의 문서들만이 인쇄가 되었는데, 그렇게 인쇄된 문서들 가운데 존 번연의 『죄인의 괴수에게 넘치는 은혜』(*Grace Abounding to the Chief of Sinners*)가 가장 널리 알려져 있다. 이 책은 번연이 자신의 원칙을 고수하기 위해 6년간의 수감생활을 겪은 후인 1666년에 기록된 것이다.

번연이 『넘치는 은혜』(*Grace Abounding*)에서 말한 내용 외에도, 그의 젊은 시절에 관한 몇몇 세세한 일들이 다른 기록들을 통해서 전해지고 있다. 그는 1628년 11월 28일에 베드포드 인근 마을인 엘스토우(Elstow)에 있는 교회 교구에서 세례를 받았으며, 그의 아버지는 땜장이인 토머스 번연(Thomas Bunyan)이었다. 존 번연은 그의 아버지가 재혼하여 얻은 첫째 아들이었다. 1644년 11월 그는 의회파 군대의 병사로 징집되어 1647년 7월까지 복무하였다. 1655년이 되어서야 그는 5년 전에 존 기퍼드(John Gifford)가 세운 베드포드 회중 공동체에 출석하게 되었다.

존 기퍼드는 영국 내전 동안 왕당파 군대의 소령으로서, 1648년 메이드스톤(Maidstone)에서 있었던 필사적인 전투에서 두드러진 역할을 감당하였다. 그러다가 그는 적군에게 사로잡혀 사형선고를 받았다. 하지만 그는 누이의 도움으로 사형이 집행되기 전날 밤에 가까스로 도망칠 수 있었다. 그러고는 베드포드로 발걸음을 옮기더니 거기서 의사로 진로를 준비하였다. 처음에 기퍼드는 방탕한 생활로 소문이 자자했다. 하지만 그로부터 몇 달 후 그는 회심을 하게 되었다. 그런 다음 그는 신자들로 구성된 작은 회중 공동체들을 통합하였고, 베드포드에 있는 공동체들 가운데 일부는 그와 생각을 공유하기도 하였다. 기퍼드가 가르친 내용의 문서들 중에서 단 하나의 문서만이 전해져 오고 있는데, 그것은 아주 아름다운 편지로서, 그 사본이 번연 기념교회의 교회 문서집(Church Book of Bunyan Meeting)에 들어 있다. 그 문서에 따르면, 기퍼드는 고귀한 영적 자질을 갖춘 사람으로서, 번연이 일생 중 가장 비판적이었던 시기에 번연에게 아주 상당한 영향을 끼쳤다는 사실이 그리 놀랄 일이 아닐 정도로 기퍼드는 탁월한 인물이었다고 기록되어 있다(넘치는 은혜, 77절[§. 77] 참조-원주[原註]).

기퍼드의 사망 이후 그 회중 공동체는 그들의 행적을 교회 문서집(Church Book)에 기록하여 보관하기 시작하였다. 이 문서집은 베드포드에 있는 번연 기념교회에 지금까지 보관되어 있다. 그 문서집 안에 있는 공동체 회원 명부에는 번연이라는 이름이 26번째로 기록되어 있다. 그의 이름은 1657년 6월 28일에 맨 처음으로 언급되는데, 그 후로 그는 공동체 일에서 두드러진 역할을 감당하고 있다.

베드포드 회중 공동체에 입회한 후로 번연은 자신의 사명을 일찌감치 깨달았고, 이내 지방 설교자로서 널리 명성을 떨치기 시작하였다. 그 이듬해(1656)에 그는 퀘이커 교도들과 열띤 논쟁을 벌였으며, 그 결과 그는 자신의 첫 번째 책인 『공개된 몇몇 복음 진리들』(Some Gospel Truths Opened)을 펴내게 되었다. 이 시기에 행한 그의 설교들을 중심으로 다른 두 권의 책들도 연이어 출판되었다. 『지옥에서 들리는 약간의 탄식』(A Few Sighs from Hell, 1658)과 『펼쳐진 율법과 복음의 교리』(The Doctrine of the Law and Grace Unfolded, 1659)라는 책들이 바로 그것이었다.

1658년 9월에 올리버 크롬웰(Oliver Cromwell)이 사망하고 그의 조직마저 와해되자, 군주를 중심으로 한 정부의 재수립이 현재의 극심한 혼란을 종식시킬 수 있는 유일한 해법으로 비쳐졌다. 그리하여 1660년 5월에 찰스 2세(King Charles the Second)가 왕위에 오르는 왕정복고가 이루어졌으며, 그 이듬해에 비국교도들(Nonconformists)에 대한 탄압이 시작되었다. 지난 20년간의 격변기를 되돌아보면, 왕당파들(Royalists)이 비국교도들에게 상대적으로 관용을 베푼 것처럼 보였다. 예를 들어, 번연의 경우도 그러했다. 번연도 분명하게 말하지만, 왕당파들은 비국교도인 자신을 무조건 탄압하기보다는 여러 번 국교로 마음을 돌이키라는 권유를 많이 했다고 한다. 그러나 자신과 같은 매우 독실한 신자가 조금이라도 원칙을 깨고 타협하게 된다면, 자신의 설교를 듣고 회심했던 자들의 믿음을 약화시킬 수 있다는 우려 때문에 그는 일언지하에 거절하였다. 그가 보여준 이런 거부는 전혀 놀랄 만한 일이 아니었다. 그가 처음으로 치안 판사(magistrate) 앞에 자신의 모습을 드러낸 다음 몇 달 동안은 "교회 문서집"에 그의 이름이 나타나지만, 1661년 10월 이후로 7년 동안은 그의 이름이 나타나지 않는다. 박해가 가장 심할 때인 1664년 3월과 1668년 10월 사이에는 이 회중 공동체가 모였다는 기록이 전혀 없다.

이렇게 설교를 하시 못하는 상황이 되자 번연은 저술활동에 전념하였다. 1666년 그는 몇 달 동안 석방되기도 했지만, 여전히 설교하기를 고수하자 다시 붙잡혀 수감되었다. 이 때가 바로 그가 『죄인의 괴수에게 넘치는 은혜』를 저술하게 된 시기였다.

번연은 『넘치는 은혜』를 출판하고 나서, 그 후 5년간 어떤 책도 출판하지 못했다. 사실 그는 1666년부터 1672년까지 명목상 수형자였다. 그럼에도 불구하고 교회 문서집(Church Book) 안에 있는 내용들을 살펴보면, 분명히 그에게는 상당한 정도의 자유가 허용되었던 것으로 보인다. 그런 이유로 그는 박해 기간에 흩어졌던 회중 공동체를 재조직하는 등의 지도적 역할을 감당하는 능력을 발휘하기도 하였다.

1671년 말 회중 공동체는 번연을 목회자로 선임하였다. 그로부터 몇 주 후, 찰스 2세가 신교 자유의 선언(the Declaration of Indulgence, 찰스 2세 및 제임스 2세가 비(非)국교도에게 어느 정도의 종교적 자유를 허락한 선언 — 역주)을 하자, 번연은 1672년 5월에 비로소 공식적으로 설교자의 자격을 얻게 되었고, 다시 활발한 저술활동을 시작하였다. 그 결과 번연의 신학을 이해할 수 있는 중요한 두 권의 책들이 1675년에 출판되었는데, 『어둠에 앉아 있는 자들을 위한 빛』(Light for them that sit in Darkness)과 『무지한 자들을 위한 가르침』(Instructions for the Ignorant)이 바로 그것이다. 이 책들이 출판된 후에, 『곧은 문』(The Straight Gate)과 『천로역정』(The Pilgrim's Progress) 제1부가 출판되었다. 그런데 1676년이 되자 번연은 다시 6개월간 수감 생활을 하게 되었고, 이 기간에 그에게 꿈이 찾아왔다(『천로역정』은 다음과 같은 문장으로 시작된다. "세상이라는 황야를 헤매다 우연히 나는 한 동굴에 이르렀다. 그곳에 잠시 누웠던 나는 이내 잠이 들었으며, 한 꿈을 꾸었다." — 역주). 하지만 『천로역정』은 1678년이 되어서야 비로소 출판되었다. 이 책에 담긴 풍유(allegory)적인 문학 장치들이 매우 열렬한 호응을 얻게 되면서, 초판 이후 두 개의 추가 판들이 상당한 양으로 증보되어 서둘러 출판되었다.

그 즈음 번연의 나이가 마흔이 되었고, 『천로역정』은 그가 출판한 스물네 번째 책이 되었다. 이 책의 성공적인 흥행으로 인해 그는 『천로역정』에서 묘사한 것과 반대되는 면을 보여주고 싶었다. 그리하여 출판된 책이 바로 『악인 씨의 삶과 죽음』(The Life and Death of Mr. Badman, 1680)이었다.

『천로역정』과 『악인 씨』, 이 두 권의 책은 인간이 겪을 수 있는 모든 종류의 상황과 경험들에 대한 저자 자신의 생생한 체험을 기반으로 하고 있기 때문에, 그 사실성에서 저자의 경험에 많은 부분 빚을 지고 있다. 하지만 이 두 책이 대조되는 부분에서 번연이 가진 예술가로서의 자질이 두드러진다. 천성

(Heavenly City)을 향해 가는 순례자의 길인 『천로역정』에서는 경험이 풍유와 상징(symbol)으로 승화된 반면, 악인 씨가 멸망을 향해 나락으로 떨어지는 『악인 씨』에서는 이 이야기를 실제로 일어난 하나의 사건으로 말하고 있다. 즉, 『악인 씨』의 탁월성은 생생한 사실주의(realism)에 기반하고 있다는 점이다. 번연은 "내가 친히 경험한 일들에서 벗어난 일들은 가능한 한 적게 말하려고 하였다"(『악인 씨의 삶과 죽음』, 저자가 독자에게 – 역주)라고 말하고 있다.

번연은 악인 씨(Mr. Badman)를 전개해 나가는 방식에서 대화 형식을 선택하였다. 이런 대화 형식은 번연이 회심 초기에 상당한 영향을 받았던 아서 덴트(Arthur Dent)가 쓴 『보통 사람이 천국에 이르는 길』(The Plain Man's Pathway to Heaven)의 형식을 따른 것이었다(『넘치는 은혜』 제15절 참조-원주). 이런 대화 형식을 채택하여, 그는 현인 씨(Mr. Wiseman)와 경청자(Attentive) 간의 대화 형식으로 이야기를 전개하면서, 자신의 성도들 사이에 존재하는 가장 두드러진 악덕들을 여담인 것처럼 아주 자연스럽게 비판하고 있다. 악인 씨는 복합적인 특성을 지닌 인물로, 그가 행하는 많은 개별적인 죄악들은 번연의 양 떼들 사이에서 널리 알려진 죄악들이었다. 이런 내용은 교회 문서집(Church Book)을 통해서 알 수 있다. 악인 씨와 그가 행동하는 주위에 대한 묘사는 실제로 우리 인생에 적용될 뿐만 아니라, 현인 씨와 경청자, 이 두 사람의 화자는 "육신의 생각"(carnally minded)에 대한 신자의 태도를 매우 분명하게 보여주고 있다.

첫눈에 보면 『넘치는 은혜』와 『악인 씨의 삶과 죽음』 사이에는 서로 공통점이 많이 없는 것처럼 보인다. 하지만 이 두 권의 책은 상호보완적이다. 『악인 씨』는 세상과 육신의 유혹과 관련된 내용이고, 『넘치는 은혜』는 마귀의 공격과 관련된 내용이다. 『넘치는 은혜』는 한 사람의 무식한 기능공이 성도들의 지도자, 다시 말해서 번연과 그 당시 그의 동료들이 사용한 용어로 표현하자면 진실하고 확고한 "신앙고백자"(professor)로 변모해가는 내적인 영적 체험을 기록한 책이다. 『넘치는 은혜』에서 나타난 이런 체험이 없었다면, 세상과 육신의 유혹에 대한 "현인 씨"(Mr. Wiseman)의 태도는 전적으로 그 진실성이 부족했을 것이다. 『악인 씨』에서는 신앙고백자가 일상에서 직면하는 평범한 문제들과 유혹들을 보여주고 있다. 그리고 번연이 매우 진실하게 인식한 바와 같이, 마귀는 믿음이나 정욕과 관련해서 인간을 심하게 시험하듯, 인간의 일상적인 경제 문제와 관련해서도 심하게 인간을 시험한다. 그러므로 종교적인 인간의 어려움은 파렴치한 경쟁으로부터 높은 수준의 정직을 유지하는 데 있음은 두말할 필요도 없을 것이다. 하지만 번연이 죄인들을 아주 면밀히 생각해 본 결과, 아무리 신앙고백자라 해도 그들 역시 어떤 위험에 처해진다는 것을 깨닫게 되었다. 그렇다고 해서 현인(Mr. Wiseman) 씨와 경청 씨(Mr. Attentive)가 악인 씨와 더불어 믿음을 저버린다는 것은 아니다. 하지만 그들이 오물 더미를 바라보면서 흡족해하고 있다는 비난으로부터 항상 자유로운 것도 아니기 때문이다.

『악인 씨의 삶과 죽음』은 지금까지 번연의 열성적인 제자들에게서 선호를 받지 못했다. 그 제자들은 이 책이 너무 직접적으로 선정적이라는 점에 대해 다소 반감을 가지고 있었다. 하지만 이런 직접적인 선정성이 근대 영국 소설 초기의 특성이라는 점을 감안해 본다면, 그리 과장된 것은 아니라고 할 수 있다. 이런 면은 작은 시골 마당을 오가던 보부상들이 건네주던 일종의 그림 같은 것이라고 본다면, 그 가치는 이루 말할 수 없을 정도이다.

번연이 베드포드에 있는 회중교회의 목회자로 선정된 후에, 특히 『천로역정』이 출간된 후, 설교자이자 저술가로서의 그의 명성은 널리 퍼져나갔다. 번연 저작의 첫 번째 편집자인 찰스 도우(Charles Doe)는 그 때의 상황을 다음과 같이 말하고 있다. "번연이 런던에서 설교할 때면, 단지 하루만 공지가 나갔음에도 불구하고, 엄청나게 많은 사람들이 그의 설교를 듣기 위해 몰려들었습니다. 너무나 많은 사람들이 와서 예정된 예배처소가 감당할 수 없을 정도였습니다. 저 또한 지금까지 그분의 설교를 들었지만, 제가 계산하기로 거의 1,200명 정도의 성도들이, 주중 어두운 동절기에는 7시에 시작하던 그분의 아침 설교를 들었던 것 같습니다. 어떤 주일에는 제 계산으로 대략 3,000

명 정도 되는 성도들이 그분의 설교를 듣기 위해 런던의 마을 끝에 있던 예배처소로 몰려들었습니다. 너무나 많은 수가 모여들어 공간이 부족해서 거의 절반 정도가 되돌아갈 수밖에 없게 되자, 번연은 몸소 뒷문에 서서 성도들을 설교단이 있는 2층으로 끌어당기기도 하였습니다."

번연은 생애의 남은 시간들을 계속해서 저술과 설교를 하며 보냈다. 『거룩한 전쟁』이 1682년에 출판되었고, 크리스티아나와 크리스천을 따르던 자녀들의 사정을 말해주는 『천로역정』의 제2부는, 제1부가 출판된 지 7년 후인 1685년에 출판되었다. 번연은 1688년 8월 31일 런던에서 죽어 번힐 필즈(Bunhill Fields)에 묻혔다.

번연은 60권이 넘는 책들을 남겼으며, 그 가운데 일부는 유고로 출판되기도 하였다. 이들 가운데 많은 책들이 일반적으로 생각하는 것보다 훨씬 더 읽을 만한 가치가 있는 데도 불구하고, 오늘날 많은 책들은 관심을 받지 못하고 있다. 『천로역정』은 영어권에서 가장 위대한 책들 12권 가운데 들기도 한다. 그럼에도 불구하고 최고 전성기 때의 영국 청교도주의를 이해하고자 하는 사람이라면 『넘치는 은혜』와 『악인 씨』 또한 소홀히 할 수 없을 것이다. 위대한 영국 작가들 가운데 청교도들이 비록 소수라 하여도, 청교도주의는 영국 문화에 있어서 가장 강력하고 가장 근본적인 특성들 가운데 하나라는 사실도 절대로 잊어서는 안 될 것이다. 존 번연은 청교도이자 예술가였으며, 이 두 분야에서 가장 위대한 사람이었다.

일러두기

본문 안의 원주는 『존 번연 전집』 편집자(조지 오포르)의 것입니다.

저자가 독자들에게

존경하는 독자 여러분,

저는 순례자들이 이 세상에서 영광에 이르기까지의 여정을 그린 『천로역정』(*Pilgrim's Progress*)을 저술하였습니다. 그런데 이 책이 이 나라에 있는 많은 이들로부터 환대를 받는 것을 보고서, 저번에는 천성을 향해 나아가고 있는 자들에 관한 글을 썼으니, 이번에는 경건하지 않은 자들의 삶과 죽음, 다시 말해 경건하지 않은 자들이 이 세상에서 지옥에 이르기까지의 여정을 그린 책을 써보면 어떨까 하는 생각이 제 마음에 생겼습니다. 그래서 저는 경건하지 않은 자들이 지옥에 이르기까지의 과정을 이 책에 담았습니다. 여러분이 보는 바와 같이 이 주제에 아주 적합한 인물로 저는 악인 씨(Mr. Badman)라는 이름의 인물을 설정하였으며, 이 이름을 이 책의 제목으로 정하였습니다. 또한 저는 이 주제를 대화 형식을 통해 표현하였습니다. 대화 형식으로 이야기를 전개하는 것이 제게도 좀 더 편할 것 같고, 독자들에게도 재미를 줄 것이라는 생각으로 그렇게 작품을 구성해 보았습니다.

앞에서 말한 바와 같이 저는 이러한 대화 방식으로 제가 생각하는 주제를 표현하면서도, 제가 세상에서 직접 관찰하지 못했던 것들은 제 이야기의 행로에서 가능하면 보이지 않도록 하였습니다. 이것은 사실입니다. 지금 이 책에서 하는 이야기들은 모두 제가 생생하게 기억하고 있는 것입니다. 제가 기억이라고 말한 것은 사실에 입각한 기억이며, 이러한 사실에 바탕을 둔 여러 사건들은 이 세상이라는 무대 위에서 지금까지 연출되었던 것들이고, 심지어는 바로 제가 보는 앞에서도 여러 번 일어난 일들이었습니다.

존경하는 독자 여러분, 이제 저는 악인 씨의 삶과 죽음에 대한 참된 모습을 여러분에게 보여주고자 합니다. 사실 저는 그의 유년시절부터 그가 죽기까지 그가 남긴 일생의 흔적들을 더듬어가며 살펴보았을 뿐입니다. 하지만 여러분은 마치 거울을 보는 것처럼, 지옥으로 담대하게 나아가는 그의 발걸음들을 여러분의 두 눈으로 똑똑히 보게 될 것입니다. 또한 여러분은 이 악인 씨의 죽음에 관한 저의 이야기를 읽으면서, 여러분이 과연 그가 갔던 동일한 길을 걷고 있지는 않은지 확인해 볼 수 있을 것입니다. 제가 여러분에게 부탁하고 싶은 것이 있습니다. 그것은 이 이야기를 통해 여러분의 급소가 찔리는 듯해도 피하지 말고, 여러분이 조롱을 받고 있다는 생각이 들더라도 참으라는 것입니다.

무슨 말인가 하면, 비록 악인 씨는 죽었지만, 여러분이 그의 혈통을 이어받은 그의 자손이지는 않은지, 하나님의 말씀을 통해 여러분 자신을 매우 진지하게 살펴보라는 것입니다. 왜냐하면 악인 씨는 많은 피붙이들을 후대에 남기고서 이 땅을 떠났기 때문입니다. 이것은 사실입니다. 그래서 이 세상은 그의 혈족들로 차고 넘칠 정도가 되었습니다. 물론 그의 친척들 가운데 몇몇은 악인 씨처럼 그들의 본향을 향해 먼 길을 떠났지만, 수천수만 명도 더 되는 이들은 아직도 이 땅에 남아 있습니다. 형제들, 누이들, 사촌들, 조카들, 그리고 수를 헤아릴 수도 없이 많은 그의 친구들과 그가 알고 지내던 많은 이들이 여전히 이 땅에 남아 있습니다. 지금 제가 하는 이야기는 너무나 당연한 것이어서 참된 사실이 아닐 수 없는 그런 이야기입니다. 즉, 이 세상에는 악인 씨의 몇몇 친척들이 포진하고 있지 않은 친구관계나 공동체가 없으며, 동포애에도 이들이 영향을 끼치고 있습니다. 악인 씨 사후에 그의 형제나 조카나 친구 등이 전혀 남아 있지 않은 가정이나 집은 한 마을 안에서 거의 찾아볼 수 없을 정도입니다. 이것이 사실입니다.

그러므로 우리가 목표로 삼고 있는 표적은 너무나 광범위하기 때문에, 이 악인 씨의 피붙이들을 찾으려는 우리의 시도는 아마도 불가능할지 모릅니다. 마치 왕이 보낸 자들이 역적들로 가득한 소굴을 급습하지만, 정작 그 역적들은 찾지 못하고 거기 있던 선량한 자들만 찾게 되는 것처럼, 이 책이 몇몇 가정에 들어가기는 하겠지만, 정작 그 혈족들을 찾아서 사로잡지는 못할 것입니다. 그러나 우리의 사냥터에는 잡아야 할 맹수들이 지천에 깔려 있기 때문에, 우리가 이런 공격을 하다보면 많은 악인 씨의 후손들을 발견하게 될 것이라는 생각을 하지 않을 수 없습니다.

이러한 공격이 악인 씨의 길에 들어선 이들을 얼마나 많이 죽이고, 또한 천성을 향한 순례의 길을 걷고 있는 이들을 얼마나 살려낼 것인지 저는 정확히 알지 못합니다. 이 은밀한 일은 우리 하나님이신 주님이 결정할 문제이며, 그분께서 누구에게 이 선하고 은혜로운 축복을 하실지, 그리고 종국에 이 축복을 누구에게 베푸실지는 오직 그분만이 알고 계십니다. 어쨌든 저는 활에 불화살을 끼워 활시위를 당기고 있으니, 어떤 결과가 일어날지는 모르겠지만, 틀림없이 신속하게 들려오는 소리가 있을 것입니다.

저는 앞에서 악인 씨가 많은 친구들과 친척들을 이 땅에 남기고 세상을 떠났다고 여러분에게 말했습니다. 제가 이들보다 과연 더 오래 살게 될지, 사실 이 문제가 제게 가장 큰 질문이긴 하지만, 혹시라도 제가 이들보다 더 오래 산다면, 이들의 인생에 대해서도 글을 쓰고 싶습니다. 제게 남은 인생이 그들보다 짧든 길든 간에, 현재 저의 바람은 이들을 회심하게 하거나 아니면 이들을 책망하는 이들이 생기게 하는 것입니다. 다시 말해, 그들이 하는 짓들에 대해 증언하는 증인을 하나님께서 일으켜 세워 주시기를 바라고 있습니다. 왜냐하면 그들이 살아가며 사악한 일들을 행하고 준동(蠢動)하는 곳이라면 어디에서든, 그들은 이 나라의 역병과 재앙 같은 존재들이기 때문입니다.

악인 씨와 그의 친구들이 이 나라에 쌓아 놓은 그 사악한 짐들로 인해, 영국은 예전부터 흔들려 휘청거리고 있습니다. 그 뿐 아닙니다. 우리의 지구 전체가 술에 잔뜩 취한 것처럼 이리저리 허우적거리면서 흔들리고 있습니다. 이 땅 위에 쌓인 죄악의 무게가 무겁기 때문입니다.

존경하는 독자 여러분, 지금 여러분은 다음과 같은 가정을 하기 바랍니다. 여러분은 어느 한 집의 문과 문지방 사이에 있습니다. 여러분에게 알려진 것은 그 집 안에는 악인 씨가 죽어 있다는 사실 뿐입니다. 여러분에게 여력이 있다면, 그 집 안으로 들어가서 그의 현재 상태를 봐도 좋습니다. 악인 씨의 시신은 그가 임종한 침상에서 무덤으로 옮기려는 그 중간 상태에 있습니다. 악인 씨는 아직 땅에 장사되지 않았습니다. 장사된 사람들은 으레 사람들로부터 잊히지만, 그는 아직 땅에 묻히지 않았기 때문에 사람들로부터 잊히지도 않았고, 죽은 사람에게서 나는 고약한 송장 냄새도 아직 나지 않습니다. 일반적으로 장례식은 고인(故人)이 세상에 끼친 업적이나 공적에 따라 엄숙하게 치러집니다. 마찬가지로 이 악인 씨의 장례식도 그의 공과(功過)에 따라 치러질 것입니다. 사실 그는 고요히 무덤에 묻힐 자격도 없는 자이긴 합니다.

일반적으로 훌륭한 자들을 떠나보내는 장례식에는 다음과 같이 네 가지 절차가 있는데, 반대를 하지 않는다면 우리도 그와 같은 절차에 따라 악인 씨의 장례식을 생각해 보고자 합니다.

첫째, 사람이 죽으면, 솜씨 좋은 사람이 와서 되도록이면 살아있는 것처럼 고인의 형상을 그립니다. 그러면 사람들은 고인을 마지막으로 보는 것처럼 그 그림을 봅니다. 고인의 형상이 그려진 그림을 보면서 살아있는 사람들은 고인을 새롭게 회상합니다. 고인의 인품과 업적도 기립니다. 저는 이와 같은 일이 이 악인 씨의 이야기에서도 연상되도록 노력하였습니다. 그래서 저는 그의 유년시절부터 그의 머리카락이 희끗희끗해지는 시기까지 그의 성품과 그가 행한 일들을 서술하였습니다. 그로 인해 여러분은 마치 삽화를 보는 것처럼 생생한 그의 모습을 보게 될 것입니다. 다시 말해, 미성년기와 한창일 때인 청년기와 노년기까지 나이순으로 그의 모습을 볼 수 있을 뿐 아니라, 그의 일생에서 가장 큰 능력으로 행했던 업적들과 그가 그 큰 능력을 행하던 그 당시의 시간과 장소 및 강점, 그리고 그와 관련해서 그를 둘러싸고 있던 여러 여건들에 대해서도 여러분은 생생하게 볼 수 있을 것입니다.

둘째, 훌륭한 이들의 장례식에는 이 또한 일반적인 것인데, 즉 고인의 집안 대대로 내려오는 것이나 고인이 일생을 살면서 이룩한 업적이나 공적으로 인해 받은 배지나 문장(紋章)들이, 고인의 영예를 기리는 뜻으로 전시되는 것입니다. 이 책에서는 악인 씨의 것이 제시되고 있습니다. 하지만 그가 가진 배지와 문장들은 귀한 사람들의 그것과는 다른 것으로, 그가 행한 공로에 따라 아주 다양하였습니다. 일반 사람들이 받는 모든 배지와 문장들은 공식적으로 위엄을 갖춰서 전해져 내려오는 것들이지만, 그가 받은 것은 "가증한 나무 가지"(사 14:19)에 불과한 것들이었습니다. 그의 업적은 죄악의 업적이기 때문에, 그가 지닌 영예의 문장은 영예 없이 그저 죽어 "마침내 어리석은 자가 되리라"(렘 17:11), "네가 네 땅을 망하게 하였고 네 백성을 죽였으므로 그들과 함께 안장되지 못하나니 악을 행하는 자들의 후손은 영원히 이름이 불려지지 아니하리로다 할지니라"(사 14:20)는 말씀과 같이 되었습니다.

그래서 악인 씨의 장례 행렬은 수치스럽고 사악한 인생에게 주어지는 휘장이 관 위에 드리워진 채로 진행됩니다. "그의 기골이 청년 같이 강장하나 그 기세가 그와 함께 흙에 누우리라"(욥 20:11)고 말한 욥의 말은, 이 악인 씨의 경우에 "그의 죄악의 기골이 청년 같이 강장하나 그 기세가 그와 함께 흙에 누우리라"로 대체될 수 있을 것입니다. 막상 그가 죽었지만 그의 장례식에 참석하는 자는 아무도 없으며, 그와 더불어 자기 영혼을 대적하고자 도모한 자들만이 장례식에 참여하였습니다. 어쩌면 이것이 합당한 것 같기도 합니다. 이들이 범한 죄악으로 인해 그들은 모두에게 악명 높은 자들이 되었습니다. 사람들 가운데는 이들이 행한 죄악들을 현재 알고 있는 자들도 있고, 혹은 차후에 알게 될 자들도 있을 것입니다.

비록 작은 분량이기는 하지만, 저도 이 책을 쓰면서 악인 씨의 일생에서 그와 공모한 패거리들이 누구인지, 그의 장례식에 참석한 자들이 누구인지 등을 독자 여러분에게 말하려고 하니, 많은 관심을 가져주기 바랍니다. 제가 공개할 이들의 면모에는 그들이 저지른 극악무도한 비열한 짓뿐만 아니라, 정의롭게 보응하시는 하나님의 손길이 강하게 그들을 엄습하여 심판하실 것이라는 사실도 암시되어 있습니다. 이 모든 이야기들은 제가 눈과 귀로 직접 보고 듣고 나서 확실히 알게 된 것이기도 하고, 제가 직접 접하지 못한 내용들은 제가 신뢰할 수밖에 없는 어떤 이들로부터 전해 들은 것이기도 합니다. 독자 여러분은 이 책에 포함된 간접적인 내용들이나 사건들을 구별할 수 있을 것입니다.

셋째, 고귀한 삶을 살다가 세상을 떠난 사람들의 장례식에서는 설교가 엄숙하게 행해집니다. 다시 말해, 고인을 장사하는 때와 장소에서는 고인에게 합당한 적절한 설교로 고인을 기리는 것이 지금까지의 관례입니다. 하지만 악인 씨의 죽음과 관련된 장례식에는 더 이상의 절차가 없습니다. 그래서 저는 이 설교 순서에서는 말을 할 수 없었습니다. 어쨌든 그도 그를 구경하는 자들 앞에서 시간이 지나 고약한 송장 냄새가 나기 시작하면, 땅에 묻혀야 한다는 것만은 분명합니다. 곡(Gog)의 매장과 관련된 말씀을 우리가 읽은 바와 같이, 어떤 이들이 와서 우리 대신에 그를 매장하는 일을 할 것입니다. 우리가 모르는 어떤 이들이 와서 그를 장사해 주어, 그의 살과 뼈가 땅 위에 그대로 있게 되지는 않을 것입니다. "지나가는 사람들이 그 땅으로 지나가다가 사람의 뼈를 보면 그 곁에 푯말을 세워 매장하는 사람에게 가서 하몬곡 골짜기에 매장하게 할 것이요"(겔 39:15).

넷째, 일반적으로 장례식에서는 통곡을 하거나 눈물을 흘리면서 애도를 표합니다. 하지만 악인 씨의 장례식에서는 이마저도 다릅니다. 그와 친했던 지인들이라도 그의 죽음을 슬퍼할 수 없습니다. 왜냐하면 이들은 그의 저주받은 상태에 대한 감(感)이 없기 때문입니다. 오히려 그들은 그를 둘러서서는 죽음의 잠을 자면서 그가 가게 될 지옥으로 환송하는 노래를 불러 줍니다.

선한 사람들은 악인 씨가 이 세상을 떠나도 이 세상에는 아무 손해가 없다고 여깁니다. 그가 사라져도 그가 있던 곳에는 아무 문제가 없습니다. 오직 악인 자신에게만 손해일 뿐입니다. 설령 그가 피눈물을 흘린다 해도, 또 그가 흘린 피눈물이 바다를 이룬다 해도, 그가 끼친 해악이나 그 손실을 만회하기에는 이미 늦었습니다. 하나님께서도 "너희가 재앙을 만날 때에 내가 웃을 것이며"(잠1:26)라고 말씀하십니다. 그런데 누가 감히 이 악인 씨에 대해 "아! 나의 형제여"라고 말하며 탄식할 수 있겠습니까? 그가 살아 있을 때의 삶은 마치 악취를 풍기는 한 포기 잡초에 지나지 않았으며, 죽어서도 그의 이미지는 조금도 더 나아지지 않았습니다. 이런 자들은 하나님께서 크게 노하기만 하시면, 아무런 안타까움도 없이 뿌리째 뽑아내어 담벼락 너머로 던져 버려도 아무 상관이 없는 자들입니다.

독자 여러분, 만약 여러분이 이 악인 씨와 같은 민족이거나 혈통이라면, 또한 가문이거나 한 형제지간이라면, 여러분이 이 책을 읽기 전에 저는 다음과 같은 사실을 미리 여러분에게 말하겠습니다. 여러분은 이 책뿐 아니라, 이 책을 쓴 저자에 대해서도 분을 참지 못하게 될 것입니다. 왜냐하면 이 책의 저자는 악인 씨가 살아온 모습을 있는 그대로 적나라하게 저술하였기 때문입니다. 또한 저자는 악인 씨처럼 죽은 사악한 자들을 정죄하고, 이 악인 씨처럼 살아가고 있는 사악한 자들을 심판하였기 때문입니다. 그래서 저는 악인 씨와 관련된 여러분으로부터 어떤 신뢰나 지지를 전혀 기대하고 있지 않습니다. 왜냐하면 제가 하는 이 이야기는 바로 여러분의 피붙이의 일생에 관한 것이기 때문입니다. 여러분의 친구인 악인 씨가 살아온 삶의 방식과 행태 등을 여러분은 오래 전부터 사랑해 왔기 때문에, 만약 여러분이 이 책을 읽게 된다면, 이 책은 여러분 속에 있던 나에 대한 적개심, 좀 더 정확히 말하자면 바로 여러분의 심장 속에 있던 나에 대한 적개심을 자극할 것입니다. 그래서 제 생각에 아마도 여러분은 이 책을 경멸하면서 찢거나 불태우거나 저 멀리 던져 버릴 것입니다. 아마도 여러분의 분노는 이 정도에서 그치지 않고, 이렇게 악랄한 사실들을 기록한 저자에게 재앙이 내렸으면 좋겠다면서 나에게 재앙이 임하기를 바라기도 할 것입니다.

저는 여러분으로부터 경멸과 냉소와 멸시를 한가득 받을 각오가 되어 있습니다. 여러분은 내가 거짓말을 하고 있다면서, 다시 말해 정직하게 살다가 죽은 사람의 삶과 죽음을 내가 침을 튀겨가며 욕을 하고 있다면서 나에게 폭언을 퍼붓기도 할 것입니다. 악인 씨가 행한 일들이 그의 모든 과거 행적들을 말해주는 데도 불구하고, 그를 따르는 자들은 악인 씨가 살아 있을 때 그렇게 정직하지 않은 사람으로 여김을 받지는 않았다고 항변하기도 할 것입니다. 하지만 사실 그는 정직하지 않은 나쁜 사람이었습니다. 그렇다면 악인 씨가 걸었던 바로 그 길을 걸어가는 그의 후대 형제들은 이 책에서 그에 대해 언도된 심판을 과연 인정할까요, 인정하지 않을까요? 그들은 내가 이 악인 씨를 정죄하였다고 욕을 퍼부으면서, 고라와 다단과 아비람의 친구들이 모세를 향해서 그가 자신들을 심판했다고 말하며 반역을 행한 것처럼, 이 악인 씨의 후손들도 구약의 이들을 따라하지 않겠습니까?

독사의 구덩이에 흙을 이겨 바르는 것은 좋지 않은 일이며, 멧돼지 사냥을 하는 것은 위험을 감수하고 하는 일이라는 것을 저는 잘 알고 있습니다. 악인 씨의 생애에 대해 글을 쓰는 사람 또한 쇠로 만든 갑옷을 입고서 창 자루를 잡은 채 자기 몸을 방어해야 할 필요가 있을 것입니다. 악인 씨 후대에 남은 그의 친구들이 이 저자가 무슨 일을 했는지 알고 있을 것이기 때문입니다. 그럼에도 불구하고 저는 이 일을 감히 감당하였습니다. 지금 이 순간에도 저는 이런 독사들이 우글거리는 곳에서 장난치고 있습니다. 이 독사들이 저를 물면, 저는 물릴 것입니다. 이 독사들이 저를 독침으로 찌른다면, 저는 찔릴 것입니다. 그리스도께서 자기의 어린 양들을 이리 가운데 보내신 것은 이리들을 닮아 이리처럼 행동하도록 보내신 것이 아니라, 이 이리들로부터 고난을 받으면서 이 이리들이 행하는 악한 행동들에 대한 분명한 증거를 얻도록 하기 위함이었습니다.

그러나 이런 일을 한다고 해서 호위병들과 함께 걸어 다니거나 집 대문 앞에 보초를 세울 필요는 없지 않겠습니까? 진실로 육적인 사람은 이런 도움을 받으면 기뻐하겠지만, 참으로 영적인 사람은 참된 도움을 어떻게 받는지 그 방법을 알고 있을 것입니다(행 23). 그런데 저는 이런 도움들로부터 배제된 채 적나라한 모습으로 서 있습니다. 저는 그리스도를 섬기고자 하는 나의 사명을 신실하게 감당하라는 명령만 받았을 뿐입니다. 이런 저에게 다음과 같은 말씀이 힘이 되었습니다. "너희는 잠잠하고 나를 버려두어 말하게 하라 무슨 일이 닥치든지 내가 당하리라"(욥 13:13). 실제로 성경에는 다음과 같은 말씀도 있었습니다. "거만한 자를 징계하는 자는 도리어 능욕을 받고 악인을 책망하는 자는 도리어 흠이 잡히느니라"(잠 9:7). 그렇다면 도대체 저는 어떻게 해야 하겠습니까? 그때 다음과 같은 말씀이 떠올랐습니다. "면책은 숨은 사랑보다 나으니라"(잠 27:5). 제가 하는 면책을 받아들이는 사람은 후에라도 저의 책망이 옳았음을 깨닫게 되리라고 생각하였습니다.

설령 악인 씨의 친구들이 제가 쓴 글을 보고서 격분하거나 조롱한다 해도, 승리의 패는 이미 제 쪽으로 기울어져 있음을 저는 알고 있습니다. 저는 죄인을 미혹된 길에서 돌아서게 하고, "그의 영혼을 사망에서 구원"(약 5:20)하기 위해 노력하고 있는 중입니다. 저의 이런 노력이 빛을 발하여 달성된다면, 당연히 저는 그들로부터 고맙다는 말을 들을 수 있을 것입니다.

하지만 실제로는 그들로부터 시기를 받게 될 것입니다. 그 때에도 저는 꿈을 꾼 그 사람을 기억할 것입니다. 그는 무장하여 달려드는 원수들을 뚫고 나와서 자기 길을 떠나 아름다운 곳에 이르렀기 때문입니다. [1]

---

1 『천로역정』의 주인공이 온갖 고난을 겪은 후 해석자의 집(Interpreter's House)에 이른 것을 말한다. 이것은 풍유가 제시해 줄 수 있는 어려운 부분에 대한 분명한 한 사례이다. 즉, 신실한 충고를 해주었지만 그 충고자에게 돌아오는 것은 사람을 죽일듯한 보복이었다. 하지만 크리스천은 용기로 이를 극복하게 된다 ― 원주.

저는 감히 말하고자 합니다. 저는 그 사람을 기억해야 합니다. 그리고 그 사람처럼 행해야만 합니다.

악인 씨의 친구들에게 제가 등을 돌리기 전에, 이들을 불쌍히 여기는 마음으로 저는 다음과 같은 네 가지를 생각해 보기를 그들에게 제안하는 바입니다.

1. 실제로 지옥이 존재한다고 가정해 보십시오. 태양이 빛을 비추고 있는지 그렇지 않은지를 의심하지 않는 것처럼, 그것 이상으로 저는 지옥의 존재에 대해 의심하지 않습니다. 하지만 저는 이 악인 씨의 친구들을 위해서 이런 논의를 해보고자 합니다. 다시 말하지만, 지옥이 존재한다는 가정, 그것도 성경에서 말하는 지옥, 즉 하나님과 영생으로부터 가장 멀리 떨어져 있으며, 죄악의 구더기가 있는 곳이고, 양심은 결코 죽지 않는 곳이며, 하나님의 진노의불이 꺼지지 않는 그런 지옥이 있다고 가정해 보십시오. 이런 지옥이 존재하며, 이 지옥은 이 땅에서 삶이 끝난 후에 다음 세상에서 경건하지 못한 자들의몸과 영혼이 고통을 받도록 하나님께서 분명하게 예비해 두신 것이라고 가정해 보십시오. 다시 말하지만, 여러분은 스스로 이러한 가정을 해보기를 바랍니다. 그리고 나서 이 지옥이 과연 여러분을 위해, 다시 말해 사악한 자들인여러분을 위해 마련된 것은 아닌지 말해 주기를 바랍니다. 여러분의 양심이대답하도록 하십시오. 이 지옥이 여러분을 위해 마련된 것은 아닙니까? 그렇지 않습니까? 경건하지 못한 여러분이여, 혹시라도 여러분이 지금 그곳에 있다면, 여러분을 그곳으로 보낸 하나님의 심판에 대해 여러분은 항의할 수 있으리라 생각합니까? 하나님께 항의할 수 있다면, 왜 여러분은 타락한 천사들처럼 거기서 두려워 떨고 있습니까? "내가 네게 보응하는 날에 네 마음이 견디겠느냐 네 손이 힘이 있겠느냐?"(겔 22:14).

2. 자신이 지은 죄로 인해 그의 영혼이 지옥에 있는 어떤 사람이, 다시 이땅에 와서 거하도록 허락을 받게 되었다고 가정해 보십시오. 이 땅에 와서 다

시 살게 된 사람은 개과천선(改過遷善)하여, 이번에 죽어서는 그가 갈 곳이 바뀌어 천국과 영광으로 들어가게 된 경우가 있다고 여러분은 가정해 보십시오. 오, 사악한 자들이여, 여러분은 이런 가정에 대해 과연 어떤 말을 하겠습니까? 사악한 자들인 여러분은 이전과 마찬가지로 동일한 인생행로를 걷고자 합니까? 그래서 이미 저질러진 여러분의 죄악으로 인해 여러분은 저주를 받을 것까지 감수하고 있습니까? 저주받은 생명이 새롭게 지옥 불을 자신에게 지펴서, 하나님의 무거운 진노에 자신을 결박하는 그런 삶을 다시 선택하려고 합니까? 오! 그래서는 안 됩니다. 그렇게 되어서는 절대로 안 됩니다. 누가복음 16장의 부자와 거지 이야기가 이 상황을 넌지시 암시하고 있습니다. 그렇습니다. 지각이 있는 사람이라면 스스로 깨어서 이런 상황을 피하고, 이런 생각을 하기만 해도 몸서리를 칠 것입니다.

3. 다시 다음과 같은 상황도 가정해 보십시오. 여러분은 죄악 가운데 푹 빠져 살아가면서, 그 죄악이 주는 쾌락만 알고 지내는데, 친절하게도 천사가 여러분에게 나타나 천국과 지옥이 한 눈에 보이는 곳, 한편에는 천국의 기뻐하는 모습이 보이고 또 한편에는 지옥의 고통스러워하는 모습이 보이는 곳으로 여러분을 인도하여 데리고 갔다고 가정해 보십시오. 다시 말해, 천사가 여러분을 인도하여 간 그곳에서, 여러분은 성경이 선포한 것과 똑같이 천국과 지옥이 실제로 있다는 것을 보게 된 후, 천국과 지옥이 있다는 사실을 이성적으로 납득할 수 있게 되었다고 가정해 보십시오. 이런 광경을 보고 난 후에 다시 집으로 돌아와서도 여러분의 예전 생활을 선택하리라고, 즉 여러분이 지금까지 살아가던 그 어리석은 삶으로 다시 돌아갈 것이라고 여러분은 생각합니까? 전혀 그렇지 않을 것입니다. 여러분이 본 것에 대한 믿음이 여러분에게 남아 있다면, 여러분은 불과 유황을 제일 먼저 삼킬 것입니다.

4. 저는 한 마디만 더 하고자 합니다. 우리 가운데 법이 있다고 가정해 보십

시오. 그리고 그 법에 따라 형벌을 가하는 치안판사가 있다고 가정해 보십시오. 그로 인해 여러분이 노골적으로 행한 그 모든 사악한 일들에 대해 이 판사가 형벌을 내려서, 여러분의 육신 가운데 상당한 부분이 불에 달군 집게로 뜯겨 나가고, 여러분의 뼈가 뽑혀나간다면, 그래도 여러분은 지금 여러분이 재미를 보고 있는 거짓말과 욕설과 음주와 음탕한 짓들을 계속해서 드러내 놓고 할 수 있겠습니까? 틀림없이 여러분은 그렇게 행하지 않을 것입니다. 형벌에 대한 두려움으로 여러분은 이런 죄악들을 행하지 않을 것입니다.

그렇습니다. 죄짓고자 하는 욕구가 여러분에게 강하게 일어날 때에도, 여러분은 그 죄악의 쾌락이 끝나자마자 틀림없이 받게 될 형벌이 생각나서, 죄지을 생각만 하면 두려워 떨게 될 것입니다. 그런데도, 오! 악인 씨의 친구들 마음속에 있는 어리석음과 광기, 그 필사적인 광기여! 거룩하며 죄악에 보응하시는 하나님의 위협에도 불구하고, 또한 모든 선한 자들의 부르짖음과 경고에도 불구하고, 그들은 전혀 아랑곳하지 않습니다. 그렇습니다. 그들은 지금도 죄악으로 인해 지옥에서 신음하며 고통 받고 있습니다. 하지만 그들은 계속해서 죄악된 인생행로를 걷고 있습니다. 진실로 그들이 행하는 모든 죄악들은 지옥 동굴을 향해 내려가는 한 계단 한 계단인데도 불구하고, 그들은 계속해서 동일한 죄악들을 범하며 살아가고 있습니다(눅 16:24, 28).

오, 솔로몬이 한 다음과 같은 말씀은 얼마나 참된지 모릅니다. "인생의 마음에는 악이 가득하여 그들의 평생에 미친 마음을 품고 있다가 후에는 죽은 자들에게로 돌아가는 것이라"(전 9:3). "죽은 자들에게로." 이 말씀은 지옥에 있는 죽은 자들에게로, 죽은 저주 받은 자들에게로, 죽은 악한 자들이 가는 곳으로, 살아있는 악한 자들도 조금만 더 죄를 지으면, 마치 도둑질한 물(잠 9:17)을 마시는 것처럼 그렇게 자신들의 죄악된 영혼을 죽 들이키고서 가게 되는 곳을 뜻합니다.

제가 이 책을 출판하게 된 이유는 다음과 같습니다.

1. 사악함이 마치 홍수처럼 우리 영국이란 세상을 뒤덮고 있기 때문입니다. 이 사악함은 이미 산들의 꼭대기까지 차올라오기 시작했습니다. 그래서 모든 것들을 거의 집어삼켜 버릴 정도가 되었습니다. 즉, 우리의 젊은이들, 중년들, 노년들까지 거의 모든 이들이 이 홍수에 휩쓸려가고 있습니다. 오, 흥청망청하는 방탕아, 너는 도대체 이 영국에서 무슨 짓을 행하였느냐! 너는 우리의 젊은이들을 타락시키고, 우리의 늙은이들을 짐승으로 만들어 버렸구나. 또한 너는 우리의 처녀들을 범하고, 기혼 부인들을 창녀로 만들었구나. 너는 우리의 이 땅을 다음과 같은 말씀처럼 만들어 버렸도다. "땅이 취한 자 같이 비틀비틀하며 원두막 같이 흔들리며 그 위의 죄악이 중하므로 떨어져서 다시는 일어나지 못하리라"(사 24:20). 오! "각기 죽이는 무기를 손에 들고"(겔 9:1-2) 회개치도 않은 이들, 하나님의 진노 아래 있는 이들이 우리를 상대하려고 하는 것을 바라보는 이 때에, 저는 이 영국을 앞에 두고, 이들이 이 땅에서 자행하는 죄악들을 앞에 두고 애통해하고 있습니다. 그래서 저는 이 책을 썼습니다. 하나님의 도우심으로 이 죄악의 홍수가 영국에서 잦아들기를 저는 기도하고 있습니다. 그래서 수면 위에 산꼭대기들이 보이면, 저는 이 물들이 빠진 것으로 생각할 것입니다.

2. 이런 치명적인 역병에 대해 크게 외칠 수 있는 사람들은 "네 목소리를 나팔 같이 높여 내 백성에게 그들의 허물을, 야곱의 집에 그들의 죄를 알리라"(사 58:1)는 말씀처럼, 사람들이 이 역병에 대해 각성하고, 가장 큰 죄악에서 도망치듯 이 역병을 피하게 해야 할 의무가 있습니다.

죄악은 천사들을 하늘에서 끌어내리고, 사람들을 지옥으로 끌어당기며, 나라들을 전복시킵니다. 집이 불에 타는 것을 보고도 집 안에 있는 사람들에게 위험한 경보를 말해 주지 않는 사람이 도대체 어디 있겠습니까? 나라가 침략을 당하는 것을 보고도 불을 붙여 봉화를 올리지 않을 사람이 또 어디 있겠습니까? 우는 사자처럼 삼킬 영혼을 계속해서 찾아다니는 마귀들을 보고도 크게 소리를 지르지 않은 사람이 과연 어디 있겠습니까? 무엇보다도, 우리가 다음과 같은 것들을 보았을 때, 즉 죄, 극악무도한 죄악, 한 나라가 집어삼켜지는 것, 한 나라가 가라앉는 것, 그 주민들이 이 땅에 살면서 영적이며 영원한 파멸을 맞게 되는 것 등을 보게 되었을 때, 우리는 "'그들의 취함이 포도주로 말미암음이 아니며 그들의 비틀거림이 독주로 말미암음이 아니니라'(사 29:9). 그들은 죄가 지닌 치명적인 독에 중독되어 있으므로, 이 불치병이 어떤 특효약을 수단으로 해서 진정되지 않는다면, 영혼과 육체와 재산과 이 나라까지 모조리 파멸시키고 멸망시킬 것이다"라고 말해야 되지 않겠습니까?

3. 이렇게 소리 지르는 저의 이 외침으로 인해 그렇게 멸망해가는 자들로부터 최소한 제 자신은 건짐을 받을 수 있을 것입니다. 왜냐하면 이런 문제에 있어서 일반적인 사람은 — 여기서 말하는 일반적인 사람이란 저처럼 작은 능력을 가진 사람을 말합니다 — 사악한 자들을 감지하여 그들을 비난하고, 또한 악행을 행하는 자들에게 심판으로 경고하며, 그들에게서 제 자신이 피하는 일 외에는 더 이상 어떤 일을 할 수 없기 때문입니다. 그러나 오! 제가 바라는 것은 저만 건짐을 받는 것이 아닙니다! 오, 많은 이들이 이렇게 소리 지르는 이 외침을 듣고서, 죄악으로부터 돌아서기를 원합니다. 그리하여 죄악에 동반되는 사망과 심판으로부터 이들이 안전하게 보호를 받았으면 좋겠습니다.

이 문제를 제가 어떤 방식으로 다루었는지는 아마도 제 자신이 가장 잘 알고 있을 것입니다. 그리고 저는 이 책 여기저기에서 언급되는 죄와 형벌의 주체, 즉 이런 죄를 저지른 사람들과 이런 형벌을 받을 사람들의 이름을 대부분 익명으로 하였습니다. 제가 그렇게 한 이유에 대해 잠시 언급하겠습니다.

(1) 그들이 저지른 죄악과 심판들이 모두 똑같이 공개적으로 행해지지 않았습니다. 어떤 죄악들이 자행되었지만, 그 죄악에 대한 심판은 비공개적으로 사람들이 보이지 않는 곳에서 행해진 경우도 있기 때문입니다. 그렇다고 해서 제가 이 사람들의 이름을 모르고 있는 것은 아닙니다. 이들의 이름들을 알고 있기

는 하지만, 그래도 저는 이들의 이름을 공개하지는 않을 것입니다. 비공개적으로 이루어진 심판을 제가 공개할 필요가 없다는 이유 때문입니다.

(2) 또한 저는 그들의 사후(死後)에 남겨진 그 친척들의 마음을 기분 나쁘게 하고 싶지 않았습니다. 비록 합당한 일이라 해도 저는 그들을 불쾌하게 하고 싶지 않았습니다. 멸망한 그들이 저지른 죄악들에 대한 형벌과 함께 그들의 이름까지 이 책에 기록하여 남겨 놓는다면, 그래서 그들의 이름과 그 형벌의 내용까지 이 세상에 드러낸다면, 저는 틀림없이 그 친척들의 마음을 불쾌하게 할 것이라고 생각했습니다.

(3) 그리고 저는 이들의 이름을 이 책에 기록한다면, 이들을 망신거리가 되게 하고 모욕하는 것이라고 생각하였습니다. 물론 제가 이런 결과를 의도한 것은 아니지만, 이런 폐해가 피치 못하게 생길 것이라는 생각을 하였습니다.

제가 이름을 언급한 자들의 경우는 그들이 저지른 죄악이나 심판이 너무나 분명한 경우들입니다. 거의 공개하다시피 한 이들의 경우는 그 죄질이 죽을 수밖에 없는 세상 인간들이 저지르는 수준에까지 도달한 경우입니다. 이런 경우에는 그들이 저지른 죄악을 드러내 보임으로써 그들의 수치를 공개하였을 뿐 아니라, 이들에 대해 공개적으로 보응하시는 하나님의 분노도 공개하였습니다. 욥도 "그들을 악한 자로 여겨 사람의 눈 앞에서 치심은"(욥 34:26)이라고 말하였습니다. 그러므로 그들의 죄와 심판을 만천하에 공개하였다고 해서, 다시 말해 이들로 인해 죄악에 대한 경고를 세상에 했다고 해서, 제가 그들에게 손해를 끼쳤다고는 생각하지 않습니다. 왜냐하면 이러한 주제들과 관련되어 공개적으로 이야기하는 것은 그들이 저지른 악행에 대한 심판이 세습되지 않도록 하기 위함이며, 또한 그들이 회개하여 하나님께 돌아서도록 자신들에 대해 생각하게 할 뿐만 아니라 자신이 행한 일들을 기억하도록 하기 때문입니다. 하늘의 하나님께서는 부정한 자들을 찾아가셔서 "나를 미워하는 자의 죄를 갚되 아버지로부터 아들에게로 삼사 대까지 이르게 하거니와"(출 20:5)라는 경고의 말씀을 하십니다.

느부갓네살 왕이 자신의 교만으로 인해 형벌을 받은 것은 널리 알려져 있습니다. 그는 자신의 죄악으로 인해 왕으로서 자신이 가진 품위를 잃었을 뿐 아니라, 사람들로부터도 쫓겨나서 소처럼 풀을 먹으면서, 짐승들과 함께 거하게 되었습니다. 다니엘은 느부갓네살의 아들인 벨사살 왕의 면전에서 말하기를 조금도 주저하지 않았습니다. 다니엘은 자신이 해석한 내용들을 장차 올 세대들도 읽고 기억하도록 널리 공포하는 것도 두려워하지 않았습니다. 이와 동일한 말들은 가룟 유다와 아나니아의 경우에서도 할 수 있습니다. 이들이 행한 죄악과 그들이 받은 형벌들은 "예루살렘에 사는 모든 사람에게"(행 1:19) 알려졌기 때문입니다.

자기 선조나 친척이 타락하여 죄악을 저질러 크고 두려운 심판을 공개적으로 받았는데도 불구하고, 이들의 자손이나 남겨진 친척들이 자신에게나 자기 집에 닥칠 하나님의 단호한 버리심을 간과하거나 잊거나 경시하게 되는 것은, 그들의 마음이 어찌할 수 없을 정도로 완고하거나 완악해서 그러는 것입니다. 이 말은 제가 그냥 하는 말이 아닙니다. 다니엘은 벨사살 왕의 죄악을 거론하면서 그의 심기를 더욱 불편하게 하였습니다. 왜냐하면 벨사살 왕이 교만하여 자기 마음을 더욱 완악하게 하였기 때문입니다. 벨사살 왕은 자신이 저지른 바로 그 죄와 허물로 인해 자기 부왕이 그 고귀한 왕좌에서 쫓겨나 당나귀와 한 무리가 되었다는 것을 알고 있었음에도 불구하고, 그렇게 교만하여 완악해 졌습니다. 다니엘은 "벨사살이여 왕은 그의 아들이 되어서 이것을 다 알고도 아직도 마음을 낮추지 아니하고"(단 5:22)라고 말하였습니다. 사실, 노골적이면서도 지속적으로 행해지는 허물에 대해서는 신랄한 책망, 다시 말해 가슴을 찌르는 것 같은 책망이야말로 가장 적절한 처방일 것입니다.

그러므로 자신이 저지른 죄악으로 인해 하나님으로부터 끔찍한 심판을 받아 하나의 표가 되어(신 16:9-12), 이 땅의 지면에서 배설물처럼 완전히 쓸어 내버려진 자들의 자손들이나 친척들은 다음과 같은 사실을 알아야 합니다. 즉,

자기 선조들이 지은 죄로 인한 심판이 그들의 문 앞에 임한 것처럼, 그 후손들이 지은 죄에 대한 심판도 그 후손들의 집 문을 두드릴 것입니다. 그 심판은 그들 앞서 선조들을 내리쳤던 무거운 징벌처럼 그 후손들에게도 임할 것입니다 (민 16:38-40). 다시 한 번 말합니다. 그 심판 날에 그들에게 자비가 임하기는커녕, 그들이 저지른 격심하고 대담하여 심판 자체를 모욕하는 죄악들에 대해서 자비 없는 심판이 그들에게 임하지 않도록 주의하십시오.

결론적으로 말하겠습니다. 악인 씨가 죽은 것처럼 그렇게 죽고 싶지 않은 사람들은 이 악인 씨가 걸은 길들을 주의해서 살펴보십시오. 왜냐하면 그가 걸었던 그 인생길로 인해 그의 끝이 임했기 때문입니다. 비록 사악함이 신앙 고백이라는 외투로 그 몸을 완전히 감싼다 해도, 사람은 사악함으로는 자신에게 주어진 그 인생길에서 구원받지 못하는 법입니다. 옛날에는 남자가 여자의 옷을 입는 것이 죄였다면, 지금은 죄인이 기독교의 신앙 고백을 외투로 삼고 입는 것도 틀림없이 죄일 것입니다.

오늘날에는 양의 가죽을 덮어쓴 이리 떼들이 영국에 가득합니다. 교리라는 외투, 실천이라는 외투를 입은 이리들도 수두룩합니다. 제가 들은 소문으로는, 어떤 사람들은 장사를 하면서 사람을 속여 재산을 불릴 목적으로 신앙 고백을 한다고도 합니다. 진실로 이들은 필요하다면 자기 이웃을 파멸시켜서라도 부정하게 재산을 축적하려는 자들입니다. 이러한 자들도 주의하십시오. 이런 일들을 행하는 자들은 더 큰 저주를 받게 될 것입니다. 그리스도인들이여, 복음에 합당한 대화로써 여러분이 한 신앙 고백이 빛나도록 하십시오.

그렇게 하지 않는다면, 여러분은 신앙에 해를 끼치고 여러분의 형제들을 실족하게 하며, 원수들의 마음을 상하게 할 것입니다. 이런 행동을 할 바에야 차라리 연자 맷돌을 그 목에 매어 깊은 바다에 던져지는 것이 더 나을 것입니다. 그리스도인들이여, 요즘은 복음에 합당한 신앙 고백이 드뭅니다. 그러므로 여러분은 복음에 합당한 신앙 고백을 추구하십시오. 그런 신앙 고백으로 옷 입고, 흠 없이 그 신앙 고백을 유지하며, 희고 정결한 여러분이 되도록 하십시오. 그러면 여러분은 보기 드문 그리스도인이 될 것입니다.

디모데후서 3장에 나오는 마지막 때에 대한 예언을 저는 다음과 같이 이해하고 있습니다. 즉, 말세에는 신앙 고백을 한 자들 대부분이 비열한 자들일 것이라는 말씀으로 받아들입니다. 그러나 여러분은 여러분이 배운 것들을 계속해서 행하십시오. 부정한 사람이 되어서도 안 되고, 방탕한 사람이 되어서도 안 됩니다. 오직 말씀을 따라 하나님께서 가르쳐 주신 그 가르침을 따라 행하십시오. 다시 말해 경건을 좇아 행하십시오. 그러면 여러분은 흰 옷을 입고서 그리스도와 동행하게 될 것입니다.

이제 전능하신 하나님이시여, 당신의 백성들에게 은혜를 베푸시어, 주의 백성들이 죄인들을 미워하거나 헐뜯지 않고, 그들이 행하는 길은 어떤 길이라도 따라서 걸어가지 않으며, 오직 이들이 알고 사랑하여 신앙 고백한 그 법도와 이름에 합당하게 말하고 행동함으로써, 모든 사람들의 피로부터 그들이 순전함을 지킬 수 있도록 하옵소서. 예수 그리스도의 이름으로 간구하옵나이다.

존 번연

제1장

악인의 죽음과 그 끔찍한 결과들

현인 씨(Mr. Wiseman): 안녕하세요, 나의 선한 이웃인 경청 씨(Mr. Attentive), 그런데 이렇게 이른 아침에 어디를 가십니까? 제가 보기에 여느 때와는 달리 안색이 좋아 보이지 않는데, 걱정되는 문제라도 있으신지요? 혹시 집에서 키우는 가축들 가운데서 어느 한 마리를 잃기라도 하셨습니까? 그게 아니라면, 어떤 다른 문제가 있으신지요?

경청 씨(Mr. Attentive): 훌륭하신 선생님, 안녕하십니까? 제가 지금까지 잃은 것은 아무것도 없습니다. 하지만 선생님께서는 제 안색을 제대로 살피셨네요. 지금 제 마음에는 걱정이 하나 있습니다. 제 마음이 편하지 않은 이유는 이 세대가 악하기 때문입니다. 선생님은 과연 우리 모든 이웃들이 알고 있는 대로, 사태를 아주 예리하게 살피는 분이십니다. 그래서 감히 간청합니다. 선생님께서는 이 세대에 대해 어떻게 생각하고 계시는지 말씀해 주시기를 바랍니다.

현인 씨: 글쎄요. 제 생각도 당신이 말한 바와 같습니다. 다시 말해 지금 이

세대는 악한 세대라고 생각합니다. 사람들이 개선되지 않는 한, 이 세대는 앞으로도 계속해서 악한 세대로 지속될 것입니다. 왜냐하면 이 악한 세대를 만드는 것이 바로 악한 사람들이기 때문입니다. 하지만 사람들이 변한다면, 이 세대도 변화될 것입니다. 죄악이 이렇게 기승을 부리고, 그 죄의 열매를 탐하고자 궁리하는 자들이 이렇게 많이 있는 한, 선한 날들을 기대하는 것은 어리석은 일입니다. 하나님께서 이 세대를 멸하시고, 이 악한 세대의 열매를 탐하는 자들을 회개시키신다면, 그제야 나의 선한 이웃인 당신 같은 분들이 지금 하는 그런 걱정을 하지 않게 될 것입니다. 지금 당신은 이 시대가 너무나 악하기 때문에 걱정하고 있지만, 그 때가 되면 시대가 너무나 선해서 당신은 걱정하게 될 것입니다. 지금은 당신이 이 시대를 보면서 너무나 당황스러워 걱정하고 있지만, 그 때가 되면 당신의 목소리로 기쁨의 환호성을 어떻게 질러야 할지를 걱정하게 될 것입니다. 제가 감히 말씀드리지만, 당신은 그런 날들을 보게 될 것이며, 그런 날들을 보고서 당신은 기쁨의 환호성을 지르게 될 것입니다.

경청 씨: 맞습니다. 틀림없이 그렇게 될 것입니다. 저도 그런 날이 오기를 바라고 있습니다. 그런 때가 오기를 정말 간절히 갈망하고 있습니다. 그런데 이 세상은 예전보다 개선되기는커녕 점점 더 악해지는 것 같아 두렵습니다.

현인 씨: 경청 씨, 그렇게 성급하게 결론을 내리지는 마십시오. 인간의 마음을 손아귀에 쥐고 계신 그분께서는 사람들의 악한 마음을 선한 마음으로 바꾸시고, 이렇게 악한 세대를 선한 세대로 바꿀 수 있기 때문입니다. 하나님께서 선한 사람들에게, 특별히 세상에서 하나님을 섬길 수 있는 능력을 가진 자들에게, 장수(長壽)할 수 있는 은혜를 베풀어 주시기를 기원합니다. 하나님과 그의 기이한 일들이 주는 아름다움 못지않게 이 세상을 아름답게 꾸미는 일을 하는 자들은 경건함으로 밝게 빛나는 자들입니다.

현인 씨는 이와 같은 말을 하고서 크게 한숨을 내쉬었다.

경청 씨: 그렇습니다. 지당하신 말씀입니다. 그런데 선한 선생님, 당신은 왜 그렇게 깊은 한숨을 내쉬는 것입니까? 당신이 알아차린 제 걱정거리 외에 또 다른 걱정이라도 있으신 건가요?

현인 씨: 저도 당신과 마찬가지로 이 악한 시대 때문에 걱정을 하고 있습니다. 그런데 당신이 눈여겨 본 바와 같이 제가 한숨을 내쉰 이유는 그것 때문이 아닙니다. 사실, 어제 우리 마을에서 조종(弔鐘)을 울리며 애도한 어떤 한 사람의 죽음이 기억나서 한숨을 내쉰 것입니다.

경청 씨: 혹시 당신의 이웃인 선인 씨(Mr. Goodman)가 돌아가신 것은 아니겠지요? 사실은 그분이 아프다는 이야기를 들었거든요.

현인 씨: 아닙니다. 그럴 리가 있나요. 절대 그분은 아닙니다. 차라리 그분께서 돌아가셨더라면 제가 이렇게 걱정하지도 않고, 또 지금처럼 걱정할 마음조차 생기지 않았을 것입니다. 혹시라도 그 선인 씨께서 돌아가셨다면, 이 세상의 등불 하나가 꺼진 것에 대해서는 슬퍼하며 걱정했을 것입니다. 하지만 제가 지금 걱정하고 있는 사람은 지금까지 한 번도 선량했던 적이 없던 사람이기에, 죽는 것으로 끝이 나지 않고 저주까지 받을 그런 사람입니다. 그의 죽음은 죽어야 할 사람이 죽은 것이며, 그는 생명에서 사망으로 옮겨졌다가 또 다시 사망에서 사망으로 옮겨져, 마침내 자연적인 죽음에서 영원한 죽음으로 옮겨진 것이지요.

현인 씨는 이 말을 하면서, 두 눈에 눈물을 글썽거렸다.[1]

경청 씨: 임종을 맞은 침상에서 지옥으로 떨어진다는 것은 생각만 해도 정말 끔찍한 일입니다. 그런데 선한 이웃인 현인이신 선생님, 선생님께서 괜찮으

---

1 "불의한 자가 하나님의 나라를 유업으로 받지 못할 줄을 알지 못하느냐?"—고전 6:9 불의한 자들은 평화의 왕인 그리스도에게 속하지 않고, 오히려 공중 권세 잡은 세력에게 속해 있다. 또한 그들은 복음의 위로 대신에 율법의 저주를 받게 된다. 그래서 천국 대신 지옥에 가게 되어, 하나님과 지복(至福)으로부터 영원히 배제된다! 죄인들이여, 지금 이러한 것들을 생각할지어다 — 원주.

시다면, 이 악인 씨가 도대체 어떤 사람이며, 또 그가 왜 이런 비참한 죽음으로 생을 마감하게 되었는지 제게 말씀해 주시면 좋겠습니다.

현인 씨: 글쎄요. 당신이 나와 함께 여기 머무를 수 있다면, 그가 어떤 사람이었는지, 또한 제가 왜 그 사람에 대해서 그런 판단을 내렸는지 말씀드리겠습니다.

경청 씨: 저는 지금 여유가 있기 때문에, 여기 머물며 선생님께서 해주시는 말씀을 끝까지 다 듣고 싶습니다. 선생님께서 해주시는 말씀을 제 마음에 새겨서 그 이야기로 인해 제가 좀 더 선한 사람이 되었으면 좋겠다고 하나님께 기도드렸습니다.

그리하여 두 사람은 어떤 나무 아래에 함께 앉았다. 그러자 현인 씨가 다음과 같은 이야기를 시작하였다.

현인 씨: 제가 지금 말씀드리려는 사람은 악인 씨라고 불리는 사람입니다. 그는 우리 마을에 아주 오랫동안 살던 사람이었습니다. 물론 지금은 앞서 말한 바와 같이 죽었지요. 제가 그의 죽음에 대해서 관심을 가지는 이유는, 그가 저와 어떤 관계가 있다거나 그가 임종할 때 어떤 덕스러운 모습을 보여주었다거나 하는 그런 것과는 전혀 거리가 멀기 때문입니다. 제가 앞에서도 그의 죽음에 대해 얼핏 말한 바대로, 오히려 그는 한 번에 두 번의 죽음을 죽었기 때문에 제가 크게 두려워하는 것입니다.

경청 씨: 한 번에 두 번 죽는다는 말로 당신이 하신 말씀의 뜻을 알 것 같습니다. 솔직히 말해서 어떤 사람이 땅에 묻힌다는 생각만 해도 사실 저는 두렵습니다. 경건하지 않은 자들이나 죄인들의 죽음에 대해서는 아주 소수의 사람들의 마음속에서만 기억됩니다. 하지만 그럼에도 불구하고 경건하지 않은 사람인 죄인인 상태로 죽는다는 것은, 사람들이 상상하는 것보다 훨씬 더 두렵고 끔찍한 일입니다. 실제로 인간에게 영혼이 없다면, 그리고 그 영혼의 상태가

영원한 것이 아니라면, 문제는 훨씬 더 쉬울 것입니다. 하지만 인간은 자신을 만든 창조주의 섭리 안에 있으면서, 영원히 감각을 가진 존재로 지음을 받았기 때문에, 인간이 보응하시는 의의 손 아래로 떨어진다는 것, 다시 말해 자신이 지은 죄에 상응하는 형벌이 아니라 죄인에게 줄 수 있는 최악의 마지막 형벌인 음침한 지옥 맨 밑바닥에 처넣는 형벌을 인간이 받는다는 것은, 이루 형언할 수 없을 정도로 서글프고 비통한 일임에 틀림없습니다.

현인 씨: 제 생각에 한 영혼의 가치를 아는 자라면, 회개하지 않은 자들이 죽었다는 소식을 듣고서 슬퍼하고 애통하면서 괴로워하지 않을 사람이 없을 것입니다. 왜냐하면 당신이 이미 잘 말한 바와 같이, 인간의 상태는 감각을 영원히 가진 존재이기 때문입니다. 죄의 형벌이 더욱 무겁게 느껴지는 것도 이 영원한 감각 때문입니다. 하지만 이 지옥 형벌을 감각만 받는 것이 아닙니다. 감각이 받는 형벌이 전부가 아니라는 말입니다. 인간은 감각도 가지고 있지만, 이성도 가지고 있기 때문입니다. 그래서 감각이 슬픔 가운데 형벌을 받을 때, 감각은 느낌이 있기 때문에 그 동일한 형벌 아래서 피를 흘리기도 합니다. 이와 마찬가지로 이성 또한 고통 가운데 형벌을 받게 됩니다.

그런데 현재 당하는 이 모든 고통은 이성에 의해 더 가중됩니다. 이성으로 인해 고통이 가중되는 경우는 다음의 세 가지입니다. (1) 이성은 스스로 이런 생각을 할 것입니다. 도대체 내가 왜 이렇게 고통을 받고 있는 것인가? 이성은 이렇게 실문하고서, 이내 *그*것은 바로 비열하고도 더러운 죄 때문이라는 것을 쉽게 알게 될 것입니다. 하지만 지금 이런 짜증과 함께 형벌을 받는다면, 그 고통은 더욱더 크게 느껴질 것입니다. (2) 이성은 스스로 이런 생각도 할 것입니다. 이런 나의 상태가 과연 언제까지 계속될 것인가? 이 질문과 함께 즉시 다음과 같은 대답이 그 이성에게 생각날 것입니다. 즉, 이 상태가 나의 영원무궁한 상태일 수밖에 없다는 생각 말입니다. 이런 상황도 현재 받고 있는 고통을 더욱 가중시키게 될 것입니다. (3) 이성은 스스로 이런 생각을 할 것입니다. 내가 저지른 나의 죄악으로 인해 현재의 안락함과 평온함 외에 내가 더 잃은 것은 과

악인이라는 것은 가장 나쁜 것이요, 악인으로 죽는다는 것은 가장 슬픈 일이다.
악인은 이것을 생각하고, 영원한 복락에서 떨어지지 않도록 하라.

(원서 초판의 삽화)

연 무엇일까? 이성이 이런 질문을 제기하자 다음과 같은 생각이 신속하게 대답으로 떠올랐습니다. 즉, 나는 하나님과 그리스도와 성도들과 천사들과의 교제를 잃었으며, 천국과 영생에도 참여하지 못하게 되었다는 생각이 그 답이었습니다. 이런 생각들로 인해 지옥 형벌을 받는 가련한 영혼들의 비참함은 틀림없이 더욱더 커졌을 것입니다. 이것이 바로 악인 씨의 경우입니다.

경청 씨: 그런 상태에 처하게 된다는 생각만 해도 제 마음은 전율을 느낍니다. 지옥! 그 지옥의 고통이 어떠한지를 지금 살아 있는 자들은 감히 알기나 하겠습니까? 지옥이라는 이 말 자체가 주는 어감도 매우 끔찍한 인상을 줍니다.

현인 씨: 그렇습니다. 민감한 양심을 가진 자들의 귀에는 틀림없이 그렇게 들릴 것입니다. 그런데 당신이 말한 대로 지옥이라는 바로 그 말만 들어도 참으로 이렇게 끔찍한 인상을 받게 된다면, 지옥이라는 곳 자체는 과연 어떠하고, 거기서 고통 받는 형벌은 또 어떠하며, 한순간도 중단되지 않고 계속해서 영원무궁히 지옥 형벌을 받는 영혼들은 또 어떠하겠습니까?

경청 씨: 잘 알겠습니다. 이제는 다른 얘기를 좀 해주시면 좋겠습니다. 저는 지금 여유가 있어서 여기에 좀 더 머무를 수 있을 것 같습니다. 그러므로 이제는 선생님은 왜 악인 씨가 지옥에 갔을 것이라고 생각하는지 그 이유에 대해서 말씀해 주셨으면 합니다.

현인 씨: 예, 당신에게 말씀드리지요. 그런데 먼저 제가 말하고 있는 이 악인들이 누구인지 당신은 알고 있습니까?

경청 씨: 뭐라고요? 악인 씨가 한 사람이 아니라 여러 사람입니까?

현인 씨: 오, 그럼요. 아주 많습니다. 형제들도 있고 자매들도 있습니다. 이들 모두가 경건한 부모를 둔 자녀들입니다. 그러니 더욱더 안타까운 일이지요.

경청 씨: 그렇다면 죽은 사람은 그 많은 사람들 가운데 도대체 누구입니까?

현인 씨: 장남입니다. 나이로 보나, 죄 지은 햇수로 보나 제일 연장자이지요. "백 세 된 죄인은 저주를 당한 것이라"(사 65:20 개역개정 이역[異譯])는 말씀처럼 나이가 제일 많은 악인이 죽었던 것입니다.

경청 씨: 잘 알겠습니다. 그런데 선생님은 어떤 근거로 그가 지옥에 갔다고 생각하십니까?

현인 씨: 그의 사악한 삶과 끔찍한 죽음, 특별히 그가 죽을 때의 모습이 그의 삶과 아주 잘 어울리기 때문입니다.

경청 씨: 그가 어떻게 죽었는지 선생님께서 그렇게 잘 알고 계신다면, 그가 죽을 때의 모습이 어떠했는지를 부디 말씀해 주시기 바랍니다.

현인 씨: 저는 그가 죽을 때 그곳에 있었습니다. 하지만 그가 죽은 것처럼 그렇게 죽는 사람을 제가 살아 있는 동안에는 또다시 보고 싶지 않습니다.

경청 씨: 그 때의 상황을 말씀해 주십시오.

현인 씨: 당신은 시간적 여유가 있어서 여기 잠시 머물러 있을 수 있다고 말하였습니다. 그러니 당신이 원한다면, 그 악인 씨가 살아온 생애에 대해 순서대로 차근차근히 얘기를 나눠 보도록 하지요. 먼저 우리는 그가 어떻게 살아왔는지에 대한 얘기부터 시작해서, 그가 어떻게 죽었는지에 대한 얘기까지 나눠 보도록 하겠습니다. 당신이 이 두 번째 이야기, 즉 그가 어떻게 죽었는지에 대해 듣게 된다면, 첫 번째 이야기인 그가 어떻게 살아왔는지에 대한 이야기가 당신에게 더 큰 인상을 줄 것입니다.

경청 씨: 그런데 선생님은 그가 어떻게 살아왔는지 어떻게 그리 잘 알고 있으십니까?

현인 씨: 저는 그가 어린아이였을 때부터 알고 있었습니다. 그가 작은 어린아이였을 때 저는 장성한 어른이었습니다. 그래서 저는 그가 어떻게 자랐는지 그 처음부터 끝까지를 모두 다 자세히 지켜볼 수 있었습니다.

경청 씨: 그렇다면 그의 삶에 대해 말씀해 주시기 바랍니다. 가능하다면 아주 간단하게 말씀해 주셨으면 좋겠어요. 저는 그가 어떻게 죽었는지 그 얘기부터 몹시 듣고 싶습니다.

제2장

악인이 유년시절에 행한 악한 행동들

현인 씨: 당신의 바람에 충분한 대답이 되도록 노력해 보겠습니다. 먼저 당신에게 말하고 싶은 사실은 그가 어린아이 때부터 아주 악했다는 것입니다. 그는 아주 어릴 때부터 성격이 험악하였습니다. 그렇게 못된 성격에서 어떤 선한 것이 나올 것이라고는 아예 기대조차 하지 못했던 그런 아이였습니다. 그는 아주 어린 나이일 때부터 몇 가지 죄악들을 행했는데, 그것은 그에게도 있는 원래 타락하여 오염된 악한 인간 본성을 분명하게 드러내는 것이었습니다. 제가 감히 말하지만, 그는 그러한 죄악들을 자기 아버지나 어머니로부터 배운 것이 아니었으며, 그렇다고 해서 아주 멀리 돌아다니면서 사악한 다른 어린아이들과 어울리며 배운 것도 아니었기 때문입니다. 아니, 반대로 여러 아이들 사이에 있으면서, 나쁜 말들을 지어내고, 나쁜 행동을 하는 본을 보여준 것이 바로 그였습니다. 말하자면 그는 그 모든 어린아이들 가운데서 줄곧 우두머리였으며, 어린아이 때부터 죄를 짓는 일에서는 선수였습니다.

원죄는 실제적인 죄악의 뿌리이다.

경청 씨: 선생님의 말씀을 듣고 보니, 그는 정말 출발부터 악했고, 자신이 원래부터 타락하여 아주 많이 더럽혀진 것을 분명하게 보여준 것 같네요. 어린아이들은 이 세상에 태어날 때부터 죄악에 오염되어 있으며, 청년이 되어서도 종종 죄를 짓기도 하지만, 특별히 아주 어릴 때부터 아이는 자기 앞에 있는 다른 사람들의 본을 보고서 죄를 짓기보다는 오히려 자기 속에 내주하고 있는 죄악에 이끌려 죄를 짓는 것 같습니다. 이것이 죄에 대한 저의 견해이며, 솔직한 제 마음이기도 합니다. 물론 어린아이들이 다른 사람들이 하는 본을 보고서 죄를 짓기도 하겠지만, 다른 사람의 본을 본다는 것이 핵심이 아니라, 사악함으로 유혹을 받는다는 것이 핵심이겠지요. 죄의 핵심인 뿌리는 사람 속에 있는 죄악입니다. "속에서 곧 사람의 마음에서 나오는 것"(막 7:21)에서 말하는 죄입니다.

현인 씨: 당신도 나와 같은 생각을 하고 있는 것 같군요. 당신이 하는 말을 들으니 제 마음도 기쁩니다. 저는 당신이 한 말에다가 성경에서 암시하는 몇 말씀들을 더하여 당신의 생각을 확증했으면 좋겠다는 생각이 듭니다. 사람은 출생할 때부터 부정한 짐승인 들나귀 새끼(욥 11:12) 같으며, 피투성이인 채로 버려진 비참한 어린아이(겔 16)에 비유되고 있습니다. 그리고 옛날부터 하나님께 드려진 처음 난 모든 자는 난 지 한 달 안에 대속하도록 되어 있었는데, 이것은 어린아이들이 다른 사람들을 모방하여 죄를 짓기 이전에 행하도록 한 것입니다(출 13:13; 34:20). 또한 성경은 한 사람의 죄악으로 인해 모든 사람에게 심판이 임했음을 확실히 말하고 있는데, "모든 사람이 죄를 지었으므로"(롬 5:12) 이 모든 일들이 일어났다는 이유를 설명하고 있습니다. 게다가 그리스도께서 자신의 죽음으로 원죄를 없이하셨다는 사실에 반대하는 것은 무모한 주장이고, 일고의 가치도 없는 말씀입니다. 왜냐하면 첫째로 이런 반대 주장은 성경적인 근거가 없으며, 둘째로 이런 대속의 교리를 반대한다면 그 반대자들은 그리스도로부터 구원을 받을 수 없기 때문입니다. 자신이 죄인인 줄을 고백하

지 않는 자들은 그분으로부터 절대로 구원을 받을 수 없습니다. 이 외에도 많은 이유들을 덧붙일 수 있겠지요. 당신이나 저처럼 이 문제에 대해 전적으로 동의하는 사람들에게는 이 정도 설명으로도 충분하겠지만, 이 문제에 대해서 우리와 뜻을 달리하는 논적(論敵)들을 대하게 된다면, 우리는 때로 그 반대자를 위해 더욱 강력한 논거들을 준비해야 할 것입니다. 물론 우리가 상대할 만한 가치가 있는 논적일 경우에만 그런 준비를 해야겠지요.

경청 씨: 그런데 앞에서도 잠시 말씀하셨듯이, 이 악인이 죄인들 가운데 우두머리라고, 다시 말해 다른 어린아이들 가운데서도 해악을 끼치는 일에서는 선수라고 하셨는데, 제가 듣기에는 다소 막연한 것 같습니다. 죄송하지만 그가 유년시절에 저지른 죄악들에 대해 좀 더 구체적으로 말씀해 주셨으면 좋겠습니다.

현인 씨: 그러면 좀 더 구체적으로 말씀드리겠습니다. 그가 어린아이였을 때 그는 거짓말을 너무나 감쪽같이 해서, 그의 부모들조차도 그가 하는 말이 참말인지 거짓말인지, 그의 말을 과연 믿어야 할지 도통 갈피를 잡을 수 없었습니다. 그 뿐 아니라, 그가 거짓말을 만들어내서 사람들에게 말해야겠다고 마음먹으면, 잠시 머뭇거리다가 이내 거짓말을 지어냈는데, 뻔뻔하게도 얼굴색하나 변하지 않고 그런 거짓말들을 잘하였습니다. 그래서 사람들은 이런 죄악의 방향으로 흐르기 시작한, 완악하고도 절망적인 그의 마음 상태의 여러 징후들을 바로 그의 행동거지에서 이미 읽을 수 있었습니다.

경청 씨: 사실, 거짓말하는 것은 악을 향한 출발입니다. 따라서 그가 한 거짓말들은 죄악 가운데서 그가 서서히 완악해지기 시작했다는 증거가 될 수도 있을 것입니다. 왜냐하면 거짓말은 자신이 모르고서 말하거나 주장할 수 없기 때문입니다. 제 생각에 그는 이렇게 거짓말을 하면서 완악한 자신의 인생행로에 접어든 것 같습니다. 이렇게 태연하게 거짓말을 하기 위해서는 그의 마음도 완악해져야만 했을 테니까요. 간단히 말하자면, 그는 자기 마음을 완악하게 해서, 거짓말을 담대하게 할 수 있었던 것입니다.

알고서도 거짓말을 하는 것은

그 마음이 절망적으로 완악해져 있음을 분명히 말해준다.

　사실, 그가 그 정도로 거짓말을 하기 위해서는 사악함의 정도가 극에 달했던 것이 분명합니다. 선생님께서 앞서 지나가듯 말씀하신 것처럼, 그가 자기 아버지와 어머니로부터 선한 교육을 받았음에도 불구하고, 그 모든 교육에 반하여 이 모든 일들을 행하였던 것으로 봐도 그의 사악함은 이미 한계를 넘어선 것 같습니다.

현인 씨: 어린아이들이 그렇게 쉽게 악한 일을 행하고 빨리 악하게 되는 이유들 가운데 많은 부분은, 당신이 넌지시 말한 바대로 선한 교육을 받지 못한 탓일 것입니다. 특히 선한 교육을 받지 못했을 뿐만 아니라, 악한 본보기까지 많이 접한 경우는 더욱더 안타까운 경우입니다. 그런데 그런 가정들이 많이 있습니다. 불쌍한 어린아이들이 죄악 가운데 양육을 받고 훈련을 받아 결국 마귀의 길과 지옥으로 향하게 됩니다.

　하지만 이 악인 씨의 경우는 이런 어린아이들과 달랐습니다. 왜냐하면 제가 알기로 그의 거짓말하는 습성으로 인해 그의 부모는 심히 마음 아파했기 때문입니다. 자기 아들이 이렇게 인생을 시작하는 것에 대해서 그 부모는 크게 낙담하였습니다. 부모가 아들을 훈계하거나 꾸짖지 않은 것도 아니었습니다. 또 그 아들을 선하게 키워보고자 그의 행동을 바로잡는 수고도 아끼지 않았습니다.

거짓말하는 자가 받을 분깃

　"'거짓말하는 모든 자들은 불과 유황으로 타는 못에 던져지리니'(계 21:8, 27), '거짓말을 좋아하며 지어내는 자는'(계 22:15) 새 하늘에 있는 예루살렘에 참여하지 못한다"는 말씀을 그 부모는 아들의 귀에 못이 박힐 정도로 계속해서 말해 주었으며, 그 아들은 이 말씀을 더 이상 듣고 싶지 않다고 말했습니다. 이 아들에게는 이 모든 것들이 허사였습니다. 적절한 때가 되면, 즉 그가 거짓말하기에 좋은 기회가 오면 그는 어김없이 거짓말을 지어내어 말하였습니다. 그는 자신이 하는 말이 지금까지 자기가 한 말들 가운데서 가장 진실한 말인 것처럼, 단호한 표정에 마음까지 담아 아주 확고하게 그 거짓말을 주장했기 때문에, 옆에서 듣고 있던 자들이 모두 놀랄 정도였습니다.

그보다 더한 것은, 자기 자녀가 지옥에 떨어지지 않도록 하려고 부모가 사용하도록 하나님께서 정해 놓으신 그 징계하는 채찍 아래에서도, 그는 이와 같이 담대하게 거짓말을 하였습니다(잠 22:15; 23:13-14).

마귀의 새끼

경청 씨: 제가 앞에서 말한 바와 같이, 진실로 그의 삶은 그 시작부터가 악한 출발이었군요. 그는 서서히 마귀를 섬겼던 셈이네요. 진실로 그는 마귀 새끼 가운데 한 사람으로 양육을 받았던 것 같습니다. 왜냐하면 "이는 그가 거짓말쟁이요 거짓의 아비가 되었음이라"(요 8:44)는 말씀처럼, 거짓말하는 영혼은 마귀의 새끼이기 때문입니다.

현인 씨: 맞습니다. 정말 마귀는 거짓의 아비인 것이 맞습니다. 거짓은 마귀를 아버지로 삼고, 사악한 마음을 어머니로 삼아 태어나게 됩니다. 그래서 성경의 어떤 곳에서는 "어찌 사탄이 네 마음에 가득하여 네가 성령님께 거짓말을 하고"(행 5:3[KJV], "어찌하여 사탄이 네 마음에 가득하여 네가 성령을 속이고"[개역개정])라고 말씀하고 있습니다. 그렇습니다. 마귀는 거짓으로 담대해진 마음을 부릅니다. 그 마음 또한 말하자면 마귀가 준 마음입니다. "어찌하여 이 일을 네 마음에 두었느냐 사람에게 거짓말한 것이 아니요 하나님께로다"(행 5:4). 그렇습니다. 마귀가 하는 거짓말은 거짓말 중에서 가장 최고급의 거짓말입니다. 하지만 모든 거짓말은 제가 조금 전에 말씀드린 바와 같이 동일한 아버지와 어머니를 가지고 있습니다. "이는 그가 거짓말쟁이요 거짓의 아비가 되었음이라."

거짓의 아비와 어미

거짓은 지옥의 새끼이기도 합니다. 사람이 마귀와 일종의 영적 간음을 범하지 않고서야 그 마음에 거짓을 품을 수가 없습니다. 그러므로 고의로 거짓말을 하는 영혼은 마귀와 함께 누워, 다시 말해 거짓의 유일한 아버지인 마귀와 동침하여 그 거짓말을 품게 된 것입니다. 거짓말은 유일한 한 아버지와 한 어머니 사이에서 태어났습니다. 즉, 거짓말은 마귀와 사람의 마음 사이에서 태어났습니다. 거짓을 품고 낳아 기르는 마음이 마귀와 아주 닮은 모습을 하고 있다고 해도 절대로 놀라지 마십시오.

그리고 하나님과 그리스도께서 거짓말하는 자들에 대해서 매우 심하게 말씀하신다 해도 여러분은 절대 놀라지 마십시오.[1] 거짓말하는 자는 마귀와 혼인한 자이기 때문입니다.

경청 씨: 거짓은 마귀의 자손이어서, 영혼을 마귀의 소굴, 즉 어두운 지옥 구렁텅이로 인도할 것이기 때문에, 사람들은 매우 절망적으로 사악해져서 아주 끔찍한 일에도 무덤덤해질 것입니다. 이런 일들이 제 두 눈에는 그저 기이한 일로 보일 뿐입니다.

현인 씨: 제 눈에도 기이하게 보입니다. 특히 정말 아무것도 아닌 것을 가지고, 어떤 사람들은 이를 연구하고 궁리하여 마침내 거짓말을 지어내서 사람들에게 말하는 것을 보면, 더욱 기이할 따름입니다. 당신도 알고 있겠지만, 어떤 사람들은 반복해서 거짓말을 합니다.

어떤 사람들은 돈 한 푼 때문에 거짓말을 하기도 한다.

그것도 돈 한 푼 때문에 그런 거짓말을 하기도 합니다. 그들은 자신이 하는 말이 거짓말인 줄을 알면서도, 그런 거짓말을 하고 또한 그 거짓말을 우기기

---

1 거짓말하는 범죄에 대한 성경의 고발은 특별히 더욱더 끔찍하다. 거짓말과 살인은 저주를 함께 받는다. "거짓말하는 자들을 멸망시키시리이다 여호와께서는 피 흘리기를 즐기는 자와 속이는 자를 싫어하시나이다"(시 5:6) — 원주.

까지 합니다. 게다가 거짓말을 해도 자기에게는 전혀 이득이 없는데도, 거짓말에 거짓말을 더하는 것을 절대로 포기하지 못하는 자들이 있음을 당신은 알고 있을 것입니다. 그들은 이웃 사람들과 나누는 평범한 대화나 그들이 전하는 소식이나 농담이나 이야기 등에도 거짓말을 조금씩 보태야만 직성이 풀리는 자들입니다. 그들은 자기들이 하는 말을 거짓말로 치장합니다. 그들은 자신이 하는 말을 거짓말로 꾸미지 않으면, 다른 사람들의 귀에 솔깃하게 말을 전할 수 없으며, 그들의 말을 듣는 사람들에게 좋은 인상을 주지 못할 것이라고 생각하는 듯합니다.

하지만 안타깝습니다! 이런 거짓말을 한 자들에게 앞으로 일어날 일들을 생각하면 마음이 아픕니다. 그들은 자신들이 한 거짓말로 인해 지옥에 떨어져, 그 마음에 거짓말을 심어준 마귀들 가까이에서 불과 유황으로 고통을 받게 될 것입니다. 그들은 거짓말로 인해 영원 무궁히 마귀들과 함께 고통을 받지 않겠습니까?

경청 씨: 거짓말쟁이들에게 내려질 하나님의 심판에 대해서 사례들을 들어가며 설명해 주신다면, 사람들이 그 설명을 듣고서 거짓말쟁이들에게 말해 줄 수 있지 않겠습니까? 혹시라도 거짓말쟁이들이 이 이야기를 듣고서 거짓말하는 것을 두려워하거나 부끄러워할 수도 있을 테니 말입니다.

거짓말쟁이들에 대한 한 사례

현인 씨: 사례를 들어서 설명해 달라고요! 그렇다면 아나니아와 그의 부인의 경우는 어떨까요? 이 부부는 거짓말을 하다가 성도들이 보고 있는 가운데 하나님께서 친히 치심으로 죽게 된 경우입니다. 거짓말에 중독된 영혼들로 하여금 더 이상 거짓말을 하지 않게 하기에 충분한 예가 될 수 있을 것 같은데요(행 5). 하지만 거짓말쟁이들에 대한 하나님의 징계, 즉 거짓말쟁이들은 지옥 불에 떨어진다든지 하늘나라에 들어가지 못한다는 말들이, 그들이 거짓말을 버리고 더 이상 거짓말하지 못하도록 하는 데 더욱 효과적이지 않겠습니까? 하

지만 이런 식으로 그들에게 임할 심판에 대해 잠시 말해 준다고 해서, 그들이 이 세상에서 지금까지 해왔던 거짓말들을 완전히 청산할 것이라고는 전혀 상상할 수 없을 것입니다. 어쨌든 이미 말한 바와 같이, 거짓말하는 죄는 악인 씨가 중독된 여러 죄악들 가운데 한 가지 죄이며, 그는 이 거짓말하는 죄를 능수능란하게 저질렀고 아주 끔찍하리만큼 잘 써먹었습니다.

다른 죄악들도 함께 범하게 하는 거짓의 영

경청 씨: 그에 대한 말들을 들으니 안타까운 마음이 듭니다. 하지만 앞으로 그에 대한 더 많은 얘기들을 듣게 될 텐데, 그렇다면 안타까운 마음이 더 많이 생길 것 같습니다. 왜냐하면, 제가 우려하는 바이기도 하지만, 이 거짓말하는 죄만 그의 마음을 다스렸을 것 같지는 않기 때문입니다. 보통 거짓말하는 것이 몸에 밴 사람들은 거짓말 외에도 다른 죄악에 익숙해지지 않습니까? 만약 이 악인 씨의 경우가 그렇지 않았다면, 그것은 정말 놀랄 만한 일일 것입니다.

현인 씨: 맞는 말씀입니다. 거짓말쟁이들은 단순히 거짓말만 하는 것이 아니라, 사실은 거짓의 영에 아주 단단히 사로잡힌 거짓 영의 종들입니다. 그래서 이 악인 씨도 어릴 때부터 거짓말을 하였을 뿐만 아니라, 도둑질이라 할 수 없을 정도로 작은 것을 훔치는, 거의 바늘 도둑에서부터 시작하여 이제는 제대로 더 큰 것을 훔치는 소도둑이 되었습니다.

도둑질에 빠져든 악인

이제 그는 남의 것을 훔치는 생각만 하게 되었습니다. 그는 흔히 말하는 대로, 어떤 것이든 그 물건 위에 자기 손을 슬쩍 올려 놓았습니다. 그것이 친구들의 것이든, 이웃집에 있는 것이든 상관없이 무엇이든 가져갔습니다. 그러고는 그 물건들을 거머쥐고서 자기 것으로 여겼습니다. 여기서 당신은 제 얘기를 잘 들어야만 합니다. 무슨 말인가 하면, 그가 어린아이였을 때는 큰 물건은 훔칠 엄두도 내지 못했습니다. 특히 처음에 훔칠 때는 더더욱 그러하였

도둑질

도둑질하지 말라 - 출 20:15

부모의 물건을 도둑질하고서도 죄가 아니라 하는 자는 멸망 받게 하는 자의 동류니라 - 잠 28:24

그가 내게 이르되 이는 온 땅 위에 내리는 저주라 도둑질하는 자는 그 이쪽 글대로 끊어지고 맹세하는 자는 그
저쪽 글대로 끊어지리라 하니 - 슥 5:3

습니다. 그러다가 점점 자라면서 힘이 세지고 머리가 굵어지자, 이제는 처음에 훔칠 때보다는 좀 더 값어치가 나가는 것들에 손을 대기 시작하였습니다. 그러다가 마침내는 남의 집 정원이나 과수원에 들어가 훔치는 것에 큰 재미를 느끼게 되었습니다. 그 후에 그는 장성하여 이웃집에 있는 가축들을 훔쳤습니다. 그는 이런 것들만 훔친 게 아니었습니다.

자기 아버지의 것까지도 훔치는 악인

그의 아버지의 물건들도 그의 손아귀를 벗어날 수 없었습니다. 그의 그물에 걸려든 물고기들은 모두 그의 것이 되었습니다. 마침내 그의 마음은 이런 훔치는 죄악에 있어서도 완악해져 있었습니다.

경청 씨: 선생님의 말씀을 들으면 들을수록 저는 놀랄 따름입니다. 그는 정말 대단한 사람이네요. 도둑질까지 했다니 말입니다! 그렇게 어린 나이에 도둑질을 하다니 정말 엄청납니다! 아무리 어린아이라 해도, 다른 사람에게서 가져온 물건들이 자기 것이 아닌 것은 그가 모르지 않았을 텐데 말입니다. 그런데 선생님께서 앞에서 말씀하신 대로 그의 아버지가 선한 사람이었다면, 그는 자기 아버지로부터 남의 물건을 훔치는 것은 하나님의 법을 어기는 것이며, 영원히 저주 받을 위험한 짓이라는 이야기를 틀림없이 듣지 않았을까요?

현인 씨: 그의 아버지는 그의 행동을 고치고자 여러 가지 방법들을 다 동원하였습니다. 모세의 율법 가운데 "도둑질하지 말라"(출 20:15)는 말씀을 아들에게 하면서, 그를 타이르는 소리를 저는 여러 번 들었습니다. 또한 "이는 온 땅 위에 내리는 저주라 도둑질하는 자는 그 이쪽 글대로 끊어지고"(슥 5:3)라는 말씀으로 그를 여러 번 권면하였습니다. 비록 어린아이라 해도, 그가 다른 사람들로부터 취한 것은 자기 것이 아니며, 자기도 남에게 억지로 물건을 빼앗기고 싶지 않다는 사실 정도는 자연의 빛으로도 충분히 알 수 있었을 텐데, 그에게는 이 모든 것들이 허사였습니다. 이렇게 아버지와 양심이 그에게 권면하는 모든 말에도 불구하고, 그는 제멋대로 하였습니다. 그는 사악한 길로 걷고자

결심한 것 같았습니다.

경청 씨: 선생님께서 넌지시 말씀한 것처럼 그래도 그의 아버지는 그 아들이 행하는 사악한 일들에 대해 종종 책망하지 않았겠습니까? 아버지가 그에게 호통을 치면 그가 어떤 반응을 보였는지를 부디 말씀해 주셨으면 좋겠습니다.

자기 아버지가 자신의 죄에 대해 책망할 때 악인이 보인 반응

현인 씨: 어떤 반응을 보였는지 궁금하다고요? 사실 그 아버지는 그를 마치 현장에서 붙잡힌 도둑처럼 대했습니다. 그러면 그는 독기 어린 눈을 부릅뜬 채 시무룩해져서는 고개를 숙이고 입을 삐죽였습니다. 우리가 흔히 말하듯이 재수 없는 놈의 모습이 그의 얼굴을 보면 연상될 정도였습니다. 자기 아버지로부터 자기가 행한 악한 일에 대해 질문을 받아도 그는 아버지를 향해 궁시렁대면서 투덜거릴 뿐이었습니다. 그로부터 얻을 수 있는 것이라곤 그것밖에 없었습니다.

경청 씨: 선생님께서는 그가 자기 아버지의 물건까지도 훔쳤다고 하셨는데, 저는 그게 잘 이해되지 않습니다.

자기 아버지와 어머니보다 친구와 더 친밀한 유대를 가진 악인

현인 씨: 이해가 되든지 되지 않든지 간에, 그가 행한 일이 도둑질이라는 것은 분명합니다. 게다가 당신이 반드시 알아야 할 것은, 그는 친구들과 너무 가깝게 지냈다는 것입니다. 왜냐하면 그 친구들 속에 있는 사악함을 보았기 때문입니다. 그래서 그 친구들 간의 유대는 아버지와 어머니와 맺은 친밀감보다 훨씬 더 긴밀하였습니다. 심지어 아버지와 어머니가 자기 때문에 슬퍼하다가 돌아가셨다는 소리를 들었다 해도, 그는 별로 신경 쓰지 않았을 것입니다. 오히려 부모의 죽음을 자신에게 큰 해방과 자유를 주는 일로 여겼을 것입니다. 솔직히 말해서, 부모가 하는 권면들은 그를 구속하는 말들이었을 것입니다.

자기 부모가 빨리 죽을 것이라는 생각에 기뻐하는 악인

지금도 제게서 잊히지 않는 한 가지 이야기가 있는데, 제가 어떤 사람들로부터 들은 것입니다. 즉, 그가 친구들과 함께 있을 때 종종 한 말로, 그는 자기 부모들이 늙어서 오래 살지 못할 것을 생각하면 기쁘다고 했다고 합니다. 그러고는 다음과 같은 말도 했는데, 그가 한 말을 그대로 옮기면 이러합니다. "나는 부모들의 간섭을 받지 않고 내가 원하는 대로 내 멋대로 할 거야"라고 말입니다.

경청 씨: 그래서 그는 부모의 물건을 훔치는 것 쯤은 전혀 죄가 아닌 것처럼 생각한 모양이네요.

현인 씨: 그는 그렇게 훔치는 것이 전혀 죄가 되지 않는다고 생각하였습니다. 다음과 같은 성경 말씀이 그에게 딱 들어맞는 것이지요. "부모의 물건을 도둑질하고서도 죄가 아니라 하는 자는 멸망 받게 하는 자의 동류니라"(잠 28:24). 그가 행한 것처럼, 부모의 인격과 권면을 경시하는 것은, 현재 그가 아주 가증스러운 영을 가지고 있다는 징조이자, 장차 그가 당할 모종의 심판이 그를 기다리고 있다는 징조였습니다(삼상 2:25).

경청 씨: 그런데 선생님은 그의 이런 모습을 예상하셨습니까? 지금 제가 말씀드리는 것은 그의 자만심입니다. 지금 제가 사탄이 그를 꼬드긴 것을 전면에 부각시키려고 말하는 것은 아닙니다. 물론 사탄이 이런 일을 행할 마음을 그에게 틀림없이 주었을 것입니다. 하지만 그가 이런 행동을 과감하게 한 것은 그의 자만심에서 비롯된 것임을 말씀드리려는 것입니다. 즉, 그의 자만심으로 인해 그는 남의 물건을 훔치는 자신의 행동들이 전혀 대단한 일이 아니라고 생각했을 것입니다.

악인은 자신의 도둑질을 절대로 대단한 것으로 여기지 않는다

현인 씨: 그가 남의 물건을 훔치는 것을 대수롭지 않게 생각한 것은 아마도 그가 훔친 것이 작은 것이라고 여겼을 뿐 아니라, 즉 정원이나 과수원에서 열매

를 딴다거나 가축 같은 것들을 훔치는 것을 그는 어린아이들이 하는 장난 정도로 여겼을 뿐 아니라, 이에 대해 친구들이 하는 충고도 그냥 흘려들었을 것입니다. 친구들은 그에게 어떤 것이든 남의 것을 탐해서는 안 되며, 비록 탐하는 것이 직접 훔치는 것과 조금 다를 수는 있다고 해도, 다시 말해 그 물건이 자기 이웃의 아무리 가장 작은 것이라 해도, 그것을 훔쳐서는 안 된다는 말을 했을 것입니다. 그럼에도 불구하고 그가 남의 물건을 훔친다면, 그것은 율법을 범하는 것이라는 말도 친구들은 해주었습니다. 하지만 이 모든 말들이 그에게는 그저 그렇고 그런 말들이었습니다. 나쁜 친구들과 나누는 사악한 대화를 통해, 그리고 자신의 타락한 마음에서 나온 망상으로 인해 그는 도둑질을 하면서 자신의 길을 계속해서 걸어갔습니다. 그는 스스로 안전하다고 여기는 곳에 가서는, 자신이 도둑질한 일을 웃으면서 떠벌리곤 하였습니다.

경청 씨: 사실 저도 예전에 어떤 한 사람에 관한 이야기를 들은 적이 있습니다. 그는 교수형을 당한 사람으로서, 목에 밧줄을 감고 교수대에 올라가 형리(刑吏)에 의해 이제 막 형이 집행되려고 할 때, 형리는 그가 이렇게 삶을 마감하게 된 것은 어릴 때부터 행한 작은 도둑질 때문이라고 말하였습니다. 지금도 제 기억에 생생한 것은 그가 우리에게 말한 다음과 같은 이야기였습니다. 즉, 그 죄수는 바늘이나, 옷의 레이스를 고정시키는 작은 핀들을 훔쳐서 파는 일에서 도둑질이 시작되었다고 말하면서, 그가 처형당하는 것을 보러 온 모든 젊은이들에게 비록 작은 죄악일지라도 그 죄악이 시작되는 것에 주의할 것을 미리 경고하였습니다. 왜냐하면 처음에는 작은 것으로 시작되어 마침내 더욱 더 큰 죄악의 길로 들어서기 때문입니다.

현인 씨: 당신이 하는 얘기를 들으니, 저도 당신에게 해줄 얘기가 생각나는군요. 제가 직접 두 눈으로 보고 들은 것은 아니지만, 어느 책에 쓰인 내용입니다. 저는 그 책을 쓴 저자를 감히 믿고 말씀드립니다.

토드 노인에 관한 이야기

이 이야기는 20년도 더 지난 것으로, 허트포드(Hertford)에서 절도죄로 교수형을 받은 토드(Tod) 노인에 관한 이야기입니다. 그것은 다음과 같습니다.

여름에 열리는 순회 재판이 허트포드에서 열렸습니다. 재판관들이 판사석에 착석하자, 토드 노인이 법정 안으로 끌려 들어왔습니다. 그는 녹색 수의(囚衣)를 입고 있었으며, 두 손은 가죽 끈으로 묶여 있었고, 그의 가슴은 풀어헤쳐져 있었으며, 마치 목숨을 구하기 위해 도망치다 잡혀온 사람처럼 그의 몸은 온통 악취가 나는 땀으로 뒤범벅이 되어 있었습니다. 그는 법정 안으로 끌려나오면서 큰 소리로 다음과 같이 외쳤습니다.

"재판장님, 저는 이 땅에서 살아 숨쉬는 자들 가운데 가장 악랄한 사기꾼입니다. 저는 어린아이일 때부터 도둑질을 하였습니다. 처음에는 작은 것들을 훔쳤습니다. 남의 과수원에 들어가 도둑질을 하기도 했고, 그와 비슷한 사악한 짓들을 많이 저질렀습니다. 그러다가 이후로는 계속해서 도둑질을 하게 되었습니다. 재판장님, 수년 동안 이 지역 수 킬로미터 내에서는 절도 사건이 단 한 건도 없었습니다. 하지만 저는 계속해서 절도를 하고 있었습니다. 아주 은밀하게 말입니다."

재판관들은 이 늙은이가 미쳤다고 생각하였습니다. 하지만 몇몇 판사들이 논의한 결과, 그들은 그를 기소하기로 합의하였고, 판사들은 그가 행한 흉악한 범죄에 대해서 그를 기소하였습니다. 그는 자신이 유죄임을 솔직하게 고백하고서 교수형에 처해졌습니다. 그가 처형당할 때 그의 아내도 함께 처형을 당하였습니다.

경청 씨: 이것은 정말 대단한 이야기입니다. 선생님도 이런 일이 실제로 일어난 일이라 생각하고 말씀하신 것이리라 믿습니다.

현인 씨: 이것은 대단한 이야기일 뿐만 아니라, 우리가 지금 대화하고 있는 주제에도 딱 들어맞는 이야기입니다. 이 늙은 도둑은 악인 씨와 마찬가지로 아주 어릴 때부터 도둑질을 하기 시작하였습니다. 이 늙은 도둑도 악인 씨가 도

둑질을 처음으로 시작했던 과수원이나 그와 비슷한 곳에서 훔치는 것을 시작했습니다. 그러면서 당신도 알고 있는 바와 같이, 죄는 또 다른 죄를 낳고 마침내는 공개적으로 수치스러운 죄악을 저질러, 급기야 교수대에 매달리게 되었던 것입니다. 이 이야기가 실제 일어난 일이라고 제가 생각하는 이유는, 이 이야기를 전해준 사람이 자신은 토드 노인이 법정에서 처형당할 시각에 그로부터 약 2미터도 채 떨어지지 않은 곳에 있었기 때문에 그가 큰 소리로 말한 것들을 모두 들었다고 말했기 때문입니다.

경청 씨: 그러니까 두 가지 죄악, 즉 거짓말하는 것과 훔치는 것이 악한 결말에 대한 나쁜 징조로 보입니다.

현인 씨: 그렇습니다. 하지만 악인 씨는 이 토드 노인과 같은 최후를 맞지 않았습니다. 그러나 그것도 보는 사람에 따라서 구분이 잘 되지는 않지만, 교수대 위에서의 죽음보다 결코 덜하지 않은 죽음, 아니 어쩌면 그보다 더 흉측한 죽음을 맞게 되었다고 볼 수 있을 것입니다. 이에 대한 자세한 이야기는 천천히 말씀드리겠습니다. 그런데 당신은 이 악인 씨가 어린 시절에 탐닉했던 죄로 이 두 가지 죄밖에 없는 것처럼 말하였습니다. 하지만 그렇지 않습니다. 안타깝고 서글픈 일입니다. 그는 허다한 죄악을 저질렀습니다. 마치 거지 옷에 이가 우글우글한 것처럼, 많은 죄를 저질렀습니다. 그것도 소년 시절에 말입니다.

경청 씨: 아, 그래요? 그렇다면 그가 또 어떤 죄악에 탐닉하였습니까? 그것도 어린 시절에 말입니다.

현인 씨: 그가 또 어떤 죄악들에 탐닉하였는지, 당신은 제게 물어볼 필요가 없을 것 같습니다. 그렇게 묻기보다는 차라리, 그가 탐닉하지 않은 죄악이 무엇이었는지를 묻는 것이 더 나을 것입니다. 즉, 그렇게 어린 나이에 어울릴법한 죄악 가운데 그가 범하지 않은 죄악이 어떤 것인지를 물어야 할 것입니다. 그 어린 나이에 그가 할 수 있는 능력이 되지 않아서 저지르지 못한 죄는 전혀 없었다고 말하는 것이 아마도 맞는 말일 것입니다. 사실, 어릴 때는 죄를 짓고 싶

어도 지을 줄 몰라서 짓지 못하는 죄들이 있기도 합니다. 그러나 단언컨대, 이 악인 씨의 경우에는 어린 나이에도 범할 수 있는 능력을 지닌 죄악들이 있었습니다. 그 죄 가운데서 두세 가지 정도를 간추려 말씀드리겠습니다.

악인은 주일을 견딜 수 없었다

첫째로, 그는 주일을 참을 수 없었습니다. 그날은 거룩하게 예배에 참석해야하는데, 그는 그것을 할 수 없었습니다. 주일이 시작되기만 하면, 그에게는 마치 감옥에 들어가는 것처럼 여겨졌습니다. 물론 그렇게 느껴지지 않는 날도 있었습니다. 그 때는 자기 아버지와 어머니 곁에서 몰래 빠져나와, 거룩한 예배가 끝날 때까지 친구들과 함께 은밀한 곳에 숨어 있는 날이었습니다. 성경을 읽고, 설교를 듣고, 경건한 모임을 갖고, 또다시 설교를 듣고 기도를 하는 것은 그가 도저히 참을 수 없는 것들이었습니다. 그래서 그의 아버지는 주일이 되기만 하면 지금까지 해왔던 것처럼 부지런히 그를 타일렀습니다. 다시 말해, 그의 아버지는 그가 주일을 거룩하게 지킬 수 있도록 엄하게 말했던 것입니다. 그럼에도 불구하고 그는 아버지 곁을 빠져나와 몰래 도망쳐 버렸습니다. 어쩌다 붙잡아 두기라도 하면, 그는 온갖 몸짓으로 극도의 불만을 분명하게 표하였습니다. 그는 예배 시간에 졸기도 하고, 형제들과 쓸데없는 이야기를 지껄이기도 하였습니다. 다시 말해, 매주일 드리는 경건한 예배 시간이 그에게는 실제 시간보다 일곱 배나 더 길게 느껴져, 예배가 끝이 날 때까지 마지 못해 앉아 있는 때가 많았습니다.

악인이 주일을 견딜 수 없는 이유

경청 씨: 제 생각에 그가 이토록 주일을 싫어했던 것은 주일 자체 때문이 아닌 것 같습니다. 왜냐하면 주일도 한 날로서, 한 주간 중의 다른 날들과 전혀 다르지 않은 날이기 때문입니다. 그런데도 그가 이 날을 그토록 싫어하는 것은, 아마도 그 날을 거룩하게 지키라고 하나님께서 명하신, 거룩한 날이기 때

문일 것입니다. 또한 이 날은 우리 주님께서 죽은 자들 가운데서 다시 살아나신 것을 기념하여, 다른 날들보다 거룩하고 경건하게 지내야 하는 날이기 때문일 것입니다.

현인 씨: 그렇습니다. 그래서 그는 그토록 그 날에 대해 적대감을 가지고 있습니다. 또한 그 날은 자신이 하고 싶은 대로 마음껏 하는 다른 날들과는 달리, 많은 제약이 있는 날이어서, 자기가 하고 싶은 대로 하지 못하기 때문에 더욱 이 날을 싫어하는 것 같기도 합니다.

경청 씨: 하나님께서는 주일인 이 날을 거룩한 의무들을 해야 하는 날로 정하셔서, 불쌍한 하나님의 백성들이 지닌 마음과 성향들이 거룩한 마음으로 다시 굳게 서고, 거룩한 의무를 행하도록 그 마음들을 회개케 하시는 큰 증거의 날로 삼지 않으셨습니까?

하나님께서는 주일을 정하시고 그 날에 그분을 특별히 섬기도록 하시어,
성도들의 마음이 어떠한지 그 증거로 삼비 하셨다

현인 씨: 그럼요. 지당하신 말씀입니다. 사람이 가진 마음과 그 사람이 어떻게 생활하고 있는지는 주중의 다른 날들보다도 주일에 더 적나라하게 드러납니다. 왜냐하면 주일에는 주중의 다른 날들보다 생각과 생활에 특별한 제약이 있기 때문입니다. 그리고 사람들은 주중의 다른 날들보다 주일에 거룩한 의무들을 더 엄격하게 행할 것과, 세상일들을 삼갈 것을 너욱 엄격하게 요구받기 때문입니다. 따라서 사람들의 자연스런 마음이 선한 것에 기울어져 있지 않다면, 이 날에 그 마음은 있는 모습 그대로 세상에 드러나게 될 것입니다. 주일은 하늘 위에 있는 천국의 안식일에 대한 일종의 상징입니다. 그래서 이 날은 이 땅에서 행해지는 의무 이행과는 달리, 영원히 거룩한 것에 대해 그 마음이 어떠한지를 분명하게 드러내 주는 날이기도 합니다.

주일이 아닌 다른 날에는 사람들이 어떤 거룩한 의무이든지 상관없이 모든 것을 15분 정도의 시간 안에 행할 수 있지만, 주일에는 거룩한 의무를 계

속해서 이행해야 할 제약이 주어집니다. "안식일을 기억하여 거룩하게 지키라." 안식일은 그리스도로 인해 폐지된 것이 아니라 주간의 첫째 날로 옮겨졌으며, 이 안식일은 유대인들에게만 특별한 날로 주어진 것이 아니라, 그리스도로 인해 이 세상이 만들어질 때부터 거룩하게 성별된 날이었습니다(창 2:2;출 31:13-17;막 16:1;행 20:7;고전 16:1-2;막 2:27-28;계 1:10).

그래서 이 주일은 인간의 마음 상태와 형편에 대한 큰 증거가 되며, 사람이 행하는 다른 의무 이행보다 주일성수야말로 그의 성향을 한층 분명하게 드러내 줍니다. 하나님께서는 이 날을 거룩하게 여기고 이 날에 영광을 돌리며, 이 날을 참되게 지키며 바르게 행하는 자들을 크게 구별하십니다. 이를 근거로 그들은 자신들이 하나님을 얼마나 기뻐하는지 드러내 보일 기회를 갖게 됩니다. 그래서 한 시간만이 아니라 하루 온 종일을 하나님을 기뻐하는 마음을 나타내는 날로 삼습니다(사 58:13). 단언컨대 하나님께서는 이렇게 안식일을 거룩하게 지키는 자들과 다음과 같이 말하는 다른 부류의 사람들을 크게 구별하십니다. "월삭이 언제 지나서 우리가 곡식을 팔며"(암 8:5). 하나님께서는 첫 번째 부류의 사람들을 복된 사람으로 칭하시지만, 두 번째 부류는 거룩하지 않은 세속적인 사람으로 낙인(烙印)을 찍으십니다. 사실, 하나님께서 정해 놓으신 거룩한 날들에 그분을 섬기는 것을 기뻐하는 것이, 악인 씨가 행한 것처럼 그 날에 거룩한 의무 이행을 싫어하고, 설사 이행하더라도 마지못해 하는 것보다는 거룩한 본성을 지니고 있다는 더 나은 증거가 됩니다.

경청 씨: 당신이 하신 말씀에는 일리가 있는 것 같습니다. 왜냐하면 단 하루도 하나님 앞에서 거룩하게 지키지 못하는 사람은, 자신이 경건하지 못한 사람이라는 충분한 증거를 분명히 얻었기 때문입니다. 이런 자가 천국에서 어떻게 살 수 있겠습니까? 천국은 계속해서 안식일이 지켜지는 곳이니 말입니다. 단언컨대 천국은 영원무궁히 안식일이 계속됩니다(히 4:9). 그리고 우리 주님께서 일주일 가운데 하루를 인간을 위해 거룩한 의무를 행하도록 구분하신 이유는, 죄인들의 마음에는 하늘의 하나님에 대한 적대감이 있다는 것을 사람

들로 하여금 깨닫도록 하기 위함입니다. 거룩함을 미워하는 자는 하나님을 미워하는 자이기 때문입니다. 저는 그렇게 확실히 알고 있습니다. 사람들은 하나님을 사랑하는 척하지만, 정작 거룩한 날은 사랑하지 않습니다. 그 뿐만 아니라 사람들은 그 거룩한 날에 주님께 거룩한 행동을 지속적으로 하면서 보내는 것도 좋아하지 않습니다. 그들은 그분을 주님이라고 부르기만 하지, 그분께서 말씀하신 것들을 행하지는 않습니다. 악인 씨도 그런 사람으로서, 이 날을 거룩하게 지킬 수도 없고, 그 날에 해야 할 의무들을 하나도 행하지 않는 그런 사람이었습니다.

악인이 주일을 보낸 모습

사실, 그가 친구들로부터 용기를 얻어 주일을 온갖 모양의 경건하지 못한 어리석은 행동들을 하면서 보냈을 때, 그는 충분히 흡족하리만큼 기뻤습니다. 하지만 낮이 바뀌어 밤이 되었을 때, 그 때는 어떻게 되겠습니까? 주일을 하나님께서 금하신 것을 순종할 기회로 삼기보다는, 오히려 우리의 소욕을 좇아 우리의 정욕과 육신의 쾌락을 만족시키고 흡족하게 하는 날로 그는 바꿔 버렸습니다. 선생님께서 그에 대해 하신 말씀들이 모두 참되다는 확신을 비로소 갖게 되었습니다. 저는 악인 씨에 대해 자신 있게 말할 수 있는 자유를 얻게 된 것 같습니다.

현인 씨: 당신이 악인 씨를 비난한 것에 대해 용서를 구할 필요는 없을 것 같습니다. 왜냐하면 그를 알고 있는 사람이라면 누구나 당신이 그에 대해 한 말들이 사실인 것을 확증해 줄 것이기 때문입니다. 그는 주일을 지킬 수 없었을 뿐만 아니라, 하나님에 관한 그 어떤 낙인이나 이미지 등도 감당할 수 없었습니다. 그가 어린아이였을 때부터 기쁨을 느꼈던 것은 큰 죄와 작은 죄 그리고 전혀 무익한 것을 행하는 것이었습니다.

경청 씨: 다시 말하지만, 이런 이야기들을 듣고 있으면 악인 씨에 대해서나 그의 친척들에 대해서, 저는 그저 안타까운 마음이 들 뿐입니다. 왜냐하면 이

런 그의 행동으로 인해 그 집안은 틀림없이 풍비박산(風飛雹散)이 되었을 것이기 때문입니다. "이로 말미암아 하나님의 진노가 불순종의 아들들에게 임하나니"(엡 5:6)라는 말씀대로 말입니다. 만약 그가 회개하지 않고 죽었다면, 그는 틀림없이 지옥에 떨어졌을 것입니다. 그리고 지옥에 갈 아이를 낳았다는 것은 생각만 해도 부모에게는 슬픈 일입니다.

현인 씨: 그가 어떻게 죽었는지는 앞서 당신에게 말한 바와 같이, 조금 있다 이야기해드리겠습니다. 지금 우리는 그의 생활, 즉 그가 유년기에 어떤 식으로 생활했는지, 그 당시 그를 따라다녔던 죄악들에 대해 이야기를 나누고 있습니다. 그가 저지른 죄악들 가운데 일부는 제가 이미 말씀드렸습니다. 사실 제가 말한 것은 아주 일부에 불과합니다. 아직도 해야 할 이야기들이 많이 남아 있습니다. 앞으로 말할 이야기들도 당신이 이미 들은 것들과 비교할 때 전혀 손색이 없는 흉악한 이야기들입니다.

경청 씨: 어떤 것인지 들려주시기 바랍니다.

맹세와 저주를 퍼붓는 악인

현인 씨: 왜 그런지 모르겠지만 그는 청년이 되자 아주 심한 맹세를 하고 저주를 하였습니다. 사실, 그 당시 그는 제 손가락으로 다 헤아릴 수 없을 만큼 많이 맹세와 저주를 하였습니다. 그렇습니다. 그는 그리 기분 나쁜 일이 아닌 데도 맹세와 저주를 남발하였습니다. 그는 맹세와 저주하는 것을 일종의 자랑거리로 여겼습니다. 그것은 마치 그가 먹고 마시고 잠자는 것처럼 그에게 아주 자연스러운 일이었습니다.

경청 씨: 오, 그렇게 어린 나이에 망나니가 되다니 정말 안타까운 일이네요! 이런 이야기를 들으니, 사도 바울께서 "또한 너희 지체를 불의의 무기로 죄에게 내주지 말고"(롬 6:13)라고 한 말씀이 생각납니다. 그의 이런 모습이야말로 의심의 여지 없이 "악에서 악으로 진행하는"(렘 9:3) 모습입니다. 이로써 그는 정말로 입이 더러운 청년이라는 결론이 나는군요.

저주

그가 저주하기를 좋아하더니 그것이 자기에게 임하고 축복하기를 기뻐하지 아니하더니
복이 그를 멀리 떠났으며 또 저주하기를 옷 입듯 하더니 저주가 물 같이 그의 몸 속으로 들어가며
기름 같이 그의 뼈 속으로 들어갔나이다 - 시 109:17-18

악인 씨의 명예로운 배지인 맹세와 저주

현인 씨: 그는 그런 인간이었습니다. 제가 말한 바와 같이, 그는 무엇보다도 이렇게 온갖 죄를 짓는 것을 명예로운 그의 배지(badge)로 여겼습니다. 이렇게 맹세와 저주를 담대하게 하면서 그는 자신을 다른 사람들보다 뛰어난 사람으로 생각하였던 것입니다.

경청 씨: 선생님께서 하신 말씀을 들어보니, 지금도 많은 사람들은 맹세에 대해 선생님의 말씀대로 생각하는 것 같습니다. 즉, 맹세는 사람을 대장부답다는 생각이 들게 해주고, 사람들 앞에서 온갖 맹세를 다 담아 말하면 말하는 사람의 권위가 서는 것 같기도 하고, 듣는 사람들에게 공포심도 불러일으킬 수 있는 최고의 방법으로 여기는 것 같습니다.

현인 씨: 바르게 말씀하셨습니다. 저도 그렇게 생각합니다. 사람들이 실제로 그렇게 생각하지 않는다면, 지금도 그들이 하고 있는 것처럼 하나님을 모독하는 그런 맹세들을 아무렇지도 않게 마구 내뱉지 않을 것입니다. 그들은 그렇게 하는 행동에서 자부심을 느끼고 있으며, 맹세하는 것을 신사들의 행동처럼 생각하고 있습니다. 일단 그렇게 맹세하는 것이 입에 배면, 평생 동안 그 습관을 쉽게 버릴 수 없게 됩니다.

맹세와 저주의 차이점

경청 씨: 잘 알겠습니다. 그런데 우리가 이런 이야기를 더 나누기 전에, 맹세와 저주의 차이점에 대해서 한 말씀 해주셨으면 좋겠습니다. 두 가지 사이에 다른 점이 없지는 않겠지요?

현인 씨: 예, 있습니다. 맹세(swearing)와 저주(cursing) 간에는 차이점이 있습니다. 맹세(swearing)란 어린 악인의 입에 밴 것과 같이 허황된 맹세를 하는 것입니다. 허황되고 악한 맹세는 경솔하고 사악하게 하나님을 부르는 것입니다. 즉, 어떤 것들이 확실하다고 우리가 어리석고 헛되게 증언하는 것입니다.

맹세란 무엇인가

여기서 어떤 것들에는 다음과 같이 두 종류가 있습니다.

1. 실제로 일어났다거나 앞으로 일어나게 될 것을 맹세하는 것.
2. 사실이거나 혹은 거짓이라는 것을 맹세하는 것.

이에 대해 좀 더 자세히 살펴보겠습니다.

실제로 일어났다거나 앞으로 일어나게 될 것을 맹세하는 것. 어떤 일을 당신이 이미 행했다거나, 혹은 그런 것이 실제로 일어났다거나, 아니면 앞으로 그렇게 될 것이라고 당신은 맹세할 것입니다. 사람들이 흔히 어떤 일들에 대해서 하게 되는 이런 맹세들은 전혀 문제될 것이 없습니다. 하지만 맹세가 경박하게 아무런 근거 없이 사악하게 행해진다면, 그것은 헛된 맹세, 즉 망령된 맹세입니다. 왜냐하면 그런 맹세는 십계명의 제 3계명인 "너는 네 하나님 여호와의 이름을 망령되게 부르지 말라"(출 20:7)는 말씀을 범한 죄이기 때문입니다. 이것은 거룩하고도 구별된 그 이름을 망령되게 사용한 것으로서, 건전한 회개가 없이는 용서받을 수 없으며, 합당한 용서를 기대조차 할 수 없는 죄악입니다.

사람은 진실에 근거한 맹세를 하여도 죄를 범할 수 있다

경청 씨: 그렇다면 제가 다음과 같이 이해해도 될지 모르겠습니다. 어떤 사실의 문제에 관해서 어떤 사람이 진실에 근거한 맹세를 한다고 해도, 만약 그가 경박하고 아무런 근거 없이 그런 맹세를 한다면, 그가 한 맹세는 악한 것이며, 그 맹세로 인해 그가 죄 아래 있게 된다는 것이지 않습니까?

현인 씨: 맞습니다. "그들이 여호와께서 살아 계심을 두고 맹세할지라도 실상은 거짓 맹세니라"(렘 5:2)는 말씀처럼, 헛되게 필요 없이 맹세를 하는 것은 거짓 맹세입니다. 근거도 있고 필요할 때 하는 맹세는, 그 맹세로 하나님을 부

른다고 해도 성경에서 용인되는 맹세입니다.[2] 하지만 이렇게 성경에서 용인된 맹세는 악인 씨가 한 맹세와는 전혀 관계가 없습니다. 그의 맹세는 우리가 지금 거론하고 있는 맹세와는 아무 관계가 없는 것이었습니다.

경청 씨: 저는 예레미야 선지자의 말씀을 통해서, 진리에 근거한 맹세를 해도 거짓 맹세로 죄를 짓게 되는 경우를 알게 되었습니다. 그러므로 사람들은 장난 삼아 하는 맹세나 거짓으로 하는 맹세를 통해서도, 그리고 사람들이 생각하듯 자신의 어리석은 말을 좀 더 아름답게 꾸미기 위해서 하는 맹세를 통해서도, 아주 끔찍한 죄악을 범할 수 있음에 주의해야 할 것 같습니다.

거짓으로 맹세하는 자는

결국 하나님도 자기처럼 사악하다고 결론을 내린다

현인 씨: 그들은 거만하게 죄악을 범합니다. 왜냐하면 그들은 하나님도 자기들처럼 사악하다고, 다시 말해 하나님은 거짓도 진리로 보증해 주는 분이라고 착각하기 때문입니다. 앞에서 말한 바와 같이, 맹세한다는 것은 하나님을 증인으로 부르는 것입니다. 그러므로 거짓을 맹세한다면, 거짓을 진리로 증언하는 일에 하나님을 부르는 것입니다. 따라서 그러한 맹세는 범죄가 아닐 수 없습니다. 그것은 하나님의 거룩함과 의로움을 가장 심하게 모욕하는 것입니다. 그러면 그분의 분노로 인해 그들은 모두 끊어질 것입니다. "맹세하는 자는 그 저쪽 글대로 끊어지리라"(슥 5:3). 이런 유의 맹세는 거짓말과 살인과 도둑질과 음행과 함께 틀림없이 형벌을 면하기 어려울 것입니다(렘 7:9; 호 4:2-3). "여호와는 그의 이름을 망령되게 부르는 자를 죄 없다 하지 아니하리라"(출 20:7)는 말씀처럼, 비록 진리에 근거하여 맹세하였다 해도, 앞에서 말한

---

2 신성모독적인 저주와 맹세는 번연의 시대에 너무 끔찍하리만큼 유행이었다. 이로 인해 많은 경건한 사람들은 맹세를 전적으로 거부하였다. 그 후로 세월이 흘러 세상은 진리를 받아들이는 시금석으로, 진리를 긍정(affirmation)하는 것만이 최선의 방법이라고 주장하는 퀘이커교도들에게 동의하는 시대가 되었다. 이 문제는 절대금주 논쟁과 비슷하였다. 악으로 섭취하는 술 외에 술 마시는 것을 수치스럽게 여기는 어떤 이들은 약술마저도 개나 쓰레기 더미에 던져 버리곤 하였다 ― 원주.

바와 같이 사람은 범죄할 수 있습니다. 하물며 맹세로 진리가 아닌 거짓을 위해 하나님께 호소하거나, 자신의 광적이며 혼란스러운 광기로 맹세하는 자들을 하나님께서 죄 없다고 하실 것이라는 생각을 어떻게 할 수 있겠습니까? 어떤 사람은 악명 높은 거짓을 맹세하면서, 다른 사람을 내세워 그가 이에 대한 진실성을 보장했다고 장담하기도 합니다. 사람들은 이와 똑같은 일을 거룩한 하나님에 대해서도 자행합니다. 즉, 하나님을 거짓의 진실성을 담보하는 보증인으로 내세우는 것입니다. 사람들은 농담이나 지어낸 이야기나 거짓 등을 말하면서, 그것을 하나님의 이름으로 맹세하며 자신의 말이 진실이라고 주장합니다. 자, 이와 같은 유의 맹세는 악인 씨가 어렸을 때부터 일상적으로 행하던 것들이었습니다. 그것은 마치 배가 고프면 밥을 먹고, 밤이 되면 잠자리에 드는 것과 같은 일상적인 일이었습니다.

경청 씨: 사람들은 왜 이렇게 맹세하는 죄를 흔하게 범하는 것인지, 그리고 지혜로운 자들은 절대로 그러지 않은 것 아닌가 하는 문제를 저는 종종 곰곰이 생각해 보았습니다.

망령된 맹세를 하는 여섯 가지 계기들

현인 씨: 당신도 확실히 알았겠지만, 맹세에는 유익한 것이 하나도 없습니다. 맹세는 그 자체로 가증스럽기 때문입니다. (1) 그러므로 맹세는 그들 속에서 선동하는 마귀의 영에서 나오는 것이 틀림없습니다. (2) 또한 맹세는 "혀는 곧 불이요 불의의 세계라 혀는 우리 지체 중에서 온 몸을 더럽히고 삶의 수레바퀴를 불사르나니 그 사르는 것이 지옥 불에서 나느니라"(약 3: 6)는 말씀처럼 종종 지옥의 분노로부터 나오기도 합니다. (3) 하지만 일반적으로 맹세는 그것을 금하는 율법에 저항하고자 하는 담대함으로부터 나옵니다. (4) 맹세하는 자들은 타락해서 더러워진 입으로 하나님을 모독하는 맹세들을 내뱉으면서, 그들의 담대한 모습이 더욱더 잘 드러나게 된다고 생각합니다. (5) 그들은 자신들이 상대해야 하는 사람들, 즉 자신들이 하는 거짓말을 진실한 말로 믿게 하려는 자

들과 대면할 때, 이처럼 비열한 망나니 같은 짓을 행함으로써, 그들의 마음을 얻게 되었다고 혼자서 착각합니다. (6) 그들은 이득을 보려고 할 때도 이런 맹세들을 자주 합니다. 그들은 어리석은 자를 만나면 이런 맹세를 통해 어리석은 자들을 자기 사람으로 만들어 버립니다. 이런 문제에 대해 조언을 하자면, 입만 열면 하나님을 부르며 늘 맹세하는 판매자에게는 일 파딩(farthing, 동전의 단위)도 주어서는 안 됩니다. 특별히 자기 물건을 다른 사람에게 팔면서 열심히 맹세하는 자들, 그런 식으로 고객의 돈을 자기 호주머니에 넣으려는 맹세 상습자들에게는 단 한 푼도 주어서는 안 됩니다.

경청 씨: 맹세를 하게 되는 이 모든 계기들은, 제가 보기에는 맹세 그 자체에서 나오는 동일한 뿌리, 즉 완악하고 절망적인 마음에서 나오는 것 같습니다. 이제는 이런 유의 맹세와 사악한 저주(cursing)가 어떻게 다른지 말씀해 주셨으면 좋겠습니다.

저주는 맹세와 어떻게 다른가

현인 씨: 맹세는 제가 말한 바대로 하나님의 이름과 직접적으로 관련이 있습니다. 다시 말해, 맹세는 자신이 언급한 것의 진실성을 입증하기 위해 하나님을 증언으로 소환하는 것입니다. 사람들은 맹세할 때 하나님의 이름으로 맹세를 하지만, 어떤 이들은 실제로 우상들의 이름으로 맹세하기도 하고, 가톨릭에서 행하는 미사의 이름으로 맹세하기도 하며, 우리의 성모 마리아의 이름으로 맹세하기도 하고, 성인들이나 동물들이나 새들이나 다른 피조물들의 이름으로 맹세하기도 합니다. 하지만 영국에 있는 하나님을 모독하는 사람들은 보통 하나님이나 그리스도나 믿음이나 다른 것들로 맹세하기도 합니다. 하지만 사람들이 어떤 것으로 맹세를 하든, 그들이 하는 맹세는 다음과 같은 측면에서 저주와 서로 다릅니다.

저주가 무엇인가에 대하여

저주하는 것, 하나님을 모독하는 저주는 다른 사람이나 우리 자신을 악하게 심판하는 것입니다. 다시 말해, 어떤 악한 일이 사람이나 사물에 부당한 저주의 명목으로 일어나게 되기를 바라는 것입니다. 저주는 악을 위한 심판 혹은 악에 편승한 심판입니다. 아무런 이유 없이 그런 심판을 내리는 것입니다.

시므이는 다윗을 저주하였습니다. 그는 부당하게 다윗에게 악이 임하도록 악에 편승하여 그를 심판하였던 것입니다. 시므이는 다윗에게 다음과 같이 말하였습니다. "시므이가 저주하는 가운데 이와 같이 말하니라 피를 흘린 자여 사악한 자여 가거라 가거라 사울의 족속의 모든 피를 여호와께서 네게로 돌리셨도다 그를 이어서 네가 왕이 되었으나 여호와께서 나라를 네 아들 압살롬의 손에 넘기셨도다 보라 너는 피를 흘린 자이므로 화를 자초하였느니라"(삼하 16: 7-8). 다윗은 시므이가 한 이 저주를 "악독한 말로 한 저주"라고 칭했습니다. 다음은 다윗 왕이 그의 아들 솔로몬에게 한 말입니다. "바후림 베냐민 사람 게라의 아들 시므이가 너와 함께 있나니, 그는 내가 마하나임으로 갈 때에 악독한 말로 나를 저주하였느니라"(왕상 2: 8).

그런데 이 저주는 어떤 저주였습니까? 첫째로, 이 저주는 다윗에게 내린 잘못된 심판이었습니다. 시므이는 다윗을 가리켜 피를 흘린 자, 사악한 자라고 말했는데, 이것은 틀린 말이었습니다. 둘째로, 그 당시 다윗에게 닥친 화는 아주 다른 이유 때문이었는데도 불구하고, 시므이는 그가 피를 흘린 자이기 때문에, 즉 사울의 집에 피를 흘렸기 때문에 그를 악하게 심판하였던 것입니다.

우리 시대의 신성모독자들이 하는 저주 행태

우리는 이를 우리 시대의 신성모독자들에게도 적용해 볼 수 있을 것 같습니다. 이 사람들은 어릴 때부터 자기 속에 분노와 질투가 가득하여, 이웃사람들에 대해 정당한 이유도 없이 악을 위한 심판, 혹은 악에 편승한 심판을 내리곤 합니다. 얼마나 많은 사람들이 이런 일을 흔하게 하고 있는지 모릅니다. 그들

은 어떤 사람에 대해 조금만 화가 나도, "그를 교수형에 처해야 해!", "지옥에
나 떨어질 그 놈!", "사기꾼!"이라고 소리칩니다. 이것이야말로 악을 위한 심
판 혹은 악에 편승한 심판일 뿐만 아니라, 그 자체로 악독한 말로 하는 저주이
기도 합니다.

또 다른 유의 저주는 악한 화가 어떤 대상에, 즉 이런저런 사람이나 사물에
임하기를 바라는 것입니다. 이런 저주를 욥도 악독한 죄악으로 여겼습니다.
"실상은 나는 그가 죽기를 구하는 말로 그의 생명을 저주하여 내 입이 범죄하
게 하지 아니하였노라"(욥 31:30). 즉, 결과적으로 그는 타인의 신체나 재산에
대해서 저주하지 않았던 것입니다. 그러므로 다른 사람이나 우리 자신에게 악
한 화가 임하기를 바라는 것이 바로 사악한 저주입니다. 이런 유의 저주에 이
어린 악인은 익숙해져 있었습니다.

악인이 한 저주 유형

⑴ 그는 악한 화가 다른 사람들에게 임하기를 바랐습니다. 다시 말해, 그는
다른 사람의 목이 부러지거나 머리가 깨지거나 그들이 천연두나 역병에 걸리
기를 바랐습니다. 이 모든 것이 마귀가 하는 저주 유형입니다. 이런 유형은 우
리 시대에도 흔한 죄악들 가운데 하나입니다. ⑵ 그는 또한 "내가 목매달아 죽
었으면 좋겠다" 또는 "내가 불에 타 죽었으면 좋겠다" 또는 "마귀가 나를 잡아
갔으면 좋겠다"는 말과, 꼭 이런 말은 아니어도 이와 비슷한 말들을 하면서 자
신에 대해서도 종종 저주를 하였습니다.

지옥 형벌이 내게 떨어져도 괜찮다

우리는 "지옥 형벌이 내게 떨어져도 괜찮다고 말하는 사내들"(Damn-me-
blades)을 최고의 맹세자로 생각합니다. 하지만 그들이 지옥 불처럼 격분하여
서 "하나님이 내게 지옥 형벌을 내리셔도"(God damn me), "하나님이 나를
파멸시키셔도"(God perish me)와 같은 말들을 할 때, 그렇게 말하는 자들은

맹세를 하는 것이 아니라 저주를 하고 있는 것입니다. 다시 말해, 그들은 자신을 저주하고 있는 것입니다. 지옥 형벌이 자신에게 떨어지기를 바라면서 말입니다. 만약 그들이 자신의 죄악들을 회개하지 않는다면, 머지않아 그들이 바라면서 한 저주가 그들에게 임하는 것을 보게 될 것입니다.

경청 씨: 그런데 이 어린 악인은 그 더러운 말들에 아주 익숙하지 않았습니까?

악인은 아버지뿐만 아니라 다른 이들에게도 저주를 하였다

현인 씨: 제 생각에 그는 아주 조금만 화가 나도 입에서 이 더러운 말들을 쏟아내기에 아주 바빴다고 말하는 것이 딱 맞을 것 같습니다. 그렇습니다. 그는 이런 유의 말들이 그야말로 입에 배어 있어서, 아버지나 어머니나 형제나 자매나 종은 물론이고, 심지어는 아버지가 기르던 소에게도 저주를 내뱉었습니다. 단언컨대, 그가 짐승들을 끌고 가거나 때로 타고 갈 때 짐승들이 그의 기분을 기쁘게 하지 않으면, 그 야생 짐승들도 예외 없이 그의 저주를 들어야만 했습니다. 그 짐승들의 목을 비틀어 놓았으면 좋겠다든지, 다리를 분질러 놓겠다든지, 내장을 끄집어내면 좋겠다든지, 아니면 귀신이 데리고 갔으면 좋겠다는 등의 말로 그는 짐승들을 저주하였습니다. 하지만 이런 일들은 전혀 이상한 것이 아닙니다. 왜냐하면 그는 지옥 형벌이나 다른 화들이 자신에게 뿐 아니라, 자신이 가장 귀하게 여기는 친척들에게도 내렸으면 좋겠다고 바라는 일에서 조금도 수저함이 없는 사람이었기 때문에, 앞서 말한 바와 같이 어리석은 동물들에게 그런 저주를 하는 것은 전혀 어려운 일이 아니었습니다. 그 정도로 그는 미쳐 있었습니다.

경청 씨: 그랬었군요. 선생님의 말씀을 통해 악인이 그 정도로 절망적인 망나니였는지 저는 좀 더 분명히 알게 되었습니다. 그런데 선생님, 이야기가 이 정도 나왔으니 말인데, 이런 악한 저주가 어디에서 나오는지, 그리고 이 저주가 과연 어느 정도로 하나님의 이름을 더럽히는지 등에 대해 말씀해 주셨으면 합니다. 물론 이런 저주로 인해 그 영혼이 지옥 형벌을 받게 된다는 것 정도는 제

가 알고 있지만 말입니다.

현인 씨: 일반적으로 볼 때 이 악한 저주는 절망적으로 사악한 마음에서 나옵니다. 하지만 특별히 다음과 같은 것들에서 생기기도 합니다.

(1) 악한 저주는 시기하는 마음에서 나옵니다. 제가 알기로 이것은 점을 치는 죄로 이끌기도 합니다. (2) 악한 저주는 교만한 마음에서 나옵니다. 이 교만은 타락한 천사들이 범한 죄이기도 합니다. (3) 악한 저주는 타인을 비난하고 경멸하는 마음에서 나옵니다. (4) 그러나 자신을 저주하는 사람의 경우에는 절망적인 광기에서 필연적으로 나올 수밖에 없습니다(욥 15; 전 7:22).

이런 저주로 인해 하나님의 이름이 더럽혀지는 경우는 다음과 같습니다. 이런 저주로 인해 하나님에게만 있는 저주와 축복의 권한을 그분에게서 **빼앗**으려고 하는 경우입니다.

물론 하나님께서 행하시는 저주는 악인 씨가 행한 사악한 저주가 아닙니다. 그분은 사악한 자들에게 당연히 저주를 내리시는데, 그것은 그들이 행한 대로 합당하게 보응하시는 정당하고 바른 저주입니다.

이 외에도 사악한 자들이 이웃이나 다른 사람들을 저주하는 것은, "하나님의 형상대로 지음을 받은 사람을 저주"(약 3:9)하는 것입니다. 사람은 하나님의 형상으로 지음을 받았습니다. 그러므로 이 하나님의 형상인 사람을 사악하게 저주하는 것은 하나님 자신을 저주하는 것이 됩니다. 이와 마찬가지로 사람이 사악하게 맹세를 할 때도, 맹세자는 하나님의 이름을 먹칠하고 갈기갈기 찢어 놓는 것입니다. 그리고 하나님을 자기들과 한 패가 되도록 하여 그들이 행하는 모든 사악한 짓들을 인정하고 보증하는 자로 만들어 버립니다.

이런 식으로 자기 이웃을 저주하고 정죄하는 자, 다시 말해 이웃에게 악한 화가 임하기를 바라며 저주하고 정죄하는 자는 하나님의 형상에 화가 임하기를 바라는 것입니다. 그래서 결과적으로 하나님 자신을 심판하고 저주하는 것이 됩니다. 어떤 사람이 왕의 초상화를 불태워 버렸으면 좋겠다고 말한다면, 사람들은 이렇게 말한 그 사람을 원수로 취급하여 왕의 사람들에게 넘겨주지 않겠습니까? 화가 이웃에게나 자신에게 임하기를 바라며 저주하는 자들도 이와 마찬가지입니다. 그들은 형상, 즉 하나님의 형상을 정죄한 것입니다.

경청 씨: 그렇다면 이런 일들을 행하는 자들은 자신들이 그렇게 비열하고 가증스러운 짓들을 하고 있다고 생각하고 있을까요? 이에 대해 선생님은 어떻게 생각하십니까?

현인 씨: 그들이 자신이 하는 일들에 대해서 어떻게 생각하고 있는지가 중요한 것이 아니라, 그런 일들에 대해 하나님께서 어떻게 말씀하셨는지가 더욱 중요합니다. 맹세와 저주가 죄악이라고 하나님께서 말씀하셨다면, 설령 그런 일을 행하는 자들이 자신들의 행동을 미덕으로 간주한다고 해도, 그들에게는 그들이 행한 죄악에 따른 보응만이 임할 뿐입니다. 다시 말해, 그 영혼은 지옥 형벌을 받게 될 것입니다. 다른 사람을 저주하고 망령되이 거짓 맹세하는 것은 자연의 빛을 거스르는 죄악입니다.

맹세하고 저주하는 것은 자연의 빛을 거스르는 죄악들이다

⑴ 누구든지 다른 사람을 저주하는 자는 남을 저주하면서도 동시에 자신은 그런 저주를 받고 싶지 않다는 것을 알고 있기에, 그런 마음으로 저주하는 자는 자연의 빛, 즉 이성의 빛을 거스르는 죄를 범하고 있습니다. ⑵ 맹세하는 것도 그 동일한 자연법을 거스르는 죄악입니다. 왜냐하면 자연은 우리에게 거짓말해서는 안 된다는 사실을 말해 주고 있습니다. 더군다나 맹세로써 거짓말을 확증하려고 해서도 안 된다고 말하고 있습니다. 진실로 이방인들도 맹세하는 것을 하나님의 준엄한 규례로 알고 경박하거나 망령되이 맹세하지 않습니다. 물론 진리를 확증하는 일에서는 맹세를 하겠지만 말입니다(창 31:43-55).

경청 씨: 그런데 한 가지 궁금한 점이 있습니다. 저주와 맹세가 이처럼 하나님 보시기에 악한 것들이라면, 이렇게 사악한 일들을 행하는 자들을 징계하셔서 다른 사람들에게 일종의 타산지석(他山之石)으로 삼도록 해야 하지 않겠습니까?

현인 씨: 애석한 일입니다! 하나님께서는 수천 번도 더 말씀하셨습니다. 모든 시대와 모든 나라에 있는 주의 깊은 사람이라면 누구나 알 수 있도록 말씀하셨습니다.

맹세하고 저주하는 자들에게 하나님께서 진노하신 사례들

하나님께서 경고하신 횟수를 다 더해보면 부지기수(不知其數)로 말씀하신 것을 쉽게 알 수 있습니다. 제가 알고 있는 몇 개의 사례들만 말해 보겠습니다. 이에 대해 말하자면, 수많은 이야기들이 마치 파도처럼 무수히 흘러나오겠지만, 지금 이 자리에서는 두 가지 이야기만 들려주겠습니다.

첫 번째 이야기는 서리(Surrey, 잉글랜드 남부의 주—역주) 주에 있는 윔블턴(Wimbleton)에 사는 N.P.라는 자에게 내려진 끔찍한 심판에 관한 이야기입니다. 이 사람은 마음에 들지 않는 사람들에게 엄청 심하게 맹세하고 저주하고 다니더니, 어느 날 느닷없이 병에 걸려 얼마 지나지 않아 미친 듯이 저주하고 맹세하면서 죽어 버렸습니다.

그런데 이보다 더욱 충격적인 이야기가 있습니다. 그것은 영국 더비(Derby) 주에 있는 애쉬버(Ashover) 주민인 도로시 메이틀리(Dorothy Mately)에 관한 이야기입니다. 이 이야기를 전해준 사람에 따르면 도로시 메이틀리는 맹세, 저주, 거짓말, 도둑질 등에서 둘째가라면 서러워할 정도로 마을에서 악명 높은 자였습니다. 이 악인 씨처럼 말입니다. 그녀는 여느 때처럼 사금광(砂金鑛)에서 나오는 잡석들을 세탁하는 일을 하고 있었습니다. 그런 세탁과정을 통해서 그녀는 반짝이는 귀한 사금을 얻었습니다. 그녀가 일상적으로 내뱉는 말투는 우리가 앞에서 언급했던 것처럼 방자하게 저주하는 말들이었습니다. 즉, "그 일이 그렇게 되지 않는다면, 내가 서 있는 이 땅이 확 꺼졌으면 좋겠다"거나 "하나

저주와 맹세를 상습적으로 하는 자를 하나님은 주목하신다.
땅이 삼켜 버린 이 가련한 인간을 보라. 당신도 같은 잔을 마시지 않도록 두려워하라.
(원서 초판의 삽화)

님이 이 땅을 갈라지게 하셔서 땅이 나를 삼켜 버렸으면 좋겠다"는 말들을 내뱉었던 것입니다. 드디어 1660년 3월 23일. 이 날도 도로시는 다른 때와 마찬가지로 애쉬버에서 400미터 정도 떨어진 가파른 언덕 꼭대기에서 사금을 채취하기 위해 잡석들을 세탁하고 있었습니다. 그 때 그녀는 한 남자와 돈 문제로 실랑이를 벌이게 되었습니다. 내막은 이러하였습니다. 작업장에서 일하기 위해 벗어둔 남자의 반바지 호주머니에서 그 안에 들어있던 2펜스를 도로시가 훔쳤는지 아닌지로 말싸움을 하게 된 것이었습니다. 그녀는 아주 완강하게 혐의를 부인하였습니다. 그러면서 "만약 자기가 그 돈을 훔쳤다면, 땅이 자기를 삼켰으면 좋겠다"라고 말하였습니다. 그 날 그녀가 한 말은 다른 때에도 늘 하던 사악한 말들과 동일했습니다.

그런데 같은 애쉬버에 살면서 좋은 평판을 듣던 조지 호지킨슨(George Hodgkinson)이라는 남자가 우연히 도로시가 일하고 있는 곳에 오게 되어, 그녀에게 몇 마디 말을 건네려고 잠시 서 있었습니다. 물론 그 때도 도로시는 자신이 맡은 잡석들을 세탁하고 있었습니다. 거기에는 또한 한 어린아이가 그녀가 일하는 물통 옆에 서 있었습니다. 그리고 또 한 사람이 그 아이로부터 약간 떨어진 곳에 있었습니다. 그 사람이 큰 소리로 어린아이에게 이리로 오라고 부르자, 조지는 그 아이의 손을 잡고서 아이를 부르는 소리가 난 곳으로 갔습니다.

그런데 보십시오. 그들이 도로시로부터 한 10미터 정도 멀어졌을 때, 갑자기 살려 달라는 그녀의 비명소리가 들려 왔습니다. 뒤를 돌아보니 그녀와 그녀의 물통과 체가 빙글빙글 원을 그리면서 땅 속으로 빠져 들어가고 있었습니다. 그러자 조지는 그녀에게 "당신의 죄를 용서해 달라고 하나님께 기도하세요. 기도하지 않으면, 사람들은 당신을 살아 있는 모습으로 더 이상 볼 수 없을 거요." 그러자 그녀와 빙글빙글 원을 그리며 땅 속으로 빠져가던 물통은 3미터 정도만 땅 속으로 빨려 들어가더니, 더 이상 떨어지지 않고 정지하였습니다. 그녀는 평소 자기가 말한 대로 땅 속으로 삼켜지면 어떡하나 하는 생각을 하였습니다. 그 때 조지는 크게 당황하였지만, 그래도 그녀를 도울 방법이 무엇일지 생각하기 시작하였습니다.

그런데 갑자기 땅 속에 있던 큰 바위가 나타나 구르면서 그녀의 머리에 떨어져 머리가 박살나 버렸습니다. 그러고는 흙들이 그녀 위에 떨어지면서 그녀를 완전히 덮어 버렸습니다. 사고 이후에 사람들은 한 4미터 되는 흙을 파내고서야 그 시신을 찾을 수 있었습니다. 그리고 그녀의 주머니에 그 남자가 잃어버렸던 2펜스가 들어 있었습니다. 그러나 그녀의 물통과 체는 더 이상 찾을 수 없었습니다.

경청 씨: 선생님의 이야기를 듣다보니, 저도 그런 슬픈 이야기가 생각납니다. 잠시 그 이야기를 선생님께 말씀드리고자 합니다. 그것은 다음과 같습니다. 제가 예전에 살던 곳에서 화살을 쏘면 닿을 거리인 한 300미터 되는 곳에, 눈에 잘 띄지 않는 선술집이 있었는데, 그 집 주인에게는 에드워드(Edward)라는 이름의 아들이 있었습니다. 이 에드워드는 그의 말과 행동을 보고 말하자면, 정신이 반 정도 나간 얼간이였습니다. 그런데 이 외딴 선술집에 어떤 쾌활한 주당(酒黨)들이 일주일에 한두 번씩 찾아왔습니다. 그러면 아버지는 아들인 네드(Ned, 사람들은 에드워드를 이렇게 불렀습니다)를 불러서 그 손님들을 즐겁게 해주었습니다. 한 마디로 말해서, 아버지는 바보스런 말과 행동으로 그들을 웃기라고 아들을 불렀던 것입니다. 그래서 술꾼들이 이 선술집에 오면, 아버지는 네드를 불렀습니다. 그러면 네드는 그들 앞에 섰습니다. 그린데 이 웃기는 녀석은 귀신에 씐 것처럼 저주하기를 좋아했습니다. 그것도 정도가 너무 지나쳐서 그는 아버지와 어머니를 저주하고, 자기를 괴롭히는 다른 사람들도 저주하였습니다. 비록 정신이 반 정도 나간 얼간이였으나, 그는 자기가 하는 행동에 사람들이 즐거워하는 것을 보고는 더욱더 신이 나서 담대하게 저주를 퍼부었습니다.

그래서 이 용감한 술친구들은 시간이 나서 술에 취해 한바탕 신나게 놀고 싶으면 불을 밝히고서 이 술집으로 찾아왔고, 그 때마다 네드는 불려 나왔습니다. 아버지는 네드를 가장 잘 알고 있었기 때문에, 그를 화나게 하는 방법도 잘 알고 있었습니다. 아버지는 네드가 틀림없이 화날 질문들을 묻고 또한 그가 화낼 일들만 시켰습니다. 그러면 네드는 특유의 바보스런 몸짓으로 아버지를 아주 심하게 저주하였으며, 그의 말을 듣던 노인네인 아버지는 박장대소하였습니다. 다른 손님들도 그런 모습을 보고서 너무 재미있어 하면서 웃었습니다. 그러면 아버지는 계속해서 네드에게 짓궂은 질문을 하였고, 네드는 여전히 화가 나서 아버지를 저주하였으며, 그 저주하는 소리에 손님들은 또다시 웃었습니다. 이런 식으로 계속 반복되었습니다. 이것이 바로 술집을 찾아온 손님들에게 재미를 주기 위해서 네드의 아버지인 노인이 사용한 유흥이었습니다.

네드가 아버지를 저주할 때마다, 늙은 아버지는 그저 웃기만 하였습니다. 네드가 아버지에게 한 저주는 다음과 같은 것들이었습니다. "마귀가 너를 잡아갈지어다." "마귀가 너를 데리고 갈지어다." 이런 저주 외에도 아버지에게 역병이나 파멸이 임했으면 좋겠다는 저주도 많이 하였습니다. 그러다 마침내 아버지에 대한 네드의 바람과 저주가 생각할 겨를도 없이 하나님의 의로운 심판으로 임하였습니다.

자기 집에 찾아온 손님들 앞에서 그렇게 아버지를 저주한지 채 몇 달이 지나지 않아, 마귀가 정말로 그 아버지를 사로잡았던 것입니다. 그러고는 며칠 지나지 않아서 마귀가 그 아버지를 죽여 이 세상에서 데리고 가 버렸습니다. 제가 말하고자 하는 것은 사탄이 그를 취하여 데리고 가 버렸다는 것입니다. 이런 생각은 저만 하는 것이 아니라, 그를 알고 있던 사람들과 어쩔 수 없이 관계를 맺어야 했던 모든 사람들도 그의 비참한 최후의 모습을 보고서 그렇게 판단하였습니다. 그는 살아 있는 생명체 같은 것이 자기 몸의 위 아래로 움직이는 것을 느낄 수 있었습니다.

그러자 이번에는 고통의 시간이 찾아왔습니다. 그에게 고통스러운 발작증세가 몇 번 일어나더니, 그의 가슴의 연약한 부분에 딱딱한 혹 같은 것이 만

부모가 자녀의 악을 즐거워할 때, 자녀는 그의 부모를 마귀에게 보낸다.

(원서 초판의 삽화)

저졌습니다. 저는 이것을 모두 다 보았습니다. 그가 숨을 거두기까지 너무나 심한 고통으로 가슴을 쥐어짜면서 괴성을 지르는 것을 저는 다 보고 들었습니다. 앞에서도 말씀드렸지만, 지금 제가 하는 모든 이야기는 제 눈과 귀로 직접 목도한 것들입니다. 정말 제가 그 자리에서 듣고 본 것입니다. 저는 네드가 장난으로 아버지를 저주하고, 그 아버지는 그것이 재미있었는지 아주 열렬히 그 아들을 자극하였습니다. 그것을 보는 모든 사람들은 더욱더 재미있어 하였습니다. 저는 네드의 아버지가 귀신에 사로잡혔을 때도 그를 보았고, 발작을 일으킬 때도 그를 보았습니다. 저는 그 때 그의 몸에 생긴 혹, 즉 계란 반알 크기 정도로 부은 혹을 보면서, 마귀가 그의 몸 속에서 부풀어 올라 그 늙은 노인에게 이루 말할 수 없는 고통과 불행을 끼치고 있다는 생각이 들었습니다. 거기에는 또한 일반적인 의사가 아닌 비범한 의사 프리만(Freeman)이 함께 있었습니다.

그는 그 아버지의 몸에 악마를 쫓아 달라는 요청을 받고서 그 집에 오게 되었습니다. 의사가 다음과 같은 치료행위를 시도할 때도 저는 거기에 있었습니다. 의사가 한 행동은 다음과 같았습니다. 사람들은 귀신들린 자를 집 밖에 있는 긴 평상으로 옮기고는, 그의 배가 위를 향하도록 평상 위에 눕히고 그의 머리는 평상 끝부분에 늘어뜨렸습니다. 그러고 나서 사람들은 그를 그 평상에 결박하였습니다. 이 일을 다 한 후, 사람들은 숯불을 담은 접시를 그의 입에 가까이 갖다 대었습니다. 그 숯불 속에 무엇을 넣었는지 모르지만 큰 연기가 뿜어졌습니다.

들리는 말에 따르면 이것은 사람에게서 마귀를 쫓아내는 방법이라고 하였습니다. 자욱한 연기로 거의 숨이 막힐 지경이 될 때까지 귀신들린 사람에게 그 치료는 계속되었습니다. 하지만 귀신은 그에게서 나오지 않았습니다. 이를 본 프리만은 다소 당황하는 것 같았고, 그 귀신들린 사람은 크게 고통스러워하였습니다. 저는 이런 광경들이 신기하기도 하고 두렵기도 하여 그 자리를 떠나고 말았습니다. 그러고 나서 잠시 시간이 흐른 후, 그 귀신들린 사람은 아들의 바람과 저주대로 이 세상을 떠나고 말았습니다. 이렇게 지옥의 재미를 즐기던 자의 끝은 이와 같았습니다.

현인 씨: 이 이야기는 완전히 슬픈 심판을 받은 이야기였군요.

경청 씨: 사실 이 이야기는 끔찍한 심판으로 끝이 났습니다.

현인 씨: 그렇습니다. 이 이야기를 들으니 성경에 나오는 경고의 말씀이 생각 납니다. "그가 저주하기를 좋아하더니 그것이 자기에게 임하고 축복하기를 기뻐하지 아니하더니 복이 그를 멀리 떠났으며 또 저주하기를 옷 입듯 하더니 저주가 물 같이 그의 몸 속으로 들어가며 기름 같이 그의 뼈 속으로 들어갔나 이다"(시 109:17-18).

경청 씨: 어린 시절에 저주하고 맹세하는 것을 가르치는 것은 정말 두려운 일 입니다.

현인 씨: 그렇게 어린 나이에 그런 것들을 가르치다니! 하지만 악인 씨의 경우 는 그렇지 않았다고 말할 수 있습니다. 왜냐하면 악인 씨의 아버지는 아들의 악한 비행에 대해서, 그리고 특히 말을 듣지 않는 이 어린 소년에 대해서 몹시 슬퍼하며 걱정하였습니다. 그렇게 걱정하는 이야기들을 저도 종종 들었습니다. 아들의 사악함으로 인해 아버지는 고민하다가 수많은 날들을 무거운 마음 으로 잠자리에 들었으며, 아침에 일어나서도 여전히 무거운 마음이었습니다. 저는 그 아버지에 대해 그렇게 알고 있습니다. 하지만 그의 무자비한 아들은 모든 것이 그대로였습니다. 건전한 조언도 소용없었고, 아버지의 슬픔도 소 용없었으며, 그 어떤 것도 그의 행동을 개선시킬 수 없었습니다. 사실, 자기 자녀들에게 맹세, 저주, 거짓말, 도둑질 등을 가르치는 부모들이 있기도 합니 다. 그렇게 경건하지 못한 부모들로부터 제대로 된 교육을 전혀 받지 못한 채, 세상으로 내몰리는 가혹한 운명의 불쌍한 어린아이들이 마주하게 될 그 비참 함은 얼마나 크겠습니까?

자녀들을 사악하게 교육하는 악독한 짓

그런 부모들은 자녀를 낳지 않았으면 좋았을 것이며, 그 자녀들 또한 그런 부모들에게서 태어나지 않았다면 더 좋았을 것입니다. 오! 저는 다음과 같은 생각을 해 보았습니다. 아버지나 어머니가 자녀들을 지옥으로 인도하는 교육, 다시 말해 지옥 형벌로 인도하는 그런 교육을 가르치다니, 그 얼마나 끔찍한 일입니까! 하지만 악인 씨는 부모로부터 이런 끔찍한 교육은 받지 않았습니다.

경청 씨: 하지만 제 생각에 어린 시절의 악인은 집에서 도저히 훈육이 되지 않았던 것 같습니다. 그렇다면 그의 아버지는 차라리, 그 아들을 통제할 수 있는 능력이 있으면서 아들에게 어떤 일을 맡겨 열심히 일하게 할 수 있는 지인에게 아들을 보내어, 지인이 사는 그 먼 곳에서 아들이 생활하도록 하는 것이, 아들에게도 유익할 것이라는 생각을 해야 했습니다. 그러면 적어도 그 아들은 주어진 일을 감당하느라 시간이 없어서, 그나마 사악한 짓들을 행할 수 없을 테니 말입니다.

제3장

경건한 스승의 도제(徒弟)가 된
악인의 도제 생활

악인이 도제가 되다

현인 씨: 안타까운 일입니다! 애석하게도 그의 아버지는 당신이 말한 대로 그렇게 하였습니다. 그는 예전부터 알고 지내는 사람들 중 한 사람에게 간청하였습니다. 자기 아들을 잘 돌봐주고 그를 방탕한 길에 들어서지 않도록 전적으로 사랑으로 인도해 주기를 부탁하였던 것입니다. 그 지인은 아주 정직하게 일하는 사람이었으며, 일하는 환경도 쾌적하였습니다. 이 외에도 그가 일하는 곳에는 고용된 일꾼들이 많이 있었습니다. 따라서 이 젊은 악인도 한가할 때가 없었고 그의 천성대로 게으름을 피울 시간도 없었기에, 당연히 악한 짓을 할 기회조차 없었습니다. 그러나 이런 환경 속에서도 그에게는 모든 것이 예전과 마찬가지였습니다. 다시 말해, 그는 그곳에서도 아버지 집에 있을 때와 마찬가지로 비열한 행동들을 하기 시작하였습니다. 그는 스승의 집에 있었지만 아랑곳하지 않고 나쁜 짓들을 계속하였습니다.

경청 씨: 집에서는 아주 악한 짓을 하던 자녀들이, 집을 떠나 먼 곳으로 가서는

많이 바뀌는 것을 저는 알고 있습니다. 특별히 위탁된 가정의 가장(家長)이 지속적으로 하나님을 예배하고 그분을 섬기는 일을 양심적으로 하는 경우라면, 더 많은 변화들이 일어나기도 합니다. 그런데 악인이 변하지 않은 것을 보면, 아마도 악인 씨의 스승인 그의 집에는 이 경건한 모습이 다소 부족했던 것이 아닐까 하는 생각이 듭니다.

현인 씨: 사실, 어떤 아이들은 다른 사람의 집에 가서 아주 크게 개선되기도 합니다. 하지만 단언컨대 말썽꾸러기인 이 소년은 그렇지 않았습니다. 그의 나쁜 행실을 교정시킬 능력을 가지고 있고, 예전에 그와 같은 어린아이들을 교정시키기도 했던 스승이 있었음에도 불구하고, 그의 나쁜 행실은 지속되었습니다.

젊은 악인의 스승과 그의 자질

그의 스승은 아주 선하고 경건한 사람이었습니다. 그는 가정에서 하나님을 제대로 예배할 수 있는 최고의 영적 자산들을 항상 가지고 있는 자로서, 본인 스스로도 하나님과 동행하는 사람이었습니다. 그는 또한 심성이 아주 유순하고 자비로웠으며, 일과 관련하여 젊은 악인을 한 번도 과하게 몰아붙인 적이 없었고, 일하는 시간 외의 시간에는 어떠한 일도 시키지 않는 사람이었습니다.

경청 씨: 선생님께서 방금 하신 말씀이 사실입니까! 그렇다면 정말 드문 경우군요. 제가 보기에 악인 씨의 스승만큼 좋은 선생님은 거의 찾아보기 힘들 것 같습니다.

악한 스승과 악한 일

현인 씨: 제가 보기에도 그런 스승은 찾아보기 힘듭니다. 하지만 악인 씨는 여전히 그대로였습니다. 사실 오늘날 대부분의 스승들은 그저 자신의 세상적인 일에만 관심을 쏟으면서, 도제로 삼은 자들이 자기 명령만 잘 따른다면, 그들의 영혼이나 경건에 대해서는 그들이 원하는 대로 내버려 둡니다. 그래서 사실 저도 걱정이 많습니다. 장래가 촉망되는 많은 젊은이들이 부모의 손에 이

끌려, 내세(來世)에는 전혀 관심도 없는 스승들에게 내맡겨지기 때문입니다.

경청 씨: 참 안타까운 현실이네요. 선생님께서 이 주제를 이미 언급하셨으니, 가능하면 스승이 그의 가련한 도제들을 얼마나 많은 방법으로 파멸시켰는지를 말씀해 주시면 좋겠습니다.

현인 씨: 그건 불가능합니다. 제가 당신에게 그 모든 방법들을 말할 수는 없을 것 같지만, 그 가운데 몇 가지는 말씀드리겠습니다. 자, 그럼 전도유망한 한 젊은이가 경건한 사람이라고 평판을 듣는 한 사람의 도제로 들어가게 되었다고 가정해 봅시다. 그런데 그런 경건한 스승 밑에 들어갔다 해도, 그 청년은 다양한 방법으로 파멸될 수 있습니다. 다시 말해, 그의 스승이 모든 일에서 그의 도제들 앞에서 하나님과 사람을 존중하지 않는다면 충분히 그럴 수 있습니다.

스승이 그의 도제를 멸망시키는 다양한 방법들

1. 스승이 그의 도제를 적당히 부리지 않는다면, 스승이 그의 도제가 가진 능력 밖의 일을 시킨다면, 스승이 그의 도제를 과외의 시간에 일하도록 시킨다면, 스승이 그의 도제가 하나님의 말씀을 읽고 기도하는 등의 여가 시간을 허락하지 않는다면, 그것이 바로 그 도제를 멸망시키는 방법입니다. 즉, 영적인 것들에 대한 관심이 선하게 시작되고, 선한 생각들에 관심이 시작되는 귀한 시기에 이런 스승을 만난다면, 그의 인생은 멸망할 것입니다.

2. 스승의 집에 온갖 외설적이며 사악한 책들이 흐트러져 있다면, 다시 말해 정욕과 음탕한 것들을 부추기고, 무익하고 음란하며 정욕적인 이야기들을 가르치는 책들과, 신성모독적인 농담과 조롱들을 유발하는 경향의 책들과, 마지막으로 믿음과 거룩함에 대한 교리를 왜곡하고 오염시키는 책들이 가득하다면, 이 모든 것들은 마치 해충이 하는 것처럼, 그에게 맡겨진 청년들, 즉 선한 마음으로 시작한 그들을 순식간에 망쳐 놓을 것입니다.

3. 또한 종들이 함께 섞여 있다면, 즉 아주 악한 사람이 동일한 장소에 함께 있게 된다면, 그것도 그 여린 청년들을 파멸시킵니다. 왜냐하면 완악하고 야

비한 종들은 하나님을 모독하는 사악한 말들과 계략들을 도제들 앞에서 거침없이 내뿜는 기회들을 자주 가질 것이기 때문입니다. 그렇게 되면 젊은 청년들의 몸과 마음은 이들이 하는 사악한 말과 계략들에 쉽게 물들 것이며, 급기야 순수했던 그들은 타락하게 될 것입니다.

4. 또한 스승의 모습이 집 안과 집 밖에서 너무나 다르다면, 다시 말해 집 밖에서는 너무 경건한 것 같지만, 막상 집 안에서는 마치 외투를 입는 것처럼 경건을 옷처럼 걸치고 경건한 척 가장한다면, 그것도 자주 그렇게 한다면, 도제 생활을 시작하는 젊은이들은 이를 알아차리고는 이런 모습에 걸려 넘어질 것입니다. 우리는 흔히 울타리에도 눈이 있고, 작은 주전자에도 귀가 있다고 말합니다.[1]

어린아이들은 나이든 사람들이 행하는 것을 아주 유심히 살펴보고 있다

사실 어린아이들은 아버지나 스승 같은 어른들의 삶을 아주 유심히 살피고 있습니다. 아이들은 어른들이 알고 있는 것보다 더 많이 어른들을 살피고 있습니다. 그러므로 스승들은 주의해야 합니다. 그렇지 않으면, 그들의 종들 속에서 선하게 시작된 것들이 스승으로 인해 심하게 파멸되어 버리기 때문입니다.

5. 만약 스승이 비양심적으로 거래하거나 거짓말로 장사한다면, 다시 말해 악한 상행위를 선한 것으로 두둔한다거나 부당한 이익을 추구할 뿐만 아니라 이와 비슷한 일들을 스스럼없이 행한다면, 그의 종들은 이것을 보게 될 것이며, 스승의 이런 행동을 본 것만으로도 그 종들은 충분히 파멸될 것입니다. 엘리 제사장의 아들들도 여러 회중들 앞에서 악했습니다. 그들의 이런 악한 행동

---

1 이런 중요한 속담과 비슷한 내용은 모든 언어들에 있으며, 히브리어에서도 찾을 수 있다. "하나님에게 숨길 수 있는 것은 아무것도 없다." "하나님에게 숨기고서 알려지지 않을 것은 아무것도 없다"(렘 32; 미 10). 프랑스어에도 "벽에도 귀가 있다"(Leo murailles ont des oreilles)는 속담이 있다. 셰익스피어도 주전자를 가지고 오는 한 종에게, 주전자도 그의 대화를 엿들을 수 있다는 식으로 말하였다. 그러면서 그는 다음과 같은 속담을 말하였다. "주전자들도 귀를 가지고 있으며, 나 또한 많은 종들을 가지고 있다." 비록 인간이 보기에는 보이지 않는다 해도, 이 엄연한 진리가 모든 사람들의 가슴 속에 강한 인상을 주었으면 좋겠다. "나를 살피시는 하나님"(창 16:13) — 원주.

으로 인해 백성들은 여호와의 제사를 멸시하게 되었습니다(삼상 2).

악인은 선한 사람으로 변모될 수 있는 유리한 것들을 다 가졌지만, 그는 여전히 악인이었다

어쨌든 이런 말들은 스승 된 자들에게 해당되는 것입니다. 행여 그들의 도제가 된 자들의 영혼을 파멸시키지 않도록 하기 위해 그 스승들이 주의하도록 말입니다. 그런데 이 젊은 악인의 경우에는 스승으로부터 이런 방해들을 전혀 받지 않았습니다. 그의 아버지가 세심하게 보살펴 주었고, 그를 위한 것이라면 무엇이든 구비해 주었기 때문입니다. 그래서 그는 선한 스승을 얻게 되었으며, 그에게는 선한 책들이 부족하지 않았고, 선한 가르침과 선한 설교들과 선한 모범들과 선한 동료 도제들까지 있었습니다. 하지만 이 모든 것들이 그에게는 아무런 소용 없었습니다.

경청 씨: 그러한 가정에서, 다시 말해 그토록 많은 영적인 도움들을 받았지만, 그럼에도 불구하고 이 모든 것들이 그의 마음을 사로잡지 못했다는 것이 정말 기이한 일이네요! 도대체! 선한 책들과 선한 가르침과 선한 설교들과 선한 모범들과 선한 동료 도제들, 그 어떤 것도 그를 선한 사람으로 만드는데 전혀 도움이 되지 못했다니 말입니다!

모든 선한 것들이 악인에게는 끔찍하게 싫었다

현인 씨: 당신이 잘 말했습니다. 그는 이 모든 것들에 전혀 마음이 없었습니다. 아니, 이 모든 것들이 그에게는 그저 끔찍할 따름이었습니다. 1. 먼저 선한 책들에 대해 말하겠습니다. 이런 좋은 책들이 그 스승의 집에는 널려 있었습니다. 하지만 그 책들은 색깔이 바래서 썩기 일보 직전이었습니다. 왜냐하면 그는 그 책들을 펼쳐 볼 마음조차 없었기 때문입니다. 그러나 반대로, 사악하고 가증스러운 책들은, 즉 짐승 같은 이야기나 상스러운 것들로 가득한 책들로서 보자마자 즉시 모든 육체의 정욕들에 불을 지피는 것 같은 책들은 구할 수

있는 대로 모두 구해서 보았습니다. 사실 그가 이런 책들을 가지고 있다는 사실이 스승에게 알려져서는 안 된다는 생각에, 그는 이 책들을 스승의 눈에 띄지 않는 은밀한 곳에 숨겨두고서, 읽을 만한 기회가 생기는 대로 그 책들을 가져다가 자세히 숙독하였습니다.

선한 조언도 악인에게는 마치 감옥과 같다

2. 선한 가르침도 마찬가지였습니다. 선한 책들과 마찬가지로 선한 가르침 또한 그에게는 끔찍하기만 하였습니다. 그는 선한 가르침을 듣는 척하기는 했지만, 가르쳐 주는 말이 떨어지기가 무섭게 그 말들을 잊으려고 애썼습니다. 사실, 그 당시 그를 알고 있던 어떤 사람이 제게 다음과 같이 말한 것을 기억합니다. 즉, 가르침을 듣는 그의 얼굴 표정이나 자세를 보면, 선한 조언들이 그에게는 감옥 같아서 그를 계속해서 고문하는 것 같음을 누구나 분명히 알 수 있었다고 말입니다. 그는 자신이 들었던 건전한 말들을 완전히 떨쳐 버리지 않으면 자신이 자유롭다는 생각이 전혀 들지 않았던 것입니다(잠 15:12). 그래서 그는 자신을 책망하는 자를 미워하며 철천지원수로 여겼습니다(잠 9:8).

3. 이제 선한 모범에 대해서도 말하겠습니다. 스승은 그에게 종교적인 일에서나 일상적인 일에서나 줄곧 모범이 되었지만, 젊은 악인은 이 모범적인 사례들을 보면서 인생의 확실한 목표로 삼기는커녕, 스승을 조롱하며 스승의 말들을 상투적으로 받아들였습니다.

4. 그의 스승은 최고의 설교자들이 있는 곳으로 악인을 데리고 가서, 그들이 하는 설교를 악인이 들었으면 좋겠다고 진정으로 원하였지만, 그는 그렇게 하지 않았습니다. 이 경건하지 않은 젊은이는 뭐랄까, 제가 생각하기에는 모든 악한 것들에 능통한, 한 마디로 악의 달인(達人)이었습니다. 천둥처럼 크게 외치는 설교자의 음성을 듣지 않기 위해 그는 다음과 같은 사악한 일들을 행하였습니다.

악인이 설교를 들을 때 행하던 처신들

(1) 설교를 듣게 될 장소에 와서는 한쪽 구석에 앉아서 이내 잠을 잤습니다. (2) 앞에서 언급한 일이 여의치 않으면, 그 곳에 있는 아름다운 여인에게 음란한 눈길을 보내면서, 그곳에서 행해지는 설교를 잘 듣는 척하며 육신의 쾌락을 충족시켰습니다. (3) 또는 그가 보기에 자기 성향과 맞는 사람이 있어서 그 옆자리에 갈 수 있으면, 설교 시간이 다 끝날 때까지 그 사람과 함께 속삭이거나 낄낄 웃거나 장난을 쳤습니다.

경청 씨: 정말 대단하군요! 그가 행하는 사악함의 정도는 시간이 지날수록 점점 더 심해졌네요.

현인 씨: 그는 정말 그랬습니다. 이 모든 사악한 행태들 가운데 더욱더 가관인 것은 그가 그의 스승을 찾아올 때부터 그랬다는 사실입니다. 다시 말해, 그는 스승을 찾아오기 전부터 이미 악의 도제가 되어 사악한 것들을 배우고 섬기는 것처럼, 이 모든 악한 일들을 행할 준비가 되어 있었던 것입니다.

경청 씨: 가르침에 반항하는 그의 악행들을 선생님께서 여러 가지 열거하셨는데, 범할 수 있는 죄는 모두 다 범해서 그에게 더 이상은 지을 죄가 없는 것 같습니다. 제 생각에 그는 마치 "나는 이제 듣고 싶지 않아요. 나는 이제 주의하고 싶지 않아요. 나는 이제 선한 것에 마음을 두고 싶지 않아요. 나는 이제 개선되고 싶지 않아요. 나는 이제 다시 돌아가기 싫어요. 나는 이제 회개하고 싶지 않아요"라고 말하는 것 같습니다.

현인 씨: 당신이 잘 말씀하셨습니다. 그래서 저는 이 젊은 악인과 그가 행한 사악한 일들을 책망하였습니다. 그러고는, 이 사람과 적절하게 견줄 만한 사람이 도대체 누구일까 하는 질문을 저는 혼자서 해보았습니다. 그랬더니 불현듯 다음과 같이 말한 사람이 생각났습니다. 그는 제게 다음과 같이 대답하였습니다. "나 같은 사람이 없다면, 도대체 누가 마귀의 친구가 될 수 있겠어?"

한때 나의 친구였던 H.S.가 한 결정적인 말.

이 H.S.라는 사람은 여러분이 앞에서 알게 된 네드(Ned)의 친형이었다.

경청 씨: 뭐라고요? 선생님은 어떤 사람이 그렇게 말하는 것을 정말 들은 적이 있으십니까?

현인 씨: 예, 그런 말을 들은 적이 있습니다. 이 젊은 악인은 그 사람과 똑같았습니다. 이 사실처럼 확실한 게 또 어디 있겠습니까? 이 악인이 그와 똑같다는 말은 마치 달걀을 보고서 달걀이라고 말하는 것과 같습니다. 너무나 슬픈 일입니다! 성경은 자신의 행동으로 이와 같은 사람임을 증명하는 많은 자들에 대해 다음과 같이 말하고 있습니다. "그들은 하나님께 말하기를 우리를 떠나소서 우리가 주의 도리 알기를 바라지 아니하나이다"(욥 21:14). 또한 "그들이 듣기를 싫어하여 등을 돌리며 듣지 아니하려고 귀를 막으며 그 마음을 금강석 같게 하여 율법과 만군의 여호와가 그의 영으로 옛 선지자들을 통하여 전한 말을 듣지 아니하므로"(슥 7:11-12).

이 모든 자들이 악인 씨와 같은 자들이지 않겠습니까? 또한 지금 성경에서 언급된 자들도 이 젊은이와 같은 사람이지 않겠습니까? 저도 한때 제가 지은 죄악 가운데서 자신을 위로하면서 살았던 적이 있습니다. 그 때, 제 친구가 바로 앞에서 말한 것처럼, 자신이야말로 마귀의 친구가 될 수 있다고 담대하게 말한 사람이 그 젊은 악인이었습니다. 이제는 내가 그 친구를 언급한다는 것 자체가 수치스러운 일이지만, 어쨌든 그에게는 정말 많은 친구들이 있었습니다.

경청 씨: 이 젊은 악인은 진정으로 담대하게 말한 선생님의 친구 같은 사람이었군요. 악인 씨도 그 친구가 걸어갔던 길을 똑같이 걸어갔고, 그의 사악함은 담대하게 신성모독적인 발언을 한 그 친구의 사악함과 판박이처럼 보입니다. 저는 지금 그렇게 담대하게 말했던 선생님 친구의 절망적인 상태에 대해 말씀드리고 있습니다. 그가 절망적인 상태가 아니었다면, 선생님이 그가 지은 죄에 대해 책망할 때, 그는 선생님의 말씀을 들었을 것이고, 그러면 그 친구가 선생님에게 그렇게 담대한 대답을 하지 않았을 것이라는 생각이 듭니다. 그런데

선생님은 언제 그를 그렇게 책망하였습니까?

현인 씨: 하나님께서 저를 부르심으로써, 그와 제가 헤어지게 하셨습니다. 당연히 그도 하나님의 은혜로 죄악에서 떠나게 되기를 저는 소망하고 있었습니다. 제가 그와 헤어지게 된 바로 그 때에 저는 그를 책망하였습니다. 제가 기억하기로 그는 그렇게 살아가다가 결국 악인 씨가 죽었던 것처럼 그렇게 죽고 말았습니다. 이제 그 친구에 관한 이야기는 이 정도로 하고, 다시 우리가 본래 나누던 이야기를 계속하면 좋겠습니다.

경청 씨: 그랬군요! 완고하고 불쌍한 죄인들이로군요! 하나님께서 자기들을 공의로 심판하실 것이라는 생각을 그들은 할 수 없었을까요?

현인 씨: 그들이 어떤 생각을 하고 있었는지 저도 잘 모릅니다. 하지만 제가 알고 있는 것은 "내가 불러도 그들이 듣지 아니한 것처럼 그들이 불러도 내가 듣지 아니하리라 만군의 여호와가 말하였느니라"(슥 7:13)는 하나님의 말씀입니다. 분명한 사실은 악인 씨도 이렇게 하나님께 부르짖을 때가 오고 있다는 것입니다.

경청 씨: 그런데 제가 정말 이상하게 생각하는 것은, 그가 정말 빨리 사악한 일들에 대가(大家)가 되었다는 사실입니다! 너무 슬픈 일입니다만, 그 당시 그는 한창 어린 애송이이지 않았습니까? 제 생각에는 아무리 나이를 먹었다고 해도 스무 살이 채 되지 않았을 것 같은데요.

현인 씨: 그렇지요. 겨우 열여덟이었지요. 하지만 이스마엘이나 엘리사 선지자를 조롱했던 아이들처럼, 죄악의 씨앗이 이미 그 속에서 싹트고 있었던 것 같습니다(창 21:9-10; 왕하 2:23-24).

경청 씨: 그랬군요. 우리가 일상적으로 말하듯 그는 한 마디로 사악한 젊은이였군요.

현인 씨: 그에 관한 모든 것을 당신이 들었을 때도 당신은 그렇게 말할 것입니다.

경청 씨: 모든 것이라고요? 지금까지 들은 것만 해도 아주 대단한 이야기들

인데, 더 남은 것이 있나요? 아직도 남은 것이 있다면, 우리에게 그 이야기를 해주셨으면 좋겠습니다.

현인 씨: 그렇게 원하신다면 당신에게 말씀해드리겠습니다. 말하지 않을 이유도 없습니다. 그가 스승과 함께 지내기 시작한 지 일 년 반이 훌쩍 지난 시점에서, 그는 세 명의 젊은 불량배들과 함께 어울리기 시작했습니다. 이들의 이름은 여기서 밝히지 않도록 하겠습니다.

악인이 함께 어울린 친구들

이들은 그에게 지금까지 그가 저질렀던 죄악들을 더 짓도록 가르쳤습니다. 그리고 그도 그들의 가르침을 곧잘 받아들였습니다. 그 친구들 가운데 한 명은 그에게 주로 부정한 것들을 가르쳐 주었고, 또 다른 친구는 술 취하는 것을 가르쳐 주었으며, 마지막으로 세 번째 친구는 절도하는 것, 즉 스승의 물건을 훔치는 것을 가르쳐 주었습니다.

경청 씨: 정말 안타까운 일이네요! 가련한 인간입니다. 지금까지도 충분히 악한 사람이었는데, 이제부터는 더더욱 악한 사람이 되겠다는 생각이 드니 말입니다.

현인 씨: 당신이 확신하며 말한 바와 같이, 이 친구들은 그를 더욱더 악한 사람으로 만들어 버렸습니다. 왜냐하면 그들은 모든 악한 일들의 두목이자 대장이 되도록 그를 가르쳤기 때문입니다.

경청 씨: 그가 그런 친구들을 사귀게 되었다는 것 자체가 이미 악한 운명의 시작이었던 셈이네요.

하나님께서 진노하신 한 증거

현인 씨: 아마도 당신은 다음과 같이 말하고 싶을 것입니다. "그가 이런 친구들을 사귀게 된 것 자체가 하나님의 심판이었다"라고 말입니다. 다시 말해, "그는 하나님의 진노하심으로 인해 그와 같은 친구들을 사귀게 되었다"는 것

무지

여호와를 경외하는 것이 지식의 근본이거늘 미련한 자는 지혜와 훈계를 멸시하느니라 - 잠 1:7
지혜는 너무 높아서 미련한 자가 미치지 못할 것이므로 그는 성문에서 입을 열지 못하느니라 - 잠 24:7

입니다. 그에게는 선한 스승이 있었으며, 그런 스승에 앞서 선한 아버지도 있었기 때문입니다. 그런 사람들을 통해서 그는 수 개월 아니 수 년씩 선한 조언들을 받았지만, 그의 마음은 여전히 악한 일들을 향해서만 움직였고, 선을 행하기보다는 사악한 일들을 더 많이 사랑하였습니다. 이런 행동으로 인해 그의 부정한 죄악들은 가증스럽게까지 비쳐졌고, 그래서 하나님의 진노하심으로 그 악한 친구들을 만나고, 마침내는 그들과 아주 친밀하게 어울리는 정도까지 나아갔던 것입니다. 사도 바울은 "그들이 마음에 하나님 두기를 싫어하매"(롬 1: 28)라고 말씀하셨습니다. 그 다음 말씀은 어떻게 됩니까? "하나님께서 그들을 그 상실한 마음대로 내버려 두사 합당하지 못한 일을 하게 하셨으니"(롬 1: 28)라고 하셨습니다.

또한 다음과 같은 말씀도 있습니다. "자기의 굽은 길로 치우치는 자들은 여호와께서 죄를 범하는 자들과 함께 다니게 하시리로다"(시 125:5). 그러므로 그가 멸망하게 되어 저주를 받게 된 것은 그렇게 내버려 두신 하나님의 손길이었습니다. "이는 그들이 진리의 사랑을 받지 아니하여 구원함을 받지 못함이라"(살후 2:10)는 말씀대로 말입니다. 그는 자신의 속임수를 택하였고, 자신을 위해 속이는 자들을 선택했습니다. 심지어 그는 어리석고 비열한 자들과도 어울렸습니다. 그래서 멸망하게 된 것입니다(잠 12:20).

마귀의 미끼들

경청 씨: 사실, 어떤 사람이 야비한 자들과의 사귐에 빠지는 것은 하나님의 크신 심판이라고 생각할 수밖에 없을 것 같습니다. 그것들은 마귀가 단순한 사람들을 자기 그물로 끌어당기는 미끼가 아니라면, 도대체 무엇이겠습니까? 색을 밝히는 자, 술주정뱅이, 도둑놈 등은 마귀가 다른 사람들을 사로잡을 때 쓰는 미끼가 아니라면, 도대체 어떤 사람들이겠습니까?

현인 씨: 옳은 말입니다. 그런데 이 젊은 악인은 절대로 단순한 사람이 아니었습니다. 단순하다는 말을 당신이 교육받지 못한 사람이라고 생각한다면 말입

니다. 그는 종종 선한 가르침들을 받았습니다. 그러나 단순하다는 말을 그리스도에 대한 참된 지식과 그리스도를 믿는 믿음에 대해 어리석은 바보라는 뜻으로 생각한다면, 이 악인은 정말 글자 그대로 단순한 사람이었습니다. 왜냐하면 그는 생명보다 사망을 택했으며, 하나님과 화해하는 것보다 하나님과 지속적인 적대관계를 선택했기 때문입니다. 성경의 지혜자는 "대저 너희가 지식을 미워하며 여호와 경외하기를 즐거워하지 아니하며"(잠 1:29)라고 말씀하셨습니다. 어리석은 자들은 악한 자들의 손에 넘겨져 심판을 받게 되는데, 그 악한 자들은 죄가 오로지 곪아터지게 하여서 그 끝에는 저주받도록 하는 재주를 가진 사람들입니다. 그런 자들의 손에 넘겨지는 어리석은 자들의 심판 외에 그 어떤 심판이 더 무서울 수 있겠습니까?

그러므로 사람들은 하나님을 격노케 하지는 않을까 두려워해야만 합니다. 하나님께서는 사람들이 범한 죄악에 대해 이런 식으로 벌할 수 있기 때문입니다. 제가 알고 있는 한 사람이 있습니다. 그는 한때 자신의 상태에 대해 각성하여 제가 생각하기에도 소망이 있어 보이던 사람이었습니다.

가만히 생각해 보니, 그렇게 각성하였던 두 사람도 생각이 나는군요. 그런데 어느 정도 시간이 흐르자 이들은 다시 예전 상태로 되돌아가기 시작하였습니다. 다시 정욕에 이끌리게 되었던 것입니다.

이 일은 베드포드(Bedford)에서 일어난 일이었다

그들이 변하자 하나님께서는 그들을 서너 명 되는 악한 자들의 손에 붙이시더니, 삼년이라는 세월이 지나가기도 전에 악한 자들은 그들을 인정사정 보지 않고 교수대로 인도하여, 그들이 그곳에서 개처럼 매달려 죽게 했습니다. 그들이 이렇게 죽은 것은 정직한 사람으로 살아가기를 거부했기 때문입니다.

경청 씨: 그런데 이런 사람들은 하나님으로부터 버림받아 심판과 진노 가운데 넘겨진 것을 그들의 자유로 여기며 행복으로 생각했던 것 같습니다. 그들은 자신들을 옭아매고 있는 줄이 풀리고, 목에서 고삐가 놓이자 좋아했으며, 아무

런 제한 없이 죄를 지을 수 있게 된 것에 대해 기뻐하였을 것입니다. 또한 그들은 자신들이 들어선 그 악한 길에서 더욱더 능수능란하게 죄를 짓게 해줄 수 있는 친구들과 짝하는 편을 선택하였을 것입니다.

현인 씨: 그리하여 그들에게 내려진 심판은 더욱더 컸습니다. 왜냐하면 지금까지 그들이 지은 죄에, 맹목적인 마음과 사악한 길로 들어선 완악한 마음 등이 더해졌기 때문입니다. 그들은 사망의 길로 향하고 있었지만, 그들이 지금 어디로 어떤 곳으로 가고 있는지 전혀 몰랐습니다. 그들에게 다음과 같은 말씀이 틀림없이 해당될 것입니다. "젊은이가 곧 그를 따랐으니 소가 도수장으로 가는 것 같고 미련한 자가 벌을 받으려고 쇠사슬에 매이러 가는 것과 같도다 필경은 화살이 그 간을 뚫게 되리라 새가 빨리 그물로 들어가되 그의 생명을 잃어버릴 줄을 알지 못함과 같으니라"(잠 7:22-23). 감히 말하지만, 이로써 이들은 갑절의 심판을 받게 되어, 잠시 하나님으로부터 버림을 받아 스스로 즐기고 놀다가, 다음의 성경 말씀대로 될 것입니다. "두렵건대 마지막에 이르러 네 몸 네 육체가 쇠약할 때에 네가 한탄하여"(잠 5:11). 이들이 바로 베드로 사도가 말한 자들로서, 그들의 멸망 가운데서 멸망을 당할 자들입니다. 감히 말하지만, 이들에게는 다음과 같은 성경 말씀이 해당됩니다. "이 사람들은 본래 잡혀 죽기 위하여 난 이성 없는 짐승 같아서 …… 낮에 즐기고 노는 것을 기쁘게 여기는 자들이니"(벧후 2:12-13).

경청 씨: 그렇군요. 그런데 선생님의 말씀을 듣다보니, 젊은 악인과 친구였던 세 명의 불량배들이 생각나는군요. 그 당시 악인이 세 친구들을 어떻게 따라다녔는지, 좀 더 자세히 말씀해 주시면 좋겠습니다.

현인 씨: 그가 어떻게 그들을 따라다녔는지에 대해 말해 달라고요? 한 마디로 그들과 똑같이 행동하였습니다. 앞서 말한 바대로 그들은 악인을 그들의 우두머리, 즉 그들이 행하는 악한 길의 두목으로 삼았습니다. 이에 대해 좀 더 자세히 말하면 다음과 같습니다.

선술집의 단골손님이 된 악인

첫째, 그는 주막이나 선술집의 단골손님이 되어, 짐승처럼 고주망태가 될 때까지 그곳에 머물러 있곤 하였습니다. 일이 있어 낮에 들르지 못했다면, 밤에라도 틀림없이 들렀습니다. 그는 이런 생활을 계속하다가, 마침내 전형적인 술주정뱅이가 되었습니다. 그래서 모든 사람들이 그를 술주정뱅이로 알게 되었습니다.

경청 씨: 이런 모습은 마치 돼지와 같았겠군요. 술에 취하는 것은 그야말로 짐승이 되어 버리는 죄로서, 인간 본성을 완전히 거스르는 죄악이기 때문입니다. 그래서 저는 인간의 모습을 한 사람이 과연 자신을 포기하고서 그렇게 짐승이 되어, 아니 짐승보다 훨씬 못한 한갓 물건이 될 수 있는 사람이 있을까 하는 의구심이 생기기도 합니다.

한 술주정뱅이 이야기

현인 씨: 사실, 사람이 술에 취한다는 것은 사람이 돼지가 되어버리는 허망한 일이지요. 저는 당신에게 다른 얘기를 들려주겠습니다. 한 신사에게 술주정뱅이인 마부(馬夫) 한 사람이 있었습니다. 그 마부가 맥주를 먹고서 완전히 고주망태가 되어 집으로 들어오는 것을 주인이 보게 되었습니다. 이 광경을 지켜본 주인은 "두고 보자. 오늘 밤은 이 마부를 그냥 두고 넘어가겠지만, 내일 아침이 되면 그가 한 행동은 내 집에 있는 짐승인 말보다 더 못한 행동이었다는 것을 그가 깨닫도록 해 주겠다"라고 속으로 말하였습니다. 드디어 아침이 되자 주인은 그의 종에게 가서 말에게 물을 먹이라고 하였습니다. 그러자 마부는 주인이 시키는 대로 하였습니다. 분부대로 행하고 마부가 다시 주인에게 오자, 주인은 말에게 다시 물을 먹이라고 명하였습니다. 그래서 종은 다시 말을 타고 두 번째로 물가로 갔습니다. 그런데 이번에는 주인의 말이 물을 더 이상 먹으려고 하지 않았습니다. 종은 일어나 주인에게 가서 이 사실을 보고하였습니다.

술 취함

술을 즐겨 하는 자들과 고기를 탐하는 자들과도 더불어 사귀지 말라 술 취하고 음식을 탐하는 자는 가난하여
질 것이요 잠 자기를 즐겨 하는 자는 해어진 옷을 입을 것임이니라 – 잠 23:20-21

재앙이 뉘게 있느뇨 근심이 뉘게 있느뇨 분쟁이 뉘게 있느뇨 원망이 뉘게 있느뇨 까닭 없는 상처가 뉘게 있느
뇨 붉은 눈이 뉘게 있느뇨 술에 잠긴 자에게 있고 혼합한 술을 구하러 다니는 자에게 있느니라 포도주는 붉고
잔에서 번쩍이며 순하게 내려가나니 너는 그것을 보지도 말지어다 – 잠 23:29-31

그러자 주인은 다음과 같이 그를 꾸짖었습니다. "고주망태가 되도록 술을 퍼 마시는 너 술주정뱅이야, 너는 내 말(馬)보다도 훨씬 못한 자이다. 말도 갈증을 해소할 만큼만 물을 먹고 자기 본성을 지키려고 하는데, 정작 너는 술을 너무 많이 먹어서 인간의 본성을 훼손했으니 말이다. 말은 기운을 회복하기 위해 물을 마시지만, 너는 술을 마시고서 네 자신을 상하게 하고 네 몸을 해치고 있다. 또한 말은 물을 마셔서 더 많이 사람을 섬기지만, 너는 인사불성(人事不省)이 되어 하나님과 사람을 섬길 수 없을 때까지 술을 마신다. 오, 너는 짐승만도 못한 놈이다. 네가 타고 다니는 말보다 네가 얼마나 못한 사람인 줄 너는 깨달아라!"

경청 씨: 그런 이야기였군요. 제가 봐도 주인은 종을 바르게 꾸짖은 것 같습니다. 그 주인이 말로써 분명하게 꾸짖은 대로, 종은 자신을 제대로 다스리지 못하였습니다. 그 종이 돌보는 말이 자신을 통제하는 것만큼도 자신을 다스리지 못했습니다. 그래서 결과적으로 사람이 돌보는 짐승인 말이 사람보다 더욱더 자기 본성의 법칙을 따라 살았던 것이네요. 더 하실 말씀이 있으면 전혀 부담 갖지 말고 더 해주셨으면 합니다.

술 취함에 동반되는 네 가지 악들

현인 씨: 제 말을 더 듣고 싶어 한다니, 그럼 좀 더 말씀드리겠습니다. 일반적으로 사람들이 다음과 같은 네 가지 사실만 잘 생각한다면, 술 취하는 것을 꺼리게 될 것입니다. (1) 무엇보다도 술에 취하게 되면 사람이 가난해져 거지가 될 가능성이 아주 높습니다. 솔로몬 왕도 "술 취하고 음식을 탐하는 자는 가난하여질 것이요"(잠 23:21)라고 말하였습니다. 이 세상에 태어났을 때는 부유하게 인생을 시작했지만, 술로 가산을 탕진하여 거지가 되는 사람이 많이 있습니다. 그렇습니다. 부유한 재력가의 자녀로 태어났지만, 부모들의 이 짐승 같은 죄악으로 인해 빈털터리가 되어, 이제는 돈을 악착같이 모아야하는 자녀들도 많습니다. (2) 술 취하는 죄로 인해 사람들은 육체에 중한 불치병을 많이

얻게 됩니다. 그래서 인생의 남은 시간이 얼마 되지 않아 그 끝을 보게 되어, 돕고 싶어도 아무것도 그 병에 도움이 되지 않는 경우가 많습니다. "지나치게 악인이 되지도 말며 지나치게 우매한 자도 되지 말라 어찌하여 기한 전에 죽으려고 하느냐"(전 7: 17)라는 말씀이 이에 해당됩니다. (3) 술 취하는 것은 종종 다른 죄악들까지도 많이 동반하게 되는 죄입니다. "재앙이 뉘게 있느뇨? 근심이 뉘게 있느뇨? 분쟁이 뉘게 있느뇨? 원망이 뉘게 있느뇨? 까닭 없는 상처가 뉘게 있느뇨? 붉은 눈이 뉘게 있느뇨? 술에 잠긴 자에게 있고 혼합한 술을 구하러 다니는 자에게 있느니라"(잠 23:29-30). (4) 종종 있는 일이지만, 술 취함으로 인해 수명이 단축되기도 합니다. 술에 취한 채 집으로 가려고 술집을 나오다가 목이 부러지기도 합니다. 이런 일들은 비일비재(非一非再)하여 이런 일뿐 아니라 그와 비슷한 일들이 너무나 자주 일어납니다. 이 사실은 매우 분명한 것이어서 더 이상 말할 필요조차 없을 것 같습니다.

가장 최악인 다섯 번째 악

경청 씨: 그런데, 이 모든 사실 가운데서 최악의 경우는 하나님의 나라를 유업으로 받지 못하고(고전 6:10), 영원한 불 속으로 떨어지는 것 아니겠습니까?

현인 씨: 그렇습니다. 사람이 술에 취하면 온 몸이 마비될 뿐만 아니라, 그 영혼 또한 무감각해집니다. 사람이 일단 술에 취하게 되면, 하나님에게 돌아가 다시 회복될 기미는 전혀 보이지 않게 됩니다. 옛날부터 술에 취해 살던 사람이 회심하게 된 경우를 보았다면, 당신은 그가 어떤 사람인지 제게 말해 주시기 바랍니다. 그런 사람은 없습니다. 절대 그런 경우는 있을 수 없습니다. 그런 자들은 죽을 때까지 술 취해 자고 있을 것입니다. "너는 바다 가운데에 누운 자 같을 것이요 돛대 위에 누운 자 같을 것이며 네가 스스로 말하기를 사람이 나를 때려도 나는 아프지 아니하고 나를 상하게 하여도 내게 감각이 없도다 내가 언제나 깰까 다시 술을 찾겠다 하리라"(잠 23:34-35)는 말씀과 같습니다. 그에게 아무리 큰 위험이 닥친다 해도, 다시 말해 사망과 저주가 그에게 아무

리 가까이 다가왔다 해도, 그는 잠에서 결코 깨어나지 못할 것입니다. 그러므로 사람이 신용, 건강, 생명 혹은 구원 등을 소중히 여긴다면, 그 사람은 결코 술에 취하지 않을 것입니다. 그런데 사실 죄가 우세하여 기세를 떨치고 있는 곳에서는, 앞서 말한 바와 같이, 사람들은 겉보기에 쾌락과 달콤함을 줄 것 같은 것들에 매혹되거나 취한 나머지, 과연 어떤 것이 더 나은 것인지, 그것을 받아들였을 경우 과연 자신에게 무엇이 선한 유익을 줄 수 있는지에 대해 생각해 보지도 않고 마음에 두지도 않습니다.

경청 씨: 선생님께서는 술에 취하면 가난하게 된다고 말씀하셨는데, 반면에 어떤 사람들은 술장사를 해서 부자가 되기도 하지 않습니까?

현인 씨: 술에 취하면 가난하게 된다고 제가 말했지요. 그것은 성경도 그렇게 말하고 있기 때문입니다. 물론 어떤 사람은 술장사를 해서 부를 얻기도 합니다. 하지만 솔직히 말해서 그런 일은 드물기도 하고 비열한 일이기도 합니다. 게다가 그런 식으로 이익을 얻다가는 결국 비열한 결과를 맞게 되고 맙니다. 하나님의 말씀은 그런 이득에 대해 반대하며, 그런 행동은 하나님의 저주로 끝이 난다고 말씀합니다. 때로는 이렇게 해서 처음에 재산이 급속도로 늘어나기도 하겠지만, 종국에는 복을 받지 못할 것입니다. 하박국 선지자의 말씀을 들어보십시오.

"재앙을 피하기 위하여 높은 데 깃들이려 하며 자기 집을 위하여 부당한 이익을 취하는 자에게 화 있을진저"(합 2:5, 9-12, 15). 다른 사람을 술 취하게 하거나 혹은 다른 짓을 하거나 간에, 자신이 이득을 얻기 위해 다른 사람을 도구로 삼거나 미끼로 이용하는 자, 바로 그 사람은 결국 패가망신(敗家亡身)하는 수치를 당하게 될 것입니다. 가족들도 타락하게 될 뿐 아니라 자기 영혼도 저주를 받게 될 것입니다. 부정한 일을 통해 이득을 얻는 자는 지옥의 간계로 이득을 볼 뿐입니다. 그러므로 악한 길에 들어서서 얻는 유익은 자신이나 가족 그 어느 누구에게도 이득이 되지 않는 것입니다. 이것이 바로 악인 씨가 세 명의 친구들을 사귀고 난 후에 탐닉한 여러 죄악들 가운데 하나였습니다. 그의 스승뿐만 아니라 그 어떤 것으로도 이런 짐승 같은 죄악에서 그를 떼어놓을 수 없었습니다.

경청 씨: 당시에 그는 일개 도제에 불과하였는데, 술에 탐닉할 정도의 돈을 어디서 마련할 수 있었습니까? 선생님께서 말씀하신 정도로 많은 술을 마시는 죄를 지으려면 돈도 꽤 많이 들었을 것 같은데요.

스승의 지갑에 있는 돈으로 술값을 충당한 악인

현인 씨: 그의 스승이 모든 술값을 다 지불한 셈이지요. 무슨 말인가 하면, 제가 앞서도 말했듯이, 그는 세 불량배 친구들로부터 짐승처럼 술 취하는 것을 배웠을 뿐만 아니라, 스승의 물건들을 슬쩍 훔치는 절도 행위까지 그들에게서 배웠습니다. 종종 그는 스승의 물건들을 훔쳐 내다 팔아 돈을 챙겼습니다. 물론 아무 때나 그런 것은 아니었고 여러 여건이 맞아떨어질 때 그렇게 하였습니다. 또 어떤 때는 스승을 속여서 그의 금고에서 돈을 꺼내기도 하였습니다. 도둑질을 하기 힘들 때는 스승의 물품 중 스승이 사용하지 않아 거의 잊었다고 여겨지는 물건들을 몰래 꺼내서, 그 물건들을 모아 처리해 줄 아무개의 집으로 가져다놓았습니다. 그러고는 그 물품들을 돈으로 바꾸었습니다. 그럴 때면 이 세 친구들은 시간을 정해 그 집에 모여서 떠들고 놀았습니다.

경청 씨: 아니, 그런 악한 일도 저질렀군요. 제 생각에 이런 일은 앞서 말한 나쁜 일들보다 더 나쁜 일인 것 같습니다. 왜냐하면 이런 일들을 통해 그는 자신을 하나님의 진노 아래 내던졌을 뿐만 아니라, 스승과 스승의 집안 전체를 파멸로 이끌 위험을 초래했기 때문입니다.

현인 씨: 죄는 마치 서로 연결된 고리와 같아서, 한 가지 죄를 저지른 자는 그 죄와 연결된 다른 죄들도 짓게 됩니다. 술주정뱅이는 자신의 돈이든 다른 사람의 돈이든, 자기 아버지의 돈이든 어머니의 돈이든 상관없으며, 그마저도 여의치 않으면 강도짓을 해서라도 수단과 방법을 가리지 않고 틀림없이 자기 수중에 돈을 마련하려고 할 것입니다.

경청 씨: 정직한 많은 사람들이 이런 종들로 인해 파멸하게 되지는 않을까 저는 걱정이 됩니다.

현인 씨: 저도 당신과 같은 생각입니다. 하지만 이런 일들이 드러나게 되면서, 물품을 거래하는 자들은 이런 악한 종들이 가지고 있는 물건들과 이런 악한 도제들이 취하여 온 것들을 좀 더 세심하게 살필 것입니다. 또한 자신들이 운영하는 가게를 좀 더 잘 살피고, 자기 종들이 사고파는 모든 것들을 엄격하게 기재하도록 할 것입니다.

스승들을 향한 한 가지 당부사항

이런 일들을 소홀히 하는 스승들은 자기 종들이 담대하게 악한 길로 가도록 방치하는 것입니다. 그 결과 너무나 짧은 시간 안에 그 주인의 재산은 탕진되어 누더기 한 장, 빵 한 조각만 남게 될 것입니다.

경청 씨: 사실, 악인 씨가 행한 이런 도둑질은 우리처럼 악한 시대에서는 우리의 종들 사이에도 아주 만연되어 있지 않을까 저는 걱정됩니다.

현인 씨: 그런 말을 하니, 생각나는 이야기가 있습니다. 그 이야기를 당신에게 들려드리고자 합니다.

제가 감옥에 있을 때였습니다. 그곳에 수감되어 있을 때, 아주 심각한 고민을 하던 한 부인이 저를 찾아 왔습니다.[2]

그녀는 낯선 부인이었기 때문에 저는 그녀에게 할 말이 있는지 물었습니다. 그러자 그녀는 자신이 저주를 받지 않을까 두렵다고 말하였습니다. 저는 그녀가 두려워하는 이유가 무엇인지를 물었습니다. 그녀는 다음과 같이 대답하였습니다.

"저는 예전부터 웰링보로(Wellingborough)에서 한 가게 주인과 함께 살고 있었습니다. 그러던 중 그 가게 안에 있던 주인의 돈 가방을 몇 번이나 훔쳤습니

---

2 이 일화는 번연이 누렸던 인기와 최고 명성에 대한 많은 증거들 가운데 하나이다. 물론 그는 그리스도를 위해 수고하다가 수감된 죄수였다 — 원주.

다. 금액이 엄청나게 많아서 차마 말할 수 없을 정도입니다.” 그러면서 그녀는 “저는 어떻게 하면 좋을까요? 제게 말씀 좀 해 주세요”라고 간절히 말하였습니다. 저는 그녀에게 가게 주인에게 가서 용서를 구하고 배상을 하라고 조언하였습니다. 그러자 그녀는 너무 무섭다고 말하였습니다. 왜 그러냐고 물었더니, 가게 주인이 자신을 교수형에 처할지도 모른다고 하더군요. 저는 그녀에게 혹시라도 재판에 회부된다면, 제가 알고 있는 법조계의 친구들을 통해서라도 그녀의 목숨만을 건질 수 있도록 중재해 보겠다고 말하였습니다. 제가 그렇게까지 말했지만, 그녀는 가게 주인에게 가서 말할 엄두가 도저히 나지 않는다고 대답했습니다.

그래서 저는 “좋습니다. 당신이 몸을 숨겨 가게 주인이 보지 못하는 동안, 한 사람을 주인에게 보내어 당신과 화해하도록 해보겠습니다”라고 말하고, 그 주인의 이름이 무엇인지를 물었습니다. 그러자 그녀는 다음과 같은 한마디 말 외에 더 이상 아무 말도 하지 않았습니다. “제가 당신을 다시 찾아올 때까지 그냥 저를 내버려 두세요.” 주인의 이름은커녕 자신의 이름도 말하지 않고, 단지 그 말만 하고는 돌아가 버렸습니다. 이것은 지금으로부터 한 10년이나 20년 전에 일어난 일이었지만, 저는 지금까지 그녀를 한 번도 보지 못하였습니다. 제가 이런 이야기를 하는 이유는 다음과 같습니다. 즉, 주인의 돈을 훔치는 종들이 많지 않을까 하는 당신의 우려가 사실이라는 것과, 앞서 말한 늙은 토드 노인처럼 이 종들도 주인에게 행한 범죄로 인한 두려움 때문에 그 죄가 드러나게 될 것이라는 사실을 말하기 위해서였습니다.

저를 찾아 감옥까지 온 이 여인의 이야기를 하고 나니, 자기 여주인의 것을 도둑질한 여인과 관련된 또 다른 이야기를 하나 더 들려드리고 싶습니다. 하지만 지금은 이것으로 충분할 것 같아 이와 관련된 이야기는 더 하지 않도록 하겠습니다.

경청 씨: 또 다른 불량배가 탐닉하던 죄는 어떤 것이었습니까? 젊을 때 악인 씨의 세 친구들 가운데 하나였던 그 사람 말입니다.

부정한 일에 탐닉했던 악인 씨의 세 번째 친구

현인 씨: 부정(不貞)한 죄였습니다. 제가 당신에게 앞에서 말씀드렸는데, 아마 잊어버린 것 같네요.

경청 씨: 맞아요. 그 친구는 부정을 저질렀다고 그러셨죠. 부정한 죄는 더러운 죄악입니다.

현인 씨: 그렇습니다. 하지만 이 죄는 우리 시대에 가장 만연한 죄악들 가운데 하나이기도 하지요.[3]

경청 씨: 일반적으로 사람들이 그렇게 말하고 있지요. 그런데 흔히 생각하기를 많은 재주를 가지고 있다고 여겨지는 사람들 가운데, 다시 말해 아주 대단한 사람들 가운데 많은 수가 이런 부정한 죄를 범하고 있지 않습니까?

아주 위험한 죄악들

현인 씨: 바로 그것이 더욱더 안타까운 사실입니다. 왜냐하면 대단하고 주도둑인 인물들이 저지르는 나쁜 사례들은 그렇지 않은 일반 사람들의 경우보다 더 빨리 더 멀리 퍼지기 때문입니다. 그것이 일반적입니다. 게다가 이런 자들이 죄를 짓는데 앞장선다면, 부정한 이 죄는 나라 전역에 담대하게 퍼져나갈 것입니다. 예레미야 선지자가 이런 자들을 향해 다음과 같은 말씀한 것이 생각납니다. "이는 사악이 예루살렘 선지자들로부터 나와서 온 땅에 퍼짐이라 하시니라"(렘 23:15). 즉, 담대하고도 맹렬한 기세로 사악한 죄악들이 이 땅에 번져가고 있음을 말씀하고 있는 것입니다.

경청 씨: 이제 다시 악인 씨와 그의 친구들 이야기로 돌아가면 좋겠습니다. 선

---

3 독자들이여, 여러분은 번연의 시대보다 훨씬 더 행복한 시대에 살고 있음을 하나님께 감사해야 한다. 찰스 2세 치하 기간은 방탕하고도 음란한 생활로 아주 유명하였다. 그럼에도 불구하고 자신의 정욕과 육신을 십자가에 못 박고, 모든 음란한 말은 가증하게 여기며 미워했던 자들이 있었다. 그들이 자신을 지킬 수 있었던 것은 "내가 거룩하니 너희도 거룩할지어다"(벧전 1:16)라고 기록된 말씀 때문이었다. 이렇게 정절을 지킨 이들이 음란한 밤의 올빼미들 앞에서 유독 눈부시게 보였을 것은 틀림없는 사실이다. 이렇게 평상시에는 거룩한 척하다가 밤이 되면 올빼미들처럼 육욕을 채우는 자들이, 정절을 지킨 자들을 고문하고 투옥시켰다는 사실이 여러분에게는 이상하게 여겨지지 않는가? — 원주.

생님께서는 그 불량배 친구들 가운데 한 사람이 부정한 죄를 저지르는 데 있어서 아주 비열한 자라고 말씀하신 것으로 기억하고 있습니다.

현인 씨: 맞습니다. 제가 그런 말씀을 드렸었죠. 그 친구는 술주정뱅이에다가 도둑놈일 뿐만 아니라, 부정한 죄에 있어서도 한 마디로 대장이었습니다. 이 음란한 부정에 있어서 그는 한 마디로 달인이었습니다. 그는 음행이라는 짐승 같은 모든 죄악에서도 항상 주동자였습니다. 그는 또한 창녀들이 살고 있는 집들을 아주 잘 알고 있어서, 다른 친구들을 언제든 쉽게 그곳으로 인도할 수 있었습니다. 이 창녀들도 이 젊은 나쁜 놈을 알고 있었기에, 그가 데리고 오는 친구들을 보기만 해도 온갖 음란한 교태들을 다 부렸습니다.

창녀들의 음란한 말과 몸짓들

경청 씨: 듣고 보니 정말 치명적인 짓들을 다 저질렀군요. 치명적이라는 말은 이 짐승 같은 창녀들이 노골적으로 사람을 유혹하기 위해 행하는 온갖 말들과 몸짓들을 남자들이 본다면, 그것도 젊은 남자들이 보게 된다면, 그것이 그 남자들에게 치명적이라는 뜻입니다. 젊은 남자들이 그와 같은 올무를 피한다는 것은 정말 어려운 일이기 때문입니다.

현인 씨: 맞는 말입니다. 그래서 다음과 같은 지혜자의 충고 또한 합당한 말씀이지 않겠습니까? "그의 집 문에도 가까이 가지 말라"(잠 5:8). 당신이 말한 바와 같이 그 여인들은 남자들을 유혹하려고 합니다. 이런 여인의 모습은 잠언에도 나타나고 있습니다. 지혜자는 다음과 같이 말합니다. "내가 내 집 들창으로, 살창으로 내다 보다가 어리석은 자 중에, 젊은이 가운데에 한 지혜 없는 자를 보았노라 그가 거리를 지나 음녀의 골목 모퉁이로 가까이 하여 그의 집 쪽으로 가는데 저물 때, 황혼 때, 깊은 밤 흑암 중이라 그 때에 기생의 옷을 입은 간교한 여인이 그를 맞으니 이 여인은 떠들며 완악하며 그의 발이 집에 머물지 아니하여 어떤 때에는 거리, 어떤 때에는 광장 또 모퉁이마다 서서 사람을 기다리는 자라 그 여인이 그를 붙잡고 그에게 입맞추며 부끄러움을 모르는 얼굴

로 그에게 말하되 내가 화목제를 드려 서원한 것을 오늘 갚았노라 이러므로 내가 너를 맞으려고 나와 네 얼굴을 찾다가 너를 만났도다 내 침상에는 요와 애굽의 무늬 있는 이불을 폈고 몰약과 침향과 계피를 뿌렸노라 오라 우리가 아침까지 흡족하게 서로 사랑하며 사랑함으로 희락하자"(잠 7:6-18). 이것이 바로 담대한 짐승의 모습입니다. 참으로 이 여인의 눈, 손, 말, 행동들, 이 모든 것들이 젊고 정욕이 가득한 젊은이들을 호리는 올무이자 결박하는 끈이었습니다. 이런 것들로 인해 젊은 악인은 큰 올무에 걸려들었던 것입니다.

부정한 죄를 아주 강하게 책망하다

경청 씨: 이런 부정한 죄에 대해서는 모세와 여러 선지자들과 그리스도와 그의 사도들까지 모두 강하게 책망하였습니다. 하지만 우리가 보고 있는 바와 같이 얼마나 많은 이들이 이 죄악을 향해 미친 듯이 달려가고 있는지 모릅니다!

현인 씨: 아주 지당하신 말입니다. 당신의 말씀에 덧붙여 저도 한 말씀 드리고자 합니다. 하나님께서는 사람들이 이런 더러운 죄악에 빠져들지 않도록, 그런 죄악에 대해 분노하시고 그 분노의 징표가 그 악의 결과에 뒤따르도록 하셨습니다. 다시 말해, 하나님을 전혀 두려워하지 않고 자신의 건강을 전혀 돌보지 않는 자만이 이 여인들 앞에 서서 두려움 없이 부정한 죄를 저지를 수 있을 것입니다. 그 뿐만 아니라 부정한 죄를 범하는 자들은 영원한 저주를 받아서 다음 세상에도 참여하지 못할 것입니다. 이들에 대해서 성경은 다음과 같이 말씀하고 있습니다. "음행하는 자나 더러운 자나 탐하는 자 곧 우상 숭배자는 다 그리스도와 하나님의 나라에서 기업을 얻지 못하리니"(엡 5:5). 부정한 죄로 인한 악한 결과들은 이 세상에서 아주 끔찍합니다.

경청 씨: 그 결과들 가운데 몇 가지를 말씀해 주시면 좋겠습니다. 기회가 되면 그것들을 다른 사람들에게도 말해서 그들도 유익을 얻게 하려고 합니다.

이 죄에 동반되는 여러 악한 결과들

현인 씨: 그렇다면 말씀을 드리지요. (1) 이 부정한 죄는 앞서 말한 다른 죄들과 마찬가지로 사람에게 결핍과 궁핍을 가지고 옵니다. "음녀로 말미암아 사람이 한 조각 떡만 남게 됨이며"(잠 6:26). 사람이 궁핍하게 되는 이유는, 창녀는 돈을 받지 않고는 절대로 몸을 허락하지 않으며, 사람이 그 속에 마귀와 정욕이 가득하고 하나님과 그분을 두려워하는 마음이 전혀 없을 때는 자신의 정욕을 채우기 위해서 가진 것은 무엇이든 다 내어놓기 때문입니다. 이런 자들은 정욕을 채울 기회를 놓치지 않기 위해서, 자신의 도장과 팔찌는 물론 서약하는 뜻으로 지팡이 등을 내어 놓기도 합니다(창 38:18). (2) 또한 사람들은 이 죄로 인해 체력이 약해지기도 하고, 몸에 온갖 질병들이 걸리기도 합니다. 르무엘 왕의 어머니는 이에 대해 아들에게 다음과 같이 훈계하였습니다. "내 아들아 내가 무엇을 말하랴 내 태에서 난 아들아 내가 무엇을 말하랴 서원대로 얻은 아들아 내가 무엇을 말하랴? 네 힘을 여자들에게 쓰지 말며 왕들을 멸망시키는 일을 행하지 말지어다"(잠 31:2-3). 이 죄악은 육체를 파괴합니다. 또 다른 이야기를 당신에게 들려드리겠습니다.

주의해야 할 부정한 사람들에 대한 이야기

저도 들은 이야기인데, 아주 부정했던 한 위인에 관한 것입니다. 그는 오랫동안 이 죄악을 범하면서 살았고, 급기야 시력을 다 잃게 되었습니다. 그의 건강을 돌보는 여러 주치의들이 와서 그를 진찰하고는 그에게 그 질병에 관하여 말해 주었는데, 그가 여인들을 삼가지 않는 한, 의사인 자기들도 의술로는 그에게 전혀 도움을 줄 수 없다고 했습니다. 그러자 그 위인은 "그래도 그렇게는 할 수 없지. 잘 가거라. 달콤했던 나의 시력아!"라고 말했다는 것입니다. 잘 생각해 보십시오. 제가 말한 바와 같이 이 죄악은 육신을 파괴합니다. 어떤 이들은 이 죄악이 자기 몸을 파괴한다고 해도, 이를 사랑하고 앞으로도 계속해서 짓겠다는 생각을 합니다.

정욕

이 여인은 떠들며 완악하며 그의 발이 집에 머물지 아니하여 - 잠 7:11

여러 가지 고운 말로 유혹하며 입술의 호리는 말로 꾀므로 - 잠 7:21

그의 집은 스올의 길이라 사망의 방으로 내려가느니라 - 잠 7:27

경청 씨: 사도 바울도 말씀하셨습니다. "음행하는 자는 자기 몸에 죄를 범하느니라"(고전 6:18). 자기 몸에 죄를 범한다는 것이 무슨 말입니까? 자기 영혼이 영원한 저주를 받을 위험을 무릅쓰고라도 이 죄악을 범하고자 하는 자는, 육신이 파괴될 모험도 감당할 것이라는 말이겠지요. 젊은 악인은 영혼이 저주를 받을 것을 두려워하지도 않는 사람인데, 하물며 육신이 상할 것을 생각하고서 이 죄악을 단념했을 것이라고는 볼 수 없겠네요. 선생님은 이에 대해 어떻게 생각하십니까?

현인 씨: 맞는 말씀입니다. 하지만 제 생각에는 이 죄의 결과로 뒤따라오는 많은 후유증이 있기 때문에 이런 범죄에 대해 가끔씩 생각해 보면, 다시 말해 이런 결과들을 사람들이 생각해 본다면, 이에 탐닉했던 자신의 행동들을 마침내 중단할 수 있을 것 같습니다.

이 죄에 동반되는 또 다른 악한 결과들

경청 씨: 이 죄로 인한 또 다른 결과는 어떤 것이 있을까요?

현인 씨: 대외적인 수치와 망신이 있겠지요. 구체적으로 살펴보면 다음과 같습니다. 첫째, 이 더러운 죄악의 결과로 인해 종종 더러운 질병에 걸리게 됩니다. 우리가 요즘 쓰는 말로 매독이라는 병에 걸리지요. 이 병은 너무 더럽고 악취가 나는 병으로, 병세가 온 몸으로 퍼져나갑니다. 이 죄의 결과는 어떻게든 남기 마련이어서 부정한 여인과 관계를 가진 자 가운데 이런 흔적을 몸에 가지지 않은 자는 거의 없습니다. 그러므로 조금이라도 그녀를 만진 자는 수치를 당하게 될 것입니다.

경청 씨: 정말 더러운 질병이군요! 저도 예전에 이 병에 걸려 상처가 썩어 문드러진 사람을 알고 있습니다. 제가 아는 또 다른 사람은 코가 문드러지고, 입은 거의 움직일 수도 없게 되었습니다.

현인 씨: 이것 또한 하나의 질병입니다. 하지만 이 병이 발병된 사람을 향해서 일반적으로 사람들은 그 병의 원인이 부정한 행위 때문이라고 노골적으로 말

하곤 합니다. 이 병에 걸린 모든 사람들을 한번 보십시오. 그들은 불결하고 짐승 같으며 부정한 사람들입니다. 다들 그렇게 알고 있습니다. 이것이 바로 부정한 일을 저지른 일꾼들이 받을 분깃으로 정해진 기이한 형벌이라고 욥이 말한 것이지 않겠습니까?(욥 31:1-3 KJV)

경청 씨: 그렇다면, 욥이 그 본문에서 "기이한 형벌"(욥 31:3 KJV, "불행"[개역개정])이라고 말한 것은 이 더러운 질병을 가리키는 것이라고 선생님은 생각하십니까?

현인 씨: 저는 틀림없이 그렇다고 생각합니다. 다음과 같은 이유 때문입니다. 우리가 본 바와 같이, 이 질병은 가장 짐승 같은 죄악으로 인해 발병합니다. 여기서 짐승 같은 죄악이라는 표현은 제가 한 것으로, 이처럼 엄청난 결과를 초래하는 죄는 없습니다. 이 죄야말로 기이한 형벌을 초래한다는 사실을 당신은 성경 말씀을 읽으면서 쉽게 이해할 수 있을 것입니다. 욥은 다음과 같이 말하였습니다. "내가 내 눈과 약속하였나니 어찌 처녀에게 주목하랴 그리하면 위에 계신 하나님께서 내리시는 분깃이 무엇이겠으며 높은 곳의 전능자께서 주시는 기업이 무엇이겠느냐"(욥 31:1-2). 그리고 나서 그는 다음과 같이 스스로 대답하였습니다. "사악한 자에게는 멸망이 아니겠느냐 부정한 일을 저지른 일꾼들에게는 기이한 형벌이 아니겠느냐"(욥 31:3 KJV, "불의한 자에게는 환난이 아니겠느냐 행악자에게는 불행이 아니겠느냐"[개역개정]). 이 기이한 형벌이 바로 매독입니다. 또한 솔로몬 왕이 "상처와 지욕을 받게 될 것이요 그의 수치는 지워지지 아니하리라"(잠 6:33 KJV, "상함과 능욕을 받고 부끄러움을 씻을 수 없게 되나니"[개역개정])고 말하면서, 이 죄를 범한 더럽고 짐승 같은 피조물을 향해 언급한 더러운 질병이 바로 매독이라고 생각합니다. 욥은 이 질병을 형벌이라고 말했으며, 솔로몬은 상처와 치욕이라고 말하였습니다. 두 사람 모두 이 죄와 관련지어 매독을 언급하고 있습니다. 욥은 매독을 "기이한 형벌"이라고 불렀으며, 솔로몬은 "지워지지 아니할 수치"라고 언급하였습니다. 두 사람은 이 두 표현을 통해서 매독에 대한 공통점을 말하고 있습니다.

경청 씨: 짐승 같은 죄악을 범함으로써 뒤따라오는 또 다른 결과에는 어떤 것이 있습니까?

현인 씨: 왜 없겠습니까? 종종 이 부정한 죄에는 살인이 동반되기도 합니다. 다시 말해, 더럽혀진 침상에서 임신하게 된 아기들이 살해되기도 하지요. 사생아의 씨를 퍼뜨린 자와 그 씨를 받은 자가 서로 공모하여 어린아이를 죽이는 것입니다. 이런 일들이 오늘날 얼마나 흔하게 일어나는지 모릅니다. 이것은 심판 날이 되면 더욱더 분명히 드러나게 될 것입니다. 하지만 어떤 일들은 지금도 아주 분명하게 알려지기도 합니다.

저는 당신에게 이와 관련된 이야기를 들려드리겠습니다. 제가 알고 지내는 사람 가운데 우리나라에서 훌륭하다는 평판을 듣고 있는 연세 많은 분이 계십니다. 그의 어머니는 산파로서 주로 귀한 집 자녀들이 태어날 때 그 집에 불려 가곤 하였습니다. 그런데 어느 날, 건장하고 젊은 호남형의 남자가 말을 타고 이 부인의 집을 찾아와서는 젊은 부인이 애를 낳는 것을 도와 달라고 하였습니다. 그래서 부인은 남자와 함께 가겠다고 말하였습니다. 그는 부인을 말 뒤에 태우고는 밤이 되자 길을 떠났습니다. 말을 타고서 그리 멀리 가지 않았을 때, 그 신사는 말에서 내려서 늙은 산파를 두 팔로 끌어안아 말에서 내리게 하고는, 방향을 모르게 하려고 그녀를 제자리에서 몇 바퀴 돌게 한 다음 다시 말에 태웠습니다. 그러고는 계속 달려서 웅장한 한 저택에 도착하였습니다.

그녀는 집 안으로 들어가 산통을 겪고 있는 한 젊은 부인이 있는 방으로 인도되었습니다. 산모의 방으로 산파가 들어가자, 신사는 산파에게 아기를 받으라고 명령하였습니다. 산파가 자신을 도와줄 사람이 필요하다고 요청하자, 그는 칼을 빼들고는, 산파 혼자서 그것도 서둘러 아이를 받지 않으면, 목숨을 보전할 수 없을 것이라고 엄포를 놓았습니다. 결론적으로 간단히 말하자면, 이런 우여곡절 끝에 늙은 산파는 젊은 부인의 아기를 받았습니다. 그 아기는 아주 잘생기고 귀여웠습니다. 방 안에는 아주 큰 화로가 가까이 있었습니다. 신사는 그 아기를 건네받고는 석탄 화로에 가까이 다가가서 아기를 화로 속으로 던져 버렸습니다. 그러고는 석탄으로 그 아기를 덮어버렸습니다. 이로써 어린 생명은 그렇게 끝이 난 것이지요.

산파가 할 일을 끝내자, 신사는 산파의 수고에 대해 충분한 사례를 하고는 그녀를 어두운 방에 온 종일 가두어두었다가, 밤이 되자 그녀를 말 뒤에 태우고서 다시 그녀의 집 가까이에 데려다주었습니다. 산파의 집이 가까워지자 신사는 그녀를 데리고 올 때와 마찬가지로, 그녀를 말에서 내려 제자리에서 몇 바퀴 돌게 한 다음 집 앞에 내려주었습니다. 신사는 산파와 작별인사를 하고서 떠나 버렸습니다. 그래서 산파는 그 신사가 누구였는지 알 수 없었습니다. 이 이야기는 산파의 아들인 목사님이 해주신 이야기이기 때문에, 그의 어머니가 사실을 말해 주었을 것이라 확신할 수 있습니다.

경청 씨: 이 음행이라는 죄의 결과로 정말 살인이 뒤따라 일어나기도 하는군요. 그리고 하나님께서는 종종 이렇게 음행을 한 남자와 여자들이 수치스러운 최후를 맞도록 하십니다.

제가 들은 또 다른 이야기가 있습니다. 의사와 그의 창부(娼婦)에 관한 것으로 기억합니다. 이들 사이에는 서너 명의 사생아가 있었는데, 그들은 이 아이들을 모두 죽였습니다. 그로 인해 마침내 두 사람은 콜체스터(Colchester) 지역 인근에서 교수형을 받았습니다. 밝혀진 경위는 다음과 같습니다. 이런 범행을 저지르고 난 후, 이 창부는 양심에 심한 가책을 받고서 이 사실을 자수하지 않고는 도저히 마음에 안정을 찾을 수 없었던 것입니다. 이렇게 하나님께서는 사악한 일을 행한 자들이 그 내면에서 자신을 수 차례 고발하게 하십니다. 그리하여 결국 자기 입으로 자신이 행한 죄악에 합당한 형벌을 내리게 하고 당연히 그 벌에 수긍하게 합니다.

현인 씨: 이런 유의 이야기들은 정말 많이 있지만, 이제 그만 했으면 합니다. 저는 언젠가 한 여인과 대화를 나눈 적이 있습니다. 그 여인은 결혼한 부인이었습니다.

그녀는 가끔씩 다른 남자들과 범한 간음으로 인해 양심에 가책을 받고 있던 중, 몸에 생긴 질병으로 고생하다가 결국 죽게 되었습니다. 저는 그녀가 침상에 누워 다음과 같은 말을 하면서 크게 울부짖는 소리를 들었습니다. "저는 창녀입니다. 그리고 제가 낳은 모든 자식들은 사생아들입니다. 저는 제가 범한 죄악으로 인해 틀림없이 지옥에 떨어질 거예요. 보세요. 내가 죽으면 내 영혼을 데리고 가려고 마귀가 내 침상 발치에 와 있잖아요."

경청 씨: 모두 슬픈 이야기들이군요. 이제 그런 이야기는 그만해 주시기 바랍니다. 하지만 괜찮으시다면 이 짐승 같은 죄악이 또 어떤 모양의 악한 결과들을 가지고 오는지 말씀해 주셨으면 좋겠습니다.

현인 씨: 이 죄악은 영혼에 덫과 같아서 은혜의 기적에 의해 보호받지 못한다면, 이 죄악이 주는 쾌락에 매혹되어 영혼을 빼앗기고 결국 멸망하게 될 것입니다. 이런 모습은 다음과 같은 성경 말씀을 통해 분명히 드러나고 있습니다. "음녀로 말미암아 사람이 한 조각 떡만 남게 됨이며 음란한 여인은 귀한 생명을 사냥함이니라"(잠 6:26). "여인과 간음하는 자는 무지한 자라 이것을 행하는 자는 자기의 영혼을 망하게 하며"(잠 6:32). "대저 음녀는 깊은 구덩이요 이방 여인은 좁은 함정이라"(잠 23:27). "그의 집은 사망으로 그의 길은 스올로 기울어졌나니 누구든지 그에게로 가는 자는 돌아오지 못하며 또 생명 길을 얻지 못하느니라"(잠 2:18-19). "대저 그가 많은 강한 사람들("많은 사람"[개역개정])을 상하여 엎드러지게 하였나니 그에게 죽은 자가 허다하니라 그의 집은 스올의 길이라 사망의 방으로 내려가느니라"(잠 7:26-27).

경청 씨: 모두 끔찍한 말씀들이네요. 음행의 죄를 범한 자들이 처한 끔찍한 상황들을 잘 보여주고 있는 것 같습니다.

현인 씨: 이 말씀들은 정말 그렇습니다. 그런데 전적으로 더욱더 끔찍한 것은 사람들이 하나님으로부터 가증하게 여김을 받았기 때문에 이 죄에 넘겨진다는 사실입니다. 다시 말해, 하나님께서는 이들을 혐오하시기 때문에 이들이 타락하여 이 죄를 범하도록 하고 그 죄악 가운데 살아가게 하신다는 것입니다. "음녀의 입은 깊은 함정이라 여호와의 노를 당한 자는 거기 빠지리라"(잠

22:14). 여기서 "음녀의 입"은 교태를 부리는 입술이겠지요. 이렇게 하나님으로부터 노를 당한 자들에 대해서는 다음과 같은 말씀이 다시 해당될 것입니다. 그러한 자들은 결단코 "그리스도와 하나님의 나라에서 기업을 얻지 못하리니"(엡 5:5).

경청 씨: 이 모든 말씀들을 종합해 보자면, 이런 죄를 범한다는 것은 사나 죽으나 끔찍한 일이겠군요.

현인 씨: 맞습니다. 이런 것도 가정해 보십시오. 이 죄악에 동반되는 모든 심판 대신에, 이 땅에서 최고의 행복을 누리고 이 음행과 관련된 아무런 고통이나 수치나 치욕 등을 받지 않는다 해도, 죽어서 한 시간만이라도 지옥에 있게 된다면, 그 모든 것들이 아무 소용 없다는 것을 알게 될 것입니다. 오! 끔찍한 지옥, 그 지옥에서 타오르는 불, 지옥으로 떨어지는 저주, 이런 것들이 속속들이 믿어지기만 한다면, 이것은 가히 상상도 하지 못할 형벌입니다. 그래서 음행에 따르는 형벌들을 알게 된다면, 다른 죄들도 마찬가지겠지만, 죄를 그 싹부터 미연에 방지할 수 있게 될 것입니다. 하지만 이런 것들에 관해 불신앙적인 태도나 무신론적인 태도를 취함으로써 스스로 마음이 완악해지도록 내버려 두는 것, 바로 여기에 화가 임할 것입니다. 그들은 이런 일을 행하는 자들에게 임할 것이라고 하나님께서 경고하신 그 형벌을 믿지 않고, 급기야 그들에게 추후에 임할 심판은 전혀 없을 것이라고 절대적으로 단호하게 거의 확신하게 되는 상태에까지 이르게 될 것입니다. 그들이 심판을 믿었더라면, 지금처럼 지껄이는 가증한 말들도 하지 않았을 것이며, 음행의 죄도 범하지 않았을 것입니다. 아니 범할 수도 없었을 것이고, 그런 시도조차 절대로 하지 않았을 것입니다.

제가 들은 어떤 한 사람에 관한 이야기입니다.

그는 한 여인을 유혹하여 음란한 죄를 범하고 싶을 때 여인에게 다음과 같이 말했다고 합니다. "당신이 당신의 육신을 건다면, 나는 내 영혼을 걸겠습니다."

또 다른 사람은 다음과 같이 말하는 것도 들었습니다. 그는 자기 하녀를 유혹해 부정한 관계를 맺고 싶어 하는 사람이었습니다. 이것은 올리버 크롬웰 (Oliver Cromwell) 시대 때 있었던 일로, 그 남자는 만약 하녀가 아기를 임신했을 경우 어떻게 하면 처벌을 모면할 수 있는지 그녀에게 말해 주었습니다.

충격적인 말들

이제부터 말할 것은 매우 심한 이야기입니다. 그는 하녀에게 다음과 같이 말했다고 합니다. "네가 판사 앞에 서면, 너는 성령으로 아기를 가지게 되었다고 말하여라." 저는 그 사람이 이렇게 말하는 것을 듣고서 마음이 너무 아팠습니다. 마음 같아서는 그 사람을 이 일로 사법당국에 고발하여 재판장 앞에 서도록 하고 싶었지만, 그는 거물급 인사였고, 그 당시 저는 젊고 가난하여서 그냥 모른 척 넘어가는 수밖에 없었습니다. 그 일로 제 마음은 너무 많이 심란했었습니다.

경청 씨: 이런 이야기는 제가 지금까지 살면서 들어본 것 중에 가장 끔찍한 내용인 것 같습니다. 이런 사람들은 요셉 안에 내주하고 있던 영혼과 은혜와는 얼마나 거리가 먼 사람들인지요(창 39:10).

순결한 요셉

현인 씨: 맞습니다. 요셉의 안주인은 그를 유혹하였습니다. 그것도 날마다 유혹하였습니다. 이렇게 말로만 유혹하였을 뿐 아니라, 그를 붙잡고서 창녀 같은 안색을 띠면서 "나와 동침하자"(창 39:12)라는 말까지 하였습니다. 그녀가 이정도로 그를 유혹하였지만, 그래도 요셉은 거절하였습니다. 요셉은 그녀와 동침하지 않았을 뿐 아니라 함께 있지도 않았습니다. 만약 악인 씨가 이런 상황에 처했다면, 그는 그녀와 동침할 수 있는 기회를 절대로 놓치지 않았을 것입니다.

요셉의 이야기를 조금 더 구체적으로 살펴보면 다음과 같습니다. 1. 여기에 한 여인이 있습니다. 아주 대단한 여인입니다. 친위대 대장의 부인으로 아름다움이 특출합니다. 제가 보증합니다. 2. 여기에 나를 마음에 들어하는 한 여인이 있습니다. 요셉은 한 마디 말도 하지 않았지만, 그녀는 정욕에 불타서 요셉에게 다가옵니다. 3. 여기서 그녀의 정숙하지 못한 욕망이 드러났습니다. 그녀는 "나와 동침하자"라고 말하였습니다. 4. 여기에 절호의 기회가 있었습니다. 그 집 사람들이 집 안에 한 명도 없었던 것입니다. 5. 요셉은 젊어서 힘이 넘치는 사람이었기에 이런 위험에 더더욱 취약했습니다. 6. 그녀의 유혹은 날마다 계속되었습니다. 7. 그럼에도 불구하고 요셉은 다음과 같은 것들을 모두 거절하였습니다. (1) 날마다 계속되는 그녀의 유혹, (2) 날마다 계속되는 그녀의 간청, (3) 마음을 담아 격렬하고도 지속적으로 날마다 계속되는 그녀의 도발적인 자극. 그녀가 요셉의 옷을 붙잡고서 "나와 동침하자"라고 말할 때, 요셉은 자기의 옷을 여인의 손에 버려두고 밖으로 나가버렸습니다. 아, 치욕과 배반과 중상모략과 고발과 투옥과 죽음의 위험 등이 요셉을 위협하였습니다. 원래 창부(娼婦)란 자기가 목적한 바를 이루지 못했을 때는 상대방에게 어떤 악이라도 개의치 않고 저지르는 사람입니다. 이 모든 것들에도 불구하고 요셉은 하나님을 거역하는 죄를 범하여 자신을 더럽히려고도 하지 않았고, 그로 인해 자신의 영원한 구원을 위태롭게도 하지 않았습니다.

경청 씨: 축복을 받을 만한 요셉이로군요! 선생님에게도 요셉과 같은 친구들이 많이 있었으면 좋겠습니다!

현인 씨: 친구들의 수로 보자면, 악인 씨의 친구들이 아마 요셉의 친구들보다 더 많을 겁니다. 그렇지 않고서야 그렇게 많은 창부들이 있을 리가 없지요. 창부들과 범하는 이런 식의 음행이 충분히 악한 것인 줄은 저도 분명히 알고 있지만, 창부들 대다수가 처음에는 악인 씨와 같은 건달들이 하는 감언이설(甘言利說)에 속아서 창부가 되었다고 저는 진실로 믿고 있습니다.

결혼 약속을 빌미로 많은 여자들이 창부가 되다

안타까운 일입니다! 처음에는 결혼할 것이라는 약속에 그만 속아서 이 죄악에 빠져든 여인들이 많습니다. 제가 말하지만, 이들은 결혼해 주겠다는 달콤한 약속에 속았던 것입니다. 그들은 이 극악무도한 죄악들에 어쩔 수 없이 동의하여 개입하면서 그 마음이 점점 더 완악해집니다. 그러다가 마침내는 사악한 자들이 그러한 것처럼 자신을 포기하게 됩니다. 그들은 이런 유의 사악한 탐욕에 이끌려 악행을 저지릅니다. 그러나 요셉은 당신이 알고 있는 바와 같이, 그들과는 전혀 다른 마음을 가지고 있었습니다. 왜냐하면 그의 속에는 하나님을 두려워하는 마음이 있었기 때문입니다.

이 이야기를 끝내기 전에 유명한 두 가지 이야기를 이 자리에서 들려주고자 합니다. 제가 바라기는 악인 씨의 친구들도 이 두 이야기를 들었으면 합니다. 이 이야기들은 클락(Clark)이 쓴 "죄인들을 보여주는 유리"에 나오는 내용입니다.[4] 이 책에서 클락 목사님은 부정한 행위를 한 사람에 대한 클리버 씨(Mr. Cleaver)의 보고를 인용하고 있습니다. 그 인용한 내용에 따르면, 부정을 행한 사람은 극심한 양심의 고통을 견디지 못해 자신의 심경을 글로 써서 종이에 적어두고 스스로 목을 매달아 죽었다고 합니다. 다음은 자살한 그 사람이 직접 적은 글입니다. "사람이 스스로 목숨을 끊는다는 것은 절대적으로 바람직하지 않은 행위라는 것을 저도 진심으로 인정하고 있습니다. 하지만 제가 행한 죄는 사형이라는 형벌을 받아 마땅한 것이기에, 저는 스스로에게 이런 사법적 판결을 내릴 수밖에 없었습니다."

클락 목사님은 이 인용 글귀가 적힌 동일한 페이지에서 두 사람에 대해 더 말하고 있습니다. 그들은 런던에서 간음을 한 사람들이었습니다. 그들은 자신들이 한 바로 그 행동으로 인해 하늘에서 불이 내려와 즉사하고 말았다고 합니다. 그래서 그들의 시신이 발견되었을 때는 시신이 거의 반 정도 불에 탄 상태여서, 아주 역겨운 냄새가 났다고 합니다.

---

4   영국 성직자인 새뮤얼 클락(Samuel Clark, 1599 - 1683)이 1646년에 쓴 책이다. 원 제목은 "수천가지 사례를 들어 설명한, 성도와 죄인 양자의 모습을 보여주는 유리, 즉 거울"(A Mirrour or Looking-glass both for Saints and Sinners, held forth in some thousands of examples)이다 — 역주.

경청 씨: 정말 솔깃한 이야기들이군요.

현인 씨: 정말 그렇습니다. 이 이야기들은 우리의 눈길을 끄는 이야기일 뿐만 아니라 사실이기도 합니다.

경청 씨: 그런데 이 젊은 악인의 스승이 자기 도제가 이 정도로 망나니인 것을 알았다면, 왜 스승은 그를 자기 집에 계속해서 있도록 했는지, 그 대목이 제게는 이해가 잘 되지 않습니다.

현인 씨: 스승과 그의 관계는 마치 불과 물의 관계 같았습니다. 젊은 악인이 행하는 방식들은 그의 스승이 보기에는 역겨웠습니다. 그래서 두 사람의 모습을 보다보면, "불의한 자는 의인에게 미움을 받고 바르게 행하는 자는 악인에게 미움을 받느니라"(잠 29:27)는 성령님의 말씀이 성취되는 것 같았습니다. 선한 사람이 행하는 방식들을 악인 씨는 견딜 수 없었으며, 마찬가지로 선한 사람도 자기 도제인 악인이 행하는 그 비열한 행동들을 참을 수 없었습니다. 그럼에도 불구하고 그의 스승은 할 수만 있으면 그를 옆에 두고서 그에게 장사하는 법을 가르쳐 주려고 하였습니다.

경청 씨: "할 수만 있으면!"이라니 무슨 말씀입니까? 스승으로서 도제를 가르칠 마음만 있다면 무슨 일이 있어도 가르쳐야 하지 않습니까? 다시 말해, 스승은 그를 잘 가르쳐야 할 의무가 있지 않습니까? 그렇지 않습니까?

스승의 집을 도망쳐 버린 젊은 악인

현인 씨: 안타까운 일이지만, 그 악인은 예전에도 한두 번씩 그 스승에게서 도망친 적이 있었습니다. 그리고 그는 스승의 통제를 전혀 받으려고 하지 않았습니다. 그러던 차에 이번에도 스승을 피해 또 도망치자, 스승은 그를 정말 내버려 두었습니다. 스승은 할 수만 있으면 그를 붙잡아 두려고 하였습니다. 스승은 자신이 맡은 도제가 선하고 정직한 사람이 되도록 그 생활을 정말 최소한도로 통제한 것뿐인데, 악인은 그마저도 견디지 못하고 스승을 피해 도망쳐 버리고 말았던 것입니다. 이런 최소한의 생활 규제 외에는 그가 도망칠 이유가 전

혀 없었습니다. 스승 자신의 심적 안정이나 자녀들의 유익을 위해서라도, 그리고 스승이 다스리는 다른 종들을 악으로부터 지키기 위해서라도, 그는 악인이 나가는 것을 내버려 둘 수밖에 없었습니다. 상황이 이러할진대, 그 스승이 아닌 다른 사람이라고 해서 이것 외에 더 어떻게 할 수 있었겠습니까? 악인에게는 소년원이 가장 적합한 장소였을 것입니다. 물론 그가 그곳에서 머무를 수 있기만 한다면 말입니다. 하지만 스승은 그를 소년원으로 보내는 것을 꺼려하였습니다. 왜냐하면 그 악인의 아버지와 가지고 있던 우정 때문이었습니다. 감히 말하지만, 그 악인에게 가장 적합한 곳은 다름 아닌 소년원이었습니다. 그럼에도 불구하고 스승은 악인이 자기 집을 도망쳐 나가는 것을 내버려 두었던 것입니다.

경청 씨: 선생님은 악인이 스승의 집을 도망쳐 나가버렸다고 하셨는데, 그는 어디로 도망쳤나요?

제4장

자신처럼 악한
새로운 스승을 맞이한 악인

현인 씨: 그는 자기가 하던 일과 똑같은 일을 하는, 자기와 똑같은 사람에게로 갔습니다. 한 마디로 사악한 자들이 서로 손에 손을 맞잡은 격이었지요. 그러고는 그곳에서 도제 기간을 보내게 되었습니다.

경청 씨: 그렇게 되었군요. 자기와 똑같은 사람과 있게 되었으니 그는 확실히 마음에 원하던 바를 이룬 셈이네요.

현인 씨: 그렇습니다. 결국 자기 소원대로 된 것이지요. 하지만 그는 이 일을 통해 하나님으로부터 진노를 당하게 되었습니다.

경청 씨: 그게 무슨 말씀입니까?

젊은 악인에게 임한 하나님의 진노에 대한 징조

현인 씨: 앞에서도 말한 바와 같이, 사악한 사람이 선한 사람의 집 문에서 나와서 악한 자의 집으로 들어가 살게 되는 것은 하나님께서 노를 발하셨다는 징조입니다. 왜냐하면 하나님께서 이러한 일, 즉 이런 심판을 통해서 다음과 같

은 말씀을 그 사악한 자에게 하시기 때문입니다. "너, 사악한 자여. 너는 나를 사랑하지 않을 뿐 아니라, 나의 길과 내 백성도 사랑하지 않았다. 또한 너는 내 법과 선한 가르침들을 네 등 뒤로 던져 버렸다. 그러므로 이제 나는 너를 나의 진노로 다스리고자 하노라. 너는 경건하지 않은 자들에게 넘겨져, 마귀의 학교에 들어가게 될 것이다. 내가 다시 사망과 심판 가운데서 너를 찾아올 때까지, 나는 너를 죄악 가운데 빠져 허우적거리도록 내버려 둘 것이니라." 그러므로 그가 자기와 같은 악한 사람을 스승으로 갖게 된 것은 이 젊은 악인에게 임한 또 다른 심판이었던 것입니다.

경청 씨: 들고 보니 선생님의 말씀이 맞는 것 같습니다. 하나님께서는 이러한 심판을 통하여 자신이 하고자 하는 말씀을 결과적으로 하시기 때문입니다. 다시 말해, 하나님께서는 악한 자들을 의로운 자들의 손에서 끌어내시어 사악한 자들의 손에 붙이십니다. 그 후로는 이들이 어디로 인도될지 누구나 쉽게 상상해 볼 수 있을 것입니다.

현인 씨: 이것은 이러한 사람들에게 임한 하나님의 진노입니다. 이 진노의 여러 징조들 가운데서도 가장 서글픈 징조라고 할 수 있습니다. 그들에게 이 진노가 임한 데는 몇 가지 이유가 있습니다.

1. 이런 심판을 받는 자들은 통상적으로 영혼에 유익하게 사용되는 여러 수단들이나 길에서 벗어나 있는 자들입니다. 경건한 고백과 실천이 있는 가정이 되는 것이 하나님의 섭리입니다. 다시 말해, 어린 자녀들에게 여호와의 도를 가르치고 여호와 경외하기를 가르치는 장소가 바로 가정입니다(창 18:18-19). 그런데 그렇게 경건한 가정에서 나와서 악한 가정, 다시 말해 사악한 가정으로 들어가게 된 이 악인 씨의 경우는 분명히 하나님으로부터 심판을 받은 것이며, 하나님으로부터 진노를 받은 징조라고 말할 수밖에 없습니다. 경건하지 않은 가정의 식구들은 하나님을 잊어버리는 것과 선한 것을 미워하는 것과 선한 자들이 행하는 길로부터 스스로 멀어지는 것을 그 가정에서 배우기 때문입니다.

2. 악한 가정의 식구들은 악에 대한 새로운 본보기나 자극들과 함께, 악을 짓기 위한 새로운 격려까지 지속적으로 받게 됩니다. 더구나 이러한 환경에서는 악이 장려되고 칭송되며 좋은 말로 포장되어서, 실제로 악을 행한 자들이 박수를 받기도 합니다. 이런 죄악을 저지르는 자들은 틀림없이 제대로 된 심판을 받게 될 것입니다.

하나님의 진노를 받은 자로 입증됨

3. 이러한 가정이야말로 극악무도한 영들이 자주 출몰하여 활동하는 곳입니다. 이 영들은 이 가정에 속한 이 사람 저 사람에게 다가와서는 심사숙고하는 마음에 지속적으로 독을 퍼뜨리듯 해악을 끼칩니다. 그래서 그 가족들은 서로를 독살할 수 있는 능력을 갖게 됩니다. 일반적으로 사악한 가정들을 자세히 살펴보십시오. 그 가정의 식구들 가운데 한두 사람은 다른 식구들보다 더욱 표독하게 사악한 자들이 있을 것입니다. 여러 식구들 가운데 더욱 사악한 자들은 사탄의 도관(導管)인 셈입니다. 사탄은 지옥에서 갓 낳은 사악한 알(卵)들을 그들의 사악하고도 교활한 자질을 통해서 다른 식구들의 귀와 영혼 속으로 집어넣고 있습니다.

그렇습니다. 일단 그들이 그 사악한 알을 받기만 하면, 그들은 마치 여인이 아기를 낳는 것처럼 그렇게 악을 해산하는 고통을 겪은 후, 드디어 악을 출산하게 됩니다. "악인이 죄악을 낳음이여 재앙을 배어 거짓을 낳았도다"(시 7:14)는 말씀대로 말입니다. 인용된 성경 본문에서 묘사된 자와 앞서 제가 넌지시 언급했던 자들은 주술적이며 악마적인 방식으로, 즉 마귀와 자신의 영혼이 서로 교접하여 태어난 자들과 같습니다. 말하자면 마귀를 아버지로 삼고, 죄악과 사악함을 어머니로 삼고 태어난 자들인 것입니다. 그들은 마귀로부터 임신을 하자마자 즉시 죄를 낳고, 자신의 죄와 함께 지옥에 떨어짐으로써 그 운명을 다하게 됩니다(약 1:15).

부모들은 선한 스승을 찾아 그 가정에
자녀들이 들어가도록 신경을 쓰는 것이 중요하다

경청 씨: 자녀를 사랑하는 부모들은 혹시라도 자녀들이 부모의 뜻을 거스르지는 않는지 살피면서, 그들이 스승을 찾아 떠날 때는 선한 가정으로 들어가, 죄악을 피하고 선한 것을 따르는 법을 배울 수 있도록 신경을 쓰는 것이 정말 중요할 것 같습니다!

스승들 또한 어떤 종들을 받아들여야할지 잘 살펴야 한다

현인 씨: 자녀들에게는 이런 부모의 보살핌이 정말 중요합니다. 마찬가지로 다른 사람의 자녀들을 자기 집으로 받아들이는 일도 중요하며, 어떤 아이들을 받아들일지에 대해서도 주의해야 합니다. 왜냐하면 악한 소년을 받아들인 선생은 즉시 자신의 명성이나 재산이나 가정생활에 해를 입을 수 있으며, 하나님과 경건을 추구하는 평화롭고 안정된 생활에 지장을 받을 수도 있기 때문입니다. 저는 지금 한 마리의 해충처럼 사악하고 더러운 도제 한 사람을 받아들인 결과에 대해 말씀드리고 있습니다.

경청 씨: 맞습니다. "죄인 한 사람이 많은 선을 무너지게 하느니라"(전 9:18), "가난한 자는 거짓말하는 자보다 나으니라"(잠 19:22)는 말씀이 생각납니다. 무슨 일이든 여러 번 계속되다보면 자신도 어쩔 수 없는 상황에 처해지는 것 같습니다. 도제생활을 처음 시작할 때에는 전도유망하고 아주 올바른 청년이었는데 시간이 지나면서 젊은 악인처럼 완전히 사기꾼으로 변하는 수도 있기 때문입니다.

현인 씨: 그 말도 맞는 말씀입니다. 그러나 악한 사람이 되지 않기 위해 최선을 다한 사람은 그렇게 되지 않을 수 있습니다. 그 사람은 한층 더 확신을 가지고서 하나님의 축복을 기대하며 따라갈 것입니다. 다시 말해, 비록 모든 일들이 자기 바람과는 정반대로 흘러간다 해도, 그는 더 많은 평화를 누리게 될 것입니다.

경청 씨: 그렇군요. 그런데 악인 씨는 그의 스승과 아주 좋은 관계에 있지 않았나요? 제가 지금 말하는 스승은 그의 두 번째 스승을 가리킵니다. 왜냐하면 유유상종(類類相從)이라는 말처럼, 두 사람은 사악함에 있어서는 뜻이 아주 잘 맞았을 것으로 생각되기 때문입니다.

젊은 악인과 그의 두 번째 스승은 마음이 맞을 수가 없었다

현인 씨: 앞에서 말한 바와 같이, 이 두 번째 스승은 아주 악한 사람이었습니다. 그는 그의 종인 이 젊은 악인과 때로는 사이가 틀어지기도 해서 그를 책망하기도 하였고, 또 어떤 때는 그가 자기 말을 듣지 않고 버릇없이 굴었다는 이유로 그를 두들겨 패기도 하였습니다.

경청 씨: 뭐라고요! 스승이라는 사람이 그렇게 악할 수도 있는 거군요! "악마가 악을 바로잡는다"(The devil corrects vice)는 속담이 바로 이런 경우를 두고 하는 말이네요.

현인 씨: 저도 당신이 한 말에 전적으로 동의합니다. 당신이 분명히 알아두어야 할 사실은, 이 악인이 행동하는 방식이 그의 스승에게 이득이 되지 않았다는 것입니다. 젊은 악인이 사도행전 16장 16절("우리가 기도하는 곳에 가다가 점치는 귀신 들린 여종 하나를 만나니 점으로 그 주인들에게 큰 이익을 주는 자라")에 나오는 여종처럼 행동했다면, 다시 말해 그의 사악함으로 스승의 지갑을 두둑하게 해주었다면, 그는 분명히 스승으로부터 총애를 받았을 것입니다. 하지만 젊은 악인은 그러지 못했습니다. 물론 그의 스승과 악인은 대체적으로 큰 틀에서는 아주 잘 맞았지만, 이런저런 세세한 부분에서는 서로 달랐습니다.

그들이 불화하게 된 이유들

먼저 젊은 악인은 스승이 하라는 일을 게을리하였고, 창기들의 집을 드나들었으며, 스승을 속였고, 스승의 딸들을 유혹하려고 하는 등, 이와 유사한 비행들을 많이 저질렀습니다. 스승과 도제, 이 두 사람이 이 정도의 일들로 서로 마음이 맞지 않았다면, 그것은 정말 놀랄 일이겠지요. 그의 스승은 악인이 한 행동 자체에 대해서는 어떠한 반감도 갖지 않았습니다. 왜냐하면 스승 자신도 도제 시절에 그와 같은 일들을 행했기 때문입니다.

하지만 이 경우는 그의 종이라는 작자가 행한 죄악으로 인해 자기의 상품들이 훼손되는 등 그 스승에게 손해를 끼쳤기 때문에, 스승은 가만히 있을 수 없었습니다. 앞에서도 말한 바와 같이, 이 젊은 악인의 사악함이 스승에게 조금이라도 유익이 되는 상황이었다면, 그는 스승을 위해서 할 수 있는 한 최대로 고객에게 거짓 맹세를 하고 거짓말을 하며, 속이고 사기를 쳐서라도 그 고객의 돈을 강탈하다시피 했을 것입니다. 사실 어떤 때는 그렇게 하기도 했습니다.

그러나 그가 지금까지 행한 일들이 이런 것만은 아니었기 때문에, 그는 스승으로부터 부득불 싫은 소리를 계속해서 들을 수밖에 없었습니다. 하지만 악인 씨의 방식은 항상 이 정도의 사악한 수준에서 끝이 나지 않았습니다.

경청 씨: 선생님께서 그렇게 자세하게 말씀해 주시니, 우리가 사도행전에서 보게 된 여종의 경우와 스승의 사악함과 그 부리는 종의 사악함 사이에 있는 차이점에 대해서도 분명히 알게 된 것 같습니다.

현인 씨: 그런데 서글픈 일이 벌어졌습니다! 왜냐하면 사악한 사람들도 다른 사람이 행하는 사악한 일을 아주 싫어하기 때문입니다. 그들은 다른 사람들이 하는 행동들이 사악하기 때문에 싫어하는 것이 아니라, 그들의 행동이 자신의 이익에 반하기 때문에 싫어하는 것입니다. 사도행전에 나오는 귀신들린 여종의 주인은 그녀를 잃는 것에 대해 마음 아파했을까요? 그 여종을 잃는 것과 동시에 자신의 이익도 함께 잃지 않았다면, 과연 주인은 여종을 잃는 것에 대해 마음이 아팠을까요? 당신은 어떻게 생각하십니까? 자기의 이익을 잃지 않았다면, 주인은 여종을 잃는 것에 대해 절대로 마음 아파하지 않았을 것입니다. 제가 당신에게 장담합니다. "여종의 주인들은 자기 수익의 소망이 끊어진 것을 보고 바울과 실라를 붙잡아 장터로 관리들에게 끌어 갔다"(행 16:19)라는 말씀처럼, 이제 그 주인들은 수익을 잃게 만든 장본인인 바울을 찾아서 핍박하

기 시작합니다(행 16:17-20). 악인 씨의 스승도 젊은 악인이 행하는 죄악으로 인해 종종 손해를 입었습니다. 그 이후부터 악인과 스승 간의 관계는 금이 가기 시작했던 것입니다.

경청 씨: 정말 안타까운 일이네요. 불쌍한 악인 같으니라고! 그러고 보니, 서로 같은 악인이라고 해도 항상 서로의 마음에 들 수는 없는 것 같습니다.

현인 씨: 정말 그는 그럴 수 없었던 것 같아요. 그 이유는 당신에게 말한 바와 같습니다.

경청 씨: 그런데 악한 스승들은 종들의 악함을 정죄하면서, 도리어 자신의 악한 행동을 정죄하고 있는 것 아닌가요?

악한 스승들은 종들이 악하다는 이유로 그들을 두들겨 패는데,
그 때 그들은 바로 자신을 정죄하고 있는 것이다

현인 씨: 맞습니다. 그들은 자기들이 가지고 있거나 허용하는 것을 행하는 다른 사람들을 정죄한다는 점에서, 바로 자신을 정죄한 것과 같다(롬 14:22)고 할 수 있습니다. 그들은 쾌락을 누리고 살면서도, 그와 동일한 쾌락을 누리며 죄를 범한 다른 사람들에 대해서는 그들의 입으로 심판을 외칩니다. 그들의 입에서 내뱉어진 바로 그 심판이, 폭력과 더불어 그들의 머리 위로 다시 돌아갈 날이 곧 다가올 것입니다. 여호와께서는 바아사가 통상적으로 범한 모든 죄에 대해서 심판하신 것과 마찬가지로, 그 자신에 대해서도 심판하셨습니다. 왜냐하면 "그가 여로보암의 집과 같이 여호와 보시기에 모든 악을 행하며 그의 손의 행위로 여호와를 노엽게 하였음이며", "또 그를 죽였기 때문이더라"(왕상 16:7 KJV, "또 그의 집을 쳤음이더라"[개역개정]). 이것이 바로 악인 씨의 스승의 경우였습니다. 그는 자기가 부리는 종과 똑같은 사람이었습니다. 그러면서도 그는 그 종을 두들겨 팼기 때문입니다. 그는 자기가 부리는 도제와 같은 사람이었습니다. 그러면서도 그는 그 도제가 악하다는 이유로 그에게 욕을 퍼부었기 때문입니다.

경청 씨: 젊은 악인은 스승으로부터 이런 대우를 받으면서도 왜 도망치지 않았습니까? 첫 번째 스승에게서 도망친 것처럼 말이지요.

스승이 자기를 때리는데도 이 젊은 악인은
왜 그 집을 도망쳐 나오지 않았나

현인 씨: 그는 도망치지 않았습니다. 제가 잘못 알고 있지 않다면 아마도 그것은 다음과 같은 이유일 것입니다. 지난번의 첫 번째 스승의 집은 경건한 분위기여서 젊은 악인은 견디기가 어려웠습니다. 첫 번째 스승의 집에서는 급료나 숙박 환경이나 작업 강도나 노동 시간 등이 현재 이 악한 스승의 집에서 제공해 주는 것보다 더 낫게 제공되었음에도 불구하고, 그는 이 모든 것들이 만족스럽지 않았습니다. 왜냐하면 그 집에서는 경건한 신앙심이 요구되었기 때문입니다. 그는 이렇게 기도하라거나 이렇게 성경 말씀을 읽어야 한다거나, 또는 설교 말씀을 반복해서 들어야 한다는 요구들을 도저히 감당할 수 없었습니다. 또한 진지하고 경건한 방식으로 자신의 허물에 대해 말하는 것을 그는 도저히 참을 수 없었습니다.

경청 씨: 선생님의 말씀을 듣고 보니, 책망하는 방식도 아주 다양할 것 같습니다. 스승이나 도제나 두 사람 다 사악한 자들이었지만, 정작 다른 사람이 자신의 허물을 지적하는 것을 듣기는 정말 힘들었을 것 같습니다.

악인은 어떻게 첫 번째 스승보다
두 번째 스승의 책망을 더 잘 견뎌낼 수 있었는가

현인 씨: 실제로 다른 사람을 책망하는 방식에서도 많은 차이가 있습니다. 현재 악인 씨를 가르치는 악한 스승은 악인 씨가 범한 죄악들을 악인 씨의 말투로 책망하였습니다. 즉, 스승이 도제의 허물을 말할 때, 그는 맹세하고 저주하고 악담을 퍼부으면서 그를 꾸짖었던 것입니다. 그런데 악인의 귀에는 경건한 말투로 허물들을 말하는 것보다는 차라리 이런 어투로 말하는 것이 훨씬 더

낮게 들렸습니다. 또한 현재의 악한 스승은 감정이 실린 아주 격한 분노가 가시면, 그의 종인 악인이 지은 죄를 조롱하며 그와 똑같은 죄를 범하면서 흥겨운 시간을 보냈습니다. 이런 점들이 젊은 악인의 마음을 아주 기쁘게 하였습니다. 악인은 체벌을 당할 때 가장 기분이 나빴습니다. 하지만 지금까지 체벌도 몇 번밖에는 받지 않았습니다. 이제 그도 꽤 장성하였기 때문입니다. 그래서 그런지 그의 스승이 화가 나서 욕을 할 때는 한 번 했던 악담을 계속해서 하고 또 하고, 그러다가 이번에는 저주를 연이어 계속해서 퍼부었습니다. 그래도 분이 덜 풀렸을 때는 혼자서 분이 다 풀릴 때까지 계속해서 그 악인을 향해 욕지거리를 하였습니다.

경청 씨: 그야말로 지옥 생활과 마찬가지였겠네요.

어떤 계기들로 악인이 사악함에 능통하게 되었는가

현인 씨: 그에게는 정말 생지옥이 따로 없었지요. 그래도 이 스승과 함께 지내면서 젊은 악인은 사악함에서 더욱더 달인이 되었을 뿐 아니라, 장사 기술에서도 더욱더 능통해졌다는 사람들의 말이 있었는데, 아마도 맞는 말이었을 것입니다. 그 집에서 보낸 도제 기간 동안 죄악에 끌리는 그의 습성, 불량배들인 그의 세 친구들과 사귀게 된 일, 이번 스승에게서 보았던 사악함 등 여러 요인들로 인해 그는 완전히 죄악에 물든 완벽한 죄인이 되어 버렸습니다. 제가 알기로 그는 이 기간에 사생아도 한 명 낳아서 스승으로부터 책망을 들었던 것으로 기억하고 있습니다.

도제 기간을 끝마친 악인

경청 씨: 그랬군요. 그래도 그는 용케 도제 기간을 마칠 수 있었던 것 같습니다. 그는 그 후에 어떤 일들을 했습니까?

현인 씨: 그는 아버지의 집으로 돌아갔습니다. 아버지는 사랑스럽고 인자한 마음을 가진 아버지답게 그를 집으로 맞아들였습니다.

경청 씨: 집에 와서는 어떻게 생활하였습니까?

돈 때문에 자신을 자제하는 악인

현인 씨: 그가 집으로 돌아온 이유는 딱 하나였습니다. 바로 장사를 하기 위한 돈을 얻기 위해서였지요. 그는 아주 짧은 기간만 집에 머물렀습니다. 아주 짧은 시간 동안 집에 머무르면서 그는 가능한 한 최대한으로 참을성을 발휘하며 조신하게 행동하였습니다. 행여 아버지가 그의 비열한 행동을 발견하고는 못마땅하게 여겨서 그에게 돈 주기를 꺼려하거나 아예 주지 않는 불상사가 일어나지 않도록, 그는 그 기간 동안 근신하였습니다. 그러는 동안에도 그는 친구들과 함께 자신의 정욕을 채우곤 하였습니다. 그는 이 모든 일들이 아버지에게 알려지지 않도록 쉬쉬하였습니다. 그는 옛 친구들을 만나는 것이 즐거웠고, 그 친구들도 그를 만나는 것이 기뻤습니다. 그는 친구 간에 서로 예의를 차리는 정도의 술이 아니라, 포도주 한두 잔으로 시작해서 거의 정신을 잃을 때까지 술을 마시기도 하였습니다.

제5장

장사를 하게 된 악인,
한 사악한 장사꾼의 속임수들

경청 씨: 그래서 악인의 아버지인 늙은 노인은 아들에게 장사 밑천을 대어주었습니까?

현인 씨: 예, 대어주었습니다. 200파운드가 넘는 돈을 그에게 주었답니다.

경청 씨: 그 점에서는 노인이 잘못했다고 생각합니다. 제가 만약 그런 아들의 아버지라면, 아들의 생활 태도가 선하게 개선되었다는 좀 더 확실한 증거를 얻을 때까지, 즉 그 마지막 순간까지 돈을 쥐고 있었을 것입니다. 제가 짐작하기로는, 그의 아버지도 아들이 집에서 하던 짓이나 악한 스승을 찾기 위해 선한 스승을 도망쳐 나온 일들로 볼 때, 예전부터 그 아들이 돼먹지 않은 것을 알고 있었을 것 같은데, 그렇게 아들에게 장사 밑천을 대어주었군요.

  제 생각에는 그에게 그렇게 많은 돈을 쉽게 빨리 내주지 말았어야 했을 것 같은데 말입니다. 아버지가 그에게 아주 조금만 돈을 주고는 잠시라도 날품팔이를 하며 허드렛일을 하도록 하면서, 그 아들이 1페니의 가치가 어느 정도인지를, 그렇게 작은 돈이라도 돈을 벌기가 얼마나 힘든지를 알게 했으면 어땠을까 하는 생각도 듭니다. 그랬더라면 아버지로부터 받은 그 큰 돈을 어떻게 사용하는 것이 좋을지 분명히 더 잘 알게 되었을 것입니다. 그 뿐만 아니라, 비록 고생스럽기는 해도 그런 시간을 보내면서 이 세상에서 어떻게 살아가야 할지를 스스로 생각해보는, 좀 더 유익한 기회를 그가 갖게 되지 않았을까 하는 생각도 해봅니다. 아 참, 그리고 그가 마치 성경에 나오는 돌아온 탕자처럼, 하나님과 아버지를 거역하여 범한 모든 악행들에 대해서 하나님과 아버지에게 용서를 구할지 누가 알겠습니까?

현인 씨: 하지만 아버지가 아들을 대한 태도, 다시 말해 아버지가 아들에게 한 결정이 당신이 제안했던 목적과는 다른 목적, 즉 당신이 의도한 것과 다른 결과를 염두에 두고 내려진 결정이었다면, 나도 당신처럼 동일한 생각을 했을 것입니다. 그러나 너무 안타깝고 슬프게도, 이 아버지의 결정은 당신의 제안과 동일한 목적에서 나온 것이었습니다. 아마도 당신은 그 상황에서 아버지의 마음속 깊은 곳에서 우러나오는 그 무언가를 전혀 알지 못하거나, 아니면 부성애(父性愛)를 간과하고 말하는 것 같습니다.

선한 충고를 받기보다는 선한 충고를 하기가 더 쉽다

혹시 당신이 당신의 친아들을 그렇게 엄하게 대하는 것은 아닌가요? 우리가 선한 충고를 받기보다는 다른 사람에게 선한 충고를 하는 것이 더 쉽다는 것은 매우 분명한 사실입니다. 나의 정직한 이웃인 당신은 다음과 같은 상황을 가정해 보십시오. 즉, 악인 씨의 아버지가 당신이 말한 대로 해서 혹시라도 그 아들이 잘못된 길로 가게 된다면, 당신이 말한 대로 한 그 결과는 아버지 자신이든 아들이든, 도대체 누구에게 유익이 되겠습니까?

경청 씨: 그것도 옳은 말씀입니다. 하지만 그 아버지가 제가 말한 대로 했다 해도, 선생님이 가정한 것처럼 그 아들이 반드시 잘못된 길로 빠지게 된다는 보장은 없을 것 같습니다. 그리고 설령 제가 제안한 대로 아버지가 결정을 내려서, 선생님이 가정한 대로 그 아들에게 나쁜 결과가 생겼다 해도, 그 아들은 이

미 타락할 대로 타락한 상태라 더 이상 나빠질 수 없지 않습니까?

고려해 봐야 할 문제

현인 씨: 그 아들이 이미 충분하게 악한 사람이었다는 것은 맞는 말입니다. 하지만 그렇다고 해서 아버지가 아들에게 돈 한 푼도 주지 않는다면, 젊은 악인은 아버지의 그런 처사에 부루퉁할 뿐 아니라 더 나아가 격분한 나머지, 저 멀리 바다 건너로 나가서 다시는 아버지가 아들을 보지 못하게 될 수도 있고, 아들의 소식마저 듣지 못하게 되는 일이 일어날 수도 있을 것입니다. 아니면, 아버지의 이런 대우로 아들은 심사가 뒤틀려 미친 듯이 화를 억제하지 못해서 돈을 구하기 위해 노상강도짓이라도 한다면, 그래서 교수대라도 서게 된다면, 그의 아버지와 가족이 겪을 수욕은 엄청날 것입니다.

또 그런 강도짓을 하다가 다행히 그런 최후를 맞게 되지는 않았다 해도, 그의 사악함은 더욱더 가중될 것이고, 그로 인한 이러저러한 죄악들도 더욱더 늘어나게 될 것입니다. 혹시 아들에게 이런 일들이 벌어진다면, 당신의 제안대로 행한 결과로 인해 그 아버지는 어떤 위로를 받을 수 있겠습니까? 게다가 아버지가 아들을 정직한 사람으로 만들어 보려는 바람으로 그가 할 수 있는 모든 일을 다 했다면, 그 아들이 아버지의 바람대로 정직한 사람이 되었으면 다행이고, 혹시라도 그렇게 되지 않았다 해도 괜찮습니다. 왜냐하면 할 수 있는 모든 것을 다 한 아버지는, 당신의 조언대로 나소 매몰차게 아들을 대우했을 때보다 훨씬 더 편안한 마음으로 눈을 감을 수 있을 것이기 때문입니다.

경청 씨: 이런 일에 대해 제가 조언이랍시고 한 말은 하지 않았으면 더 좋았겠네요. 하지만 그 아들이 저지른 망나니짓들에 대한 선생님의 설명을 듣고 있으려니 화가 나고 분노가 치밀어서 그런 제안들을 하게 되었습니다.

현인 씨: 화가 치밀어 오르면 누구나 즉시 흥분하여 말이 불쑥 튀어나오기 마련입니다. 그는 정말 불쌍한 사람이었습니다. 그는 다시 죄악의 자리로 돌아가 버렸습니다. 그럼에도 앞서 말한 바와 같이, 그 선한 아버지가 악한 자녀

를 위해 할 수 있는 모든 것을 다 했다면, 설령 그 아들이 조금도 개선되지 않았다 해도, 아버지는 엄격하게 아들을 대해서 그와 불편한 관계에 이르는 것보다는 훨씬 더 편안한 마음으로 눈을 감을 수 있을 것입니다. 그것이 아버지의 마음입니다.

저는 악인 씨만큼이나 악하고 경건하지 않은 아들을 둔, 한 선한 늙은 어머니의 이야기를 들은 적이 있습니다. 그녀는 아들을 위해 기도하였으며, 그에게 조언해 주었고, 수 년 동안 모성애로 그의 곁에서 그를 잘 돌봐 주었습니다. 그럼에도 불구하고 아들은 여전히 악했습니다. 드디어 어느 날 그녀는 늘 하던 대로 아들의 회심을 위한 기도를 드린 후, 아들에게 다가가 다음과 같이 말하였습니다. 자신이 기도한 제목대로 아들이 회심하도록 그를 타이르기 시작하였던 것입니다.

선한 부인과 악한 아들

"아들아, 너는 여태까지 사악한 아들이었고 지금도 여전히 사악한 아들이다. 나는 너를 위해 지금까지 많은 기도와 눈물을 흘렸지만, 너는 여전히 사악한 인간이다. 좋다. 나는 이것으로 내가 해야 할 일은 다 했다고 생각한다. 나는 너를 구원하기 위해 할 수 있는 일은 다 한 것 같다. 이제 내게는 조금도 아쉬움이 없다. 설령 네가 심판 날에 저주받는 것을 내가 보게 되더라도 말이다. 이제 나는 너 때문에 더 이상 슬퍼하지 않을 것이다. 그 날에 네게 언도될 지옥 형벌을 듣는다 해도 나는 기뻐할 것이다." 어머니의 이런 단호한 말은 아들을 회심하게 만들었습니다.

만약 부모들이 자녀를 책망할 때도 자애로운 마음이 깃든 사랑의 책망으로 자녀들에게 사랑스럽게 나아간다면, 다시 말해 사랑의 책망에 부성애와 모성애가 가미된 질책을 한다면, 자녀들을 거칠고 엄하게 대하는 것보다 훨씬 더 쉽게 자녀들을 구원할 수 있을 것입니다. 설령 부모들이 자녀들을 구원하지 못한다 해도, 다시 말해 부모의 자비가 자녀들에게 아무 유익을 끼치지 못했다 해도, 이 시도만으로 "나는 자녀들을 지옥에서 건져내 구원시키기 위해 내가 할 수 있는 모든 것들을 사랑으로 다 행하였다"는 생각을 하면서 아주 편한 마음으로 죽음의 날을 맞게 될 것입니다.

경청 씨: 선생님 말씀을 듣고 보니 제 생각이 좀 짧았던 것 같습니다. 그건 그렇고, 다시 본래 이야기로 돌아가서 악인 씨 이야기를 좀 더 해주시기 바랍니다. 그러니까 선생님 말씀은 그의 아버지가 아들의 장사 밑천으로 아버지가 가진 재산의 일부를 아들에게 주었다는 것이지요?

장사를 시작하였지만 곧 망하게 된 악인 씨

현인 씨: 맞습니다. 그의 아버지는 그에게 재산의 일부를 장사 밑천으로 내주었습니다. 하지만 그렇게 시작된 사업은 이내 망했습니다. 그가 장사를 시작한 지 얼마 지나지 않아, 안으로는 그의 사업 경영 부진과 밖으로는 과도한 지출로 어려움을 겪었기 때문입니다. 그러면서 그는 가게 안에 있는 물건들을 죄다 팔아도 갚을 수 없을 만큼의 과도한 빚을 지게 되었습니다. 그는 빚으로 인해 감옥에 들어가지 않으려고 무진 애를 썼습니다. 그래도 채권자들은 그가 곧 부자인 아내와 결혼할 것 같다면서 "우리가 그 사람에 대해 너무 속단하지 말도록 합시다. 그가 부자 아내와 결혼하기만 한다면, 우리의 빚을 모두 갚아 줄테니까요"라고 자기네들끼리 말하기도 하였습니다.

경청 씨: 그런데 그는 어떻게 해서 그렇게 빨리 재산을 탕진하게 되었습니까? 선생님께서 하신 말씀을 기억해 보면, 사업을 시작한 지 얼마 지나지 않아서라고 들은 것 같은데요.

현인 씨: 정말 사업을 시작한 지 얼마 지나지 않아서 사업은 망해 버렸습니다. 제 생각에 그가 장사를 시작한 지 채 2년 반이 되지 않았을 때였던 것 같습니다.

그의 사업이 완전히 망하게 된 이유

그 이유는 분명합니다. 그는 거친 젊은이로서 그의 앞에는 그를 구속할 것들이 아무것도 없었습니다. 따라서 그는 자신의 정욕과 악덕에 완전히 빠져 있었습니다. 한 마디로 "마음에 원하는 길들과 네 눈이 보는 대로 행하라 그러나 하나님이 이 모든 일로 말미암아 너를 심판하실 줄 알라"(전 11:9)는 말씀을 완전히 잊고 있었던 것입니다. 게다가 그 당시 그는 새로운 친구들을 또 사귀게 되었습니다.

새로운 친구들

유유상종(類類相從)이란 말을 당신도 분명히 알고 있겠지만, 그를 보면 친구들 또한 어떠했으리라 짐작할 수 있을 것입니다. 그 친구들은 계속해서 즐길 수만 있다면 상황이 어떻게 되든 간에, 즉 누가 죽어나가도 이에 대해서 아무 관심이 없었습니다. 친구들은 줄곧 그를 쫓아다녔으며, 그가 가게에 없을 때도 그를 찾아 가게를 드나들었습니다. 그들은 그를 꼬드겨 술집에 데리고 가서는 그에게 모든 술값을 뒤집어 씌웠습니다. 그들은 또한 그에게서 돈을 빌려갔지만, 돈을 갚을 생각은 전혀 없었습니다. 그는 친구들과의 채무 관계에 상관없이, 그들이 자신과 재미있게 놀아 주는 것을 더 좋아하였습니다. 그 결과 그의 재정 상태는 "네 빈궁이 강도 같이 오며 네 곤핍이 군사 같이 이르리라"(잠 6:11)는 말씀과 같이 되었습니다.

악인 씨의 기질

그러는 사이에 그 친구들은 아첨과 칭찬과 아부하는 말, 즉 당신은 위트가 넘치는 사람이다, 당신은 남자다운 사람이다, 당신은 인격이 훌륭한 사람이라는 식의 말들을 좋아하는 그의 기질을 완전히 파악하였습니다. 그들은 이런 식으로 그의 앞에서 알랑거렸습니다. 그들은 그와 완전히 한 패가 되어서 더욱더 그와 가까워졌습니다. 그 친구들은 그에게 거머리와 같은 존재였습니다. 그의 아버지가 그에게 주신 돈들을 야금야금 빨아먹더니 급기야 그를 순식간에 망하게 하였습니다. 그래서 그의 처지는 거의 거지 신세와 다를 바 없이 되어 버렸습니다.

경청 씨: 선생님의 말씀을 들으면서 저는 성경의 지혜자께서 하신 다음의 말씀들이 성취된 것 같은 생각이 들었습니다. "창기와 사귀는 자는 재물을 잃느니라"(잠 29:3), "미련한 자와 사귀면 해를 받느니라"(잠 13:20).

현인 씨: 맞는 말씀입니다. 거기에는 다음과 같은 말씀도 해당되겠지요. "음식을 탐하는 자와 사귀는 자는 아비를 욕되게 하는 자니라"(잠 28:7). 불쌍한 악인 씨의 아버지, 이 아버지는 아들이 이렇게 재물을 탕진하는 것을 보고서 심한 슬픔과 치욕을 받았습니다. 아버지의 수중에 이 재물들이 있었더라면, 이 선한 재물들을 사용하여 율법의 뜻대로 하나님께 영광을 돌리고, 자신에게는 위로를 주고 이웃사람들에게는 신임을 얻으면서 살 수 있었을 텐데 말입니다. "헛된 자들을 따르는 자는 궁핍이 넘치리라"(잠 28:19 KJV, "방탕을 따르는 자는 궁핍함이 많으리라"[개역개정])는 말씀대로, 그가 들어섰던 길로 인해 그는 바로 그런 상태가 되어 버렸습니다. 그런 길들을 좇은 사람에게서 다른 것들을 기대한다는 것은 무리이지 않겠습니까? 그는 가게에 있을 때도 제대로 일을 할 수가 없었습니다. 왜냐하면 천성적으로 게을렀기 때문입니다. 그는 고상하게 생활하는 것을 좋아하고, 두 손으로 일하기를 싫어하였습니다. 그러므로 이런 자의 결말은 성경의 지혜자가 하신 다음의 말씀과 어떻게 다른 결과가 나올 수 있겠습니까? "술 취하고 음식을 탐하는 자는 가난하여질 것이요 잠 자기를 즐겨 하는 자는 해어진 옷을 입을 것임이니라"(잠 23:21).

경청 씨: 그의 처지가 이 지경이 되었다면, 그는 자신을 향한 하나님의 손길을 생각하면서 가슴을 치며 다시 하나님께 돌아오는 것이 좋았을 것이라는 생각이 듭니다.

부패한 그의 행동들

현인 씨: 생각해 본다는 것, 곰곰이 생각해 본다는 것은 이미 그에게서 거리가 먼 이야기입니다. 그는 평생에 있어서 그 어느 때보다도 더욱 교만하고 완고해져서 죄악 가운데서 높아질 대로 높아져 자고(自高)한 상태였습니다. 그는 그때가 전성기인 것처럼 여기고 있었습니다. 하지만 제가 보기에 그 당시 그는 마귀가 그를 타고서 모든 곳을 돌아다니다가 그의 다리에 이상이 생기자 버려 버린, 그야말로 지칠 대로 지친 말과 같았습니다.

경청 씨: 그랬었군요. 그렇다면 이 모든 것들을 거의 다 잃었을 때 그는 어떤 행동을 하였습니까?

자신의 부패함을 은폐하는 모습들

현인 씨: 당시 그는 두 가지 음모를 꾸미고 다녔습니다. 첫 번째는 그의 사업이 처음 장사를 시작할 때처럼 망해 가는 게 아니라, 지금 아주 흥왕해서 잘 되고 있다는 거짓말을 지껄이며 아무렇지도 않게 호언장담을 하고 다녔습니다. 게다가 그의 뒤에 친구 몇몇을 두고는 이 거짓말을 확고한 사실처럼 말하고 다니도록 시켰습니다.

경청 씨: 이것은 이중적으로 사악한 일이네요. 자기가 거짓말을 한 것은 물론이고, 다른 사람에게도 대담하게 그런 거짓말을 사실처럼 말하게 했으니 말입니다.

현인 씨: 맞습니다. 악인 씨처럼 하나님에게서 멀리 떨어져 있던 자가 감히 하지 못할 악행이 뭐가 더 있겠습니까?

제6장

경건한 부자 처녀와 결혼하기 위한
악인의 위선적인 구애

경청 씨: 또 다른 음모는 무엇이었습니까?

현인 씨: 앞에서 암시한 바와 같이, 이 악인은 돈 많은 여인을 아내로 찾고 있었습니다. 지금 제가 말하는 것은 그가 의도를 가지고 궁리해서 만들어낸 가증스러운 몇몇 사기행각에 대한 이야기입니다. 이것을 통해 그는 가장 절망적인 죄인으로 온 천하에 드러나게 될 것입니다.

그 사건의 전모는 다음과 같습니다. 그는 아내를 원하고 있었습니다. 아니, 오히려 돈을 원하고 있었다는 것이 더 맞는 말일 것입니다. 그는 여인을 원하는 게 아니었습니다. 왜냐하면 그의 주위에는 그가 휘파람만 불어도 달려올 창부들이 널려 있었기 때문입니다. 이미 말한 바와 같이 그는 돈을 원하고 있었습니다.

경건한 한 처녀가 악인의 눈에 들다

그에게는 돈 많은 아내를 구하는 방법 외에는 다른 방법이 없었습니다. 그러나 그가 본심을 속이는 일에서 전문가가 되지 않는 이상, 그가 그런 아내를 얻기란 결코 쉽지 않다는 것을 알게 되었습니다. 또한 자기처럼 본심을 속일 수 있는 여인들 사이에서는 본심을 속이는 척하며 아내를 구해봤자 돈도 많지 않으면서 돈이 많은 여인처럼 자기를 속일 수도 있기 때문에, 그런 여자들은 대상에서 제외되었습니다. 그래서 그는 더더욱 아내를 얻기가 쉽지 않았습니다. 그런데 그가 살고 있던 곳에서 그리 멀지 않은 곳에 한 처녀가 살고 있었습니다.

그녀를 얻고자 하는 이유와 그녀를 얻기까지의 과정들

그녀는 경건한 처녀로서 부모로부터 물려받은 재산이 상당했던 여인이었습니다. 그는 그녀를 얻기 위해 온갖 궁리를 다 짜내기 시작하였습니다. 먼저 그는 가장 신뢰하는 교활한 친구들 몇몇을 불러 모아 자기 마음에 있는 생각들을 털어놓았습니다.

악인이 친구들을 불러 모으자, 친구들이
그녀를 어떻게 얻을 수 있을지 그에게 조언을 하다

즉, 그에게는 결혼할 마음이 있으며 누구랑 결혼하고 싶은지 친구들에게 말하였던 것입니다. 그러면서 "내가 어떻게 해야 목적을 이룰 수 있겠는가? 그녀는 경건한 여인이고, 나는 그렇지 않으니 말이다"라고 말하였습니다. 그러자 이 말을 들은 친구 한 사람이 "그녀가 경건한 여인이라면, 자네도 그녀와 똑같이 경건한 척하면 될 것 아닌가? 그녀에게 접근하기 전부터 미리 일정 기간 동안 경건한 척하면 될 것 같네. 먼저 그녀가 설교 말씀을 들으러 어디로 가는지를 유심히 살펴보았다가 자네도 그리로 가면 되지 않겠나. 하지만 그 전에 자네가 아주 신실하게 행동해야 한다는 사실을 명심하게. 마치 자네가 하나님의 말씀을 아주 놀라울 정도로 사랑하는 것처럼 보이도록 해야 하네. 그런 마음으로 자네는 그녀가 자네를 볼 수 있는 거리에 서 있으면 될 것 같네.

그리고 집으로 돌아올 때도 자네는 주의하면서 아주 신실한 모습으로 거리를 걷도록 하고, 언제든 그녀의 시야에서 멀어지지 않도록 해야 하네. 일정 기간 동안 이렇게 하고 난 후에, 이제 그녀에게 다가가도록 하게. 그녀 앞에 서서는 제일 먼저 자네가 지은 죄악들에 대해 자네가 얼마나 참회하고 있는지를 말하고, 그러고 나서는 그녀가 가진 경건한 신앙심에 대한 진심 어린 사랑을 보여주게. 또한 그녀에게 말씀을 전하는 설교자들과 그녀가 알고 지내는 경건한 지인들에 대해서도 좋게 말해보게. 그리고 지금 당장이라도 그녀의 지인들과 그녀와 함께 신앙 고백을 한 성도들과 함께 교제를 나누고 싶지만, 아직은 자네의 상황이 이를 허락하지 못한다면서 자네를 둘러싸고 있는 가혹한 운명에 대해 탄식하는 것도 잊지 말게. 이것이 그녀를 얻기 위한 방법이라네.

이렇게 하고 난 후에, 자네는 들은 설교들을 반드시 기록해야 하고, 성경 말씀들에 대해 이야기를 해야 하며, 자네가 그녀에게 구애를 하는 것은 그녀가 경건한 여인이기 때문이며, 자네는 그녀의 그 경건한 신앙심을 최고의 가치로 여기기 때문이고, 그 외에는 아무 이유도 없다는 것을 그녀에게 강력하게 항변해야 하네. 그녀가 가진 돈에 대해서는 입도 뻥긋해서는 안 되네. 돈에 대해서는 전혀 마음이 없는 것처럼 말해야만 하네. 그렇게 하는 게 그녀가 가진 돈을 가장 빨리 얻게 되는 방법이지. 왜냐하면 그녀는 자네가 처음부터 돈을 보고서 다가오는 것은 아닌지 경계할 것이기 때문이야. 그러니 자네는 그녀가 돈을 가지고 있다는 것을 알면서도 절대로 돈에 대해서는 한 마디도 말해서는 안 되네. 내가 지금까지 일러준 대로만 하고 나서, 자네는 이 아가씨가 과연 자네에게 걸려들지 어떨지를 지켜보기만 하면 될 거야. 그러면 올무가 이 정직하고 불쌍한 처녀에게 놓일 것이고, 그 처녀는 이 구덩이에 영락없이 빠져들게 될 것이네"라고 대답하였습니다.

경청 씨: 과연 그가 이 조언대로 행했을까요?

거짓말

악인은 친구들을 불러 그녀를 어떻게 얻을 수 있을지 조언을 구했다. 그때 그는 양서 한두 권을 건네며 그가
그 책들을 읽고서 많은 유익을 얻은 척하였다. 그렇게 올무가 정직하고 불쌍한 처녀에게 놓였고, 그 처녀는
영락없이 빠져들었다. 당신의 마음에 이것을 생각했는가? 당신은 사람이 아니라 하나님에게 거짓말한 것이다.

악인은 친구들이 알려준 대로 그 처녀에게 접근하였다

현인 씨: 당연히 그 조언대로 했지요! 그는 그 말들을 따랐습니다. 한동안 그는 마치 이 영국에서 가장 정직하고 경건한 사람이자 가장 신실하고 정직한 마음을 지닌 사람처럼 행세하면서 그녀에게 담대하게 나아갔습니다. 그는 친구들이 알려준 여러 가지 것들을 지키면서, 그 조언자들이 귀띔해준 것들을 따랐습니다. 그러자 얼마 되지 않아 그녀를 취하게 되었습니다. 이 악인의 자연적인 생김새를 보자면, 그는 키가 크고 준수했으며, 평범한 듯 보이지만 아주 멋진 옷들을 온 몸에 걸치고 있었고, 경건한 척 가장하는 것도 아주 쉽게 해낼 수 있었습니다. 그는 아버지 집과 첫 번째 스승의 집에 있을 때 보았던 특별한 것이 있었기 때문에, 경건한 척 가장하는 일에서 그 형식이나 꾸밈 정도는 쉽게 따라할 수 있었습니다.

그리하여 그는 날을 정해 그녀의 집으로 갔습니다. 그것도 쉬운 일이었습니다. 왜냐하면 그를 반대할 아버지나 어머니가 그녀에게는 없었기 때문입니다.

악인의 아첨, 그의 거짓 아첨

어쨌든 그는 그녀의 집에 들어가 정중하게 인사를 하고 나서 자신이 왜 그녀의 집에 오게 되었는지 이유를 설명했습니다. 그런 다음, 자신은 그녀를 자기 사람으로 여기고 진정 어린 마음으로 그녀를 아주 많이 사랑하고 있으며, 이 세상에 있는 모든 아가씨들 가운데서 그녀에게 꽂힌 이유는 그녀야말로 자신의 아내감으로 가장 적합한 여인이라는 생각이 들었기 때문이라고 말했습니다. 그가 그녀에게 한 말을 그대로 옮기자면, 그녀는 신앙적으로나 인격적으로나 탁월하기 때문에 그의 마음이 그녀에게 끌렸다는 등 여러 가지 이유들을 언급하였고, 그의 이런 마음을 그녀의 온유하고 사랑스러운 아량으로 너그러이 받아달라고 그녀에게 간청하였습니다.

그는 다음과 같은 말들도 하였습니다. "제가 하고 있는 사업이 아주 번창해서 저와 제 가족을 부양할 만큼은 충분히 벌어 두었습니다. 그래서 장차 제 아내가 될 사람은 집에서 가만히 앉아 있기만 해도 될 겁니다. 저는 이미 그 정도로 돈을 많이 가지고 있으며, 날마다 돈이 들어오는 기쁨을 만끽하고 있습니다. 하지만 이런 물질은 제 인생에서 목표로 하는 것이 결코 아닙니다. 제 인생의 목표는 정직하고 경건한 아내입니다."

그는 그녀에게 이렇게 말하고는 양서(良書) 한두 권을 그녀에게 건네며, 그가 그 책들을 읽고서 많은 유익을 얻은 척하였습니다. 또한 그는 경건한 목회자들에 대해 이따금 칭찬하는 것도 잊지 않았습니다. 특별히 그가 느끼기에 그녀가 좋아하고 가장 사랑하고 있는 듯한 목회자들에 대해서는 더 큰 찬사를 보냈습니다. 게다가 그는 자신의 부친이 얼마나 경건한 분인지를 가끔씩 언급하면서, 자신도 얼마나 많이 새로운 사람이 되었는지를 그녀에게 말하였습니다. 이렇게 신실하지 못한 이 사기꾼은 정직하고 선한 소녀를 살살 구슬렸던 것입니다. 이것이 그녀에게는 거대한 슬픔과 고통의 시작이었습니다. 이에 대해서는 당신이 앞으로 듣게 될 것입니다.

경청 씨: 그런데 그 처녀에게는 정말 그녀를 돌봐줄 친구가 단 한 사람도 없었습니까? 현인 씨, 그녀의 아버지와 어머니는 돌아가셨습니다. 그도 이 사실을 너무나 잘 알고 있었습니다. 그래서 그녀가 이렇게 거짓을 말하는 사악한 혀 놀림에 쉽게 속아 넘어갔던 것입니다.

위험한 결혼에 대한 조언을 무시함

설령 그녀에게 아주 많은 친구들이 있었다 해도, 아마 그녀는 그에게 속았을 것입니다. 왜냐하면 오늘날의 젊은이들은 자기 일은 스스로 결정을 내릴 수 있을 정도로 충분히 지혜롭다고 생각할 뿐만 아니라, 그래서 그런지 그들보다 훨씬 더 지혜로운 연장자들에게 조언을 구할 필요성조차 느끼지 못하고 있는데, 젊은이들의 이런 생각들은 매우 보편적인 추세이기 때문입니다.

위선

악인은 입으로 그의 이웃을 망하게 하여도 의인은 그의 지식으로 말미암아 구원을 얻느니라 – 잠 11:9

자기의 바람대로 결혼하여 그녀뿐 아니라 그녀의 돈까지 거머쥐게 된 악인

하지만 이런 생각은 젊은이들이 아주 크게 잘못 생각하고 있는 것입니다. 젊은이들 대다수가 이런 생각으로 인해 응분의 대가를 치렀습니다. 어쨌든 다시 본론으로 돌아가 이 일을 한 마디로 요약하자면, 악인 씨는 그의 바람대로 아주 짧은 시간 안에 이 정직한 소녀와 그 재산까지 모두 손아귀에 넣게 되었습니다. 그러고 나서 그녀와 결혼하여 그녀의 집으로 가서 잔치를 베풀고는 그녀를 여왕처럼 극진히 대접하였습니다. 물론 그 모든 경비는 그녀의 돈으로 충당되었습니다.

경청 씨: 이것은 정말 놀랄 만한 사기행각이로군요. 이런 사기는 웬만해서는 들어보기 힘든 사기인 것 같습니다.

현인 씨: 악인 씨가 저지른 이런 행동으로 인해, 그가 얼마나 하나님을 두려워하지 않으며 그분의 심판도 무서워하지 않는지를 분명히 보여주었습니다. 왜냐하면 이 모든 행동들과 그 모든 말들은 모두 그가 사전에 계획한 악한 일들이었기 때문입니다. 그는 자신이 거짓을 말하고 있다는 것을 알고 있었습니다. 또한 그는 자신이 그녀에게 사실을 숨기고 있다는 것도 알고 있었습니다. 물론 그는 자신이 하나님의 이름뿐 아니라 경건한 신앙심, 선한 사람들, 양서 등을 이용하고 있다는 것도 알고 있었습니다.

경건하지 않으며 사악한 것으로 판단된 그의 태도

그는 마치 사냥꾼이 몸을 숨겨 사냥감에 다가가기 위한 말(馬)인 위장 말(stalking-horse)이 되어, 먹잇감을 잡기 위해 교묘하게 그녀에게 다가갔던 것입니다. 경건한 척하기 위해 그가 취했던 모든 멋진 가식적인 행동은 단지 화려하게 치장된 위선에 불과했습니다. 이 위선이야말로 육신을 입은 가련한 인간이 저지를 수 있는 가장 최악의 죄입니다. 또한 이 죄는 하나님을 가장 겨노케 하는 것으로서 가장 큰 파멸을 불러오는 죄악이기도 합니다. 이제 그는 회칠한 담(행 23:3)이자 회칠한 무덤(마 23:27)과 같았습니다. 그는 평토장한 무덤 같

아서 그 위를 밟는 사람이 알지 못하는 무덤(눅 11:44)과도 같았습니다.

악인 씨 부인에게 일어난 갑작스러운 큰 변화

정직하고 경건한 아가씨, 하지만 불쌍한 이 처녀는 악인 씨와 결혼하게 됨으로써 그녀가 지금까지 누리던 평안과 위로, 재산과 자유, 인격과 그 이외의 모든 것들이 무덤 속으로 사라져 버릴 것이라는 생각을 전혀 하지 못했습니다. 하지만 현실은 완전히 무덤과 같은 것이어서, 그녀는 결혼하고 난 이후부터 조금도 즐거움을 누리지 못했으며, 이전에 그녀가 즐기던 것에 대해서 마치 자신이 죽은 것처럼, 또 그렇게 좋아하던 모든 것들이 이제는 모두 땅에 장사된 것처럼 느껴졌습니다.

경청 씨: 하나님께서 내리시는 모종의 놀라운 심판이 이렇게 사악한 자에게 반드시 임해야 할 것입니다.

현인 씨: 지극히 당연한 말씀을 하셨습니다. 심판의 날이 이를 때에 그들이 행한 모든 일들로 인해 그들은 철저한 심판을 받게 될 것입니다. 하지만 이 세상에서 임할 심판은 항상 그들에게 임하지 않습니다. 그 심판을 받을 만한 자격을 갖춘 자들에게도 이 세상에서는 절대로 임하지 않을 것입니다. "악을 행하는 자가 번성하며 하나님을 시험하는 자가 화를 면한다 하노라"(말 3:15)는 말씀대로 말입니다.

이런 일들을 행하는 자들에게 예상된 심판

그들에 대한 보응은 진노의 날까지 남겨질 것입니다. 그럼에도 불구하고 하나님께서는 그들의 면전에서 그 사악함에 보응하실 것입니다. "악인은 재난의 날을 위하여 남겨둔 바 되었고 진노의 날을 향하여 끌려가느니라 누가 능히 그의 면전에서 그의 길을 알려 주며 누가 그의 소행을 보응하랴 그를 무덤으로 메어 가고 사람이 그 무덤을 지키리라"(욥 21:30-32). 즉, 그들이 이 세상에서는 하나님의 보응의 손길을 일반적으로 피할 수 있겠지만, 그것은 하나님께서 그들 가운데서 아주 소수만을 본보기로 남겨두어 다른 사람들이 경계로 삼아 경고를 받도록 하기 위한 것입니다. 그러나 심판의 날이 이르면, 그들이 행한 죄악으로 인해, 모든 것을 삼켜 버릴 듯이 맹렬하게 타오르는 불이 그들을 분명히 징계할 것입니다.

경청 씨: 이 악인 씨가 행한 것처럼 비참할 정도로 사악한 행동을 한 자들에게 하나님께서 심판하신 사례들을 말씀해 주실 수 없습니까?

현인 씨: 말씀해드리겠습니다.

지금까지 이 악인 씨와 같은 죄를 범한 자들에게
임한 하나님의 분노에 대한 한 사례

하몰의 아들 세겜과 그 성읍에 있던 뭇 남성들이 야곱의 딸들을 아내로 삼기 위해 위장 말이 되어 하나님과 경건한 신앙을 시험하였습니다. 그 결과 그들은 모두 칼에 맞아 죽고 말았습니다(창 34:1). 어떤 형태로든 거짓말과 속이는 것은 끔찍한 일입니다. 하지만 하나님을 믿고 신앙을 가진 것처럼 가장하는 것, 다시 말해 다른 사람들의 눈에 보이지 않도록 자신을 속이는 것은 존귀하신 하나님을 극도로 격분케 하는 행동입니다.

우리가 살고 있는 마을에서 그리 멀지 않은 곳에 거주하는 한 사람을 알고 있습니다. 그는 악인 씨가 아내를 얻은 것과 똑같은 방식으로 아내를 얻었습니다. 하지만 그는 결혼 생활을 그리 오랫동안 지속하지 못하였습니다. 어느 날 밤 이웃 마을에 살던 친구네 집에서 자기 집으로 말을 타고 돌아오던 중에, 그는 말이 그를 말에서 밀쳐내는 바람에 땅에 떨어지고 말았습니다. 날이 밝자 그는 죽은 채로 발견되었습니다. 그가 얼마나 심하게 떨어졌는지 그 모습은 오금이 저릴 정도로 처참하였습니다. 그의 온 몸은 그가 흘린 피로 피투성이가 되어 있었습니다.

경청 씨: 아니, 그런 일도 다 있었군요. 이제 다시 악인 씨 이야기로 돌아가서, 그가 그녀와 결혼한 후 자기 아내를 어떻게 대했는지 말씀해 주셨으면 합니다.

악인이 결혼 후, 그의 채권자들이 찾아오자 그는 아내의 돈으로
결혼 전에 자신이 창부들과 잔치를 벌이며 쓴 비용을 갚았다

현인 씨: 저도 그 이야기를 하고 싶지만, 이들 부부에게 일어난 일들을 말하면서 차차 이야기하겠습니다. 그가 결혼한 지 얼마 지나지 않아서, 그의 채권자들이 돈을 받기 위해 집으로 몰려들었습니다. 비록 채무 이행을 잠시 연기하긴 하였지만, 드디어 더 이상 연기할 수 없는 시점, 즉 *그*가 그 돈들을 갚아야만 하는 때가 이르렀습니다. 그가 그렇게 하지 않는다면 상황이 더욱 악화될 시점이 되었습니다. 그는 채권자들에게 지불 날짜를 정해 주었습니다. 정해진 날이 되자 그들은 돈을 받기 위해 그를 찾아왔고, 그는 아내가 보는 앞에서 아내의 돈으로 그 모든 부채들을 갚았습니다. 이 빚들은 그가 오래 전 창부들과 함께 마음껏 써버린 돈이었으며, 그의 아버지가 준 2백 파운드에 달하는 돈도 그렇게 탕진해 버렸습니다.

경청 씨: 결혼 생활의 시작부터 좋지 않았던 것 같네요. 이에 대해 제가 뭐라 말해야 할까요? 이 모든 일들은 아마도 악인 씨다운 일들이었다고 말해도 될지 모르겠습니다. 그의 아내가 참 불쌍합니다! 그녀의 결혼 생활은 이렇게 악하게 시작되었네요. 이런 결혼 생활이 그녀를 심한 고통 속으로 빠져들게 했을 것이라 생각하니, 제 마음까지 아파옵니다. 아무리 그녀보다 강인한 여성이라고 해도, 이렇게 결혼 생활이 시작되는 것에 대해서는 모두가 같은 마음이었을 것이라고 생각합니다.

그녀가 조언을 듣지 않은 것에 대한 열매를 거두게 되다

현인 씨: 고통스러웠지요. 당신도 짐작하겠지만 그녀의 삶은 정말 힘들었습니다. 하지만 후회하기엔 너무 늦어 버렸습니다. 이 악인과의 결혼이 그녀에게 과연 유익이 될지 어떨지를 좀 더 주의해서 살폈어야 했는데, 그녀는 그러지 못했습니다. 물론 그녀의 이런 상처가 다른 사람들에게는 유익이 될 수도 있겠지만 말입니다. 즉, 이렇게 결혼하는 일에서는 좀 더 주의를 기울여야 한

다는 것을 교훈하는 일종의 타산지석(他山之石)으로 삼을 수도 있겠지요. 어쨌든 그녀로서는 결혼 후에 앞으로도 계속해서 일어날 여러 일들을 감당해야만 했습니다. 그녀의 남편인 악인 씨로 인해 결혼 생활 초기에 벌어진 이런 일들은 그녀에게 계속해서 영향을 미쳤으며, 앞으로의 일들도 충분히 악한 일들이었습니다.

경청 씨: 결혼 생활이 그 시작부터 나쁜 일로 출발되었는데, 이렇게 시작된 나쁜 일이 이것으로 끝나지 않을 것 같다는 생각에 그저 안타까울 뿐입니다.

> 악인은 가식적인 신앙으로 아내를 얻었지만,
> 이제는 옛 친구들을 맞아들이기 위해 그 신앙을
> 마치 소용없는 물건처럼 옆에 내팽개쳐 버렸다

현인 씨: 당신의 짐작이 맞습니다. 그것은 나쁜 일의 시작에 불과하였습니다. 또 다른 나쁜 일들이 줄지어 일어났습니다. 예를 들어 앞서 언급한 일들은 그가 결혼하자마자 벌어진 것이었지만, 이후로도 그는 마치 자신의 신앙심을 벗어 울타리에 걸어둔 것처럼 행하였습니다. 사람들은 자신이 입고 있던 옛날 옷들을 벗어 팽개치거나 그것을 입을 만한 다른 사람들에게 건네 주듯이, 그에게는 신앙이 그런 옷들과 전혀 다를 바 없었습니다.

자, 그래서 이제 그는 자신의 가면을 벗어 버리고 옛 모습을 드러내기 시작하였습니다. 즉, 비열하고 사악하며 방탕한 놈의 모습을 보이기 시작하였습니다. 그렇게 되자 이 불쌍한 여인은 자신이 속았다는 것을 분명히 알게 되었습니다. 그리고 그의 옛 친구들이 그의 주변으로 모여들면서 그의 집과 가게를 예전처럼 드나들기 시작하였습니다. 그들이 있는 곳에는 분명히 이 악인 씨가 함께 있었으며, 이 악인 씨가 있는 곳에는 틀림없이 그 친구들이 함께 있었습니다.

상황이 이렇게 급반전되자 그의 아내와 교제를 나누던 선한 사람들은 놀랄 뿐 아니라 크게 실망하였습니다.

그의 아내가 교제를 나누던 선한 사람들을 못 만나게 하는 악인

이들의 표정을 본 악인 씨 역시 그들에 대해 인상을 찌푸리며 입술을 삐죽였습니다. 그러다 얼마 지나지 않아서 그는 그녀가 알고 지내던 모든 선한 사람들을 만나지 못하게 하였습니다. 그녀는 완전히 외톨이로 쓸쓸하게 지낼 수밖에 없었습니다.

다시 창부들에게 간 악인

그러고 나서 그는 예전부터 친하게 지내던 단정하지 못한 여자들과 어울리기 위해 밤에 집을 나가기 시작하였으며, 그들과 놀다가 때로는 한밤중에 들어오기도 하고, 또 때로는 아침이 다 되어서야 돼지처럼 술에 취해 집에 들어왔습니다. 이것이 바로 악인 씨가 지금까지 걸어온 길이었습니다.

제7장

가면을 벗어 버리고
잔인하게 아내를 학대하는 악인

현인 씨: 자, 이런 모습으로 남편이 집으로 들어올 때, 혹시 아내가 남편에게 지금까지 어디 있다 오는지, 또는 어떻게 하다가 그렇게 몸이 상했는지에 대해 한 마디라도 말하게 되면, 그녀가 아무리 유순하고 사랑스럽게 말했다 해도, 그녀는 남편으로부터 "창녀 같은 년! 음란한 년! 재수 없는 년!" 등의 온갖 욕을 다 들어야 했습니다. 이와 함께 그가 해대는 삿대질과 발길질로부터 몸을 피할 수 있으면 그나마 다행이었습니다.

아내에게 욕을 퍼붓는 악인

그는 때때로 불량배 친구들을 집으로 불러들였습니다. 그 때 만약 아내가 그들을 다양한 것들로 환대하며 사랑으로 대해 주지 않으면, 그들이 돌아간 뒤에 비통한 일들이 아내에게 벌어졌습니다. 이런 식으로 이 선한 여인은 남편인 악인으로 인해 오로지 절망만을 맛보게 되었습니다. 그가 그녀에게 한 모든 약속들뿐만 아니라 그녀가 그에게서 실제로 기대한 것들까지 모두 물거품이 되고 말았던 것입니다.

아내가 신앙을 저버리도록 강압적으로 애쓰는 악인

설상가상으로 이 모든 슬픔 외에도 그녀의 마음을 짓누르는 것이 하나 있었습니다. 그것은 악인 자신이 모든 신앙심을 내버렸듯, 가능하면 그의 아내도 신앙을 저버리도록 하려는 시도가 있었다는 것입니다.

그는 그녀가 그리스도의 말씀을 전하는 것을 들으러 집 밖으로 나가는 것을 허락하지 않았으며, 그녀가 영혼의 강건함과 구원을 위해 그리스도께서 정하신 다른 것들도 허락하지 않았습니다.

아내에게 말씀을 전하는 설교자들을 조롱하는 악인

그는 그녀에게 말씀을 전하는 설교자들에게 악담을 퍼붓기도 하고 그들을 비난하기도 하였습니다. 또한 그녀에게 큰 슬픔과 고통을 주기 위해서 이들에 대한 좋지 않은 소문들을 열심히 들었을 뿐 아니라, 그런 추문(醜聞)들을 만들어 내기도 하였습니다.

이제 그녀는 감히 이웃에 사는 정직한 자들의 집에도 갈 수 없었고, 그녀의 손에 양서(良書)를 들고 있을 수도 없었습니다.

낙담해 있는 아내를 조롱하는 악인

특별히 남편의 친구들이 집에 왔을 때나 그가 조금이라도 술 생각을 하고 있을 때는 더더욱 그러하였습니다. 그리고 그는 아내가 낙담해 있는 것을 보고는 친구들이 보는 앞에서 그녀를 "수녀 같은 마누라" 혹은 "얌전한 척하는 귀부인" 등으로 조롱하였으며, 밖에 나가서도 망나니 친구들 앞에서 그녀를 그렇게 부르며 조롱하였습니다.

종종 그녀가 집 밖을 나가 설교를 듣게 해 달라고 그에게 간청할 때면, 그는 "집구석에 처박혀 있으란 말이야. 집구석에 처박혀서 집안일이나 신경 쓰지, 무슨 설교 말씀을 듣겠다고. 우리는 그딴 거 없이도 지금까지 잘 살아왔다고"라고 아주 거칠게 말하였습니다.

아내가 선한 교제를 나누기 위해 집밖을 나가고 싶어 했지만,
이를 허락하지 않는 악인

그래도 계속해서 그녀가 교회에 보내 달라고 간청하면, "어디 한번 가볼 테면 가봐"라고 호통을 쳤습니다. 그는 또한 그녀가 가진 것들을 목회자들에게 드리는 것에 대해서도 질책하였습니다. 하지만 사실 이 정도의 물건들은 예전에 사악한 이 나쁜 놈이 그의 헛된 친구들과 써버린 것에 비하면 아무것도 아니었습니다. 이것이 바로 악인 씨의 선한 아내가 그와 결혼한 지 몇 달 되지 않았을 때의 생활 모습이었습니다.

경청 씨: 정말 절망스러운 날들이었군요.

현인 씨: 사실 절망스러운 생활이었지요. 제가 생각해도 이 불쌍한 여인이 감당하기에 벅찼을 것입니다. 일반적으로 사람들은 그녀가 정직했을 뿐 아니라, 결혼하면서 아주 시의적절하게 남편에게도 많은 돈을 주었기 때문에, 그가 그녀의 뜻대로 행하도록 다소 허락해도 괜찮을 것이라고 생각했을 것입니다. 그녀는 수백 파운드를 가지고 그의 집에 시집을 왔습니다. 하나님을 섬기고 예배하고자 하는 그녀의 뜻을 다소나마 그 남편이 들어주는 것이 좋을 것이라고 누구나 생각했을 것입니다. 저도 같은 생각입니다.

그렇다면 과연 그녀는 남편의 마음을 얻어 그녀가 하고 싶은 일을 하도록 허락을 받았을까요? 그녀는 허락을 받지 못했습니다. 남편으로부터 그녀는 조금도 허락을 받지 못하였습니다. 설령 그녀가 자기 목숨과 바꾸자고 해도 그는 허락하지 않았을 것입니다.

그래도 때때로 몰래 집을 빠져 나온 그녀

그래도 그녀는 때때로 남편이 집을 떠나 여행을 갔을 때나, 술친구들과 함

께 있을 때, 집을 몰래 빠져나와 조금이나마 개인 시간을 가졌습니다. 불쌍한 이 여인에게도 이런 절호의 기회들이 생겼던 것입니다.

그녀가 행한 이런 은밀한 일들에 대해 모든 이웃 사람들은, 아무리 그들이 육신에 속한 사람들이었다 해도, 그녀가 하나님의 말씀을 듣기 위해 집 밖을 나가는 사실을 그 남편에게 말하지 않았습니다. 오히려 그들은 악인 씨가 이 사실을 알지 못하도록 그것을 숨기려고 애를 썼습니다.

경청 씨: 아내에 대한 그의 태도가 그녀의 가슴을 갈가리 찢어 놓았을 것 같습니다.

현인 씨: 그렇고 말고요. 그녀가 당한 마음의 아픔은 어떻게 말로 할 수 없을 정도였습니다. 그의 이런 태도는 실제로 그녀에게 악영향을 끼쳤습니다. 한마디로 남편의 이런 거절이 그녀의 목을 서서히 졸랐던 것입니다. 다시 말해 그녀는 남편의 이런 행동들이 자신을 죽이고 있다는 생각을 했던 것입니다.

그녀의 후회와 푸념

그녀는 때로는 홀로 앉아서 자신의 처지를 슬퍼하며 다음과 같이 탄식하였습니다. "메섹에 머물며 게달의 장막 중에 머무는 것이 내게 화로다 내가 화평을 미워하는 자들과 함께 오래 거주하였도다 너 속이는 혀여 무엇을 네게 주며 무엇을 네게 더할꼬"(시 120:3, 5, 6). "나는 심령에 슬픔을 지닌 여인이로다. 나의 남편은 나를 사서는 자신의 정욕을 위해 나를 팔았도다. 그가 원한 것은 내가 아니라 나의 돈이었도다. 오, 그가 그 돈들을 가지더라도, 내게 자유를 주었더라면!" 그녀는 이런 말들로 탄식하였지만, 그것은 남편이라는 사람을 경멸하여 말한 것이 아니라, 그의 상태를 경멸하여 말한 것이었습니다.[1] 그녀가 이렇게 탄식한 것은 남편의 위선적인 혀에 속아서 자신이 거지신세가 되었을 뿐

---

1 이것이 바로 그리스도의 제자들이 그리스도의 학교에서 반드시 배워야 할 가장 어려운 교훈들 가운데 하나이다. 죄인을 미워하는 것이 아니라 죄를 미워하는 것이다. 특별히 아주 잔인한 속임수의 상황에서 저질러진 그 죄를 미워하는 것이다—원주.

만 아니라, 하나님의 말씀마저 듣지 못하게 되었기 때문입니다.

공평하지 않게 멍에를 같이 메는 악한 일

경청 씨: 이제 저도 알겠습니다. "불신자들과 더불어 공평하지 않게 멍에를 같이 메는 것"(고후 6: 14 KJV, 개역개정에는 '공평하지 않게'[unequal]라는 말이 없다—역주)은 바람직한 일이 아닌 끔찍한 일이군요. 이 여인도 선한 사람을 남편으로 맞았다면, 두 사람이 함께 부부가 되어 얼마나 행복한 삶을 꾸려나갔겠습니까! 선한 남편은 아내를 위해 기도하며 아내를 가르치고, 아내를 권면하여 신앙과 하나님이 가르쳐 주신 도리를 따르도록 하였을 것입니다. 하지만 지금 이 가련한 여인에게는 이와는 정반대의 상황만이 펼쳐지게 되었군요.

현인 씨: 이런 상황은 정말 끔찍한 것입니다. 그래서 하나님의 말씀은 하나님의 백성들이 불신자들과 결혼하는 것을 금하고 있습니다. "너희는 믿지 않는 자와 멍에를 함께 메지 말라 의와 불법이 어찌 함께 하며 빛과 어둠이 어찌 사귀며 그리스도와 벨리알이 어찌 조화되며 믿는 자와 믿지 않는 자가 어찌 상관하며 하나님의 성전과 우상이 어찌 일치가 되리요?"(고후 6:14-16). 믿지 않는 자와 짝이 된 경우에는 일치가 될 수 없습니다. 심지어 하나님께서도 친히 태초부터 적대 관계가 있을 것을 선포하셨습니다. "내가 너로 여자와 원수가 되게 하고 네 후손도 여자의 후손과 원수가 되게 하리니"(창 3:15). 그래서 하나님께서는 또 다른 곳에서 "그들이 피차에 합하지 아니함이 쇠와 진흙이 합하지 않음과 같으리이다"(단 2:43)라고도 말씀하셨습니다. 감히 말하건대, 이들은 마음이 일치할 수 없으며 하나가 될 수 없었습니다.

　따라서 그들은 처음부터 그들의 차이를 알았어야 했으며, 경솔하게 그들의 애정만으로 서로를 받아들여서는 안 되는 부부였습니다. 하나님께서는 때때로 이러한 짝들에게 극심한 고통을 안겨 주셨습니다. 특히 그의 배성들에게 더 큰 고통을 주셨습니다. 귀하게 여김을 받던 엘리의 두 아들들이 맺은 잘못된 결합의 결과에 대해서 하나님께서는 다음과 같이 말씀하셨습니다. "내 제

단에서 내가 끊어 버리지 아니할 네 사람이 네 눈을 쇠잔하게 하고 네 마음을 슬프게 할 것이요"(삼상 2:33). 오! 이런 멍에를 멘 자들, 특별히 그들의 빛과 선한 조언들을 거역하고 자신과 정반대인 사람과 함께 멍에를 멘 자들이 감당해야 할 탄식과 통곡은 얼마나 심했겠습니까?

경청 씨: 참으로 안타까운 일이군요! 그는 혀로 그녀를 속였고, 거짓으로 자신이 회심한 것처럼 가장하였군요.

현인 씨: 그렇습니다. 아주 정확하게 파악하셨습니다. 그녀는 이 일에서 좀 더 신중했어야 했습니다. 그녀가 친한 친구들이나 자신을 가장 잘 알고 있는 몇몇 경건한 친구들에게 이 일을 알리고서 그들과 상의했으면 어땠을까요? 혹은 경건한 한두 분의 목회자에게 말씀을 드려서 그들이 악인 씨와 얘기를 나누어보도록 했으면 어땠을까요? 그것도 여의치 않았다면, 이 악인 씨가 그녀 앞에서 보이는 모습과 그녀가 없을 때 행하는 모습이 과연 다르지는 않은지, 그의 주위에서 시간을 두고 기다리면서 살펴보는 것은 어땠을까 하는 생각도 듭니다.

결혼을 앞둔 경건한 처녀들을 향한 선한 조언

이런 일들 외에도 제 솔직한 심정은 "지략이 많으면 평안을 누리느니라"(잠 11:14)는 말씀과 같이, 그녀가 이 일을 교회 회중들에게 알려서 성도들이 이 일을 두고서 시간을 내어 하나님께 기도해 주기를 바랐더라면, 그리고 이 악인의 신앙에 대해 그녀가 판단하기보다는 오히려 그녀도 알고 있듯이 경건하고 사리분별력이 있으며 편견이 없는 다른 성도들이 판단하도록 하여 과연 그를 받아들일지 알아보았다면, 그녀의 빈약하고 미숙하며 여성적인 편견이 가미된 판단을 신뢰하는 것보다 더 나았을 것입니다. 그리고 그렇게 하는 것이 이후에 인생을 살아가야 하는 그녀가 평생 마음 편하게 지낼 수 있는 방법이었을 것입니다. 사랑 앞에서 사람들은 눈이 멀어 맹목적이 되어 버립니다. 그래서 다른 사람들의 눈에는 보이는 수백 가지 허물들이 사랑하는 사람의 눈에는 단 하나도 보이지 않는 법입니다. 저는 결론적으로 이 악인 씨가 선한 사람인지 아닌지의 문제에 대해서는 그녀가 자신의 생각을 신뢰하면 안 되었었다고 말하고 싶습니다.

그의 용모에 대해 판단할 수 있는 최고의 적임자는 바로 그녀일 것입니다. 왜냐하면 그의 용모가 그녀의 마음에 드느냐 들지 않느냐 하는 것은 그녀가 가진 취향의 문제이기 때문입니다. 하지만 그의 신앙에 대해서는 하나님의 말씀이 그를 판단할 수 있는 최고의 적임자일 것입니다. 그리고 그 말씀을 가장 잘 이해하고 있는 자들이 또한 최고의 적임자일 것입니다. 왜냐하면 그의 신앙이 하나님의 마음에 드느냐 들지 않느냐 하는 문제이기 때문입니다.

젊은 처녀들에게 이르는 주의사항

저는 모든 젊은 처녀들이 아첨하는 말들과 가장하는 말들과 거짓말들에 속지 않도록 주의했으면 좋겠습니다. 그리고 이 여인의 경우에서 보는 것처럼 사악한 자들에게 팔려가지 않도록 자신을 지키는 일에 최선의 노력을 기울였으면 합니다. 그래서 사악한 자들이 그녀에 대해 후회하지 않도록, 다시 말해 사악한 자들이 그 악한 일에 대해서 시간이 지나고 후회해봤자 아무 유익이 없는 일들을 하지 않았으면 좋겠습니다. 그 처녀들도 자신이 조언을 듣지 않은 결과로 인해 슬퍼하며 무덤 속으로 들어가는 일이 없어야 할 것입니다.

악인 씨 부인의 경우를 당신의 반면교사(反面教師)로 삼도록 하라

경청 씨: 가련한 이 여인에게는 이 모든 것들이 이제는 지나가 버린 되돌릴 수 없는 일들이 되고 말았습니다. 그녀의 불행이 다른 사람들에게는 반면교사가 되어, 그녀가 당한 고통에 두 번 다시 빠져들지 않도록 해야겠군요.

현인 씨: 그것이 바로 제가 하고 싶은 말입니다. 감히 말하지만, 처녀들은 불쌍한 이 여인의 전철을 밟지 않기 위해서라도, 다른 사람들에게 조언을 구하는 등 현명하게 대처하도록 주의해야 할 것입니다. 그러므로 아! 아직 미혼인 자로 이 악인 씨 같은 자에게서 구혼을 받았다면, 그 처녀는 두 사람의 관계가

더 꼬이기 전에 이 일을 주위 사람들에게 알릴 뿐 아니라 더욱 주의해야 합니다. 그리고 이미 이런 덫에 걸린 부인들에게 가서 그들의 현재 상황이 어떠한지, 과연 이와 같은 자와 결혼하는 것이 적절할지 그렇지 않을지 등을 묻고, 그들에게 조언을 구해야 한다고 저는 생각합니다. 그러면 이미 결혼한 자들은 이런 조언을 구하는 자들에게, 이 악인 씨와 같은 자와 결혼하는 것이 얼마나 공평하지 않으며 부적절하고 불리하고 불안하며 불행한 일인지를, 귀에 못이 박히도록 말할 것입니다. 그래서 이런 조언을 들은 자들은 평생토록 조심해야겠다는 마음이 들 것입니다.

하지만 하늘을 날아다니는 새는 자신이 덫에 걸려들기 전까지는 덫에 갇힌 새의 소리들을 듣지 못하는 법입니다. 결혼도 마찬가지입니다. 게다가 사탄과 육신의 이성과 정욕, 그리고 최소한의 무분별한 경솔함 등이 이런 결혼을 성사시키는 주요한 요인들로 작용합니다. 이 요인들이 음흉하게 득세할 때는 비록 그것들이 그렇게 파괴적이지 않다 해도, 어쨌든 여러 요인들이 서로 합세하여 저돌적으로 이 결혼을 성사시킬 것입니다. 따라서 젊은 소녀들은 이 악인 씨 아내의 고통을 알면서도 이 경고의 이야기를 거의 듣지 않을 것입니다. 그것이 제가 우려하는 바입니다.

경청 씨: 이러한 자들에게는 장차 불행이 찾아오겠지요. 이런 불행을 사전에 막기 위한 성경 말씀들이 있지 않습니까?

결혼 당사자들을 위한 지침들

현인 씨: 있다마다요. 불신자들과의 결혼을 금하는 하나님의 법이 있습니다. 이런 유의 결혼은 이성을 가지지 못한 피조물들 사이에서도 정죄되고 있습니다. 먼저 이 결혼은 하나님의 법인 구약과 신약에서 금지되고 있습니다. (1) 구약에서는 다음과 같은 말씀으로 금지하고 있습니다. "또 그들과 혼인하지도 말지니 네 딸을 그들의 아들에게 주지 말 것이요 그들의 딸도 네 며느리로 삼지 말 것은"(신 7:3). (2) 신약에서는 다음과 같은 말씀으로 금지하고 있습니다.

"너희는 믿지 않는 자와 멍에를 함께 메지 말라"(고후 6:14). "아내는 그 남편이 살아 있는 동안에 매여 있다가 남편이 죽으면 자유로워 자기 뜻대로 시집 갈 것이나 '주 안에서만' 할 것이니라"(고전 7:39).

이처럼 금지하는 법이 존재합니다. 즉, 신자와 불신자가 결혼하는 것을 금하는 법이 존재합니다. 그러므로 신자들은 불신자와 결혼해서는 안 됩니다. 제가 다시 말합니다. 보증 받지 못하는 이런 결혼은 앞서도 말했듯이 이성을 갖지 못한 피조물들에게서도 정죄를 받는 것입니다. 이 피조물들도 오직 자신의 종들과만 짝짓기를 하기 때문입니다. 양이 개와 짝짓기를 하고, 메추라기가 까마귀와 짝짓기를 하고, 꿩이 올빼미와 짝짓기를 하겠습니까? 그렇게 하지 않습니다. 이 동물들은 오로지 자기 종들과만 짝짓기를 하는 것으로 엄격하게 제한되어 있습니다. 그렇습니다. 혹시라도 그렇지 않은 반대 경우를 보거나 듣게 된다면, 온 세상은 놀라 발칵 뒤집어질 것입니다. 이렇게 정당하지 않은 남자와 여자 간의 결합에 대해 눈감아주거나 허용하는 존재는 아마도 인간이 유일할 것입니다. 왜냐하면 인간만이 죄를 지을 수 있는 들짐승이며, 인간만이 죄를 지을 수 있는 날짐승이기 때문입니다. 더 나아가 인간은 인간의 창조자이신 하나님의 법에 보답하기보다는 오히려 그 법을 거역하는 반항적인 행동으로 하나님에 대해 의문을 제기하는 존재입니다. 따라서 사람들은 신자와 불신자가 하는 결혼에서 과연 어떤 교류가 가능할지, 어떤 일치가 가능할지, 어떤 합의가 가능할지, 어떤 교제가 가능할지 등, 반드시 물어야 할 이런저런 질문들을 하지 않을 뿐 아니라, 이런 질문들에 대한 답을 하나님으로부터 받으려는 생각도 하지 않으며, 이런 질문들을 안중에도 두지 않습니다.

이 외에도 통상적으로 결혼한 자신에게만 닥치는 위험들이 다른 것들에도 그 위험이 초래되기 때문에 하나님께서는 이러한 결혼을 사람들이 하지 못하도록 금지하셨습니다. 악인 씨의 아내가 겪은 고통 외에도, 천국의 참된 소망을 품은 많은 자들은 이런 불법적인 결혼을 함으로써 많은 불행을 마주하게 될 것입니다.

그 결과 그들은 그 소망들을 두려울 정도로 비참하게 포기하는 사람이 되어 버렸습니다. 그들은 불신 결혼을 하자마자 곧 천국을 향한 첫 번째 단계인 "확신"을 저버리게 되었으며, 그 다음으로 천국을 향한 두 번째 단계인 "기도"도 그만 두게 되었습니다. 그리고 나서는 하늘나라를 향한 또 다른 단계인 "구원을 향한 굶주림과 갈망"도 포기해 버렸습니다. 한마디로 말해, 신자가 이런 불신 결혼을 하게 되면, 하나님의 말씀으로부터 멀어질 뿐 아니라 그들이 지금까지 사귀던 경건하고 신실한 친구들과도 멀어집니다. 급기야 그들은 다시 육신의 친구들과 육신적인 교제를 하게 되며, 그들이 있는 곳에서 그들과 함께 육신의 쾌락을 탐닉하게 됩니다. 그러다가 궁극적으로 그들은 죄악에 거하면서 비참하게 멸망할 것입니다.

하나님께서 이처럼 믿지 않는 자들과 함께 공평하지 않게 멍에를 같이 메지 말도록 금하신 것이 바로 이런 이유 때문입니다. 하나님께서 말씀하셨습니다. "그가 네 아들을 유혹하여 그가 여호와를 떠나고 다른 신들을 섬기게 하므로 여호와께서 너희에게 진노하사 갑자기 너희를 멸하실 것임이니라"(신 7:4). 이 말씀에서 경건한 자를 유혹하는 것은 경건하지 않은 자들을 가리킵니다.

자, 주의해서 살펴보십시오. 하나님께서 불신자와 결혼하는 것을 금하셨는데도 불구하고, 감히 이방인들과 불신자들과 함께 결혼한 자들이 이스라엘 안에 몇몇 있었습니다. 그 결과 어떻게 되었을까요? "그들의 우상들을 섬기므로 그것들이 그들에게 올무가 되었도다 그들이 그들의 자녀를 악귀들에게 희생제물로 바쳤도다 무죄한 피 곧 그들의 자녀의 피를 흘려 가나안의 우상들에게 제사하므로 그 땅이 피로 더러워졌도다 그들은 그들의 행위로 더러워지니 그들의 행동이 음탕하도다 그러므로 여호와께서 자기 백성에게 맹렬히 노하시며 자기의 유업을 미워하사"(시 106:36-40).

선한 부인을 통해 갖게 된 악인 씨의 자녀들

경청 씨: 이제 다시 악인 씨의 이야기로 돌아갔으면 합니다. 그와 아내 사이에 자녀가 있었습니까?

현인 씨: 예, 일곱 명의 자녀를 두었지요.

경청 씨: 이 자녀들이 모두 악하게 성장하지는 않았는지 궁금합니다.

현인 씨: 그 자녀들 가운데 유독 한 자녀만 어머니를 몹시 사랑하였습니다. 그래서 그 아이만 어머니의 음성을 늘 청종하였습니다. 어머니가 아이에게 그리스도인의 경건에 관한 원리들을 가르칠 기회가 많아서였는지, 이 아이는 그런 가르침을 받아 은혜로운 아이로 성장하였지요. 그런데 그런 아이를 악인 씨가 참을 수 없었습니다.

그는 아이에게 거의 상냥한 말을 한 마디도 하지 않고, 그 아이만 보면 얼굴을 찡그린다거나 불쾌한 표정을 지으면서 거친 말이나 상소리를 하였습니다. 그 어린아이는 일곱 명의 자녀들 가운데서 가장 연약한 아이였습니다. 날 때부터 그랬습니다. 그런데도 그는 유독 이 자녀에게만 틈만 나면 손찌검을 하였습니다. 그의 자녀 중 세 명은 아버지와 판박이여서 그가 걸어온 길을 그대로 따라갔습니다. 그 자녀들은 아버지가 젊을 때 하던 대로 사악한 일들을 행하기 시작하였습니다.

이외 나머지 자녀들은 한 마디로 말하자면 순수하지 못한 잡종 신앙 고백 신자들이 되어, 자기 아버지처럼 정말 악한 자들도 아니었고 그렇다고 해서 자기 어머니처럼 아주 선한 자들도 아니었습니다. 그들은 선한 사람도 아니고 악한 사람도 아닌 어중간한 사람들이었습니다. 이들은 마음으로는 어머니를 닮았지만, 행실로는 아버지를 닮았습니다. 여러분이 느헤미야서에서 읽었던 내용과 그들의 모습이 매우 같았습니다. "그들의 자녀가 아스돗 방언을 절반쯤은 하여도 유다 방언은 못하니 그 하는 말이 각 족속의 방언이므로"(느 13:24).

경청 씨: 선생님께서 말씀하신 이 문제는 제 판단이 틀리지 않았다면, 이런 불

법적인 결혼이 행해지는 도처에서 종종 일어나고 있는 것임을 쉽게 볼 수 있습니다.

하나님께서 그 부부에게 주신 자녀들을 위해
경건하지 않은 아버지와 경건한 어머니가 애쓰는 모습들

현인 씨: 이런 일들이 정말 종종 일어납니다. 그 자녀들의 부모와 관련해서 이런 문제들이 일어나는 이유는 다음과 같습니다. 즉, 부모 가운데 한 명은 경건하고, 다른 한 명은 경건하지 않고 사악하다면, 그 부모는 자녀를 낳을 때는 서로 한 마음이 되었을지언정, 태어난 자녀들을 양육할 때는 서로 갈등을 면하지 못하기 때문입니다. 부모 가운데 경건한 쪽은 그 자녀를 위해 기도하고 권면하고 선한 모범을 보이며, 자녀의 몸과 영혼이 경건하도록 온갖 수고를 아끼지 않으면서, 자녀가 하늘나라에 적합한 사람이 되도록 노력할 것입니다.

반면에, 경건하지 않은 쪽은 자녀가 자기를 닮아서 사악하고 비열하며 죄악에 물든 아이가 되기를 바랄 것입니다. 이렇게 부모 두 사람은 자신의 소신에 따라 자녀들을 교육할 것입니다. 제가 지금 교육이라고 말했지요? 맞습니다. 이렇게 각기 성향이 다른 부모 두 사람은 자기 마음에 드는 대로 자녀에게 모범을 보일 것입니다. 그래서 경건한 부모는 구약에 나오는 한나가 아들 사무엘을 하나님께 드리듯 그렇게 자녀를 가르치겠지만, 경건하지 않은 부모는 앞선 세대들이 했던 것처럼 자녀들을 몰록이나 다른 우상들에게 바치기 위해서, 그리고 죄악이나 마귀나 지옥에 넘겨주기 위해서 가르칠 것입니다.

그러면 어머니가 가르쳐 주는 법을 청종하여 파멸로부터 자신을 지키는 자녀가 있는 반면, 어떤 자녀는 대부분의 자녀들이 그러한 것처럼 자기 조상들이 행한 대로 따라 합니다. 악인 씨와 아내의 경우도 마찬가지였습니다. 그들의 자녀들 중에는 아버지를 닮은 자녀도 있었고, 반대로 어머니를 닮은 자녀도 있었습니다. 그 가운데 세 명은 앞에서 말한 바와 같이 아버지와 어머니를 반씩 닮아서 순수하지 못한 잡종 같은 자녀들이었습니다. 이들은 여러분이 열왕기서에서 읽은 내용에 나오는 자들과 같았습니다.

"이와 같이 그들이 여호와도 경외하고 또한 어디서부터 옮겨왔든지 그 민족의 풍속대로 자기의 신들도 섬겼더라"(왕하 17:33). 이 자녀들은 이미 앞에서 말한 대로 어머니의 마음을 가졌고, 게다가 신앙 고백까지 했다고 덧붙였습니다. 그러면서도 아버지의 정욕과 아버지가 지금까지 살면서 가지게 된 어떤 특별한 것을 가지고 있었습니다. 그래서인지 아버지는 이 자녀들을 좋아하지 않았습니다. 왜냐하면 이들의 말투가 어머니를 닮았기 때문입니다. 그런데 어머니도 이들을 좋아하지 않았습니다. 왜냐하면 이 자녀들은 여전히 아버지의 마음과 생활태도를 가지고 있었을 뿐 아니라, 실제로 선하게 키우려고 해도 잘 맞지 않았고, 그렇다고 해서 악하게 키우려고 해도 잘 맞지 않았기 때문입니다.

선한 사람들은 이들이 악하기 때문에 이들을 신뢰하려고 하지 않았고, 악한 사람들은 이들이 선하기 때문에 이들을 신뢰하려고 하지 않았습니다. 다시 말해, 선한 사람들은 이들의 삶이 악하기 때문에 그들을 믿을 수 없었으며, 악한 사람들은 이들의 말이 선하기 때문에 이들을 믿을 수 없었습니다. 그래서 이들은 이스마엘에게로 가서 서로 친하게 지낸 에서(창 28:9 참조)와 같은 처지가 될 수밖에 없었습니다. 다시 말해, 이들은 자신들처럼 위선적인 자들을 찾아서 그들과 더불어 짝을 이루고 살면서 죽을 수밖에 없었던 것입니다.

경청 씨: 그녀는 정말 불쌍한 여인이었습니다. 이러지도 저러지도 못하는 곤혹스러운 일들을 많이 겪었네요.

현인 씨: 그렇습니다. 자녀들도 불쌍하였습니다. 이 자녀들은 악인 씨와 같은 사람을 아버지로 해서 이 세상에 태어나 그 아버지의 지도를 받으며 자라게 되었으니 말입니다.

경청 씨: 맞는 말씀입니다. 완전히 열악한 상황에서 자녀들이 자라게 되었네요. 하지만 이것 또한 하나님의 주권적인 뜻이니까 우리가 이에 대해 뭐라 할 말은 없을 것 같습니다.

현인 씨: 우리는 어떤 경우에도 하나님을 대적하여 그분의 뜻을 거슬러서는 안됩니다. 지금 우리가 말하고 있는 내용은 경건한 사람과 이와는 정반대의 사람이 자기 부모가 된 자녀들이 겪게 될 유리한 점과 불리한 점에 관한 것입니다.

경청 씨: 맞습니다. 우리는 지금 그 이야기를 나누고 있지요. 기왕 이런 문제가 나왔으니, 가능하면 진실로 경건한 사람을 자기 부모로 둔 자녀들이 그렇지 않은 부모들을 둔 자녀들보다 좀 더 유리한 점이 무엇인지, 간략하게 한 말씀해 주시면 좋겠습니다.

경건한 부모를 둔 자녀들이 유리한 점들

현인 씨: 예, 말씀드리겠습니다. 이것에 대해 말하기 전에 먼저 다음과 같은 두세 가지 사항들을 이야기하는 것이 좋을 듯합니다.

1. 조상들 때문에 자녀들이 선택을 받게 되는 이점은 없습니다. 2. 부모들이 경건하다 해도, 그 자녀들은 다른 아이들과 마찬가지로 진노의 자녀로 태어납니다. 3. 부모들이 경건하기 때문에, 그 자녀들이 은혜를 유산으로 받는 것은 아닙니다. 이런 사실들을 먼저 전제로 하고 나서 믿는 자녀들이 받는 유익에 대해서 계속 말씀드리겠습니다.

⑴ 경건한 부모를 둔 자녀들은 부모로부터 많은 기도를 받는 자들입니다. 그 부모들은 자녀들이 태어나기 전에도 그들을 위해 기도하였으며, 그들이 태어난 이후에도 그들을 위해 기도하였습니다. 경건한 아버지와 경건한 어머니의 기도는 많은 유익을 줍니다. ⑵ 자녀들이 빠지기 쉬운 죄악들에 대해 부모들이 이미 알게 해주었기 때문에, 그 자녀들은 그런 죄악으로부터 자신을 지킬 수 있는 유익을 얻게 됩니다. 이것이 바로 경건한 부모로부터 받을 수 있는 두 번째 은혜입니다. ⑶ 경건한 부모를 둔 자녀들은 어떤 것이 주님이 명하신 바른 길인지 아닌지에 대해 경건한 교육을 받는 유익을 얻습니다. ⑷ 그들은 그 길에 대한 권면을 받게 되고, 그들이 그 권면을 듣게 된다면 칭찬을 받기도 합니다. 그것 또한 유익한 일입니다. ⑸ 그러한 자녀들은 악한 친구관계

나 악한 책들, 맹세와 거짓말, 이와 함께 안식일을 범하는 것, 선한 사람들과 선한 일들을 조롱하는 것 등을 멀리하며 이런 일들을 배우지도 않습니다. 이 것 또한 아주 큰 은혜입니다. (6) 그리고 그들은 자기 부모가 교육상 보여주는 삶의 모습들을 눈으로 직접 보게 되는 유익을 얻습니다. 그런 가르침들은 경건하고 거룩한 삶의 모범으로 작용하게 됩니다. 이 모든 것들이 진정 그들에게 큰 이득이 됩니다.

경건하지 않은 부모를 둔 자녀들이 불리한 점들

자, 보십시오. 경건하지 않은 부모를 둔 자녀들은 이 모든 유익들을 얻지 못합니다. 그래서 사악한 잘못에 빠져들 위험에 더 많이 노출됩니다. 왜냐하면 경건하지 않은 부모들은 자녀들을 위해 기도하지 않으며, 그들을 진심으로 가르칠 수 없기 때문입니다. 그런 부모들은 자녀들이 악을 삼가도록 경건한 방식으로 자제시킬 수도 없고, 악한 친구들을 사귀지 못하게 할 수도 없습니다. 그들은 자녀들이 하나님과 모든 선한 사람들에게 가증스러운 악한 행동들을 하는 것을 보고도 탄식하지 않으며, 그런 일들을 하지 말라고 미리 주의도 주지 않습니다. 그들은 자녀들이 안식일을 범하고, 맹세하고, 거짓말을 하여, 사악하고 허망한 자가 되어도 그냥 내버려 둡니다. 또한 자녀들이 경건한 삶을 살도록 권면하지도 않고, 그들이 보는 앞에서 선한 모범이 되지도 않습니다.

그렇습니다. 그들은 모든 면에서 경건한 부모들과 정반대입니다. 즉, 그들은 자녀들이 태어나자마자 할 수만 있으면 그 자녀들이 하나님의 사랑과 모든 선한 자들로부터 멀어지게 되도록 지금도 애쓰고 있습니다. 그래서 그 자녀들은 참으로 비천한 자의 자식들(욥 30:8 KJV)이 되었을 뿐 아니라 경건하지 않은 자들이 되었습니다. 이것이 바로 그 자녀들에게 임한 하나님의 정말 큰 심판이었습니다.

경청 씨: 그렇군요. 지금 우리가 나누고 있는 악인 씨의 아내와 자녀들에 대한 이야기를 끝내기 전에, 괜찮다면 한 가지만 더 선생님께 여쭈어도 될까요? 제

가 마음에 궁금하게 여기던 것인데 분명한 답을 해 주실 줄 믿습니다.

현인 씨: 어떤 것이 그렇게 궁금하신지요?

경청 씨: 선생님은 조금 전에, 이 악인 씨는 자기 아내가 좋아하는 경건한 목회자들의 설교를 듣기 위해 집 밖을 나가는 것을 허용하지 않았으며, 혹시라도 그녀가 집 밖으로 나간다면, 다시는 집 안에 들어오지 못할 것이라는 엄포까지 했다고 말씀하셨습니다. 그는 아내에게 얼마나 자주 이런 행동을 하였습니까?

현인 씨: 그가 그런 말들을 하였지요, 그것도 자주 했답니다. 앞에서 말한 바와 같습니다. 이와 관련해서는 제가 앞에서 다른 말도 했던 것 같은데, 가만히 생각해 보니 미처 제가 하지 못한 다른 이야기들이 있는 것 같습니다.

경청 씨: 잘 말씀하셨습니다. 가능하면 그 이야기들도 계속해서 말씀해 주셨으면 합니다.

현인 씨: 이야기해 보지요. 한번은 이런 일이 있었습니다. 주일에 그녀가 설교 말씀을 듣기 위해 나서자 남편인 악인 씨는 그녀가 나가는 것을 탐탁지 않게 여겼습니다. 하지만 그 때 그녀는 여느 때와는 달리 강하게 용기를 내었던 것 같습니다. 그녀는 남편이 허락해 주기를 바라는 마음으로 그에게 좋은 말들을 많이 하며 간청하였습니다. 하지만 그녀가 한 모든 말들은 그에게 아무런 소용이 없었습니다. 그러자 마침내 그녀는 자신이 교회에 가야할 이유로 다음과 같이 말하며 교회에 가겠다고 했습니다.

악인 씨와 그의 아내가 벌인 실랑이

"제게는 남편도 있지만, 하나님도 있습니다. 나의 하나님은 저주받는 고통을 면할 조건으로 지속적으로 그분을 섬길 것을 명하셨어요. 그것도 그분께서 친히 정하신 방식으로 섬기도록 명하셨지요. 제게는 남편도 있지만, 영혼도 있습니다. 이 세상에 있는 그 어떤 것보다도 내게는 이 나의 영혼이 분명 더 소중합니다. 할 수만 있다면, 내 영혼이 천국에 거할 수 있도록 나는 내 영혼을 앞으로도 계속해서 보살피며 소중히 여길 것입니다. 당신도 당신의 몸을 사랑하는 것처럼 나를 사랑하라는 명령을 받았습니다. 저도 같은 명령을 받았기에 저는 당신을 그렇게 사랑하고 있습니다. 저는 지금 당신에게 제 진심을 말하고자 합니다. 저는 이 세상 그 무엇보다도 제 영혼을 더욱 사랑합니다. 그래서 앞으로도 제 영혼의 구원을 추구할 것입니다(엡 5:28)."[2]

악인이 아내를 공격하기 위해 사용한 무기들

그녀가 이런 말을 하자 그는 먼저 자신의 추한 바람을 드러내기 시작하였습니다. 그는 끔찍할 정도로 격분하면서, 만약 그녀가 교회에 가기만 한다면, 그녀뿐 아니라 그녀가 형제자매라고 부르는 모든 저주받을 자들까지 그들이 교회에 온 것을 후회하도록 만들 것이라고 말하면서 온갖 악담을 퍼부었습니다. 그는 교회의 성도들을 가리켜 '저주받을 그녀의 형제자매들'이라고 즐겨 불렀습니다.

경청 씨: 그들이 교회에 온 것을 후회하도록 하겠다는 그의 말은 도대체 무슨 뜻입니까?

현인 씨: 그의 말이 무슨 뜻인지 당신도 쉽게 추측할 수 있을 텐데요. 그가 한 말은 자신이 밀고자가 되어, 그녀와 더불어 하나님을 예배하기 위해 모였던 자들을 고달프게 하거나, 그들이 모여서 예배드린 것에 대한 응분의 대가를 톡톡히 치르게 하겠다는 뜻이었습니다. 그가 그렇게 하면, 그녀의 여린 가슴에 굵은 대못을 박는 것처럼 그녀가 고통스러워할 것이라는 사실을 그도 잘 알고 있었습니다.

경청 씨: 그런데 선생님은 이 악인 씨가 그 정도로 비열한 사람이라고 생각하십니까?

현인 씨: 참으로 그의 마음속에는 이런 일을 하고도 남을 만큼 충분한 악의와

---

2 순교자들은 인간들이 만들어낸 부당한 법들에 대해 이와 같은 건전한 이유들로 저항하였다. 박해자들은 경건한 예배 방식들에 대해 지침을 내리는 등 간섭행위를 하였다. 국가 종교를 강요한다거나 교회 유지세 징수나 이와 유사한 경건하지 않은 과세 등에 대해 순교자들은 이런 이유를 대며 국교도들에게 대항하였다. 원주.

적개심이 있었습니다. 하지만 그는 장사를 하는 사람이기에, 그도 이웃 사람들과 더불어 살아갈 수밖에 없다는 사실을 잘 알고 있었습니다. 그래서 화를 낼 때도 다소 자제하면서 스스로 삼가느라 심하게 격분하지는 않았습니다. 다시 한 번 말하지만, 그의 마음속에는 이런 일을 하고도 남을 만큼 충분한 악의와 시기심이 있었습니다. 그러나 그가 자기 마음을 다 드러낸다면 자기가 지금 하고 있는 장사에 악영향을 줄 것이라고 생각해서, 다음과 같은 세 가지 일들을 대신 하기로 했습니다.

아내의 친구들에 대한 적개심을 노골적으로 드러낸 악인 씨

1. 그는 아내의 친구들을 괴롭히고 중상모략하기 위해서 다른 사람들을 내세웠습니다. 2. 아내의 친구들에게 어떤 불행이 생겼다는 소식을 듣고서 그는 정말 기뻐하였습니다. 3. 그리고 그들 때문에 아내가 괴로워하는 것을 보고서 그는 그녀를 비웃었습니다. 지금까지 저는 이 악인이 어느 정도로 비열한 사람인지를 당신에게 말해 주었습니다. 이에 대해서는 제가 더 할 말이 없을 것 같습니다.

경청 씨: 그 당시 그는 자신에게 임할 하나님의 심판도 두려워하지 않았습니까?

현인 씨: 그는 하나님의 심판이나 하나님의 긍휼하심 등에 아무런 관심이 없었습니다. 혹 이런 것들에 관심이 있었다면, 그는 그 모든 짓들을 행할 수 없었을 것입니다. 그런데 당신은 지금 어떤 심판을 말하는 건가요?

경청 씨: 제가 생각한 심판은 그가 주의를 기울여 곰곰이 생각만 해도 그의 귀가 축 처질 정도로 놀랄 만한 그런 심판이지요.

현인 씨: 아, 그런가요. 당신은 하나님의 심판을 받은 어떤 사람에 관한 이야기를 들어 본 적이 있습니까?

경청 씨: 예, 그런 이야기를 들어본 적이 있습니다. 제가 보기에 선생님도 그런 이야기들을 들어 보셨을 것 같은데, 새삼스럽게 무슨 낯선 이야기나 되는 것처럼 말씀하십니까?

현인 씨: 물론 저도 들어 보았지요. 저는 아주 놀랍고 경악을 금치 못할 이야기들을 들은 적이 있습니다.

경청 씨: 선생님, 가능하다면 선생님이 알고 계신 심판과 관련된 이야기들을 들려주시면 좋겠습니다. 선생님께서 말씀해 주신다면, 저도 이와 관련된 특별한 이야기를 선생님께 말씀드리겠습니다.

현인 씨: 우리 마을에는 아주 사악하게 살아가고 있는 W.S.라는 사람이 있었습니다. 그는 사악한 일이라면 한 인물 하는 친구로서, 필요하다면 밀고자가 되려고도 하는 사람이었습니다. 그러더니 급기야 그는 밀고자가 되어 대다수의 다른 밀고자들이 하는 것처럼, 아주 충실하게 그 일을 감당하였습니다. 그는 밤에도 자지 않고 깨어서 사람들을 감시하였으며, 낮이면 나무에 올라가거나 숲속을 누비면서, 예배하러 모인 자들을 찾아내고자 혼신의 힘을 다하였습니다. 그가 나무에 올라가거나 숲을 누빈 이유는 그 당시에는 성도들이 들판에 모여 예배를 드릴 수밖에 없었기 때문입니다. 진실로 그는 은밀하게 모이는 성도들을 보기만 하면 가만두지 않을 것이라면서 성도들에게 아주 심한 욕을 하며, 정말 두려울 정도로 맹세를 하였습니다.

자, 그런데 보십시오. 그는 마치 미친 사람처럼 이리저리 돌아다니면서 사람들에게 해를 끼치다가 마침내 하나님의 손에 고꾸라져서 다음과 같이 되어 버렸습니다. (1) 그는 날 때부터 말을 자유자재로 구사할 수 있는 사람이었는데, 이제는 사람들을 이간질하던 그의 혀에 문제가 생겨서 수 주 동안 마치 술 취한 사람이 말하는 것처럼 그렇게만 말할 수 있었습니다. (2) 그 후에는 말이 점점 느려지다가 입에서 침을 질질 흘리게 되었습니다. 또 어떤 때는 입에서 계속 침을 흘리면서 고개를 가누지 못해 목이 거의 땅에 닿을 정도가 되었습니다. (3) 그 후에는 그의 목을 뒤에서 당겨주는 힘줄이 약해져, 자기 손으로 이마를 세게 눌러서 손의 힘으로 머리가 전방을 향하도록 하지 않고서는 고개를 들어 앞을 바라보지 못할 정도가 되었습니다. (4) 그의 몸이 이 지경이 되자 이제 그의 말은 전혀 알아들을 수 없게 되었습니다. 그는 마치 돼지나 곰이 말하는

밀고자여, 그대는 나무에 있는가? 거기에 매달리지 않도록 주의하라.
또한 발을 조심하라. 미끄러져서 지옥에 떨어지지 않도록.

(원서 초판의 삽화)

것처럼 그렇게 말을 하였습니다. 그래서 화가 나거나 기뻐하거나 어떤 일을 하고 싶을 때는 돼지나 곰처럼 꿀꿀거리거나 이상한 소리를 내게 되었습니다.

이런 상태가 약 반년 정도 지속되었습니다. 그 사이 별다른 문제 없이 그는 자기의 일을 감당하느라 여전히 이곳저곳을 돌아다니고 있었습니다. 그런데 한번은 교회 첨탑에 매달려 있는 종 위에 숨어 있다가 거기서 떨어졌습니다. 그렇게 높은 곳에서 떨어졌는데도 그는 놀랍게 죽지 않았습니다. 하지만 그가 걸어다니는 모습을 본 사람이라면 누구나 하나님께서 그를 그가 행한 죄악에 대한 충분한 본보기로 삼으셨다는 것을 알 수 있었습니다. 그러다 갑자기 그는 병에 걸려서 비참하게 죽고 말았습니다. 그의 삶과 그의 행실은 이렇게 끝이 났습니다.

또 다른 이야기를 하나 더 해드리겠습니다. 세인트 니오츠(St. Neots, 영국 잉글랜드 케임브리지셔에 있는 타운—역주)에서 약 6킬로미터 떨어진 곳에 신사 한 사람이 살고 있었는데, 그에게는 어떤 일이 있어도 밀고자가 되고자 하는 혈기왕성한 젊은이가 있었습니다.

그 젊은이는 그런 야망을 가지고 있다가 드디어 밀고자가 되었습니다. 밀고자가 된 그는 성도들에게 많은 고통을 주었고, 그가 알아낸 정보들은 그 성도들에게 더할 나위 없이 치명적인 결과들을 초래하였기 때문에, 그 당시의 치안 경찰들은 그 성도들에게 고통을 주지 않을 수 없었습니다. 이와 더불어 그에게는 돈과 재산이 늘어나게 되었습니다. 들은 바로는 그가 하는 이 밀고 행위로 그의 재산이 급속도로 불어났다고 했습니다.

하루는 그가 화롯가에 서서 뜨거운 불 옆에서 일을 하던 중, 냄비 안에서 맛있게 튀겨진 빵을 먹고 싶다는 마음이 생겼던 것 같습니다. 때마침 빵을 굽는 쇠꼬챙이도 그 불 옆에 있었습니다. 그래서 그는 뜨거운 빵 하나를 집어 들었습니다. 그 때, 자 보십시오. 그가 키우던 개 한 마리가 어떤 이유인지는 모르지만 여하튼 무엇이 못마땅했는지, 그 주인의 다리를 물어뜯었습니다. 그는 개에게 물린 상처를 치료하기 위해 모든 방법들을 다 강구하였지만, 사람들의 말에 따르면 그의 다리는 결국 썩어 들어갔다고 했습니다. 개에게 물린 이 상처로 인해 그는 결국 죽음을 맞이하게 되었습니다. 이 또한 끔찍한 죽음입니다.

제게 이 이야기를 전해준 사람에 따르면, 그가 처음 개에게 물렸을 때부터 이 세상을 떠나기 직전까지 그의 살은 썩어 문드러졌다고 하였습니다. 이런 부류의 사람들에게 이처럼 하나님의 심판이 분명하게 내려졌기에, 영국에 있는 모든 주는 아니라 해도, 거의 대다수의 주에 있는 이와 같은 불쌍한 인간들에 대한 사례들을 특별히 더 언급할 필요는 없을 것이라 저는 생각합니다. 지금까지 제가 한 이야기는 거짓말도 아니고 지어낸 말도 아닌 실화입니다. 저는 개인적으로 이 영국에서 더 이상 밀고자들이 존재하지 않았으면 좋겠습니다. 그래서 제가 말한 이런 이야기들을 이제는 저뿐만 아니라 어느 누구라도 당신에게 더 이상 할 수 없게 되었으면 합니다. 그리고 이것이 하나님의 뜻이지 않은가 저는 그렇게 생각합니다.

경청 씨: 맞아요. 선생님께서 해주신 이 두 이야기는 저도 들은 적이 있습니다. 제가 들은 이야기들의 목록을 생각해 보니, 아마도 선생님이 해주신 것처럼 충격적인 종류의 다른 이야기들도 들었던 것 같습니다. 이런 사악한 자들 뒤에 숨은 또 다른 나쁜 놈들은 그리스도께서 재림하실 때까지 내버려 두기로 하지요. 그 때가 되면 그리스도께서는 그들이 행한 공로대로 그들에게 상이나 벌을 내리실 것입니다. 다시 말해, 그리스도께서는 그들이 행한 공로에 따라 그들을 의롭다고 칭하시거나 그들을 정죄할 것입니다. 혹시라도 그들이 회개한다면, 그들은 자비하심을 입게 될 것입니다. 그들이 그런 은혜를 받게 되었다는 사실을 알게 되었을 때 저도 기뻐할 것입니다. 왜냐하면 비록 그들이 내 원수의 영혼이라 해도 그들이 저주 받는 것을 저는 바라지 않기 때문입니다.

현인 씨: 우리가 이런 이야기들을 듣는 것이 재미있을지는 모르겠지만, 우리가 이런 이야기들을 하는 것은 그리 유쾌한 일이 아닐 것입니다. 이런 이야기들은 우리에게 다음과 같은 성경 말씀을 생각나게 합니다. "진실로 땅에서 심판하시는 하나님이 계시다"(시 58:11), "궁핍한 자가 항상 잊어버림을 당하지 아

니함이여"(시 9:18), "여호와께서 빈궁한 자의 기도를 돌아보시며 그들의 기도를 멸시하지 아니하셨도다"(시 102:17). 이 말씀들은 이 사악한 자들의 횡포 가운데서도 살아남은 자들에게 주의와 충고의 말씀이 되기도 합니다. 그러므로 우리는 하나님의 심판을 두려워하고, 그분을 대적하여 죄를 짓는 일을 무서워하도록 합시다. 그것이 우리를 지켜줄 것입니다. "하나님을 두려워하는 자들 곧 그분 앞에서 두려워하는 자들은 잘 되리라"(전 8:12 KJV, "하나님을 경외하여 그를 경외하는 자들은 잘 될 것이요"[개역개정]).

경청 씨: 지금까지 선생님께서 자세하게 해주신 말씀, 잘 들었습니다. 제 생각에 이런 부류의 사람들에 관한 이야기는 이 자리에서 충분히 들은 것 같습니다. 선생님께서 원하신다면 다시 악인 씨의 이야기로 돌아갔으면 합니다. 물론 그와 관련하여 더 해주실 말씀이 있다면 말입니다.

현인 씨: 그에 관한 이야기라면 아직도 많이 남아 있습니다! 우리가 지금까지 그에 관해 한 것은 한갓 시작에 불과합니다. 구체적으로 말해 보자면, 그 이야기들 하나하나가 사악함으로 가득 차 있어서, 지금까지 우리가 한 이야기들은 그의 삶 가운데서 특별한 것을 말했다기보다는 오히려 그에 관한 이야기들을 구경만 했을 정도입니다. 그 이야기들을 모두 속속들이 하지는 못하겠지만, 그래도 한번 해보자면 다음과 같습니다.

악인 씨에 대한 새로운 이야기

당신은 지금까지 그가 청년 시절과 도제 시절에 저지른 죄악 뿐 아니라, 그가 어떻게 장사를 시작하였는지, 그 이후에 어떻게 결혼했고, 결혼한 후에는 그의 아내에게 어떻게 대했는지 등을 들었습니다. 이제는 그가 얼마나 못된 장난질을 하였는지에 관해서 몇몇 이야기들을 당신에게 들려주고자 합니다. 그는 파렴치한 범죄를 저지르는데 있어서는 아주 도가 튼 사람이었습니다. 앞에서 말한 바와 같이 그는 도제 시절부터 모든 악한 일을 섬기고 있었던 터라, 그보다 더 교묘하게 악행을 저지르거나 그보다 더 인위적으로 악한 일을 꾸밀 수 있는 사람은 없었습니다.

경청 씨: 아마도 악한 일을 꾸미는데 있어서는 그 누구에게도 뒤지지 않았을 것 같습니다. 하나님 자신만큼 선한 것을 잘 가르칠 수 있는 분이 없는 것처럼, 죄와 악행에서는 마귀만큼 잘 가르칠 만한 존재가 없다는 말이 생각납니다. 이 악인 씨는 어린 시절부터 그의 삶이 끝나는 시점까지 마귀의 학교에 다녔을 것입니다. 선생님, 그의 인생에 대해 다시 말씀해 주시면 좋겠습니다.

현인 씨: 좋습니다. 말씀해드리지요. 그가 결혼하기 전에 어느 정도로 돈이 궁한 상태였는지, 그리고 어떻게 해서 부자 아내를 얻게 되었는지, 그리고 아내의 돈으로 자기 빚을 어떻게 갚았는지에 대해 저는 당신에게 말해 주었습니다. 당신은 아마 그것을 기억할 것입니다. 그런데 이렇게 빚을 다 갚고서도 수중에 약간의 돈이 남게 되자, 그는 예전과 마찬가지로 다시 활기차게 사업을 시작하였습니다. 큰 가게를 다시 얻고 거액의 거래를 하였습니다. 그러다가 다시 엄청난 빚을 지게 되었습니다. 그런데 이번에 지게 된 빚은 한두 사람에게 진 것이 아니라 많은 사람들에게 지게 된 것이었습니다. 그가 진 부채의 총액은 몇천 파운드에 이르렀고, 그의 재정 상태는 이런 상태로 계속되었습니다. 그는 적자인 재정상태를 메우기 위해 모든 사람들의 환심을 살 방법들을 연구하기 시작했습니다. 그는 어떤 사람과도 사귀기 위해 자신을 그들에게 맞추었습니다.

새로운 못된 장난질을 하는 악인 씨

그가 도움을 받고자 하는 사람이 생기면, 그는 그 사람과 똑같이 되려고 하였습니다. 그 사람이 하는 말까지 그는 그대로 따라했습니다. 그렇게 해서 그는 그 사람으로부터 재정적인 도움을 받고자 했습니다. 그렇게 행동함으로써 그 사람이 그의 물건을 사줄 고객이나 채권자가 될 수 있을 것이라고 생각했던 것입니다. 정직한 사람들과 거래를 할 때면, 정직한 사람들이 하는 것처럼 말했습니다. 그런 사람들이 즐겨 말하는 대로 정의와 경건에 대해 언급하며 방탕함을 거부한다는 등의 말을 하면서, 자기도 경건한 사람인 것처럼 진실하게 보이게끔 행동하였습니다. 그 뿐만 아니라 그는 경건한 자들과 똑같이, 정직하지 않게 말하거나 행동하는 자들에 대해서 싫어하는 감정을 노골적으로 드러내 보였습니다.

다시 말씀드립니다. 그러면서도 그는 악한 자들 가운데서는 얼굴빛이 환해져 그들과 같이 말하고 행동하곤 하였습니다. 그러다가 이들이 자기의 친구가 아니라는 확신이 들 때는 이들에게 다소 마음의 문을 닫고서 조심하였습니다. 하지만 그 친구들이 분명히 자기의 악한 친구라는 확신이 들었을 때는 그 친구들이 말하는 것처럼 다른 사람을 저주하거나 다른 사람들의 몸과 마음을 낙담시킬 만한 말들을 공개적으로 하였습니다. 그들이 선한 사람들을 욕할 때면, 그도 그 선한 자들을 욕하였습니다.

악한 경지에 오른 악인 씨

그들이 경건한 삶에 대해 욕을 한다면, 그도 그런 경건한 삶을 욕하였습니다. 그들이 짐승처럼 헛된 쓸데없는 말들을 하면, 그도 그렇게 말하였습니다. 그들이 술을 마시고 욕을 하고 음탕한 짓들, 즉 온갖 비열한 짓들을 다 하면, 그도 그렇게 행동하였습니다. 이것이 바로 그가 걸어온 길이었습니다. 이제 그는 살아 있는 어떤 사람을 만나든 그 사람의 형편에 맞추어 말과 행동을 함으로써 그를 속일 수 있었습니다. 그리하여 그는 스스로 완벽한 사람이라고 생각하였습니다. 지금까지 그는 항상 자신이 한갓 소년에 지나지 않는다고 생각하였지만, 이제는 달랐습니다. 당신은 이 악인 씨에 대해 어떻게 생각하십니까?

경청 씨: 생각해 보라니요! 제가 보기에 그는 불신자가 분명한 것 같습니다. 불신자가 아니고는 그런 일을 저지를 수 없기 때문입니다. 감히 말하지만, 이 악인 씨와 같은 불신자들에게서는 분명히 고약하고 썩은 냄새가 진동하는 법입니다. 왜냐하면 하나님이나 마귀가 존재한다는 것을 믿는 자라면, 다시 말해 천국이나 지옥이 존재하고 사망이나 그 이후에 있을 심판 등을 믿는 자라면, 이 악인 씨가 행한 것처럼 그렇게 행동할 수 없을 것이기 때문입니다. 제가 말하

고자 하는 것은 그에게는 양심의 주저함이나 억제가 없었기에, 다시 말해 가증스러운 죄악을 저지르는 데 있어서 슬픔이나 가책이 전혀 없었기에, 그가 이런 짓들을 할 수 있었을 것이라는 사실입니다.

현인 씨: 그는 이런 일들을 하면서 양심의 거리낌이나 가책을 받지 않았습니다. 그는 이런 감정들과는 거리가 먼 사람이었습니다. 오히려 그는 이런 악행들을 자신이 이룬 탁월한 성과, 누구도 따라올 수 없는 자신의 지혜, 몹시 드문 자신만의 특별한 덕으로 간주하면서, 자기 외에 어느 누구도 감히 자기만큼 이런 일들에 통달한 사람은 없을 것이라고 생각하였습니다. 이런 악행들을 보고서 놀라 흠칫하거나 양심에 찔려 감히 그런 일들을 할 수 없는 자들, 또한 죽음과 심판 등이 두려워 그가 행한 것과 같은 일들을 행하지 못하는 자들을 그는 바보나 얼간이로 불렀습니다.

그리고 그는 진정으로 참된 남자가 되고 싶다면 눈에 보이지도 않는 귀신 같은 이야기에 놀라지 말라면서 그런 이야기들에 두려워하는 자들을 비난하였으며, 자기가 행한 것처럼 탁월한 일들을 성취하기 위해 노력하는 자가 되라고 사람들을 부추겼습니다.

다양한 생각을 하면서 자신을 즐기게 된 악인 씨

그는 자신이 할 수 있는 이런 방면의 일들을 생각하면서 자신에 대해 종종 만족하기도 하였습니다. 그는 마음속으로 다음과 같이 말하였습니다. "나는 신앙인일 수도 있고 신앙인이 아닐 수도 있다. 나는 특별한 사람일 수도 있고 전혀 별 볼일 없는 사람일 수도 있다. 나는 맹세를 할 수도 있고 맹세하는 것을 반대할 수도 있다. 나는 거짓말을 할 수도 있고 거짓말하는 것을 반대할 수도 있다. 나는 술을 먹고 계집질을 하여 부정한 사람이 되거나, 남을 속이는 사람이 될 수도 있다. 그러면서도 나는 이런 일들로 괴로워하지 않을 수 있다. 이제 나는 내 자신을 즐기며, 내가 하는 이 모든 방식들에서 주인이 되었다. 다른 사람들은 절대 나의 주인이 될 수 없다. 많은 연구와 대단한 관심과 더 많은 고통을 겪으면서 나는 이 경지에 도달하게 되었다."

그는 마음속에 있는 이런 생각들을 혼자만 간직하고 있을 때도 있었지만, 때로는 이런 말들을 절대로 발설하지 않을 것으로 알고 있는 자기 아내나, 아무 말이든 해도 될 것 같은 친한 친구들을 만나면, 그들에게는 이런 생각들을 말하기도 하였습니다.

경청 씨: 제가 조금 전에 그를 불신자라고 불렀지요? 이제는 그를 마귀나, 많은 귀신은 아니라도 최소한 하나의 귀신에 사로잡힌 사람이라고 불러야 할 것 같습니다. 이런 부류의 사람은 모든 곳에서 볼 수 있는 흔한 사람이 아니라는 생각이 듭니다. 그에게는 다음과 같은 성경 말씀이 해당될 것 같습니다. "이 아하스 왕이 …… 더욱 여호와께 범죄하여"(대하 28:22), "아합과 같이 그 자신을 팔아 여호와 앞에서 악을 행한 자"(왕상 21:25), "소돔 사람은 여호와 앞에 악하며 큰 죄인이었더라"(창 13:13).

현인 씨: 이 세상에 불신자라고 할 수 있는 사람이 있다면, 그 사람이야말로 의심의 여지 없이 불신자일 것입니다. 그는 자신이 저지른 사악한 행동들 속에서 온전함과 안전을 누린다고 하면서 아주 의기양양하고 있었습니다. 때가 되면 하나님께서 하늘에서 불을 그의 양심에 내리실 것으로 저는 믿고 있습니다(욥 21:17). 제가 보기에 그는 사실 이런 심판에 대한 생각을 두 번 다시 하지 않고 신속하게 더욱더 사악한 자가 되어서, 그 후에는 거의 자포자기의 상태가 되었던 것 같습니다. 이로써 그는 파멸을 자초하였습니다. 이에 대한 이야기는 차차 듣게 될 것입니다.

악인 씨와 같은 사람이 많이 있다

제가 보기에 당신은 그가 도달한 사악함의 정도까지 이른 사람이 이 세상에는 거의 없을 것이라고 생각하는 것 같은데, 제 생각은 당신의 생각과 다릅니다. 달리 생각하면, 그와 같은 자는 틀림없이 많이 있을 것입니다. 그가 가진 마음과 동일한 마음을 가지고, 그와 동일한 원칙들을 가질 뿐만 아니라 그와 동일한 양심까지 지니고서, 그 마음에 생각한 바를 실행에 옮기는 자들이 정말 많이 있을 것입니다. 진실로 저는 그와 동일하게 사악한 수준에 이르고자 노력 중에 있는 자들이 지금도 많이 있다고 생각합니다.

그 모든 자들도 그와 마찬가지로 율법의 심판을 받게 될 것이며, 정말 심판에 이르게 될 줄은 몰랐다는 그들의 악한 지혜조차 그 심판 날에는 통하지 않게 될 것입니다. 당신도 알다시피 모든 학문에서 어떤 이들은 다른 이들보다 지혜가 더 뛰어납니다. 사악한 행동의 경우도 이와 마찬가지입니다. 어떤 이들은 다른 사람들보다 두 배나 더 지옥의 자녀이기도 하고, 또 어떤 이들은 일곱 배나 더 지옥의 자녀이기도 합니다. 물론 이들이 모두 지옥의 자녀들인 것은 분명합니다. 하지만 이들 모두가 사악함을 가르치는 학교의 선생들이라고 한다면, 이 학교에는 학생들이 없는 셈입니다. 이 사악한 학교에도 선생이 있어야 하고, 사악한 것을 배우는 학생도 틀림없이 있어야 할 것입니다. 악인 씨가 바로 이 분야의 선생이었습니다. 그래서 그는 이 신비로운 분야에서 마땅히 뛰어난 자였을 뿐만 아니라 최고의 우두머리였습니다.

경청 씨: 옳은 말씀입니다. 제가 보기에도 어떤 사람들은 다른 나쁜 놈들처럼 악한 일을 하는데 있어서 우두머리가 되고 싶어 하는 것 같습니다. 그러다가 자기들만큼 심하게 악행을 저지르지 못하는 사람들을 보면서, 그 나쁜 놈들은 그들을 바보니 얼간이라고 부르며 다른 사람들 앞에서 놀려대기도 합니다. 그들은 자신만의 타고난 머리와 재능으로 사악한 일들을 행하지 않으니, 그 나쁜 놈들에게는 그들이 도움이 되지 않는다고 여길 것입니다. 그런데 악인 씨는 그런 자들과 달랐을 것 같습니다. 그는 스스로 악한 일을 할 만큼 사악한 마음이 있었을 뿐만 아니라, 음모를 꾸밀 정도로 사악한 머리까지 가지고 있었을 테니까요.

악한 자가 되기를 바라는 자 또한 악한 자이다

현인 씨: 맞습니다. 감히 말하건대, 이런 자들은 심판 날에 자신들이 실제로 행

한 일에 대해서 뿐 아니라, 자신들이 행하고자 한 일들에 대해서도 심판을 받게 될 것입니다. 왜냐하면 "미련한 자의 생각은 죄"(잠 24:9)라고 한 말씀에 비추어 보아, 미련한 자가 바라는 것은 틀림없이 더 큰 죄일 것이며, 이렇게 바라는 것이 더 큰 죄라면, 이를 위해 노력하는 것은 더욱더 큰 죄일 것이기 때문입니다. 그러므로 비록 지금은 불신자, 즉 어떤 사람을 만나든 그에게 다 맞추어 응대하는 가식적인 불신자나 죄인이 아니라 해도, 그가 불신자나 죄인이 되기를 바란다면, 아니 이렇게 바랄 뿐만 아니라 이런 사람이 되기 위해 노력한다면, 그는 바로 이런 죄인이 받는 심판과 정죄를 받아 지옥에 떨어지게 될 것입니다. 앞서 말한 바와 같이, 하나님의 법은 그 사람이 바라는 바에 따라 그를 심판하기 때문입니다.

이는 "음욕을 품고 여자를 보는 자마다 마음에 이미 간음하였느니라"(마 5:28)는 말씀과 같은 것입니다. 이 규정에 따라 도둑질하고자 하는 자는 이미 도둑질한 자이며, 속이고자 하는 자는 이미 속인 자이고, 거짓 맹세하고자 하는 자는 이미 거짓 맹세한 자이며, 간음하고자 하는 자는 이미 그렇게 한 자입니다. "대저 그 마음의 생각이 어떠하면 그 위인도 그러한즉"(잠 23:7)이라는 말씀처럼, 하나님께서는 사람의 마음이 생각하는 바에 따라서 그를 심판하십니다. 이 말씀의 의미는, 사람이 마음에 의도하고 바라고 노력한 바가 바로 그의 모습이라는 것입니다. 감히 말하건대, 하나님의 법은 사악한 행동 그 자체를 파악할 뿐만 아니라, 그 행동을 하는 자의 바람과 의도와 노력까지 파악하고 있습니다(마 5; 롬 7:7).

그러므로 이 악인 씨처럼 악한 자가 되기를 바라는 자, 다시 말해 그처럼 아주 사악한 자가 되고 싶은 마음을 가진 많은 자들은, 비록 그처럼 아주 능수능란한 사악함의 수준까지 도달하지 못했다 해도, 악인 씨와 마찬가지로 사악한 자로 심판을 받게 될 것입니다. 왜냐하면 그처럼 사악한 자가 되고 싶어 하는 바람이 그 마음에 있었기 때문입니다.

경청 씨: 그런데 이렇게 고도로 사악한 악인 씨의 이야기를 듣다보니, 이 악인

씨의 모습이 제 머릿속에서 지워지지가 않습니다. 그는 완악하고 될 대로 되라는 식의 사람이었던 것 같습니다. 다시 말해, 그의 마음 구조는 악마의 마음과 같은 구조라고 감히 말할 수 있을 것 같습니다. 그의 마음속에는 마귀가 터를 잡아서 모든 사악한 행동과 처신들을 행할 기초 작업이 이미 이루어져 있었던 모양입니다.

악한 마음이 악한 사람을 만든다

현인 씨: 자포자기의 사악한 마음, 바로 그 마음이 모든 사악한 일의 토대이자 기초 작업이 됩니다. 표면적인 불신앙이든 실제적인 불신앙이든, 모든 불신앙은 그런 악한 마음에 기초를 두고 있으며, 그런 악한 마음에서 온갖 악한 일들이 생겨납니다. 악한 사람을 만드는 것은 악한 행실이 아니라, 그가 이미 악한 사람이기 때문에 악한 일들을 행하는 것입니다. 어떤 사람이 악행을 저지른다면, 그는 악한 일을 하기 전에 이미 악한 사람인 것이 분명합니다. "악은 악인에게서 난다"(삼상 24:13)는 말씀이 바로 그 말입니다. 악한 열매를 맺는 것이 바로 악한 나무인 것입니다. 사람들은 가시나무에서 포도를 얻지 못합니다. 이와 마찬가지로 악한 사람은 그가 악한 일을 하기 전부터 이미 악한 사람인 것이 분명합니다. 선한 사람 또한 그가 선한 일을 하기 전부터 이미 선한 사람인 것이 틀림없습니다(마 7:16-18).

경청 씨: 이제야 저는 악인 씨가 왜 결혼도 사기 결혼을 하였는지, 그리고 결혼 이후에는 왜 그렇게 불한당처럼 자기 아내를 심하게 학대하는 등 비열한 짓들을 했는지, 그 이유를 알 것 같습니다. 그것은 이전부터 그가 가지고 있던 사악한 마음으로 인해 그 사악한 일들을 저지를 마음의 준비가 되어있었기 때문이군요.

현인 씨: 당신도 다음과 같은 성경 말씀을 틀림없이 알고 있을 것입니다. "또 이르시되 사람에게서 나오는 그것이 사람을 더럽게 하느니라 속에서 곧 사람의 마음에서 나오는 것은 악한 생각 곧 음란과 도둑질과 살인과 간음과 탐욕과 악독과 속임과 음탕과 질투와 비방과 교만과 우매함이니 이 모든 악한 것이 다 속

에서 나와서 사람을 더럽게 하느니라"(막 7:20-23). 사악한 마음에 물든 사람은 자기 욕심을 채우고 자기 의도를 관철시키며 자기의 악의로 보복하고, 부자가 되기 위해서, 그리고 이생의 어리석은 쾌락과 오락에 뒹굴며 살아가기 위해서, 위의 말씀에서 열거된 여러 가지 것들을 활용합니다. 그 모든 악행들을 다 하는 게 아니라 일부 악행들을 위의 목적으로 사용하기도 합니다. 악인 씨는 이 모든 악행들을 최대한 끝까지 이용하였습니다. 기회나 돈지갑이나 배신 등, 자기 목적을 달성하기 위해서는 그 어떤 것도 마다하지 않고 이용하였던 것입니다.

경청 씨: 돈지갑이라고요! 그는 엄청나게 많은 돈을 가진 아내와 결혼하였기 때문에, 자기가 원하는 만큼의 돈은 대부분 가지고 있었을 텐데, 왜 다른 사람들의 돈지갑까지 마음을 두었는지 모르겠군요.

현인 씨: 당신은 흥분을 가라앉히고 진정해야 할 것 같습니다. 그는 부자 아내와 결혼하여 수중에 많은 돈이 있었지만, 그 돈을 써야 할 곳도 아주 많았습니다. 다시 말해, 악인 씨가 저지르는 죄악들은 비용이 많이 드는 것이었습니다. 술을 마신다거나 계집질을 한다거나 악한 친구들을 사귀거나 하는 일은 돈이 많이 드는 일이었습니다.

경청 씨: 그렇다면 그가 더 이상 악할 수 없을 만큼 정말 나쁜 놈이었는데도 불구하고, 장사를 잘 할 수 있었다는 말입니까? 아니면 그가 돈을 많이 쓰기는 했지만, 그럼에도 불구하고 그가 하는 일에서 이익이 많이 남아 그의 돈지갑이 항상 두둑했다는 말입니까?

현인 씨: 모두 다 아닙니다. 물론 그가 장사를 하는 데는 꽤 재능이 있었던 것이 사실이지만, 그가 많은 돈을 벌 수 있을 정도로 장사를 잘하지는 못했습니다. 그에게는 돈을 버는 또 다른 방법이 있었습니다. 그것도 한 번에 모자 가득히 혹은 주머니 가득히 돈을 거머쥘 비법이 있었던 것이지요.

경청 씨: 얼핏 생각 난 것인데, 설마 그가 노상강도를 한 것은 아니겠지요?

현인 씨: 어떤 사람들은 그가 가끔 자기 외에는 아무도 모르는 곳으로 말을 타고 가서 그곳에서 밤을 새고는, 다음 날 아침이 되면 완전히 더러워진 몰골로

녹초가 되어 집으로 돌아온다는 소문을 들었다는데, 그 문제에 대해서는 제가 말을 아끼고자 합니다. 왜냐하면 그 이야기는 제가 말하려는 바와 전혀 상관이 없기 때문입니다.

경청 씨: 선생님께서 보기에 이 이야기를 해도 괜찮겠다는 생각이 들면, 언제든 꼭 말씀해 주셨으면 좋겠습니다.

제8장

파산자가 되었지만,
파산으로 인해 '상당한 돈'을 벌게 된 악인

현인 씨: 당신에게 이 이야기를 해주겠습니다. 무슨 이야기인가 하면, 그는 파산에 있어서 일가견이 있었는데, 그가 파산으로 인해 상당한 돈을 얻게 되었다는 것입니다.

경청 씨: 악인 씨가 파산을 했다는 말이 무슨 말씀입니까? 선생님은 지금 얼토당토않은 말을 하시는 것 같습니다. 그렇지 않습니까?

악인 씨는 파산할 마음을 가졌으며 그 방법으로 돈을 벌게 되었다

현인 씨: 아니요. 그렇지 않습니다. 저는 지금 아주 솔직하게 말하고 있습니다. 좀 더 분명하게 말하면, 그가 파산하게 된 내막은 다음과 같습니다. 악인 씨는 허풍을 떨면서 계집질을 하다가 결국 아내가 가지고 온 지참금의 대부분을 허비하였습니다. 그 때 그는 파산이라는 새로운 방법을 강구하지 않으면, 지금까지 살아온 인생행로에서 더 이상 자신의 두 다리로 설 수 없을 뿐 아니라, 자신이 하던 장사도 할 수 없고, 이 세상에서 지금까지 가지고 있던 명성도

유지할 수 없다는 것을 깨닫기 시작하였습니다.

파산하기 위한 조치를 취하는 악인

그러던 차에 그는 몇몇 사람들로부터 거의 사천에서 오천 파운드 되는 거액을 급전으로 빌렸습니다. 그러고는 동시에 아주 큰 할인 판매를 단행하였습니다. 즉, 자신이 구입한 가격보다 싼 가격에 많은 물건들을 내다 파는 방식으로 구매자들을 고객으로 삼는 장사를 했습니다. 그렇게 해서 그에게 돈을 빌려준 채권자들이 사태를 제대로 파악하지 못하도록 그들의 눈을 멀게 하는 계략을 꾸몄던 것입니다. 채권자들은 그가 많은 수의 종업원들을 고용하는 것을 보고서, 틀림없이 나중에 자기들에게도 많은 이윤을 가져다줄 것이라는 꿈을 꾸게 되었으며, 그들은 한 치의 의심도 없이 그를 전적으로 믿게 되었습니다. 물론 다른 채권자들도 마찬가지로 그를 완전히 신뢰하였습니다. 이런 식으로 해서 그가 빌린 전체 채무는 앞서 언급한 거액이 되었던 것입니다.

파산을 선언한 악인

자, 보십시오. 이 악인 씨는 앞서 말한 방법으로 다른 사람의 금품을 가지고 자기 배를 충분히 채우게 되자, 얼마 후 파산을 선언했습니다. 악인 씨가 가게 문을 닫게 되었고, 그 상점은 망해서 더 이상 장사를 할 수 없게 되었다는 소문이 널리 퍼져 나갔습니다. 하지만 그의 파산 소식이 채권자들의 귀에 들릴 쯤에는, 그가 미리 계략으로 확실하게 짜 놓은 부정행위로 인해서 채권자들은 그의 재산 가운데 단 한 푼도 건질 수 없게 되었습니다.

달콤한 말들을 채권자들에게 하는 악인 씨

자, 보십시오, 그는 모든 조치를 다 해 놓은 후에, 서글프지만 달콤한 말이 적힌 편지들을 채권자들에게 보냈습니다. 편지에서 그는 자신에게 어떤 일이 일어났는지를 그들에게 이해시키고, 자신은 모든 사람들에 대해 정직한 마음을 가지고 있으며, 가능한 한 힘닿는 대로 그들에게 진 부채를 갚을 것이라면서, 자신을 가혹하게 대하지 말기를 바라는 마음을 그들에게 전했습니다. 그러고는 자신과 음모를 꾸민 한 사람을 통해 그 편지를 채권자들에게 전달하였습니다. 그는 이 악인 씨의 위장 파산 사건에서 어쩌면 최악의 선택일 수도 있고, 달리 보면 최선의 선택일 수도 있는 사람이었습니다. 무슨 말인가 하면, 이 공모자는 악인 씨의 입장에서 보면 자신의 유익을 도모할 수 있는 최선의 사람이었으며, 채권자들의 입장에서 보면 그들의 유익에 반하는 최악의 사람이었다는 뜻입니다. 그는 채권자들을 찾아가 그들과 함께 슬퍼할 뿐 아니라 악인 씨의 처지를 안타깝게 여기면서, 이 사태에 대해 그들이 빠른 시일 내에 결단해서 종결을 짓지 않는다면, 악인 씨는 채권자들의 채무를 결코 변제할 수 없을 것이라고 말하였습니다. 그리고 이 악인 씨는 지금이라도 당장 그가 가진 최고의 능력을 발휘하여 그들에게 진 빚을 갚을 수 있으며, 또한 그러기를 바라고 있고, 이 목적을 위해서 채권자들이 그를 방문해 주기를 바라고 있다는 말도 하였습니다.

자, 그리하여 채권자들이 악인 씨와 약속 시간을 정해 그를 방문하면, 그는 그 사이에 다른 사람에게 전권을 위임하여 그 대리인이 그들을 응대하게 했으며, 주일 외에는 악인 씨의 모습을 전혀 볼 수 없었습니다. 악인 씨가 주일에만 모습을 드러낸 것은 발부된 체포영장으로 사람들이 그를 체포하지 못하게 하려는 속셈이었습니다. 그래서 그의 권한을 위임받은 대리인인 한 친구가 악인 씨와 관련되어 찾아오는 모든 채권자들을 응대하였습니다. 먼저 그 친구는 그들에게 다음과 같이 말하였습니다. 즉, 악인 씨는 채권자들 한 사람 한 사람의 채무를 다 변제하기 위해서 그가 가진 모든 것을 내놓으려고 할 뿐만 아니라, 그가 할 수 있는 모든 방안을 강구하는 등 세심하게 주의를 기울이고 있으며, 자신이 이렇게 열악한 상황에 내몰리게 될 줄은 며칠 전까지만 해도 전혀 상상조차 할 수 없었다고 말했습니다.

또한 악인 씨가 변제해야 할 비용이 얼마나 많은지, 그가 범한 죄가 얼마나 큰지, 그에게 부과된 세금이 얼마나 많은지, 요즘 경기가 얼마나 불황인지, 그리고 그가 고객으로부터 입은 손실이 얼마나 많은지 등을 언급하면서, 고객들 가운데 일부는 그에게 진 빚을 갚지 않은 채 죽기도 했고, 어떤 사람은 도망갔으며, 많은 수의 고객들이 살아 있지만 그들에게서 한 푼이라도 받을 수 있을지 기대조차 할 수 없다는 말로 채권자들에게 항변하였습니다.

악인 씨가 채권자들에게 제시한 합의 조건

그 대리인은 이 모든 항변에도 불구하고 악인 씨가 여전히 정직한 사람으로 보이도록 하였으며, 그는 악인 씨가 할 수 있는 모든 능력을 다 동원해서 부채를 변제할 것이라는 말과 함께, 만약 채권자들이 합의할 마음이 있다면 비록 그가 모든 돈을 다 갚을 수는 없겠지만 그래도 그들과 협상할 것이라는 말도 했습니다. 그래서 채권자들이 어느 정도까지 갚을 수 있느냐고 대리인에게 묻자, 그는 "1 파운드 당 반 크라운"[1] 이라고 대답하였습니다. 이 말에 채권자들이 버럭 화를 내기 시작하자, 그 대리인은 자신의 고충을 말하면서 이 조건으로 합의를 해 달라고 간청하였습니다. 하지만 채권자들은 그의 말을 들으려 하지 않았습니다. 그래서 그날의 만남은 결렬되고 말았습니다.

마침내 채권자들이 합의에 동의하여,
악인 씨는 파산으로 이득을 챙기게 되었다

하지만 채권자들은 현실을 다소 냉정하게 받아들였습니다. 다시 말해, 혹시라도 합의가 지체되어 그나마 한 푼도 받지 못하게 되는 것은 아닌가 하고 우려한 나머지, 다시 그 대리인을 만나 2차 협상을 시작하였습니다. 많은 말들이 오고 가면서 큰 소란이 있은 후에 그들은 1파운드 당 5실링에 최종 합의하였습니다. 합의가 성사된 후, 금액이 산출되고, 양도와 변제 서류가 작성되어 쌍방

---

1 영국 화폐 단위인 파운드[pound]는 20실링이고, 크라운[crown]은 5실링이므로, 1 파운드인 20실링 당 2.5실링을 합의 조건으로 제시한 것이다 ― 역주

이 서명하고 날인한 후에, 신용장부들을 말소하고 나서, 채무 변제와 관련된 모든 절차들은 최종 마무리되었습니다.

이렇게 모든 것이 정리되자 비로소 악인 씨는 얼굴을 들고 집 밖으로 나올 수 있었으며, 가게 문을 전략적으로 닫은 이 일로 인해 그는 수천 파운드 이상의 이득을 챙길 수 있었습니다.[2]

경청 씨: 그가 정말 이런 짓들을 했습니까?

현인 씨: 예, 그것도 한 번이 아니라 여러 번 했습니다. 제 생각에 두세 번 정도 위장 파산을 한 것으로 알고 있습니다.

경청 씨: 그가 그렇게 할 수 밖에 없었던 어떤 피치 못할 사정 때문에 그랬던 것은 아닐까요?

현인 씨: 피치 못할 사정이라고요! 당신은 무슨 뜻으로 '피치 못할 사정'이라는 말을 하는 것입니까? 사람이 악한 짓을 해야 할 때는 언제나 그 일이 필요한 때이지, 굳이 절박하게 필요한 어느 때가 있겠습니까? 그는 사악한 마음으로 그 일을, 즉 채권자들을 속이고 기만하는 일들을 했습니다. 여느 정직한 사람들이 살아가는 것처럼, 그는 아버지와 아내로부터 받은 돈과 함께 정당한 노동을 하면서 그렇게 먹고 살아갈 수 있었습니다.

변명의 여지 없이 그는 정직하지 않은 사람이다

또한 그가 이렇게 사악한 방법으로 파산을 했을 때, 그가 아무리 흥청망청 돈을 마구 써 버리는 낭비벽이 있다 해도, 그의 수중에는 채권자들에게서 빌린 돈을 일 파딩까지 변제하고도 남을 돈이 있었습니다. 하지만 그는 그렇게 하지 않았습니다. 만약 그렇게 했다면, 그는 그답지 않았을 것입니다. 다시 말해,

---

2 위장 파산은 심각하고 파급효과가 큰 죄악이다. 이 죄는 법의 보호 아래 자행되는 도둑질이다. 파산으로 인해 채권자들은 급기야 1파운드 당 몇 실링도 받지 못하는 일들이 일어나기도 한다. 이런 파산자들이 이 나라에 얼마나 많이 살고 있는지 모른다. 이렇게 전략적으로 파산하는 자들의 영혼은 하나님의 심판을 면치 못할 것이다! ─원주.

그런 행동은 악인 씨 답지 않은 행동이라는 뜻입니다. 감히 말하건대, 만약 그가 정직한 사람들이 하는 것처럼 채권자들을 대했다면, 그는 악인 씨라는 그의 인생행로에서 벗어난 길을 걸었을 것입니다. 아니나 다를까 그는 정직하지 않은 마음으로 사악한 목적을 위해 그렇게 사기 행각을 벌였습니다. 다시 말해, 정당하지 않은 어떤 방법을 써서라도 예전처럼 그의 정욕을 쫓아 온갖 주색잡기를 즐기기 위해서, 그는 이런 일들을 벌였던 것입니다.

경청 씨: 그렇다면 이 일은 완전히 사기이지 않습니까?

현인 씨: 그렇지요. 사실 완전한 사기 행각이지요. 이런 방식의 파산은 도둑질을 한다거나, 남의 주머니를 노리는 소매치기를 한다거나, 다른 상점들을 턴다거나, 전혀 알지도 못하는 사람의 돈을 갈취하는 것보다 더 쉬운 일이었습니다. 물론 그에게는 위장 파산이 더 쉬워 보이겠지만, 정작 그것은 다른 사람이 배운다고 해서 배울 수 있는 일도 아닐 것입니다. 하나님과 사람들 앞에서 양심을 가진 자라면, 그가 행한 이런 악랄한 일에서 그처럼 능수능란하지는 못할 것입니다.

경청 씨: 오! 선생님! 그는 정말 악독한 사람인 게 분명하군요!

현인 씨: 정말 악독한 사람이지요. 그는 이런 사악한 방법으로, 사람들에게 그들의 물품을 가게로 가져오게 해서는, 그 물품들이 오기 전에 그가 주기로 약속한 1그로트(groat: 영국의 옛 은화로 4페니의 가치가 있다—역주) 대신 1페니만 주고도 사람들이 기뻐하게 하는 재주를 부렸습니다. 다시 말해, 그는 사람들이 20실링인 1파운드의 가치가 있는 물건에 대해서 5실링인 1크라운만 받고도 기뻐하게 할 수 있었다는 것입니다. 이런 식으로 해서 그는 사람들에게 앞서 주기로 약속한 4천 파운드 가치의 물건에 대해서도 1천 파운드만 지불하였습니다.

경청 씨: 이런 짓들로 보아 이 악인 씨에게는 양심이 거의 없는 것 같습니다.

현인 씨: 제가 봐도 악인 씨에게는 양심이라는 것 자체가 아예 없는 것 같습니다. 왜냐하면, 그에게 양심이라는 것이 조금이라도 있었다면, 선한 양심이 생

기도록 작은 불씨를 불러일으킬 수 있었을 테고, 그러면 이런 일은 감히 생각조차 할 수 없었을 것이기 때문입니다.

경청 씨: 악인 씨의 이야기를 더 듣기 전에 선생님께서 괜찮으시다면, 다음과 같은 두 가지 질문에 대답을 해주시면 정말 좋겠습니다. 1. 악인 씨가 행한 이런 행태에 대해 하나님의 말씀은 어떤 입장인지 선생님께서 아시는 대로 말씀해 주셨으면 합니다. 2. 채권자들에게 부채를 진 상태에서 자신이 그 빚을 갚을 수도 없을 뿐 아니라, 더 이상 계속해서 장사도 할 수 없는 상황이라면, 그 채무자는 어떻게 해야할지 선생님의 고견을 듣고 싶습니다.

두 질문에 대한 대답

현인 씨: 제가 알고 있는 대로 말씀드리겠습니다. 먼저 당신이 물은 첫 번째 질문에 대해 대답하겠습니다. 질문의 요지는 악인 씨가 행한 이런 행태에 대해 하나님의 말씀은 어떤 입장인지를 묻는 것이군요.

하나님의 말씀은 이런 사악한 일들을 강력하게 금하고 있습니다. 하나님의 말씀은 이런 행동들을 우리가 보기에 더욱 가증스러운 것으로 여기도록, 도둑질과 강도질에 결부시킵니다. 그래서 "너는 네 이웃을 억압하지 말며 착취(강탈, KJV)하지 말며"(레 19:13)라고 말씀합니다. "너는 억압하지 말며"에서 '억압'은 남을 속인다거나 기만하는 것을 말합니다. 그러므로 위장 파산한다는 것은 다른 사람을 억압하고 속이며 기만하는 짓입니다.

첫 번째 질문에 대한 대답

당신이 하나님의 말씀에서 본 바와 같이, 악인 씨가 행한 위장 파산은 하늘의 하나님께서 금하신 것입니다. "너는 네 이웃을 억압하지 말며 착취(강탈, KJV)하지 말며." 이런 일은 일종의 도둑질이나 강도질과 같습니다. 즉, 다른 사람을 속이고 기만하는 일입니다.

이 일은 또한 다른 사람의 상점에 들어가서 비열하게 강도짓을 하거나 다른 사람의 주머니를 터는 일이며, 이성과 양심에 가증스러운 일이고, 자연의 법칙에 위배되는 일이며, 사전에 계획된 사악한 범죄이기 때문에 이중 범죄입니다. 일반적으로 사람들은 이렇게 대단히 사악한 일을 우발적으로 저지르지 못합니다. 사탄이 사주하는 격렬한 충동이 있었다 해도 말입니다. 이런 범행을 저지르는 사람은 범행을 의도하는 심사숙고의 시간을 반드시 가지기 마련입니다. 즉, 거짓말이나 고도로 위선적인 행동 등을 통해서 이런 가공할 만한 일들을 고안해 내는 것입니다. 그리고 이런 사악한 일을 범한 자는 맨 처음에 자기 침상에서 이미 이런 생각들을 품었다가, 이에 관한 계획을 머리에서 계속 생각하여 결국 자신이 꾀한 그 음모를 강력하게 시행하는 법입니다. 따라서 이런 사악한 일을 완성하기 위해서는 다른 많은 죄악들이 반드시 합세해야 합니다. 그 범죄가 완벽하게 성사되기까지는 여러 죄악들이 틀림없이 서로 손을 맞잡아야만 가능합니다.

성경 말씀은 이에 대해 어떻게 말씀하고 있습니까? "아무도 어떤 일에서든 도를 넘어 자기 형제를 속여 빼앗지 말라 우리가 또한 너희에게 미리 경고하고 증언한 것 같이 주께서 그런 모든 자들에게 복수하시느니라"(살전 4:6 KJV, "이 일에 분수를 넘어서 형제를 해하지 말라 이는 우리가 너희에게 미리 말하고 증언한 것과 같이 이 모든 일에 주께서 신원하여 주심이라"[개역개정]). 그런데 악인 씨가 저지른 이런 유의 파산은 자기 형제에 대한 도를 넘어, 즉 자기 형제에 대한 최소한의 도리를 넘어서서, 자기 형제를 자기가 쳐 놓은 그물로 잡아보겠다는 심산인 것입니다.

앞에서도 말한 바와 같이, 이런 일은 자기 형제를 강탈하는 일이며, 그의 호주머니를 터는 일입니다. 그것도 간교한 술책으로 당사자의 동의를 받아서 말입니다. 그러므로 이런 죄악은 그 형벌이 결코 감해질 수 없고 오히려 가중될 뿐이며, 그와 같은 죄를 범한 자는 가증스러울 뿐입니다. 이처럼 의도를 가지고 이런 죄를 범한 사람은 도저히 가망이 없으며, 도와줄 방법조차 없습니다. 그들은 자신이 쳐 놓은 기만적인 그물에 걸려든 것입니다. 하나님께서는 이 문제로 그들에게 관여하실 것입니다. 하나님께서 친히 그 복수자가 되실 것입니다. 즉, 하나님께서는 이 세상에서나 저 세상에서 이와 같은 일을 범한 모든 자들에게 복수하실 것입니다.

이와 관련해서 사도 바울도 다시 다음과 같이 증언합니다. "불의를 행하는 자는 불의의 보응을 받으리니 주는 사람을 외모로 취하심이 없느니라"(골 3:25). 즉, 도를 넘어서 형제를 속이고 그 형제들에게 악행을 저지르는 죄악을 범한 자는 그가 누구든 상관없이, 하나님께서 그가 한 행동에 대해 책임을 물으시고 그 일에 대해 복수하실 것입니다. 여기에서 예외인 자는 없을 것입니다. 왜냐하면 "주는 사람을 외모로 취하심이 없느니라"는 말씀 때문입니다.

이에 덧붙여 제가 말하고자 하는 것이 있습니다. 즉, 이웃에 대한 도를 넘어서 이웃을 속이는 악행을 저지르는 죄악은 마귀가 우리의 최초의 부모들을 부추겨 행하도록 한 최초의 못된 장난과 흡사한 것이라고 말입니다. 이런 일은 다메섹에 세워진 바로 그 모습대로 우리야가 만든 제단과 같습니다. "아하스 왕이 다메섹에서 돌아오기 전에 제사장 우리야가 아하스 왕이 다메섹에서 보낸 대로 모두 행하여 제사장 우리야가 제단을 만든지라"(왕하 16:11). 하와는 뱀이 자신을 속였다고 말했습니다. "여자가 이르되 뱀이 나를 꾀므로 내가 먹었나이다"(창 3:13). 이와 마찬가지로 악인 씨 또한 그 채권자들을 속였습니다.

의도적으로 이런 죄악을 저지르는 자는
마귀와 같은 자이다

선악과를 따먹으면 유익이 있을 것이라는 거짓 약속으로 뱀이 하와를 꾀였던 것처럼, 악인 씨도 거짓 약속으로 채권자들들 꾀였습니다. 뱀이 하와를 속일 때, 뱀이 한 말과 의도는 서로 달랐습니다. 마찬가지로 악인 씨가 채권자들을 속일 때, 그가 한 말과 의도 또한 서로 달랐습니다.

그러므로 이웃을 속이고 기만하는 자는 마귀를 닮은 자입니다. 그 사람은 하나님이나 성경 말씀이나 선한 사람을 모범으로 삼지 않고, 마귀를 모범으로 삼는 자입니다. 바로 이런 일을 악인 씨가 행한 것입니다.

두 번째 질문

이제 당신이 물은 두 번째 질문에 대해 말씀드리겠습니다. 당신이 한 질문은 이런 것이었지요?

즉, 채권자들에게 부채를 진 상태로 자신이 그 빚을 갚을 수도 없을 뿐 아니라, 더 이상 계속해서 장사를 할 수도 없는 상황에서 그 채무자는 어떻게 행동해야 하는가 하는 것입니다.

대답. 무엇보다 먼저, 자신의 처지가 이런 상황인 줄 알았다면, 그는 채권자들로부터 더 이상의 빚을 지지 않도록 해야 합니다. 작은 일 페니 하나라도 더 이상 빌려서는 안 될 것입니다. 왜냐하면 그런 일은 선한 양심을 가진 사람이라면 감히 할 짓이 못되기 때문입니다. 하지만 악인 씨는 자신이 더 이상 빚을 갚을 수 없다는 것을 알고도 계속해서 다른 사람들에게서 빚을 얻었습니다. 그는 이 모든 것을 알고도 의도둑으로 악을 행했으며, 자기 이웃을 기만하였습니다.

파산을 선언한 자들이 자신의 양심에
어떻게 대처해야 하는지에 관하여

이에 대해 하나님의 말씀은 다음과 같이 단호하게 말씀합니다. "악인은 꾸고 갚지 아니하나"(시 37:21). 그런데 이보다 더 악한 것은 자신이 다시는 돈을 갚을 수 없다는 것을 아는 그 시점에도 여전히 다른 사람에게서 돈을 빌렸다는 사실입니다. 그는 이웃의 소유를 아주 교묘하게 갈취하였습니다. 결론적으로, 이런 상황에 있는 사람에게 언급하고자 하는 첫 번째 충고는 더 이상 채권자들로부터 빚을 져서는 안 된다는 것입니다.

두 번째로는, 앞에서 말한 바와 같이 더 이상의 빚을 내는 것을 중단하고서, 자기가 빌린 그 부채들을 자신이 어떻게 해서 갚을 수 없는 처지에 이르게 되었는지, 어떤 이유로 그런 상황에 내몰리게 되었는지를 곰곰이 생각해야 합니다.

선한 충고

　간단히 말해, 자신이 해야 할 일을 게을리한 것은 아닌지, 먹고 입는 것에 너무 과도하게 재정을 허비한 것은 아닌지, 자기 소유도 아닌 것을 손해까지 보면서 무분별하게 남들에게 빌려준 것은 아닌지, 이도 저도 아니면, 심판하시는 하나님의 직접적인 손길로 그렇게 되었는지를 생각해야 합니다.

　그 이유를 살펴서, 혹시라도 자신이 해야 할 일을 게을리했기 때문이거나 가족들의 낭비 때문이거나 이와 비슷한 다른 이유에서 자신의 처지가 그렇게 되었다는 것을 알게 되었다면, 그는 자신이 사악한 죄를 지었다는 의식을 가지고 더욱 노력해야 합니다. 왜냐하면 그는 주님의 뜻을 거스르는 죄악을 범했기 때문입니다. 첫째로, 그는 자기 일을 게을리하여 식구들에게 필요한 것들을 공급하지 않았습니다. 다시 말해, 그는 자기 이마에 땀을 흘리거나 다른 정직한 방법으로 자신이 쓸 물품뿐만 아니라 가족들이 쓸 물품들을 마련하지 않았다는 것입니다(롬 12:11;딤전 5:8).

　둘째로, 먹고 입는 것에 너무 과도하게 재정을 허비한 것은 아닌지, 또는 자기 소유도 아닌 것을 남들에게 빌려준 것은 아닌지 생각해야 합니다. 이런 일들은 선한 양심을 가진 자라면 감히 행할 수 없는 일들입니다. 이것은 이성과 본성을 거스르는 일입니다. 따라서 그 일은 틀림없이 하나님을 거스르는 죄악이기도 합니다. 제가 감히 말씀드립니다. 어떤 사람이 과거에 행한 이런 일들로 인해서 빚을 진 채무자가 되었다면, 그런데도 양심에 고요함을 느끼면서 미래를 바라보며 평안하게 살아가기를 원한다면, 그 사람은 하나님 앞에서 스스로 겸비하여 자신이 과거에 행한 이런 사악한 일들을 회개해야 할 것입니다. 또한 그는 "자기의 일을 게을리하는 자는 패가하는 자의 형제니라"(잠 18:9)는 말씀을 기억해야 합니다. 자기의 일을 게을리하여 패가까지 하게 된 자는 말하자면 이중 범죄를 저지른 셈입니다.

　하지만 이 사람이 이런 상황에 처하게 된 데는 다른 이유가 있을 수 있습니다. 즉, 그는 다음과 같은 생각을 해 봐야 한다는 것입니다. 내가 어떻게 해서 지금 실패의 길에 들어서게 되었는지? 나의 부모님이 나를 잘못 키우셔서 이런 미숙한 태도로 살게 된 것인지, 아니면 내가 처음에 맞닥뜨리게 된 어떤 섭리 때문인 것인지, 아니면 하나님과 나의 부모님에 의해 정해진 처음의 내 운명에 내가 만족하지 못해서 내가 스스로 내 인생을 뒤틀어 놓은 것은 아닌지, 하는 이런 질문들을 정당하게 생각해 봐야 합니다.

이런 심사숙고를 통해서 부모나 하나님의 섭리를 통해 정해진 직업이나 그 자리에서 벗어나 새로운 길에서 이렇게 실패했다면, 다시 말해 자신이 선택한 첫 번째 지위를 겸손히 받아들이기보다는 이에 대한 교만이나 불만 등으로 인해 실패의 길에 들어서게 되었다는 것을 알게 되었다면, 그의 실패는 그의 죄악으로 인한 것이며, 그 실패는 그가 가진 교만의 산물이자 그가 첫 번째 지위를 떠난 것에 대한 하나님의 심판의 표징일 것입니다. 이 경우도 앞에서 말한 것과 마찬가지로, 주님 앞에서 겸비하여 회개해야 할 것입니다.

하지만 이런 식으로 곰곰이 생각해 본 결과, 자신의 가난이 위에서 열거한 이유들 때문이 아님을 알게 되었다면, 다시 말해 정직하게 자신의 상황을 살펴본 결과 자신의 처지가 위에서 열거한 이유들 때문이 아님을 알게 되었다면, 그는 선한 양심으로써 다음과 같이 말할 수 있을 것입니다.

당신의 파멸이 하나님의 심판으로 임했는지, 아니면 당신의 비행으로 임했는지를 알 수 있는 방법

"나는 하나님께서 그분의 섭리 가운데서 나를 두신 그 자리와 상태를 벗어나지 않았고, 오히려 내가 부름을 받은 그 부르심 가운데 하나님과 함께 하였으며, 남들에게 가혹하게 행하지 않았고, 변변찮은 음식을 먹으면서 평범한 옷차림을 하였으며, 나의 채권자들의 물건들을 직접적으로나 간접적으로나 탈취하지도 않았다."

그가 이렇게 말할 수 있는 사람이라면, 그의 몰락은 눈에 보이든 보이지 않든지 간에 하나님의 직접적인 손길로 그에게 임한 것이 분명합니다. 어떤 때는 그 파멸이 눈에 보이는 방식으로, 즉 화재나 도난이나 가축을 잃어버리거나 나쁜 장사꾼의 사악한 행동 등으로 임하기도 합니다. 또 어떤 때는 눈에 보이지 않는 방식으로 임하기도 해서, 그럴 때는 그 몰락이 어떻게 임했는지 아무도 모를 수 있습니다. 우리는 그저 진행되어가는 상황만을 볼 수 있을 뿐이지, 어떤 방식으로 그 몰락이 진행될지 알지 못합니다. 자, 그렇다면 하나님의 직접적인 손길에 의해 빵 한 조각도 남지 않게 된 사람이 있다면, 그 사람은 이제 어떻게 해야 하겠습니까?

제가 그 경우에 대해 말해 보겠습니다. 첫째로, 그 사람이 반드시 해야 할 것은 그가 자신의 부르심에 대해서 마음대로 죄악을 저지르지는 않았다 해도, 그에게 어떤 다른 죄악이 있는 것은 아닌지, 그래서 그 죄악의 열매로 자신의 처지가 그렇게 된 것은 아닌지 잠잠히 생각해 보는 것입니다. "여호와께서 의인의 영혼은 주리지 않게 하시나 악인의 소욕은 물리치시느니라"(잠 10:3).

둘째로, 하나님의 손이 그에게 임하였기 때문에 그는 하나님 앞에서 자신을 계속해서 겸손히 하면서, "하나님의 손이 내게 임하였으니, 어떤 죄로 이런 일이 내게 일어났는가?"라고 말해야 합니다. "그러므로 하나님의 능하신 손 아래에서 겸손하라 때가 되면 너희를 높이시리라"(벧전 5:6)는 말씀대로 말입니다. 그리고 자신이 저지른 어떤 죄악이 이런 심판의 계기가 되었는지를 부지런히 알아보아야 합니다. "주께서 인생으로 고생하게 하시며 근심하게 하심은 본심이 아니시로다"(애 3:33)는 말씀 때문입니다. 마음이 온통 세상일에 빠져 있었거나, 아니면 가정에서 전혀 신앙적으로 행동하지 않았거나, 아니면 다른 어떤 죄가 있을 것입니다. 수풀 속에 뱀이 있고 조롱박 속에 뱀이 있듯이, 당신의 마음속에 어떤 죄악이 있을 것입니다. 바로 그 죄악으로 인해 하나님께서 당신을 그렇게 대하시는 것입니다.

셋째로, 이렇게 한 후에 그는 스스로 다시 다음과 같은 것들을 생각해 봐야 합니다. "아마도 하나님께서는 지금 이 세상에 있는 나의 환경과 지위를 바꾸고 있는 중이실지도 모른다. 그분은 나로 하여금 세상에서 유행하는 온갖 풍성한 영광 가운데 살아가게 하셨지만, 정작 나는 내가 마땅히 해야 할 본분인, 내게 허락하신 그 선한 은혜를 기리고 그분의 영광을 크게 드러내는 일을 하지 못하였다. '그런데 여수룬이 기름지매 발로 찼도다 네가 살찌고 비대하고 윤택하매 자기를 지으신 하나님을 버리고 자기를 구원하신 반석을 업신여겼도다'(신 32:15)는 말씀처럼 나는 풍족하고 기름진 풀밭에 거하면서, 거기에서 그 복들을 발로 차 버리고 말았다. 그러므로 이제 그분은 나를 깡마르게 하고 굶주리게 하며 빈궁한 결핍 상태가 되게 하셔서 험악한 환경에서 내 인생의 남은 날들을 보내게 하셨다." 그래도 그는 불평하거나 투덜거려서는 안 됩니다. 오히려 그는 경건한 마음으로 자신을 하나님의 심판 아래에 내 맡겨야 합니다. "부한 자는 자기의 낮아짐을 자랑할지니"(약 1:10).

이렇게 하는 것은 하나님의 손길 아래 있는 자들이 해야 할 의무이기도 하지만, 도리어 특권일 수도 있습니다. 만약 당신이 이렇게 힘든 일을 감당해야 한다면, (이것은 정말 힘든 일이긴 합니다) 당신을 격려하기 위해서 저는 다음과 같은 네 가지 사실들을 생각해 보도록 권하고 싶습니다.

네 가지를 생각해 보라

1. 이렇게 하는 것이야말로 하나님의 손아래 자신을 낮추는 바른 방법이며, 나중에 하나님이 정한 시각에 다시 높여지는 방식입니다. 하나님께서 욥으로 하여금 재 가운데 앉게 하셨을 때, 욥은 그 상황을 받아들이면서 다음과 같이 말하였습니다. "주신 이도 여호와시요 거두신 이도 여호와시오니 여호와의 이름이 찬송을 받으실지니이다"(욥 1:21).

2. 비천한 상황에 처한 사람들에게는 세상 모든 사람들이 알고 있는 것 이상으로 많은 축복들이 있다는 사실을 생각하십시오.[3] 가난한 상황 속에는 그

---

3 『천로역정』에 나오는 양치기 소년들이 부르는 노래가 그 증거가 된다. "낮은 곳에 있는 자, 떨어질까 두려워할 필요 없네. / 비천한 자, 오만하지 않으며, / 겸손한 자, 영원히 / 하나님의 보호받으리." 비천한 옷을 입은 이 가난한 소년들의 가슴에는 실크와 벨벳 옷을 입은 사람들보다 더 많은 마음의 평안이 있었다 — 원주.

처지에 안주하여 다른 죄악들을 막아주는 은혜가 포함되어 있습니다. 가난한 자들은 가난하기 때문에 부자들이 하는 것처럼 하나님을 대적하는 죄를 지을 수가 없습니다(시 49:6).

3. 가난한 자들은 그들이 하나님의 섭리 가운데 보호받고 있다는 사실을 부자들보다 더 분명하게 볼 수 있습니다. 왜냐하면 부자들은 그들의 풍성한 재물들을 신뢰하기 때문입니다.

4. 하나님께서는 당신을 부한 자로 만들기 위해서 당신을 가난하게 하셨는지도 모릅니다. "내 사랑하는 형제들아 들을지어다 하나님이 세상에서 가난한 자를 택하사 믿음에 부요하게 하시고 또 자기를 사랑하는 자들에게 약속하신 나라를 상속으로 받게 하지 아니하셨느냐?"(약 2:5).

하나님의 손 아래에 있는 자들이 그 아래에서 조용히 엎드려 자신을 겸손히 한다면, 그들은 더 많은 평안을 얻게 될 것이며, 그 평안함 속에서 그에 동반되는 하나님의 축복들을 대다수의 사람들이 알고 있는 것보다 더 많이 받게 될 것이라 확신합니다. 하지만 이런 이야기는 책에 비유하자면 그 책 속에 있는 어려운 장(章)에 해당하는 부분이어서, 많은 이들이 이것을 기쁨으로 읽거나 이 충고들을 들으려고 갈망할 것이라 저는 기대하지 않습니다.

지금까지 저는 악인 씨를 염두에 두고서 파산을 선언한 자를 대상으로 말씀드렸습니다. 이제부터는 그가 채권자들과 어떻게 관계해야 하는지에 대해 말씀드리고자 합니다.

채권자들을 정직하게 대하는 방법

채권자들과 관계하고자 하는 마음을 먹은 이상 그는 오로지 정직한 방법으로 그들을 대해야 합니다. 이를 위해서는 다음과 같은 일들을 반드시 행해야 한다고 생각합니다.

먼저 시의적절하게 채권자들에게 자신의 상황을 알려야 합니다. 그리고 그들에게 다음과 같은 세 가지 일을 해야 합니다. 1. 그가 그들에게 끼친 잘못에 대해 가식 없이 진심으로 용서를 구해야 합니다. 2. 모든 것, 그가 이 세상에서 가지고 있는 모든 것을 그들 앞에 내어 놓아야 합니다. 아무것도 숨겨서는 안 됩니다. 자신이 입고 있던 옷도 그들을 위해 벗어야 합니다. 반지 하나, 숟가락 하나도 남겨 두어서는 안 되며, 그들에게서 무언가를 바라서도 안 됩니다. 3. 앞서 언급한 두 가지 사항들을 이행했음에도 불구하고 채권자들의 마음이 충족되지 않았다면, 그들에게 자신의 몸이라도 내어 놓아서 그들의 처분에 따라야 합니다. 다시 말해, 그들이 원한다면 감옥에 투옥되거나 그들의 종이 되어, 채권자들이 이성적으로 생각해 적절한 보상이 되었다고 여겨질 때까지 그들을 위해 수고하며 움직여야 합니다. 하지만 그의 노역으로 인해 궁핍으로 고난 받게 될 그의 가족들을 구제하기 위해서 약간의 것은 허용해야 합니다. 이성적으로나 양심적으로나 본성적으로나 그렇게 해서 그가 가족들을 보살피는 것이 마땅한 일일 것입니다. 이런 방식으로 그는 채권자들의 재산을 탕진하여 다 허비한 잘못에 대해 자신이 할 수 있는 한에서 어느 정도의 보상을 하게 됩니다.

이렇게 함으로써 그는 자신을 하나님의 막대기 앞에 내어 놓고, 그분의 섭리대로 처분해 주시기를 바라야 합니다. 맞습니다. 그는 그렇게 함으로써 자신의 운명, 즉 현재 상황뿐 아니라 미래의 상황도 채권자들의 처분에 맡기는 것입니다. 모든 처리를 주님께 내어 맡겨서, 그들이 그에게 어떻게 행할지를 주님께서 명하고 이끌어 주시도록 하는 것이 좋습니다. "제비는 사람이 뽑으나 모든 일을 작정하기는 여호와께 있느니라"(잠 16:33)는 말씀대로 말입니다.

채권자들은 그를 용서해 주거나 채무 변제를 위해서 그가 가진 모든 것을 빼앗거나 그의 신체에 고통을 가할 수도 있을 것입니다. 채권자들이 그에게 이렇게 하든지 저렇게 하든지 모두 다 합법적인 일들입니다. 감히 말하건대, 그는 이 모든 일들을 온전히 하나님께 내어 맡기고 그 일이 앞으로 어떻게 될지 그 결과 또한 하나님께 내어 맡길 때, 나중에라도 마음에 평안을 얻게 될 것입니다. 그리고 그 상태에서 받게 되는 위로, 즉 공평과 정의와 의무가 함께 하는 위로가 그를 더 많이 위로해 줄 것입니다. 왜냐하면 경건을 따라 주어지는 위로가 부정과 사기와 속임수의 산물로 주어지는 위로보다 사람에게 더 큰 위안을 주기 때문입니다.

게다가 이 방법은 그의 채권자들이 이미 그를 심판하였기 때문에, 하나님께서 그에게 은혜를 베풀어 주시도록 간구할 수도 있습니다. 하나님께서 채권자들에게 명하여 그에게 호의를 베풀도록 바랄 수 있으며, 그의 이런 방법이 그분께서 보시기에 기뻐하는 것이라면 하나님께서도 채권자들을 통해 호의를 베푸실 것입니다. "내게 재앙이로다 나의 어머니여 어머니께서 나를 온 세계에 다투는 자와 싸우는 자를 만날 자로 낳으셨도다 내가 꾸어 주지도 아니하였고 사람이 내게 꾸이지도 아니하였건마는 다 나를 저주하는도다 여호와께서 이르시되 내가 진실로 너를 강하게 할 것이요 너에게 복을 받게 할 것이며 내가 진실로 네 원수로 재앙과 환난의 때에 네게 간구하게 하리라"(렘 15:10-11). "사람의 행위가 여호와를 기쁘시게 하면 그 사람의 원수라도 그와 더불어 화목하게 하시느니라"(잠 16:7). 사람이 잘못한 일에 대해 힘이 닿는 대로 최선을 다해 갚으려고 애쓰는 것, 다시 말해 이 세상에서 자신이 누리던 것이나 자신의 지위나 소유 등으로 이런 때에 자신이 적극적으로 할 수 있는 범위 안에서 배상하려고 노력하는 것은 아무리 생각해도 최선의 길입니다.

그러나 이렇게 하지 않고 달리 행하는 자는 여전히 자신의 죄악 가운데 거하면서 하나님의 섭리가 이끄는 처분을 거부하는 자이며, 하나님의 길에 다다를 수 없는 높은 자리를 선택한 것입니다. 하지만 그 때 하나님의 뜻은 바로 그가 낮은 사람으로 내려오는 것입니다. 맞습니다. 그런 사람은 마음과 행동으로 다음과 같이 필사적으로 말합니다. "내가 선택한 것으로 인해 어떤 일이 일어나거나 어떤 결과가 생긴다 해도, 나는 스스로 선택할 것이며, 내 방식대로 결정할 것이다."

경청 씨: 제가 보기에 선생님께서는 지당한 말씀을 하신 것 같습니다. 그런데 제 생각에 만약 지금 이 자리에 악인 씨가 있다면, 선생님께서 하신 말씀에 대

해 다음과 같이 이의를 제기하며 반대할 수도 있지 않을까요?

"신앙 고백을 한 당신의 형제들에게나 가서 이런 교훈들을 가르치십시오. 나도 파산한 잘못을 저질렀지만, 그들도 나와 마찬가지로 파산하는 죄를 범하고 있으니까요. 그렇습니다. 저는 제 자신에 대해 편하게 생각하고 있습니다. 물론 당신은 저를 보고서, 파산을 선언한 정말 나쁜 놈이라고 말하겠지만 말입니다. 즉, 당신의 형제들이 보기에는 제가 파산할 필요가 없었는데도 파산을 감행한 자로 보일 것입니다. 물론 나에 대해서 그렇게 생각하지 않을 수도 있겠지만, 신자인 당신의 형제들도 먹는 것이나 입는 것에서 그들이 장사해 얻는 이익이나 수입으로 감당할 수 없을 만큼 높은 수준의 삶을 살아가면서, 그들이 소명으로 받은 의무를 게을리하는 죄를 범하고 있습니다. 게다가 그들도 파산을 선언하고 있다는 것은 온 세상이 너무나 잘 알고 있는 사실입니다. 그들도 파산을 선언하고서 채권자와 합의하여 채무의 일부만 변제하기를 간청하는 기술을 가지고 있습니다.

이 같은 사실은 세상 모든 사람들이 속속들이 다 알고 있는 것입니다. 또한 그들이 가진 리넨 천이나 접시나 보석류들(여기에는 때로 돈이나 물건 같은 것도 포함될 수 있다)은 아무것도 아닌 것처럼 숨긴다는 것은, 마치 일 페니에 계란이 네 개라는 사실만큼이나 공공연한 사실입니다. 이렇게 해서 그들은 사람을 속이고, 그들의 양심을 부인하며, 그들이 신앙 고백한 것에 대해 죄를 범하고 있습니다. 이런 말은 제 입으로 꺼내기조차 두렵지만, 그들은 이 모든 일에서 자기의 욕망을 채우는 것을 최우선의 목표로 삼고 있는 것이 아닌가 하는 생각까지 듭니다."

감히 말하건대, 혹시라도 악인 씨가 이 자리에서 이런 말로 선생님의 말씀을 반박한다면, 선생님은 그에게 어떤 말로 대답하시겠습니까?

나쁜 놈들이 사악함을 숨기기 위해

신앙 고백을 한다고 해도 이를 어쩌겠습니까?

현인 씨: 글쎄요. 저는 다음과 같이 말해 줄 것입니다. 하나님을 두려워하며 경건의 유익과 하나님의 백성들이 누릴 평안과 자기 영혼의 구원을 존중하는 자들, 선한 자들, 선한 양심을 지닌 자들이라면, 그와 같은 행동은 절대로 하지 않을 것입니다. 물론 당신이 말한 바와 같이 신앙 고백까지 한 사람들 가운데서도 그런 행동을 하는 자들이 있을 것입니다. 세상에 그런 신자들도 있다는 것은 어쩔 수 없는 것 아니겠습니까? 보석인 비취에도 온갖 색깔들이 존재합니다. 사람들 중에는 신앙을 고백하고서, 그 고백을 이웃의 재산을 속여 빼앗을 위장 말(stalking-horse, 사냥꾼이 몸을 숨겨 사냥감에 다가가기 위한 말 또는 말 모양의 것—역주)로 삼는 자들이 있습니다. 마치 악인 씨가 자기 아내를 속여서 그 아내가 지금 슬픔에 잠겨 있는 것처럼 말입니다. 이런 자들이 존재하는 것을 어쩌겠습니까?

옛날에도 여러 교회들이 이런 자들로 인해 고통을 받았습니다. 그러므로 오늘날처럼 위험하고 어려운 시대에 이런 자들이 있다는 것에 대해 놀라지 마십시오. 오히려 사도 바울이 이에 대해 어떤 말씀을 했는지에 주목하십시오. "너희는 불의를 행하고 속이는구나 그는 너희 형제로다 불의한 자가 하나님의 나라를 유업으로 받지 못할 줄을 알지 못하느냐 미혹을 받지 말라 음행하는 자나 우상 숭배하는 자나 간음하는 자나 탐색하는 자나 남색하는 자나 도둑이나 탐욕을 부리는 자나 술 취하는 자나 모욕하는 자나 속여 빼앗는 자들은 하나님의 나라를 유업으로 받지 못하리라"(고전 6:8-10). "너는 이것을 알라 말세에 고통하는 때가 이르러 사람들이 자기를 사랑하며 돈을 사랑하며 자랑하며 교만하며 비방하며 부모를 거역하며 감사하지 아니하며 거룩하지 아니하며 무정하며 원통함을 풀지 아니하며 모함하며 절제하지 못하며 사나우며 선한 것을 좋아하지 아니하며 배신하며 조급하며 자만하며 쾌락을 사랑하기를 하나님 사랑하는 것보다 더하며 경건의 모양은 있으나 경건의 능력은 부인하니 이같은 자들에게서 네가 돌아서라"(딤후 3:1-5).

이런 자들은 그 상태로는 절대로 구원받지 못할 것입니다. 설령 그들이 자신의 신앙을 분명하게 고백한다 해도, 그들의 입으로 한 고백으로는 경건한 자들로부터 비난을 면치 못할 것입니다. 행실이 뒷받침되지 않는 이들이 신앙 고백하는 것을 우리가 어떻게 막을 수 있겠습니까? 그런 자들이 자신에 대해서 거룩한 자, 경건한 자, 열심 있는 자, 자기를 부인하는 자 등의 호칭이나 그와 같은 영광스러운 칭호를 가져다 쓴다한들, 우리가 어떻게 할 수 있겠습니까? 반대로 그들이 자신을 일컬어 모든 행악자들 가운데 가장 나쁜 놈이며, 이루 상상할 수 없을 정도로 악한 사람이라고 한다 해도, 우리가 어떻게 할 수 없지 않겠습니까? 참으로 그들은 신앙의 수치이며, 정직한 마음을 가진 자들에게 슬픔이고, 세상에 화를 돋우는 자이며, 연약한 자들에게는 걸려 넘어지게 하는 돌입니다. 이런 화가 이 세상에 왔으며, 지금도 오고 있고, 앞으로도 계속해서 올 것입니다. 와서는 온 세상 사람들이 할 수 있는 모든 일들을 다 행할 것입니다. "실족하게 하는 일들이 있음으로 말미암아 세상에 화가 있도다 실족하게 하는 일이 없을 수는 없으나 실족하게 하는 그 사람에게는 화가 있도다"(마 18:7). 그러므로 모든 참된 그리스도인들은 이렇게 입으로만 신앙고백한 자들을 참된 신앙인으로 인정해서는 안 될 것입니다.

이런 자들을 모든 선한 사람들 가운데
한 사람으로 인정해서는 안 된다

이들은 그 행동으로 보아 이 세상에 속한 비열한 사람들과 닮은 사람으로 간주해야 할 것입니다. 그들은 악인 씨와 같은 부류의 사람들입니다. 왜냐하면 이들은 신앙에 수치일 뿐 아니라, 단언컨대 거짓되고 상점을 강탈하고 남의 주머니를 터는 자들이기 때문입니다. 제가 다시 말씀드립니다. 이와 같은 자들은 신앙인이라 하기에 부끄러운 자들입니다. 경건한 자들은 이들을 부끄러워합니다. 하나님께서는 이러한 자를 세상의 어리석은 자들 가운데 두셨습니다. 따라서 그리스도인들은 이들을 천국에 대해 지혜로운 자들 가운데 두어

서는 안 될 것입니다. "불의로 치부하는 자는 자고새가 낳지 아니한 알을 품음 같아서 그의 중년에 그것이 떠나겠고 마침내 어리석은 자가 되리라"(렘 17:11). 우리가 지금 고찰하고 있는 이 사람도 그런 자들 가운데 하나이기 때문에, 우리는 이 사람도 이런 심판에 멸망당하는 모습을 똑똑히 바라봐야 합니다.

그 입으로 신앙 고백까지 한 자! 이와 같은 악한 일을 행한 자! 이런 자들은 신앙 고백자라는 이름에 더 이상 합당치 않은 자들입니다. 옛 선지자가 이와 같은 자들, 즉 이스라엘 집에 있는 반역한 자들을 향해 말한 바와 같이, 우리도 이들을 향해 "가서 각각 그 우상을 섬기라"고 말할 수 있을 것입니다. "주여호와께서 이같이 말씀하셨느니라 이스라엘 족속아 너희가 내 말을 듣지 아니하려거든 가서 각각 그 우상을 섬기라 그렇게 하려거든 이 후에 다시는 너희 예물과 너희 우상들로 내 거룩한 이름을 더럽히지 말지니라"(겔 20:39).

떠나갈지어다. 입술로만 신앙 고백하는 자들이여. 떠나갈지어다. 그대들이 신앙 고백한 대로 그대들의 인생을 살아가지 않는다면, 이제 그만 물러갈지어다. 입술로만 신앙 고백한 자들이여. 신앙 고백을 죄와 속임수와 마귀와 지옥으로 인도하는 위장 말로 삼기보다는 차라리 신앙 고백을 하지 않는 것이 나을 것이로다. 신앙의 근본 규칙들은 이와 같은 것들을 한 치도 허용하지 않습니다.

사도 바울은 말했습니다. "마음으로 우리를 영접하라 우리는 아무에게도 불의를 행하지 않고 아무에게도 해롭게 하지 않고 아무에게서도 속여 빼앗은 일이 없노라"(고후 7:2)고 말입니다. 어느 누구를 만나든 악행을 저지르고 속이며 타락시키는 죄를 저지르는 자와 친하게 지내는 것은 성도들에게 허용된 교제가 아닙니다. 절대 그럴 수 없습니다. 그리고 이런 자들은 통상적으로 형제들의 목록에 들지 못합니다. 또한 이런 자들은 제아무리 온갖 미사여구를 동원하여 유창한 말을 한다 해도, 그들이 하는 말들은 하늘나라에도 합당하지 않으며, 이 땅에 있는 선한 양심을 가진 자들에게도 합당하지 않은 말입니다. 오, 사무엘이 말한 다음과 같은 경건한 항변이 하늘나라와 선한 양심을 가진 사람에게 합당한 말일 것입니다.

"내가 여기 있나니 여호와 앞과 그의 기름 부음을 받은 자 앞에서 내게 대하여 증언하라 내가 누구의 소를 빼앗았느냐 누구의 나귀를 빼앗았느냐 누구를 속였느냐 누구를 압제하였느냐 내 눈을 흐리게 하는 뇌물을 누구의 손에서 받았느냐 그리하였으면 내가 그것을 너희에게 갚으리라"(삼상 12:3). 그리고 다음과 같은 행동이야말로 진실로 선한 양심을 가진 자들이 할 일입니다. "모든 백성이 사무엘에게 이르되 당신의 종들을 위하여 당신의 하나님 여호와께 기도하여 우리가 죽지 않게 하소서 우리가 우리의 모든 죄에 왕을 구하는 악을 더하였나이다"(삼상 12:19). 이 사무엘의 항변에 대해 모든 회중들은 자신의 양심으로 그의 말이 정당함을 드러내 보였습니다. 그래서 그들은 마치 한 입을 가진 것처럼 한 목소리로 소리치며 말하였습니다. "당신이 우리를 속이지 아니하였고 압제하지 아니하였고 누구의 손에서든지 아무것도 빼앗은 것이 없나이다"(삼상 12:4).

입으로는 신앙을 고백하면서도 행동으로는 남을 속이는 자들이여, 그런 자들은 물러갈지어다! 신앙 고백을 한 자는 사랑의 빚 외에는 아무에게든지 아무 빚도 져서는 안 됩니다(롬 13:8). 신앙 고백을 한 자는 다른 사람들의 재물이 아닌 자신의 재물로 장사를 하여야 합니다. 설령 그것이 자기 재물이라 하여도 그가 정직하게 얻은 것이어야 하며, 그 정직도 하나님 보시기에 정직할 뿐 아니라 모든 사람들이 보기에도 정직해야 합니다. 그렇게 함으로써 그는 모든 일에서 우리 구세주이신 하나님의 가르침을 영화롭게 할 것입니다.

경청 씨: 그런데 만약 하나님께서 어떤 신앙 고백자가 하고 있는 일과 재산을 치셔서, 그가 이를 알아차리기도 전에 이미 빈털터리가 되었다면, 그 사람도 이 악인 씨와 똑같이 여김을 받아, 악인 씨가 받은 동일한 비난을 같이 받아야 합니까?

현인 씨: 그렇지 않습니다. 그가 이런 상황을 피하기 위해 할 수 있는 모든 일을 충실하게 이행했다면, 그는 악인 씨와 동류로 여겨져서는 안 됩니다. 하늘

아래에서 가장 노련한 기술을 가진 항해사가 아주 신실하게 노력을 했다 해도, 바다에서 배가 가라앉을 수 있는 법입니다. 제가 보기에는 성경에 나오는 한 선지자의 경우도 이와 마찬가지 경우였다고 생각합니다. 그 선지자는 빚을 진 채 아내를 남겨 두고 떠나는 바람에, 그의 자녀들이 채권자들에게 종으로 팔려갈 위험에 처하게 되었습니다. "선지자의 제자들의 아내 중의 한 여인이 엘리사에게 부르짖어 이르되 당신의 종 나의 남편이 이미 죽었는데 당신의 종이 여호와를 경외한 줄은 당신이 아시는 바니이다 이제 빚 준 사람이 와서 나의 두 아이를 데려가 그의 종을 삼고자 하나이다 하니"(왕하 4:1). 그 선지자는 돈의 씀씀이가 헤픈 사람이 아니었고, 그렇다고 해서 남을 속인 사람은 더더욱 아니었습니다. 왜냐하면 성경 말씀은 그를 일컬어 하나님을 경외하는 자라고 하였기 때문입니다. 그럼에도 불구하고 앞에서 말한 바와 같이 그 선지자는 아내가 갚을 수 없을 정도의 부채를 남기고 파산하였던 것입니다.

만약 하나님께서 한 사람으로 하여금 파산하게 하신다면, 도대체 누가 감히 그 하나님의 손길을 피할 수 있겠습니까? "너희가 많은 것을 바랐으나 도리어 적었고 너희가 그것을 집으로 가져갔으나 내가 불어 버렸느니라"(학 1:9)는 말씀대로 말입니다. 그리고 하나님께서는 때로 자기 백성들에게 내린 은혜들을 시험하여 그 백성과 관련된 섭리를 바꾸기 위해 우리가 가진 재물들을 빼앗아 가기도 하십니다. 그렇습니다. 하나님께서는 사악한 자들로 하여금 친히 그분의 심판을 받게 하기도 하십니다. 이 모든 일들이 성경의 욥기에서 드러납니다.

하나님께서는 때로는 자기의 백성일지라도 그들을 강하게 치시는데,
그 때 그들이 어떻게 해야 할 것인지에 관하여

그러므로 이런 일들을 생각할 때, 자신이 범한 죄악에 이런 재앙이 임하지 않게 하기 위해서라도, 사람들은 정직하게 살아가도록 주의해야 합니다. 또한 세상에서 출세를 할 때도 정상적인 수단을 써서 정직한 방법으로 조심해서

해야 하며, 그렇게 조심한 자들이야말로 세상에서 물러날 때도 경건하게 물러날 수 있습니다. 이런 경고의 말씀을 통해 사람은 자신이 하고 있는 노력, 즉 정직하고 합법적인 노력에 대해 하나님께서 축복해 주시기를 간구할 수 있습니다.

따라서 이런 말씀들을 통하여 그들은 자신이 밟는 걸음들을 부지런히 살펴서, 앞으로 나아가다가 얼음이 깨어지는 소리가 들리면 적절한 때에 다시 돌아설 수 있게 됩니다. 이런 말씀들을 생각하고 적절하게 이 말씀들을 실천했다 하더라도, 만약 하나님께서 그 사람을 강하게 치신다면, 그 때는 욥이 재를 마다하지 않았던 것처럼 그 또한 주어진 상황에 만족해야 할 것입니다. 그는 자신이 해야 할 모든 일들을 다 감당해야 하며, 절대로 하나님의 섭리에 거역해서는 안 됩니다. 오히려 적나라하게 드러난, 벌거벗은 그 몸을 치러 임하시는 그 강한 손 아래 그 몸을 낮추어야 합니다. 왜냐하면 그렇게 하지 않는 자는 하나님을 거역하여 대적하는 자이며, 다음과 같이 말한 사도 바울의 말씀에 무지한 자임을 공포하는 자이기 때문입니다. "나는 비천에 처할 줄도 알고 풍부에 처할 줄도 알아 모든 일 곧 배부름과 배고픔과 풍부와 궁핍에도 처할 줄 아는 일체의 비결을 배웠노라"(빌 4:12).

경청 씨: 하지만 악인 씨는 제가 보기에 자신이 인위적으로 만든 파산과 피치 못하게 필연적으로 일어난 파산에 대해 구분을 하지 않는 것 같습니다.

현인 씨: 맞습니다. 비록 그가 이런 차이를 구분하지 않는다 해도, 하나님은 이런 차이를 생각하시며, 양심 또한 이런 차이를 구분할 것입니다. 당신의 양심뿐 아니라, 이 모든 것들을 지금까지 보아온 모든 자들과 이와 같은 사태의 진실을 알고 있는 양심들도 이를 구분할 것입니다.

경청 씨: 잘 알겠습니다. 이 문제는 이 정도로 하고, 이제 다시 악인 씨 이야기로 돌아가면 좋겠습니다.

현인 씨: 그의 죽음과 관련된 이야기를 하기 위해서라도, 그의 생애 후반에 일어난 모든 일들에 대해 저는 제 마음을 다해 모조리 당신에게 말해 주겠습니다.

제9장

돈을 얻기 위해 악인이 행한 사기 거래

경청 씨: 그런데 죄송하지만 가능한 한 아주 간략하게 말씀해 주시면 좋겠습니다.

현인 씨: 아니, 당신은 제가 하는 이야기들이 지겨운 것인가요?

경청 씨: 그렇지는 않습니다. 하지만 많은 이야기들을 몇 마디의 말로 간단히 들었으면 합니다.

현인 씨: 솔직히 말해서 저는 그렇게 간단히 말할 수 있는 재주가 없습니다. 그래도 가능한 한 간단하게 말해보겠습니다. 그의 인생 가운데 노년기에 일어난 일은 다음에 하기로 하고, 다시 그가 벌인 사기 거래에 대한 이야기부터 시작하고자 합니다. 그가 채권자들을 어떻게 대했는지는 앞에서 이미 말한 바 있습니다. 채권자들에 대한 그의 태도는 바로 그의 고객들에 대한 태도와도 같았습니다. 그는 고객들을 그렇게 대할 수밖에 없었습니다. 그는 부정한 저울과 자를 가지고 사기를 쳤습니다. 그에게는 물건을 구입할 때 쓰는 저울과 물건을 팔 때 쓰는 저울이 따로 있었습니다.

악인 씨가 행한 다양한 사기거래,

그는 부정한 저울과 자를 사용하였다

또한 물건을 구입할 때 쓰는 자와 물건을 팔 때 쓰는 자도 따로 있었습니다. 물건을 구입할 때는 아주 큰 저울과 자를 사용하였고, 물건을 팔 때는 아주 작은 저울과 자를 사용하였습니다.

그 뿐 아니라 부득이하게 다른 사람의 저울과 자를 사용해야만 할 때는 소위 손으로 하는 교묘한 속임수를 썼습니다. 그런 속임수로 그의 고객이나 행인들이 보고 있는 와중에도 물건을 사거나 팔면서 사람들을 속이며 자기의 유익을 추구하였습니다.

그는 저울이나 자나 돈에 있어서 측정되거나 헤아린 숫자를 사람들로 하여금 잘못 적도록 하는 재주를 가지고 있었습니다. 그는 종종 이런 기술로 세속적인 이득을 누렸습니다. 이런 속임수로 인해 상대방은 당연히 손해를 보았습니다. 이런 짓을 하는 악인 씨에 대해서 당신은 어떻게 말하겠습니까? 혹시라도 그의 이런 치밀한 사기 거래에 대해 의문을 제기하는 사람이 있다면, 그는 이럴 때를 대비해 그의 종들 가운데 준비한 자를 불러내어, 그가 적은 장부나 그가 한 말에 아무 잘못이 없다고 그 종으로 하여금 장담하거나 맹세까지 하도록 하였습니다. 이것이 바로 악인 씨가 행한 일이었습니다. 당신은 이런 짓을 하는 악인 씨에 대해 어떤 생각이 듭니까?

경청 씨: 그가 어떤 사람인지는 생각할 필요조차 없을 것 같습니다! 제 머릿속에는 그가 홀로 방치된 사람으로서 정말 나쁜 놈이라는 생각 외에는 다른 생각이 들지 않습니다. 그가 저지른 다른 짓들도 마찬가지이겠지만, 앞서 들은 이런 일들은 정말 나쁜 일이기 때문입니다. "나무는 각각 그 열매로 아나니"(눅 6:44)라는 말씀과 같이, 진실로 그 열매로 인해 그 나무가 어떤 나무인지 알게 된다면, 이 악인 씨는 악한 나무인 것이 틀림없습니다. 그래도 제가 좀 더 그에 대해 확신할 수 있도록, 하나님의 말씀에 비추어 그가 행한 이 악한 행실에 대해 자세히 말씀해 주시면 좋겠습니다. 무엇보다도 그가 이렇게 부정한 저울

과 자를 사용한 것에 대해서 말씀해 주십시오.

현인 씨: 그가 행한 것은 엄청난 악이지요! 그가 행한 악은 모든 사람이 눈으로 다 볼 수 있는 그런 악이었으니까요. 많은 점에서 짐승이나 야수처럼 살고 있는 이방인들도 이런 사악한 일에 대해서는 가증스럽게 여기고 기피합니다. 지나가는 사람을 불러다가 이런 일들을 그저 지켜보게 해 보십시오. 그러면 그 사람은 이 비열한 짓을 보는 것만으로도 자연의 빛에 의해서 그런 짓들을 역겹게 여길 것입니다. 물론 악인 씨는 그런 짓들을 사랑하겠지만 말입니다.

경청 씨: 이런 짓을 금하는 성경 말씀 가운데서 몇 개의 말씀들을 들려주시겠습니까?

공정한 저울과 자에 대하여

현인 씨: 예, 그렇게 하겠습니다. 먼저 구약 성경을 보면 "너희는 재판할 때나 길이나 무게나 양을 잴 때 불의를 행하지 말고 공평한 저울과 공평한 추와 공평한 에바와 공평한 힌을 사용하라"(레 19:35-36)는 말씀이 있습니다. 이것이 바로 하나님의 법입니다. 다시 말해, 이것은 이 땅에 사는 모든 사람들이 마땅히 순복해야 할 법인 것입니다. 또한 다음과 같은 말씀도 있습니다. "너희는 공정한 저울과 공정한 에바와 공정한 밧을 쓸지니"(겔 45:10). 앞에서 저는 하나님께서 기뻐하시는 법에 대해 말씀드렸으니, 이제는 그 법을 어기는 것에 대해 하나님께서 어떻게 생각하는지를 말씀드리겠습니다. "속이는 저울은 좋지 못한 것이니라"(잠 20:23). "속이는 저울은 여호와께서 미워하시나 공평한 추는 그가 기뻐하시느니라"(잠 11:1).

부정한 저울과 추와 자를 사용하는 악에 대하여

어떤 사람은 공정한 저울과 부정한 추를 함께 가지고 있습니다. 이 부정한 추와 공정한 저울을 함께 사용함으로써 그들은 나라 전체를 속이고 있습니다. 하나님께서는 무엇보다도 저울을 공정하게 만들 것을 명하셨고, 우리가 그 공정한 저울을 가지고 있어야 한다고 말씀하셨습니다. 먼저 저울을 공정하게 만들지 않는다면, 우리가 공정하다고 생각한 저울을 가지고 있다 해도, 우리는 사람을 속이는 사기꾼이 되기 때문입니다.

이처럼 하나님께서는 인간들에게 공정한 저울을 가질 것을 명하신 후에, 거짓 저울을 미워하신다는 사실을 증언하셨습니다. 그리고 나서 계속하여 저울추와 되에 대해서도 말씀하셨습니다. "너는 네 주머니에 두 종류의 저울추 곧 큰 것과 작은 것을 넣지 말 것이며 네 집에 두 종류의 되 곧 큰 것과 작은 것을 두지 말 것이요 오직 온전하고 공정한 저울추를 두며 온전하고 공정한 되를 둘 것이라 그리하면 네 하나님 여호와께서 네게 주시는 땅에서 네 날이 길리라 이런 일들을 행하는 모든 자, 악을 행하는 모든 자는 네 하나님 여호와께 가증하니라"(신 25:13-16). 이런 말씀에도 불구하고 악인 씨에게는 구입할 때에 사용하는 것과 판매할 때에 사용하는 것이 다른 저울추와 되가 있었습니다. 또한 그의 집에는 두 종류의 저울추 곧 큰 저울추와 작은 저울추까지 있었습니다. 자, 보십시오. 성경은 이 문제에 있어서 얼마나 여러 번에 걸쳐, 얼마나 엄밀하게 말씀하고 있는지 모릅니다. 그럼에도 불구하고 아마도 다음과 같은 반론이 가능할 것입니다. 즉, 이 모든 것은 구약의 법이므로 신약 아래 살고 있는 우리와는 전혀 관계가 없다고 말입니다. 물론 저는 나의 이웃인 당신 같은 분이 이런 반대를 하리라고는 생각하지 않습니다. 그래도 기왕 말이 나왔으니, 이 어리석은 반대에 대해 대답을 하려고 합니다.

구약과 신약은 모든 사람에게 자신의 저울과 자를 정직하고 공정하게 사용하도록 명하고 있다

먼저, 이런 반론을 제기하는 자가 만약 성경 말씀의 권위를 무너뜨리려는 취지로 이 주장을 제기한 것이라면, 그는 스스로 악인 씨의 사촌임을 드러낸 것입니다. 왜냐하면 공정한 사람은 이 명령에 대해 기꺼이 경외하는 말을 할 것이기 때문입니다. 그러므로 이 성경 본문에 대해 반대하는 자는 그 속에 선한 어떤 것이 있다 해도, 선한 양심이라고는 그 마음에 거의 없는 사람이지 않은가 하는 생각이 듭니다. 우리가 신약을 살펴본다면, 거기에서도 그리스도께서는 이 문제를 구약과 마찬가지로 동일하게 확증하여 말씀하고 있다는 사실을 알게 될 것입니다.

신약에서 그리스도께서는 후한 저울은 물론이고, 다른 사람에게 되어 줄 때에도 후하게 되어 줄 것을 명하셨습니다. 그분은 이 말씀과 함께, 이렇게 하지 않는 자들은 이 말씀대로 행하는 자들을 보고서 그들로부터 권면을 받도록 하셨습니다. "곧 후히 되어 누르고 흔들어 넘치도록 하여 너희에게 안겨 주리라 너희가 헤아리는 그 헤아림으로 너희도 헤아림을 도로 받을 것이니라"(눅 6:38). 간단히 말해서, 후히 되어 준 자는 하나님으로부터 후하게 되어 도로 받을 뿐 아니라, 다른 사람으로부터도 후하게 되어 도로 받는다는 말씀입니다. 하나님께서는 거짓된 자가 가진 것을 빼앗으심으로써 그에 대한 분노를 보여 주실 것입니다.

이와 마찬가지로 하나님께서는 거짓된 자의 재산을 압제하는 자에게 넘겨 줄 것입니다. 이는 그가 이웃의 재산을 탈취하였으니, 고리대금하는 자가 그의 소유를 다 빼앗게(시 109:11) 하는 것입니다. 그러므로 성경은 다음과 같이 말씀합니다. "화 있을진저 네가 학대하기를 그치면 네가 학대를 당할 것이며 네가 속이기를 그치면 사람이 너를 속이리라"(사 33:1). 신약성경 또한 사람들이 행하는 상거래를 면밀히 검토하고 있습니다. 심지어 그들이 가진 저울이나 자까지 검토하였다는 사실은 다음과 같은 일반적인 권면에서 분명히 드러납니다.

우리가 말하고자 하는 바에 딱 들어맞는 성경 말씀들

"속여 빼앗지 말라"(막 10:19), "너희가 서로 거짓말을 하지 말라"(골 3:9), "아무도 어떤 일에서든 도를 넘어 자기 형제를 속여 빼앗지 말라 우리가 또한 너희에게 미리 경고하고 증언한 것 같이 주께서 그런 모든 자들에게 복수하시느니라"(살전4:6 KJV), "무슨 일을 하든지 마음을 다하여 주께 하듯 하고 사람에게 하듯 하지 말라"(골3:23), "또 무엇을 하든지 말에나 일에나 다 주 예수의 이름으로 하고"(골3:17), "그분의 영광을 위하여" 등의 여러 말씀들이 있습니다. 이 모든 금지와 명령들은 사람들 사이에서, 우리의 삶과 그들 사이에서 우리가 하는 대화들에 주의할 것을 말하고 있습니다. 다시 말해, 우리가 맺는 관계와 사람들과 행하는 거래와 관련하여 거짓으로 속이는 것을 금하는 것입니다. 결론적으로 말하자면, 이 모든 말씀들은 부패한 모든 행동들을 우리가 행하지 말기를 권하고 있는 것입니다.

지금까지 저는 한두 말씀으로 이런 일들이 모두 악하다는 것을 보여드렸습니다.

거짓 저울과 자가 발견되는 곳

다음으로 저는 이런 일들을 행하는 사람들을 설득하기 위해서 이런 일들이 어디에서 일어나고 있는지를, 하나님께서 하신 말씀을 통해 말씀드리겠습니다.

1. 이런 악한 일들은 선하고 경건한 사람의 집에서는 찾아볼 수 없습니다. 왜냐하면 그들은 그들이 섬기는 하나님과 마찬가지로 이런 악한 일들을 가증스럽게 생각하기 때문입니다. 이런 일들은 악인 씨처럼 악을 행하는 자들의 집에서 볼 수 있습니다. 미가 선지자는 "악인의 집에 아직도 불의한 재물이 있느냐? 축소시킨 가증한 에바가 있느냐?"(미 6:10)라고 말했습니다. 이런 일들은 하나님께서 금하신 것이며, 이 일들을 행하는 자들을 대적하여 하나님께서 격노하신 조짐들이 있음에도 불구하고, 여전히 이런 일들이 일어난다는 것에 대해 선지자는 통탄하고 있습니다! 오, 사악한 인간이 그의 달콤한 죄악의 유익들을 내어놓는다는 것이 그로서는 얼마나 하기 싫은 일이겠습니까? 사악한 인간은 그 속임수를 강하게 붙들고서 그것을 내어놓기를 거부하고 있습니다.

무자비하고 압제를 좋아하는 자들이 가지고 있는 것

2. 이렇게 속이는 저울과 자는 자비로운 마음을 지닌 사람의 집에서는 찾아볼 수 없고, 오히려 잔인한 사람의 집에서 찾아볼 수 있습니다.

또한 압제를 좋아하는 자의 집에서도 찾아볼 수 있습니다. "그는 상인이라 손에 거짓 저울을 가지고 속이기를 좋아하는도다"(호 12:7). 그는 압제와 잔인함에 노출되어 일을 할 때 그런 사악한 짓들을 행합니다. 그렇습니다. 그는 아주 대단한 사기꾼으로서 앞서 악인 씨가 파산을 한 것과 관련하여 제가 언급한 것처럼 사람들을 잘 속이는 자입니다. 그가 속이는 저울과 자를 사용하는 것은, 지갑을 빼앗거나 남의 호주머니를 터는 것처럼 악하고 비열한 짓이라는 사실을 이쯤에서 다시 한 번 언급하고 싶습니다. 왜냐하면 부정한 저울과 자를 사용하는 것은 노골적인 강도짓이기 때문입니다. 다시 말해, 다른 사람의 소유인 물건, 즉 그 사람이 돈을 지불하고 구입한 물건을 빼앗는 것이기 때문입니다.

가난한 자들을 삼키려는 자들이 가지고 있는 것

3. 속이는 저울과 자는 가난한 자들의 배를 먹을 것으로 채워 주며, 그들의 허리를 감쌀 것을 주는 자들의 집에서는 찾아볼 수 없습니다. 한 마디로 그들을 집어삼키려는 자들의 집에서만 찾아볼 수 있는 것입니다.

"가난한 자를 삼키며 땅의 힘없는 자를 망하게 하려는 자들아, 이 말을 들으라 너희가 이르기를 월삭이 언제 지나서 우리가 곡식을 팔며 안식일이 언제 지나서 우리가 밀을 내게 할꼬 에바를 작게 하고 세겔을 크게 하여 거짓 저울로 속이며 은으로 힘없는 자를 사며 신 한 켤레로 가난한 자를 사며 찌꺼기 밀을 팔자 하는도다 여호와께서 야곱의 영광을 두고 맹세하시되 내가 그들의 모든 행위를 절대로 잊지 아니하리라 하셨나니"(암 8:4-7). 이처럼 부정한 저울과 자를 사용하는 것은 하나님 보시기에 실로 가증스럽고 비열한 짓입니다.

4. 하나님께서는 거짓된 저울과 자를 사용하는 사람을 부정한 자라고 부

르시며, 이들을 이 이름 외에 다른 이름으로 부를 수 있다는 생각 자체를 가증한 것으로 여기십니다. "내가 만일 부정한 저울을 썼거나 주머니에 거짓 저울추를 두었으면 깨끗하겠느냐?"(미 6:11) 절대 그럴 수 없습니다. 그들은 부정한 자들입니다. 그들의 손은 더럽고, 그들이 속여서 얻은 부정한 이익들은 그 집 안에 있습니다. 그들은 악한 탐심을 갈망함으로써 그 이익들을 얻게 되었습니다. 그러므로 그들은 이 세상에 있는 부정한 자들로 여김을 받으며, 사악한 자들로 여김을 받을 수밖에 없고, 앞으로도 계속해서 그렇게 여김을 받을 것입니다.

지금까지 제가 드린 말씀을 통해 당신은 하나님의 말씀이 이 죄악을 전적으로 금하고 있으며, 이 부정한 죄를 행하는 것을 얼마나 분명하게 대적하고 있는지 알았을 것입니다. 따라서 악인 씨의 이름은 경건한 자들의 목록에 들 수 없습니다. 우리가 본 바와 같이 그는 여러 악한 일들로 이웃 사람들을 속이고 사기를 쳤기 때문입니다.

경청 씨: 그럼에도 불구하고 부정한 저울과 자를 사용하는 것, 다시 말해 이런 것들을 사용하여 사람들을 속이는 것이 그리 큰 죄가 아니라고 생각하는 사람들이 분명히 있을 것이라고 저는 확신합니다.

현인 씨: 이런 일들이 사람에 따라서 악덕으로 여겨지든 아니면 미덕으로 여겨지든, 그것은 전혀 중요한 것이 아닙니다. 왜냐하면 당신도 여러 성경 말씀들을 통해서 보았듯이, 그런 죄악에 내려질 하나님의 심판이 중요하기 때문입니다. 악인 씨도 이것을 죄악으로 여기지 않았으며, 지금도 여전히 그의 길을 답습하여 걸어가고 있는 자들이 많이 있습니다. 그러나 분명히 말합니다. 사람들이 이 문제를 어떻게 여기느냐 하는 것은 전혀 중요하지 않습니다. 우리는 오직 하나님의 심판에만 집중해야 합니다. 왜냐하면 우리가 다른 사람들에게 무게를 달아주거나 길이를 재어줄 때, 그 때 하나님께서는 우리 자신과 우리가 행한 행동들을 달아보거나 재어보실 것이기 때문입니다. 하나님께서는 그렇게 행하십니다. 그것도 즉시 행하실 것입니다. "데겔은 왕을 저울에 달아

보니 부족함이 보였다 함이요"(단 5:27)라는 말씀처럼, 하나님의 저울에 달아보아 자신과 자신의 행동에 부족함이 보인 사람은 화를 면치 못할 것입니다. 하나님께서는 그 사람을 하나님의 존전과 자비와 나라에서 영원히 물리치실 것입니다. 그제야 그는 자신이 행한 부정하고 악한 행위에 대해 그 보응이 자기 머리에 떨어졌음을 알게 될 것입니다.

경청 씨: 그런데 정말 기이한 일입니다. 악인 씨가 이처럼 일상적으로 악행을 저질렀는데도 불구하고, 그의 부정을 눈치 채고서 그 사악한 일에 대해 비난하는 사람이 아무도 없었다니, 정말 이상합니다.

현인 씨: 왜냐하면, 그는 거의 대부분의 사람들을 자신의 속임수로 속여 버렸기 때문입니다. 그가 가진 저울, 그가 가진 부정한 저울, 후하게 달아 주는 추, 그리고 덤으로 얹어 주는 척하는 교묘한 손놀림 등으로 그는 어떤 때는 소수의 사람들을 속였고, 또 어떤 때는 전보다 더 많은 사람들을 속이면서, 결국 자신이 거래하는 대부분의 사람들을 속였던 것입니다.

악인 씨가 사람들을 속이고, 자신의 속임수를 숨긴 방법들

게다가 그가 이렇게 야바위 같은 거래를 한 상대들은 자신의 경건을 과시하려는 맹인 같은 사람들이었으며, 때로 그는 구매자들을 말로 위협하기도 하였습니다. 솔직히 말해서, 이 악인 씨가 처음부터 이렇게 속임수에 능한 사람은 아니었습니다. 그의 속임수는 경건한 척하는 것으로부터 시작되었습니다. 비록 그의 형제들 가운데 몇몇이 이 방면에서 전문가이기도 하고, 그의 누이들 중에서도 몇몇이 수준급이긴 해도, 그의 속임수는 그 당시 변변치 못한 속임수에서 시작하였습니다. 제가 처음부터 당신에게 말했다시피, 그렇게 많은 사기꾼들 가운데 선한 자들은 단 한 사람도 없었습니다. 저울과 자와 관련된 일이라면, 악인 씨는 고객들을 위협하고 맹세하고 거짓말 등을 했기 때문에, 그들 가운데 단 한 사람도 그의 속임수에서 벗어날 수 없었습니다.

경청 씨: 그리고 보니 그는 추를 달아 줄 때는 후하게 달아 주면서도, 저울로

잴 때는 야박하게 달아 준 것 같군요. 물론 둘 다 야박하게 거래하는 것보다는 그래도 한 쪽을 후하게 달아 주는 것이 더 나아보이기는 하겠네요.

후하게 달아준 추와 야박한 저울이 그의 속임수의 핵심이었다

현인 씨: 그런데 전혀 그렇지 않았습니다. 바로 거기에 그가 부린 속임수의 묘미가 있었습니다. 그와 거래를 한 사람이 어느 때에 찾아와서 그가 저울을 야박하게 달아 주었다고 비난을 하며 물건의 무게를 제대로 달아 줄 것을 원하면, 그는 도리어 "도대체 이 사람아, 당신은 저울을 달 때 뭘 보고 있었소? 당신의 두 눈으로 똑똑히 보고도 믿지 못하겠다는 말이오? 정 당신이 나의 저울을 믿지 못하겠거든, 어디 당신이 원하는 곳으로 가서 한번 달아 보시오. 내가 분명히 말하지만, 내가 단 저울은 공정한 저울이고, 나는 후하게 달아 주었소"라고 대답하였습니다. 그는 이런 식으로 자신이 가지고 있는 저울의 눈금에 대해서도 동일하게 말하였습니다. 그렇게 그는 자기 저울로 모든 사람의 눈을 속였던 것입니다.

경청 씨: 정말 야비하게 속이는 짓을 했군요. 선생님께서 말씀하신 바와 같이, 사람이 다른 사람들의 눈을 속이기 위해서는 어떤 말이나 행동을 틀림없이 했을 것입니다. 제가 보기에 이 악인 씨도 사람들을 속이기 위해서 어떤 행동이나 말을 틀림없이 했을 것 같습니다.

현인 씨: 맞습니다. 그에게는 사람의 눈을 속이는 많은 수법들이 있었습니다. 하지만 경건한 척하는 수법은 더 이상 사용하지 않았습니다. 물론 그 수법으로 그의 아내를 속이긴 했지만, 그는 더 이상 그 수법을 쓸 수 없었습니다. 왜냐하면, 특히 그의 집 근처에 사는 사람들이 그의 가식을 너무나 잘 알고 있기 때문이었습니다. 그가 온 힘을 다해 아무리 경건한 척 흉내를 낸다 해도 그들이 다 알아차리는 바람에, 그의 수고는 허사가 되기 일쑤였습니다. 하지만 이런 경건을 가장하여 속이는 방면에서 거의 대가 수준으로 악한 자들이 있습니다. 그들은 일생을 그렇게 경건한 척하면서 살아갈 것입니다.

그러나 이 모든 끔찍한 죄악들에 대해 그들은 죄책을 받게 될 것입니다. 물론 경건을 흉내 내는 자체가 최악의 죄악도 아니고, 자신이 경건하다고 신앙고백을 하는 것이 최고의 죄악도 아닐 것입니다. 하지만 일찍이 루터는 "모든 해악들은 하나님의 이름으로 시작된다."[1]고 말하였습니다. 이 죄악이 바로 그런 것입니다. 외식하는 자들은 하나님의 이름과 경건을 두루 혼용하여 자신들이 저지르는 죄악을 농익게 하는 것 외에 달리 할 수 있는 일이 없을 것입니다. 그리하여 그들은 회칠한 무덤이 될 것입니다. 바로 이 회칠, 즉 경건이라는 회를 통해서 자신들의 더러운 행동들을 감추려는 것입니다(마 23).

다른 사람의 눈을 속이는 속임수 씨(Mr. Cheat)의 비행은
경건이라는 망토를 두르고 있었다

그들은 또한 잘 드러나지 않는 평토장한 무덤 같아서(눅 11:44), 그 위를 밟는 사람들, 즉 그들과 관계를 맺는 사람들이 그들의 참된 모습을 알지 못합니다. 오히려 사람들은 그들에게서 속게 될 뿐입니다. 그렇습니다. 그래서 때로 다음과 같은 일들이 벌어지기도 합니다. 무슨 일인가 하면, 구매자의 마음에 저울과 자에 대한 의심이 생기기도 하는 것입니다. 그럴 때면 구매자는 혹시 내가 사기를 당한 것은 아닌가 하는 의구심을 갖게 됩니다.

하지만 이내 그 판매자의 경건한 모습을 마음에 떠올리면서, "그렇게 경건하며 선한 판매자가 문제가 아니라 바로 내 자신이 문제일 것"이라고 생각해 버립니다. 그렇게 경건하게 보인 판매자가 감히 자신을 속일 것이라고는 꿈에도 생각할 수 없기 때문입니다. 설령 그 구매자가 이 모든 속임수를 알아버렸다 해도, 즉 자신이 사기를 당했다는 것을 구매자가 분명하게 알아버렸다 해도, 판매자는 구매자에게 보상을 해주는 것으로 모든 문제를 무마시킬 것입

---

1 in the name of God begins all mischief. 공포와 강탈과 사망 등 교회에서 사용된 많은 도구들이 "하나님의 이름으로 아멘"이라는 말과 더불어 시작되었다. 이 거룩한 이름이 가장 야비한 목적에 이용되면서 지금까지 신성모독적으로 변질되었으며 지금도 끔찍할 정도로 악용되고 있다─원주.

니다. 그럴 때는 아마도 이 모든 일의 비난이 판매자의 종들이나 다른 사람을 향하도록 할 것입니다. 그렇게 해서 이 속임수 씨(Mr. Cheat)는 고객의 눈에는 올바르고 정직한 사람으로 비칠 수 있을 것입니다. 다음번에도 그 고객의 주머니를 다시 털 것이지만 말입니다.

이들의 속임수는 관행일 뿐이라고 두둔하는 어떤 이들

이들의 속임수에 대해 어떤 이들은 이 사기꾼들의 사기 행각이 하나님의 심판대 앞에서만 비로소 중단될 수 있는 관행이라고 그들을 두둔하기도 합니다.

또 어떤 이들은 그렇게 정확하지 않은 저울과 자를 원하는 사람들이 버젓이 있었기 때문에, 그들이 이런 일들을 행한 것은 어찌 보면 당연한 것이었다고 말하기도 합니다. 하지만 이 모든 일에 있어서 그들에게는 남을 속이려는 꿍꿍이가 있었습니다. 물론 그런 꿍꿍이가 없었다 해도, 그들은 "너는 마땅히 공의만을 따르라"(신 16:20)는 말씀을 알고 그 말씀대로 행해야 했습니다. 가령 내가 놋으로 만들어진 반 크라운(half-crown)으로 사기를 당했다고 해서, 나도 그 돈으로 다른 사람을 속여야만 하겠습니까? 부분적으로 악한 일들은 전체적으로도 악할 뿐입니다. 당신이 물건을 구매할 때 어떤 거래를 했든 간에, 설령 속아서 물건을 구매하게 되었다 해도, 당신은 그 물건을 판매할 때는 반드시 공정하게 팔아야만 합니다. 그렇지 않으면 당신은 당신의 영혼을 대적하여 죄를 범하는 것이며, 그로 인해 당신은 악인 씨와 같은 사람이 되는 것입니다. 그러므로 관행상 속임수를 썼다는 변명은 일고의 가치도 없는 말입니다. 하나님의 심판대 앞에서 중요한 것은 관행이 아니라 선한 양심이기 때문입니다.

경청 씨: 제 생각에도 다른 사람들을 속여서 취한 이득은 아무 소용이 없을 것이라는 확신이 드는군요.

현인 씨: 저도 당신과 같은 생각입니다. 그러나 이런 악인들은 당신과 제가 생각하는 것을 전혀 고려치 않을 것입니다. 그들은 앞에서 우리가 말한 바와 같이, 이미 가지고 있으면서도 다른 것을 얻을 수만 있다면 좋다고 생각하고, 얻

을 수만 있다면 눈에 보이는 것뿐만 아니라 심지어 마귀까지도 얻을 수 있다고 생각합니다. 그들은 그 얻은 것에 대해 흡족해하면서, 그들이 얻은 것을 아주 대단하게 여깁니다.[2]

그렇게 해서 얻은 이득은 아무 소용이 없는 것들입니다! 그런데도 왜 그들은 이런 것들을 고려하지 않는 것일까요? 그들은 우리가 생각하는 것들을 절대로 생각하지 않을 것입니다. 결코 생각할 수도 없을 것입니다. 그들은 전능한 하나님께서 임하시는 그 날에 그분 앞에서 받을 심판을 생각조차 할 수 없을 테니까요. 그러므로 현재 그들이 가진 것, 즉 잘못된 방법으로 취한 것들은 아무 소용도 없는 헛된 것들에 불과합니다.

속이고 기만하는 자들은 아무것도 얻지 못한다

당신에게 좀 더 직설적으로 말씀드리겠습니다. 이런 식으로 얻은 것은 그들 자신에게도 전혀 유익한 것이 못 됩니다. 그들의 유익과는 전혀 거리가 먼 것으로, 그런 이득은 그들에게 전혀 도움이 되지 않습니다. 그런 유익으로 인해 그들은 자기의 영혼을 잃기 때문입니다. "사람이 만일 온 천하를 얻고도 자기 목숨을 잃으면 무엇이 유익하리요"(막 8:36)라는 말씀대로, 그는 그 얻은 것을 궁극적으로 잃게 됩니다. 다시 말해, 그는 이런 방식으로 얻은 것을 아주 크게 잃고 마는 것입니다. 이런 자야말로 소탐대실(小貪大失), 즉 한 푼을 아끼려다 열 냥을 잃는 셈이며, 반 페니의 가치를 하는 콜타르를 얻고자 자신의 좋은 양을 잃는 자와 같습니다.[3] 그는 이 세상의 사소한 것을 위해서 영혼을 잃은 자입니다.

---

2 이것이야말로 서글픈 착각이다. 이런 식으로 얻는 것은 일종의 저주이다. 여호와께서는 말라기 선지자를 통해 다음과 같이 말씀하셨다. "속여 내게 드리는 자는 저주를 받으리니"(말 1:14). "내가 너희에게 저주를 내려 너희의 복을 저주하리라"(말 2: 2)―원주.

3 번연 당시 콜타르는 양에게 먹이는 약으로 사용되었다―원주.

그렇다면 과연 그가 이렇게 손해와 손실을 겪음으로써 얻게 되는 것은 무엇입니까? 그는 장차 임할 내세에 관한 것을 얻은 것이 아니라, 오히려 그것을 잃게 된 것입니다. 그리고 이 세상에서도 수고와 슬픔과 영혼의 고통과 절망 외에, 도대체 그가 얻는 것이 무엇입니까? 사람들은 복 받기를 염원하고 있습니다. 제가 여기서 말하는 복은 이 세상에서 받게 되는 덧없는 복입니다. 그러나 앞서 언급한 것처럼 비열한 방식으로 이 복을 얻는 자는 결코 영원한 복을 얻지 못할 것입니다. 이런 악한 방식을 좇아 처음부터 속히 그 유업을 얻었다 하더라도, 끝에는 축복을 받지 못할 것입니다. "그러나 네 모든 죄로 말미암아 네 국경 안의 모든 재산과 보물로 값없이 탈취를 당하게 할 것이며"(렘 15:13), "내가 네 재산과 네 모든 보물과 산당들로 노략을 당하게 하리니"(렘 17:3)라는 말씀대로 말입니다. 실제로 그들은 그 업적을 성취하였으며 또한 그 업적을 유지하고 있다고 생각할 것입니다. 그러나 솔로몬은 이에 대해 무엇이라고 말했습니까? "여호와께서 의인의 영혼은 주리지 않게 하시나 악인의 소욕은 물리치시느니라"(잠 10:3).

제가 말한 바와 같이 지금은 그들이 얻은 것들을 가지고 즐기겠지만, 그것이 그들에게는 전혀 유익한 것이 되지 않을 것입니다. 게다가 그것을 오래도록 간직할 수도 없을 것입니다. 이에 대해서는 제가 확실히 장담할 수 있습니다. 왜냐하면 하나님께서 그것을 그들의 당대, 아니면 그 다음 세대에 거두어 가실 것이기 때문입니다. 욥의 경우가 보여준 바가 바로 그러합니다. 악인인 "그가 준비한 것을 의인이 입을 것이요 그의 은은 죄 없는 자가 차지할 것"(욥 27:17)입니다.

잠언에 기록된 말씀도 곰곰이 생각해 보십시오. "선인은 그 산업을 자자손손에게 끼쳐도 죄인의 재물은 의인을 위하여 쌓이느니라"(잠 13:22)고 말씀합니다. 그렇다면 도대체 정직하지 않은 방법으로 얻은 것으로 과연 그가 실제로 얻은 것은 무엇입니까? 확실히 그는 죄악과 진노와 지옥과 저주를 얻었을 뿐입니다. 이것 외에 그가 얻은 것이 있다면, 과연 이 외에 그가 얼마나 다른 것을 많이 얻었는지 말해 주시기 바랍니다.

제가 말하려는 바는 죄악과 진노 등이 그가 얻은 것들이란 점입니다. 따라서 다윗과 욥이 말한 바를 우리도 담대하게 말할 수 있을 것입니다. "볼지어다 이들은 악인들이라도 항상 평안하고 재물은 더욱 불어나도다"(시 73:12). "내가 미련한 자가 뿌리 내리는 것을 보고 그의 집을 당장에 저주하였노라"(욥 5:3). 왜냐하면 그는 도저히 형통할 수 없는 자이기 때문입니다. 그는 한동안 허둥지둥하며 화를 내면서 야단법석을 떨기도 하겠지만, 하나님께서는 그와 그가 얻은 이익들을 마치 기름처럼 녹여 버리셔서, 눈여겨보는 자는 누구나 다 이를 볼 수 있게 하려고 작정하셨습니다. 부정한 방법으로 많은 것을 얻고서, 두터운 진흙으로 짐을 진(합 2:6 KJV, "볼모 잡은 것으로 무겁게 짐진 자"[개역개정]) 불의한 자들이여 볼지어다. 머지않아 그 재물들은 썩어 사라질 것이며, 그와 그 다음 세대까지도 파산하여 거지꼴을 면치 못할 것이로다. 이 악인 씨도 돈을 버는 자신만의 교활하고 간사한 계략에도 불구하고 빈털터리가 되어 죽고 말았습니다. 물론 그가 정말로 일 파딩 짜리 하나 없는 거지가 되어 죽었는지는 아무도 알 수 없지만 말입니다.

경청 씨: 선생님 말씀대로 그는 사람이 돈을 벌거나 취할 수 있는 수단, 즉 자신에게 있는 모든 악한 계략들을 다 사용하였다는 생각이 듭니다. 그래서 그는 한평생 부자로 살았을 것이라고 다른 사람들은 생각할 것 같습니다.

악인 씨가 범한 또 다른 악한 계략들

현인 씨: 그가 돈을 얻기 위해 사용한 모든 악한 계략들이 이뿐이라고만 생각한다면, 그건 너무나 성급한 판단입니다. 왜냐하면 그에게는 앞에서 언급한 계략 외에도 더 많은 계략들이 있었기 때문입니다. 가령 이런 식입니다. 그의 고객이 어떤 물건을 예약하여 구매하고자 할 때면, 다시 말해 구매자가 예약을 통한 장점들을 기대하고 예약으로 구매하려고 하면, 판매자는 무슨 일이 있어도 구매자가 예약한 물건을 구비해 놓는 것이 당연한 데도 불구하고, 악

인 씨는 자기가 가진 물건 가운데서 최악의 물건, 즉 거의 사용할 수 없는 제품을 그에게 두말하지 않고 판매하였습니다. 더구나 한술 더떠서 그렇게 못쓸 물건에다가 최고의 가격을 붙여서 팔았다는 것입니다. 쓰레기 같은 밀이나 최악의 밀을 팔면서, 세겔을 크게 하고 가격을 올리는 자들의 경우와 같았습니다. "에바를 작게 하고 세겔을 크게 하여 거짓 저울로 속이며 은으로 힘없는 자를 사며 신 한 켤레로 가난한 자를 사며 찌꺼기 밀을 팔자 하는도다"(암 8:5-6)는 말씀대로 말입니다. 이것이 바로 악인 씨가 한 짓이었습니다. 그는 자기가 물건을 구입할 때 절대 최고가로 매입하지 않은 물건을, 자기가 판매할 때는 최고의 가격을 붙여서 사람들에게 팔았습니다. 또한 그는 자기가 가진 나쁜 물건을 좋은 물건으로 속여 팔면서도, 사람들의 의심을 최대한 불식시키기 위해, 나쁜 물건과 좋은 물건을 섞어서 파는 수작을 부리기도 하였습니다. 그의 수작은 이뿐만이 아니었습니다.

다른 사람들을 속인 또 다른 수법

혹시라도 고객들이 와서 그에게 물건 값을 치르려고 할 때면, 그 구매자는 주의를 기울여 자기가 물건 값을 지불한 것에 대해 그의 지인들이 증인이 되게 해야만 했습니다. 왜냐하면 보통 악인 씨가 그 물건 값을 다시 지불해 달라고 요구했기 때문입니다. 특히 악인 씨가 생각하기에 이런 이중 지불로 큰 이득을 기대할 수 있는 물건을 팔았을 때는 더욱 그런 시도를 했습니다. 그래서 구매자들이 물건 값을 지불했다는 확실하고 충분한 근거를 대지 못할 때는, 백 명 중 한두 명을 제외하고는, 모든 구매자들이 물건 값을 다시 지불할 수밖에 없었습니다. 물건 값을 지불했다는 증거를 제시할 수 없는 이상 그들은 어쩔 수 없었습니다. 어떤 때는 정직한 고객들이 구매대금을 지불했다는 영수증을 악인 씨의 종들에게 요구하기도 하였지만, 그 종들 역시 정당한 일이든 부당한 일이든 상관없이 주인인 악인 씨의 마음을 대변하도록 교육을 받았기 때문에, 고객은 요구한 영수증을 종들로부터 받지 못한 채 그냥 돌아갈 수밖에 없었습니다. 영수증을 달라는 고객의 요구에도 그는 아랑곳하지 않았던 것입니다.

경청 씨: 주인이라는 사람이 그런 종들을 고용하다니 정말 악하고 가증스러운 일이로군요. 이런 방법으로 가난한 고객은 악인 씨의 요구를 묵살할 수 없었고 어찌할 바를 알지 못했겠네요. 너무나 슬픈 일입니다! 이 악인 씨에 대해 알고 있는 바와 같이, 주인이라는 사람이 비양심적으로 구매 대금을 두 번씩이나 내기를 바라는 이런 터무니없는 요구를 할 때, 그리고 그의 종들도 중복 청구된 대금을 마치 빌려준 돈을 받는 것처럼 당연하게 생각하며 고객에게 으름장을 놓을 때, 이런 처지에 놓인 고객은 도대체 어찌 해야 하겠습니까? 그저 주저앉을 수밖에 없지 않습니까? 그를 구제할 다른 방도는 없었을 것입니다.

현인 씨: 이런 일은 정말 악한 것입니다. 그런데도 이런 일들이 관행이 되어 과거로부터 지금까지 수백 년 동안 계속되고 있습니다. 이에 대해 하나님께서는 어떻게 말씀하셨습니까? "포악과 거짓을 자기 주인의 집에 채운 자들을 내가 벌하리라"(습 1:9)라고 하셨습니다.

악인 씨는 다음과 같은 수법도 사용했습니다. 즉, 이용할 만한 가치가 있는 사람이 등장하면, 다시 말해, 그를 찾아온 고객이 찾는 물건이 그에게 없는 것이거나, 고객이 원하는 물품이 현재 매장에도 없고 다른 매장에도 없는 것이라면, 그 때 그 고객은 삼가 주의해야 할 것입니다. 왜냐하면 악인 씨가 틀림없이 고객의 지갑 끈을 억지로 풀어헤치려고 할 것이기 때문입니다. 그는 미안한 마음이나 양심의 가책도 없이 그를 힘으로 제압하려 하였습니다.

강탈에 대하여

경청 씨: 그런 행동은 강탈이지 않습니까? 이런 강탈에 대해서 선생님은 어떻게 판단하고 계시는지, 도대체 무엇이 강탈이며, 그런 강탈행위는 언제 일어나는지 등에 대해 가능하면 한 말씀 해주시면 좋겠습니다. 제가 듣겠습니다.

현인 씨: 강탈이란 하나님의 법이나 사람의 법에 의해 정당하다고 인정된 그

이상의 것을 사람에게 강요하는 행위입니다. 그리고 이런 강탈은 때로 직책을 가진 사람들에 의해 벌금이나 보수 같은 금전적인 상황에서 일어나기도 합니다. 하지만 거의 대부분은 전혀 양심이 없는 장사꾼들이 이웃을 호구로 삼아 이득을 취하려는 곳에서 강탈이 일어납니다. 그러므로 악인 씨 역시 강탈하는 자였습니다.

　비록 그는 지방 행정관이나 법원 서기들처럼 무력을 동원하여 강제 집행을 하지는 않았지만, 자신에게 찾아온 기회들을 십분 활용하여 사람들을 아주 잔인하게 대하였습니다. 이 잔인한 방식으로 그는 종종 이웃 사람들의 호주머니에서 돈을 무력으로 강탈하였습니다. 이웃의 궁핍함을 보고서 그들을 먹잇감으로 삼아 자신의 유익을 도모하는 모든 사람들, 다시 말해 합리적으로 보든 양심적으로 보든 현재 통용되는 어떤 물건의 가치 그 이상을 사람들로부터 받아내고자 강압적으로 몰아붙이는 사람이야말로 강탈자라고 충분히 불릴 만합니다. 이런 자들은 또한 하나님의 나라를 유업으로 받지 못하는 자로 정죄 받을 자들입니다(고전 6:9-10).

경청 씨: 잘 알겠습니다. 악인 씨는 정말 안쓰러울 정도로 철면피였군요.

제10장

강탈에 대해 단순한 그리스도인들이 갖는 여러 견해들

현인 씨: 지금까지 저는 당신과 함께 여러 이야기들을 나누었습니다. 저는 지금까지 나눈 여러 주제들 가운데서 강탈 행위에 대해 조금 더 말하고자 합니다. 이 나라에도 일생을 이런 강탈 행위를 하면서, 그 강탈에 대한 죄책을 안고 살아가는 아주 많은 사람들이 있습니다. 그런데 그들은 정작 자신의 행위를 강탈로 규정하는 것에 대해 비웃으며 아무것도 아닌 것처럼 생각하고 있습니다. 너무나 슬픈 일입니다!

예를 들어보겠습니다. 여기에 가난한 사람이 살고 있다고 생각해 보지요. 그는 시장에서 수 킬로미터 떨어진 외진 곳에 살고 있습니다. 아내와 자식이 있는 그에게는 곡식 한 부셸(bushel, 약 36리터—역주)과 버터나 치즈 일 파운드가 가족의 먹을거리로 필요하였습니다. 하지만 시장에서 너무나 멀리 떨어진 곳에 살고 있는 그가 만약 먹을거리를 사러 시장까지 간다면, 자신의 하루치 품삯인 8펜스 내지는 10펜스를 벌지 못해서 손해를 입을 것입니다. 이것이 가난한 사람이 겪을 수밖에 없는 특별한 처지였습니다. 그래서 그는 필요한 먹을거리를 구입하기 위해 자기를 고용한 주인이나 안주인에게 가서 여차여차한 일로 편의를 봐 달라고 부탁할 수밖에 없었습니다. 다행히 그의 부탁이 받아들여져서, 그 주인이 "그렇다면 내가 그 먹을거리를 주도록 하겠네"라고 말하였다고 합시다.

강탈하는 자들이 누구인가

하지만 이 일로 그 주인은 그에게 심한 고통을 안겨준 셈이 되었습니다. 왜냐하면 아마도 주인은 자기가 시장에 가서 사가지고 온 가격보다 훨씬 더 비싼 가격을 제시하며, 자기 집에 있는 물품들을 그 가격에 구입하도록 요구했을 것이기 때문입니다. 물론 주인은 8km나 떨어진 시장에 가서 물건들을 사가지고 왔기 때문에 그럴 수도 있을 것입니다. 하지만 정작 주인이 건네준 먹을거리들은 먹을 수 없는 것이었습니다. 먹지 못할 음식을 파는 경우, 다시 말해서 그 주인의 집에 있던 버터나 치즈와 같은 것들을 파는 경우에는 특히 안주인의 잘못이 더 많다고 볼 수 있습니다. 자, 보십시오. 이것이 바로 강탈의 일종입니다. 이런 행위는 가난한 자들의 궁핍을 볼모로 삼아 행해지는 강탈입니다. 또한 이것은 가난한 자의 얼굴에 맷돌질(사 3:15)을 하는 것이며, 그들의 얼굴을 사고 파는 것입니다.

하지만 이 모든 사람들 위에 행상인들이 있습니다. 그들은 가난한 자들이 먹을 양식을 도매가로 모두 사들였다가, 나중에 그 물건을 소매가로 가난한 자들에게 되팔아서, 상식적으로 생각해도 도저히 납득이 가지 않는 이윤을 남기는 자들입니다. 그들은 소매가로 팔았다고 말하지만, 우리의 눈에는 정해진 가격도 없이 물건들을 조금씩 나누어 팔아서 이문(利文)을 챙긴 것으로 밖에 보이지 않습니다. 그들이 취한 방식은 거의 살인적인 이윤을 붙인 후에 그들의 먹잇감을 가지고 장난질을 한 것입니다. 이것이 바로 강탈입니다. 제가 지금 염두에 두고 있는 자들은 버터, 치즈, 달걀, 베이컨 등을 도매로 구입하였다가 그들의 말대로 1페니어치 씩 소량으로 되파는 사람들입니다. 이들은 장이 끝난 후에 매주 물품들을 1페니어치나 2페니어치나 반 페니어치 등, 극소량으로 나누어서 각각에 이문을 붙여 가난한 자들에게 팔았습니다.

물론 제가 이들을 모두 정죄할 수는 없습니다. 하지만 이런 자들이, 아니 이런 자들 가운데 많은 이들이 이런 유의 악한 거래를 통해서 가난한 사람들을 물어뜯고 그들의 돈을 갈취합니다. 이들은 가난한 사람들을 파멸로 내몹니다. 가난한 자들에게는 돈이 없기 때문입니다. 이것이 바로 통탄할 만한 죄악입니다. "이익을 얻으려고 가난한 자를 학대하는 자와 부자에게 주는 자는 가난하여질 뿐이니라"(잠 22:16). 그래서 하나님께서는 다시 말씀하십니다. "어떤 사람이 가난하다고 해서 그 가난한 자를 강탈하지 말고 또 고난 받는 자를 성문에서 학대하지 말라 이는 주께서 그들의 사정을 변호하시고 그들을 상하게 한 자들의 혼을 상하게 하시리라"(잠 22:22-23 KJV. "약한 자를 그가 약하다고 탈취하지 말며 곤고한 자를 성문에서 압제하지 말라 대저 여호와께서 신원하여 주시고 또 그를 노략하는 자의 생명을 빼앗으시리라"[개역개정]).

오, 가난한 자를 괴롭히며 그들의 얼굴에 맷돌질을 하는 자들이 이 두 성경 말씀에 주목하면 좋겠습니다! 이 성경 구절은 가난한 자들을 학대하는 자들이 재산의 위협을 받을 뿐만 아니라 그들의 영혼까지 위협을 받게 된다고 말씀합니다. 최후의 심판이 내려질 그 운명의 날이 임할 때 이들의 영혼이 어디로 가며, 그 처지가 어떻게 될지 우리는 아주 분명히 보게 될 것입니다. 이런 자들의 재산은 순식간에 붕괴될 것인데, 이 사실을 모든 사람이 알 때가 있을 것이며, 그 형국이 어찌될지 아무도 모르게 되는 때가 있을 것입니다.

이런 자들 외에도 강탈하는 자들 가운데는 고리대금업자들이 있습니다. 그렇습니다. "네가 형제에게 꾸어주거든 이자를 받지 말지니 곧 돈의 이자, 식물의 이자, 이자를 낼 만한 모든 것의 이자를 받지 말 것이라"(신 23:19)고 한 주님의 금지 명령에도 불구하고 이 고리대금업자들은 식료품에 대해 고리(高利)를 부과합니다. 장이 섰을 때는 먹을거리들에 대해 고리를 부과할 수 없기 때문에, 제가 앞서 말한 바와 같이, 꼭 장이 끝이 났을 때 그들은 물품들에 대해 높

탈취

약한 자를 그가 약하다고 탈취하지 말며 곤고한 자를 성문에서 압제하지 말라 대저 여호와께서 신원하여 주시고 또 그를 노략하는 자의 생명을 빼앗으시리라—잠 22:22-23

은 이자를 부과합니다. 장이 파한 이후에야 비로소 궁핍에 직면한 가난한 자들이 업자들의 먹잇감이 되기 때문입니다. 가난한 자들의 필요를 이용해서 고리대금업자들은 어떻게든 그들이 부과한 이자를 받아내려고 하며, 가난한 자들은 그 이자를 갚기 위해 호된 시련에 직면하게 됩니다. 아마도 어떤 사람들은 나와 직접적으로 관계가 없는 대중들의 일에 내가 주제넘게 간섭한다고 나를 비난하기도 할 것입니다. 또한 내가 고리대금업자들의 은밀한 부정을 캐내기 좋아한다는 식으로 나를 비난할 수도 있을 것입니다. 그러나 그렇게 나를 비난하는 자들에게 저는 다음과 같은 말을 하고 싶습니다. 이런 행동들은 악한 것이며, 이 세상에서 이런 행동들이 비난을 받아야 할 때가 되었다는 말을 하고 싶습니다. 이런 일들을 하는 모든 자들은 하나님께도 대적하는 죄를 범한 것이고 이웃들에게도 옳지 않은 일을 행한 것으로, 악인 씨와 마찬가지로 하나님을 격노케 하여 심판에 넘겨지기 때문입니다.

경청 씨: 하나님께서도 이 땅에 속임수가 가득함을 알고 계시지 않겠습니까!

현인 씨: 속임수! 맞습니다. 그러나 제가 지금까지 한 이야기는 제가 알고 있는 속임수의 천분의 일도 안 되는 것입니다. 그렇다고 해서 지금 이런 더러운 이야기들을 그 밑바닥까지 샅샅이 들춰내는 것도 제가 할 일은 아닌 것 같습니다. 이번에는 전당포라고 불리는 일을 하는 자들이 행하는 비열하고 악랄한 짓거리 가운데 일부를 자세히 살펴보려고 합니다. 괜찮겠습니까? 전당포 일을 하는 자들은, 궁핍함으로 어쩔 수 없이 민폐를 끼칠 수밖에 없는 가난한 자들에게 돈과 물건들을 빌려 주었다가, 이러저러한 속임수로 앞서 빌려준 원금의 이자로 연 30파운드나 40파운드, 때로는 50파운드까지 받는 자들입니다. 빌려준 원금이 저당 잡힌 물건으로 인해 충분히 보장을 받고 있는데도 불구하고, 그들은 이렇게 고리를 받고 있습니다. 그들은 그 불쌍한 차용자를 속일 구실만 찾으면, 차용자들이 맡겨놓은 저당물마저 돌려주지 않으려고 합니다.

경청 씨: 정확하게 말씀하셨습니다! 이런 사악한 인간들은 이 나라에 암적인 해충 같은 자들이며, 인간 사회에 낄 수조차 없는 자들입니다. 선생님께서 앞서 한 여러 말씀들을 생각해 볼 때, 사람이 자신의 이득을 위해 모든 것을 최대한 이용한다는 것은 바람직하지 않다는 뜻으로 들리는데, 맞는지 모르겠습니다.

사람이 자신의 이득을 위해 모든 것을
최대한 이용하는 것이 바람직한 행동인지에 대하여

현인 씨: "최대한 이용한다"는 말이 자신의 물건을 최고가로 팔기 위해서 수단 방법을 가리지 않는다는 뜻으로 당신이 말한 것이라면, 저는 그런 행동을 바람직하지 않다고 말할 것입니다. 혹시라도 제가 이런 행동들도 바람직하다고 말한다면, 악인 씨와 그를 따르는 모든 무리들의 행동도 정당하다고 말하는 것이 될 것이기 때문에, 저는 그런 행동들이 바람직하다고 절대 말할 수 없습니다. 왜냐하면 하나님의 말씀이 그들을 정죄하고 있기 때문입니다. 사람이 자신의 물건을 최고 가격으로 팔기 위해서 할 수 있는 모든 일을 어느 때든다 한다는 것은 바람직하지 않습니다. 저는 다음과 같은 이유들을 그 근거로 제시하고자 합니다.

첫째, 내가 물건을 항상 고가로, 받을 수 있는 한 가장 높은 가격으로 파는 것이 바람직하다면, 내가 다른 사람들과 거래하면서 그들에 대한, 그리고 하나님에 대한 선한 양심을 내팽개치는 것도 바람직하다고 말할 수밖에 없을 것같습니다. 하지만 다른 사람들과의 거래에서 선한 양심과 다른 것들까지 내팽개치는 것은 바람직하지 않습니다.

반드시 우리는 선한 양심으로 물건을 팔아야 한다

그러므로 나의 물건을 항상 고가로 또는 내가 받을 수 있는 가장 높은 가격으로 파는 것은 바람직하지 않습니다. 우리가 물건을 거래하면서 선한 양심을 내팽개치는 것이 바람직하지 않다는 것은 제가 앞에서 말한 바에 의해 이미 입증되었습니다. 이렇게 입증된 사실에도 불구하고, 사람들은 할 수만 있으면 자기 물건을 가장 높은 가격으로 팔려고 하는 심리를 틀림없이 가지고 있습니다. 다음과 같은 경우에서 이 사실은 더욱더 분명히 드러납니다.

우리는 이웃의 무지를 먹이로 삼아
그들을 약탈해서는 안 된다

1. 앞서 말한 바와 같이, 자기 물건을 할 수만 있으면 가장 높은 가격에 팔고 싶은 사람은 종종 구매자들의 무지(無知)를 먹이로 삼아서 그들을 약탈하는 것이 틀림없습니다. 하지만 이런 일은 선한 양심을 가진 자라면 절대로 할 수 없는 일일 것입니다. "이 일에 분수를 넘어서 형제를 해하지 말라 이는 우리가 너희에게 미리 말하고 증언한 것과 같이 이 모든 일에 주께서 신원하여 주심이라"(살전 4:6)는 말씀과 같이, 이런 일은 나의 본분을 벗어난 것이고 나를 찾아온 고객의 권리를 침해하는 일일 뿐만 아니라, 성경에서 금하는 행동이기 때문입니다. 그러므로 앞서 언급한 바와 같이 자기 물건을 할 수만 있으면 가장 높은 가격에 팔고자 하는 사람은 선한 양심을 내팽개친 사람이 분명합니다.

이웃의 궁핍함을 이용해서는 안 된다

2. 자기 물건을 할 수만 있으면 가장 높은 가격에 팔고 싶은 사람은 종종 이웃의 궁핍함을 먹이로 삼아 그들을 약탈하는 것이 틀림없습니다. 하지만 이것은 선한 양심을 가진 자라면 절대로 할 수 없는 일일 것입니다. 왜냐하면 이런 일은 데살로니가전서 4장 6절의 말씀을 거슬러 이웃의 권한을 넘어서서 그들을 속인 것이기 때문입니다. 그러므로 앞서 언급한 바와 같이 자기 물건을 할 수만 있으면 가장 높은 가격에 팔고자하는 사람은 선한 양심을 저버려 그 양심을 내팽개친 사람이 분명합니다.

이웃 사람들의 기호품을 이용해서
우리의 물건을 팔려고 해서는 안 된다

3. 앞서 말한 바와 같이, 자기 물건을 할 수만 있으면 가장 높은 가격에 팔고 싶은 사람은 필요하다면 이웃의 기호품을 먹이로 삼아 그들을 약탈하는 것이 틀림없습니다. 하지만 이것은 선한 양심을 가진 자라면 절대로 할 수 없는 일일 것입니다. 왜냐하면 이런 일도 데살로니가전서 4장 6절의 말씀을 거슬러 이웃의 권한을 넘어서려는 행동이기 때문입니다. 그러므로 자기 물건을 할 수만 있으면 가장 높은 가격에 팔고자 하는 사람은 선한 양심을 저버려 그 양심을 내팽개친 사람이 분명합니다.

물건을 살 때도 우리는 반드시 선한 양심으로 구입해야 한다

이와 같은 주의 사항은 물건을 구입하려는 자들에게도 똑같이 적용될 수 있습니다. 그 누구도 할 수만 있으면 항상 가장 싼 가격에 물건을 구입하려고 해서는 안 됩니다. 물건을 구입할 때도 선한 양심으로 구입해야 합니다. 즉, 항상 자신이 살 수 있는 최저가에 물건을 구입하려고 한다면, 양심으로 구입할 수도 없고 양심을 절대로 지킬 수도 없을 것입니다. 그 이유는 앞서 말한 바와 같습니다. 그런 구매자 또한 자기에게 물건을 팔려고 하는 상인의 무지나 궁핍, 또는 기호품 등을 미끼로 그를 약탈하려는 것이며, 이것은 선한 양심을 가진 자라면 절대로 할 수 없는 일일 것입니다. 아브라함이 헷 족속에게서 매장지를 사려고 할 때, 그는 "나를 위하여 소할의 아들 에브론에게 구하여 그가 그의 밭머리에 있는 그의 막벨라 굴을 내게 주도록 하되 충분한 대가를 받고 그 굴을 내게 주어 당신들 중에서 매장할 소유지가 되게 하기를 원하노라"(창 23:8-9)라고 말하였습니다. 그는 매장지를 억지로 최저가에 사려고 하지 않았으며, 그렇게 최저가로 사는 것을 경멸하였고 그런 구입을 혐오하였습니다. 물건을 가장 싼 가격에 구입하려는 것은 신앙에도 맞지 않았고, 자신의 명성과 양심에도 맞지 않는 일이었기 때문입니다.

아브라함과 마찬가지로 다윗 또한 여부스 사람 오르난의 타작마당을 사려고 할 때, 여부스 사람에게 다음과 같이 말하였습니다. "이 타작하는 곳을 내게 넘기라 너는 상당한 값으로 내게 넘기라 내가 여호와를 위하여 여기 한 제단을 쌓으리니"(대상 21:22). 이처럼 다윗도 아브라함과 마찬가지로 거래에 있어서 양심을 고려하였습니다. 다윗은 부당한 이득을 얻을 기회를 놓치지 않기 위해 여부스 족속에 대해 자신의 분수를 넘어서는 과한 요구를 하지 않았습니다. 절대로 그러지 않았습니다. 오히려 그 매장지에 대한 상당한 값("충분한 값"[KJV])을 치르려고 하였습니다. 그는 물건을 고가로 팔 때와 마찬가지로 살 때도 너무 싼 가격으로 사려는 것에 사악함이 숨어 있다는 것을 알고 있었습니다. 그래서 그는 너무 싼 가격으로 구입하려고 하지 않았던 것입니다.

그러므로 물건을 팔 때와 마찬가지로 살 때도 선한 양심으로 매매를 해야 합니다. 물건을 구입할 때도 사람이 자신의 분수를 넘어서거나 이웃을 속이는 것은 바람직한 일이 아니기 때문입니다. 그렇습니다. 어떤 일에서든 자기 분수를 넘거나 다른 사람을 속이는 것은 바람직하지 않은 행동입니다. 앞에서 이미 경계하였고 증명한 바와 같이, 하나님께서 그 행한 악행에 대해 충분히 보응하실 것입니다. "네 이웃에게 팔든지 네 이웃의 손에서 사거든 너희 각 사람은 그의 형제를 속이지 말라"(레 25:14)는 말씀을 주의해서 들으십시오.

우리는 거래를 반드시 사랑으로 해야 한다

둘째, 자기 물건을 할 수만 있으면 항상 높은 가격에 파는 것이 바람직하다고 말한다면, 이웃을 사랑으로 대하지 않는 것도 바람직한 행동이라고 저는 말해야 할 것입니다. 하지만 나의 이웃을 사랑 없이 대하는 것, 다시 말해 그들에 대한 사랑을 저버리는 것은 바람직한 일이 아닐 것입니다. 그러므로 나의 물건을 할 수만 있으면 높은 가격으로 이웃들에게 항상 팔려고 하는 것은 바람직한 일이 아닙니다. 사람은 다른 사람과 거래할 때 실제로 타인의 유익, 이득, 이점 등을 자신의 유익과 마찬가지로 도모해야만 합니다. 이것이야말로 타인과의 거래에서 사랑으로 행하는 것이기 때문입니다.

그러므로 물건을 사고파는 일에서 이웃에 대해 사랑을 베풀라고 말하는 것은 "너희 모든 일을 사랑으로 행하라"(고전 16:14)는 보편적인 명령에 의해서도 분명한 것입니다. 하지만 앞서 말한 바와 같이 사람이 할 수 있는 한 최고가로 물건을 팔려고 하거나, 가능한 최저가로 물건을 사려고 하는 자는, 사랑으로 행하지 않을 뿐 아니라 사랑으로 살아가고 있는 자가 아닙니다. 다음과 같은 여러 이유들에 의해서 이것은 분명한 사실입니다.

1. 자기 물건을 최고가로, 즉 항상 가능한 한 많은 돈을 남기고자 하는 자는 자신을 추구하는 자, 좀 더 정확히 말해 자신만을 추구하는 자입니다. 그러나 사랑은 "자기의 유익을 구하지 아니하며"(고전 13:), 자기의 유익만을 구하지 아니한다고 성경은 말씀합니다. 그러므로 앞에서 언급한 바와 같이 가능한 한 최고가에 물건을 팔려고 하면서 자신, 아니 자신만을 추구한 사람은 그 거래를 사랑으로 하지 않은 자입니다.

2. 자기 물건을 할 수만 있으면 항상 높은 가격에 파는 자는 구매자가 가진 합당한 모든 바람에 역행하는 일을 하는 것이며, 이는 그의 마음이 완악하다는 것을 보여줍니다. 그 또한 거래를 사랑으로 하지 않는 자입니다. 그러므로 앞서 말한 바와 같이 할 수만 있으면 자기 물건을 높은 가격에 판매하는 것은 바람직하지 않은 행동입니다.

3. 앞서 말한 바와 같이, 자기 물건을 할 수만 있으면 항상 높은 가격에 파는 것이 바람직한 일이라면, 내가 어떤 거래를 해도 죄가 되지 않을 것입니다. 다시 말해, 오직 내 물건을 가능한 한 높은 가격에 팔기 위해서 거짓말을 하거나 거짓 맹세를 하거나 저주를 하거나 사기를 치는 등의 온갖 터무니없는 짓들로 장사를 한다 해도, 아무 죄가 되지 않을 것입니다. 하지만, "그런즉 거짓을 버리고 각각 그 이웃과 더불어 참된 것을 말하라 이는 우리가 서로 지체가 됨이라"(엡 4:25)는 말씀에 따라 이런 일은 분명히 죄악입니다. 그러므로 할 수만 있으면 항상 높은 가격에 내 물건을 팔려고 해서는 안 되는 것입니다.

4. 앞서 말한 바와 같이, 자기 물건을 할 수만 있으면 높은 가격에 파는 사람은 자연법을 범하는 것입니다. "무엇이든지 남에게 대접을 받고자 하는 대로 너희도 남을 대접하라"(마 7:12)는 말씀대로 말입니다. 자, 보십시오. 만약 판매자가 구매자 입장이 된다면, 그는 할 수만 있으면 항상 높은 가격에 파는 사람의 물건을 구매하려고 하지 않을 것입니다. 그러므로 자신이 물건을 판매하고 다른 사람이 물건을 구입하는 상황에서 그렇게 높은 가격에 물건을 팔아서는 안 되는 것입니다.

5. 앞서 말한 바와 같이, 자기 물건을 할 수만 있으면 높은 가격에 파는 사람은 자연법을 범하는 사람입니다. 하나님께서 다른 사람에게는 주시지 않고 오직 그 사람의 손에 인쳐 주신 하나님의 가르침, 다시 말해 하나님의 법을 남용하여 이웃에게 악행을 저지르는 것입니다. 이것이야말로 실로 하나님의 가르침에 반하는 것입니다. "그가 모든 사람의 손에 표를 주시어 모든 사람이 그가 지으신 것을 알게 하려 하심이라"(욥 37:7). 하나님께서는 당신의 물건을 사려는 구매자보다 당신 같은 판매자에게 그 물건에 대한 더 많은 솜씨와 지식과 지혜를 주셨습니다. 그런데 당신은 지금 무슨 짓을 하고 있습니까! 하나님께서 이런 지혜를 당신에게 주셨는데도, 당신은 이 지식으로 이웃을 속여 그들을 먹잇감으로 삼으려고 생각합니까?

또한 당신은 당신의 본분을 넘어서서 이웃 사람들을 속이려고 합니까? 그렇게 해서는 안 됩니다. 진실로 그래서는 안 됩니다. 하나님께서 당신에게 그런 지혜를 주신 것은 그분의 백성들을 돕도록 하기 위함입니다. 다시 말해, 물건에 대해 알고 있는 당신의 지혜로 무지해서 어쩔 수 없이 손해를 입게 되는 이웃을 돕고, 물건에 대해 제대로 보지 못하는 그들에게 눈이 되어 주기 위해 당신은 그런 지혜를 갖게 된 것입니다. 어떤 이들은 물건에 대해 과도한 집착으로 속아 넘어가기도 합니다. "사람이 감당할 시험 밖에는 너희가 당한 것이 없나니 오직 하나님은 미쁘사 너희가 감당하지 못할 시험 당함을 허락하지 아니하시고 시험 당할 즈음에 또한 피할 길을 내사 너희로 능히 감당하게 하시느니라"(고전 10:13). 이런 자들을 구하기 위해 당신에게 이런 지혜가 있는 것입니다.

6. 사람이라면 모든 일에서 하나님께 영광을 돌려드리는 눈을 가져야만 합니다. 그런데 자기 물건을 할 수만 있으면 항상 높은 가격에 파는 사람은 그런 눈을 가질 수 없습니다. 그 이유는 앞서 말한 바와 같습니다.

7. 사람은 또한 모든 일을 그리스도 "주 예수의 이름으로" 행해야 합니다. "또 무엇을 하든지 말에나 일에나 다 주 예수의 이름으로"(골 3:17) 해야 합니다. 즉, 그리스도이신 주 예수님으로부터 명령받아 위임된 일을 해야 하는 것입니다. 그런데 자기 물건을 할 수만 있으면 항상 높은 가격에 파는 사람은 이렇게 할 수 없습니다. 그는 주 예수님으로부터 명령을 받고 위임을 받은 자들과는 달리, 그분의 이름을 끔찍하게 모독할 뿐이기 때문입니다.

8. 이제 마지막으로, 사람이라면 모든 일에서 심판 날을 바라보는 눈과 자신이 한 행동들이 그날에 어떻게 평가될 것인지를 고려하는 눈을 가져야만 합니다. "그들이 기다리는 바 하나님께 향한 소망을 나도 가졌으니 곧 의인과 악인의 부활이 있으리라 함이니이다 이것으로 말미암아 나도 하나님과 사람에 대하여 항상 양심에 거리낌이 없기를 힘쓰나이다"(행 24:15-16)라는 말씀대로 말입니다. 이런 눈은 아무나 가지는 것이 아니며, 특히 자기 물건을 할 수만 있으면 항상 높은 가격에 파는 사람은 도저히 이런 눈을 가질 수 없을 것입니다. 그런 자들은 "그날에 있을 심판의 위험을 나는 감당할 것이다"라는 말을 하면서 그런 일을 하는 것이 틀림없습니다. "네 이웃에게 팔든지 네 이웃의 손에서 사거든 너희 각 사람은 그의 형제를 속이지 말라"(레 25:14).

경청 씨: 그런데 선생님은 "사람은 자기 물건을 할 수만 있으면 항상 높은 가격에 팔아서는 안 되며, 가능한 최저가로 항상 물건을 사서도 안 된다"고 경고의 말씀을 하시면서, 항상은 안 되지만 어떤 때는 그래도 된다는 식으로 암시를 하신 것 같은데, 제 생각이 맞지 않습니까?

현인 씨: 사실 제가 그런 뜻을 은연중에 내비친 것은 맞습니다. 즉, 팔려는 사

람이 어떤 때는 물건을 최고가에 팔 수 있으며, 사려는 사람도 어떤 때는 최저가로 물건을 구입할 수 있습니다. 하지만 이런 경우는 오직 다음과 같은 때에만 허용됩니다. 즉, 물건을 파는 사람이 아주 악한 사람이어서 판매를 하면서 선한 양심을 전적으로 저버릴 때, 혹은 물건을 사려는 사람이 아주 악한 사람이어서 구매를 하면서 선한 양심을 전적으로 저버릴 때입니다. 그러므로 구매자가 아주 악한 사람을 만나게 되거나, 판매자가 아주 악한 사람을 만나게 되는 경우에는 서로 자신을 잘 살펴야만 합니다. 하지만 당신과 거래하는 상대방이 아무리 비열하고 야비한 제의를 한다 해도, 이런 경우 양심을 저버려서는 안 됩니다. 오히려 당신은 이런 때에도 당신의 물건을 합당한 가격에 판매해야 합니다. 반대로 당신이 물건을 사려고 하는 경우에서도, 당신이 마음에 드는 물건을 합당한 가격으로 구입해야 합니다.

그런데 물건을 판매하는 경우나 구매하는 경우에서 합당한 가격을 찾을 수 없을 때는 좀 더 정직한 상인을 찾아보십시오. 만약 "아주 싼 물건이 나온 것 같은데 나는 그 가치를 제대로 평가할 수 있는 능력이 없다"는 생각이 든다면, 그 물건에 대해 당신보다 더 잘 아는 사람을 데리고 가서, 그가 그 거래에 합당한 금액을 정하도록 하십시오. 이 세상에 악한 사람들이 없다면, 이런 의심도 할 필요가 없을 것입니다.[1]

아주 선한 이웃인 당신에게 저는 지금까지, 사람이 자기 물건을 할 수만 있으면 항상 높은 가격에 팔아서도 안 되고, 또 항상 가능한 최저가로 물건을 사려고 해서도 안 되는 이유에 대해서, 그리고 판매나 구매 행위에서 하나님께는 선한 양심을 보이고, 이웃에게는 사랑을 드러내야 하는 이유에 대해서 말했습니다.

경청 씨: 그런데 어떤 사람이 이 자리에서 선생님의 이야기를 들었다면, 아마

---

1 어떤 상품의 질이나 무게나 가격 등을 속이는 일이 이슬람 나라에서는 결코 흔한 일이 아니다. 그 나라에서는 사기죄에 대한 처벌이 매우 무겁기 때문이다. 사기 행각이 발각되었을 때는 거래자의 귀를 잘라 상점 기둥에 못 박기도 한다. 사람을 속이는 범죄가 기독교 국가에 이렇게 흔하게 일어나는 것은 아주 부정하고 수치스러운 일이다 — 원주.

도 그는 선생님의 말씀에 대해 틀림없이 콧방귀를 뀌었을 것 같습니다.

악인은 자신의 허물을 지적하는 이야기들을 비웃곤 하였다

현인 씨: 제가 한 모든 말들에 대해 그런 사람은 틀림없이 비웃을 것입니다. 악인 씨가 어떤 사람이 자신의 잘못을 지적했을 때 비웃었던 것처럼 말입니다. 그는 자신이 다른 사람들보다 똑똑하다고 생각할 뿐 아니라 실제로도 자신을 그렇게 여겼습니다. 이는 제가 앞서 말한 바와 같습니다. 그는 사악한 일에 대해서 놀라거나 멈칫하는 것을 사내대장부답지 못한 행동이라고 생각하였습니다. 악인 씨와 그의 친구들이 비웃으면 그냥 비웃도록 내버려 둘 것입니다. 저는 그들의 비웃음에 전혀 개의치 않고, 오히려 그들에게 선한 조언을 계속해서 할 것입니다. "집 하인이 두 주인을 섬길 수 없나니 혹 이를 미워하고 저를 사랑하거나 혹 이를 중히 여기고 저를 경히 여길 것임이니라 너희는 하나님과 재물을 겸하여 섬길 수 없느니라 바리새인들은 돈을 좋아하는 자들이라 이 모든 것을 듣고 비웃거늘 예수께서 이르시되 너희는 사람 앞에서 스스로 옳다 하는 자들이나 너희 마음을 하나님께서 아시나니 사람 중에 높임을 받는 그것은 하나님 앞에 미움을 받는 것이니라"(눅 16:13-15).

그들을 보면 하나님의 아들을 섬기던 옛날 사람들까지 탐하던 바리새인들이 생각납니다. 저는 그들을 기억하면서 안심하며 위로를 받을 것입니다. 지금 그들은 비웃고 있지만, 때가 되면 슬피 울게 될 것이기 때문입니다. "아브라함이 이르되 얘 너는 살았을 때에 좋은 것을 받았고 나사로는 고난을 받았으니 이것을 기억하라 이제 그는 여기서 위로를 받고 너는 괴로움을 받느니라"(눅 6:25)는 말씀대로 말입니다. 제가 다시 말씀드립니다. 제가 하는 말에 대해 그들이 마음껏 비웃을 때, 그들은 물건을 사는 일에서나 파는 일에서나 하나님께는 선한 양심을 보이지 않고 그들의 이웃에게는 사랑을 드러내지 않음으로써, 그들은 불신자에 가깝고 악인 씨와 한 친족이 되는 것입니다.

경청 씨: 잘 알겠습니다. 그런데 다음과 같은 질문에 대해 선생님은 어떤 말

씀을 하시겠습니까? "당신도 알다시피 하늘 아래에서 매매 되는 모든 것에는 하나님께서 정해 주신 가격이 없습니다. 매매되는 모든 물건들의 가격은 마치 파도치는 밀물과 썰물처럼 올라갔다 내려갔다 하는 것입니다. 그렇다면 예민한 양심을 가진 사람은 판매자와 구입자에게 어떻게 해야 악행을 저지르지 않을 수 있는 것입니까? 그리고 그가 물건들을 사거나 판매할 때는 또 어떻게 해야 하는 것입니까?"

제11장

합당한 거래를 위한 교훈들

현인 씨: 이 질문은 악인 씨와 같은 사고방식을 가진 자들에게는 사소한 문제로 보일 것입니다. 당연히 이 질문은 그 자체만으로도 어려운 문제입니다. 그럼에도 저는 이 문제에 대한 답을 당신에게 해 보려고 합니다. 문제가 되는 첫 번째 질문은, 한 마디로 말해, 거래를 할 때 거래당사자, 즉 구매자든 판매자든 이들이 어떻게 해야 선한 양심을 지킬 수 있는가 하는 것입니다. 두 번째 질문은, 거래자들이 어떻게 거래를 위해 준비할 수 있으며, 그 거래에서 선한 양심을 지키며 살아갈 수 있느냐 하는 것입니다.

선한 거래자가 되기 위해 준비해야 할 것들

첫 번째 질문에 대해서는 거래자들이 제가 앞서 말한 바를 지켜야 한다고 말하고 싶습니다. 다시 말해서, 거래자들은 하나님 앞에 양심을 지키고, 이웃 사람들에게는 사랑을 보여야 하는 것입니다. 여기에 한 마디 덧붙이자면, 거래를 할 때는 많은 관용이 필요합니다. 따라서 사람들 간의 거래에서 하지 말아야 할 것과 그들 간에 공정하고 사랑으로 대해야 할 것에 관해 제가 앞에서 입증한 여덟 가지 이유들을 긍정적으로 지키기만 한다면, 판매자에게든 구매자에게든, 혹은 자신에게든 잘못을 행할 큰 두려움을 갖지 않게 될 것입니다. 특히 이런 거래 행위에서 사람들은 다음과 같은 사실들을 교훈으로 받을 마음의 준비를 해야 할 것입니다.

1. 상인이든 아니든 간에 누구나 큰 이득을 얻거나 부유하게 되는 것은 대다수의 사람들이 생각하는 것처럼 그렇게 대단한 것이 아니라는 것을 생각해야 합니다. 왜냐하면, 현재 자신의 필요를 충족시켜 주는 것 이외의 과도한 어떤 것을 사람이 갖는 것은 오직 안목의 정욕만을 채울 뿐이기 때문입니다. "재산이 많아지면 먹는 자들도 많아지나니 그 소유주들은 눈으로 보는 것 외에 무엇이 유익하랴?"(전 5:11)는 말씀대로 말입니다. 또한 사람들은 부를 얻게 되면서, 그 부로 인해 영혼이 올무에 걸리게 되는 경우가 허다합니다. "우리가 세상에 아무 것도 가지고 온 것이 없으매 또한 아무 것도 가지고 가지 못하리니 우리가 먹을 것과 입을 것이 있은즉 족한 줄로 알 것이니라 부하려 하는 자들은 시험과 올무와 여러 가지 어리석고 해로운 욕심에 떨어지나니 곧 사람으로 파멸과 멸망에 빠지게 하는 것이라"(딤전 6:7-9). 오직 소수만이 이런 부를 얻음으로써 유익을 얻게 됩니다. 하지만 악인 씨는 이런 교훈을 도저히 받아들일 수 없었습니다.

2. 사람이 선한 양심과 이웃에 대한 사랑 없이 부를 얻는 것은 하나님을 대적하여 크게 범죄하는 것임과 마찬가지로, 정직하지 않은 방식으로 부를 얻는 것도 하나님을 향한 큰 범죄라는 사실을 생각해 보십시오. 그래서 하나님은 다음과 같이 말씀하십니다. "네가 불의를 행하여 이익을 얻은 일과 네 가운데에 피 흘린 일로 말미암아 내가 손뼉을 쳤나니"(겔 22:13). 이 말씀은 죄악을 언급하기만 해도 하나님께서 분노하신다는 것을 보여주고 있습니다. 그러므로

3. 작은 것이라도 정직하게 얻을 수 있도록 생각하십시오. 비록 그렇게 해서 당신이 얻는 것이 저녁 한 끼밖에 먹을 수 없는 채소에 불과하다 하더라도,

그것은 외양간에서 부정한 방법으로 취한 살찐 소보다 더 많은 마음의 평안을 가져다줄 것입니다. "채소를 먹으며 서로 사랑하는 것이 살진 소를 먹으며 서로 미워하는 것보다 나으니라"(잠 15:17), "적은 소득이 공의를 겸하면 많은 소득이 불의를 겸한 것보다 나으니라"(잠 16:8), "풍족하던 자들은 양식을 위하여 품을 팔고 주리던 자들은 다시 주리지 아니하도다"(삼상 2:5)라는 말씀대로 말입니다.

4. 당신이 걷는 모든 길은 하나님의 눈 앞에 있으며, "그분께서는 네가 가는 모든 길을 곰곰이 살피시느니라"(잠 5:21 KJV)고 한 말씀을 굳게 믿으십시오. 또한 그분께서는 허물을 눈여겨보셨다가, 장차 올 날을 대비하여 그것들을 적어 주머니에 넣어 봉하신다는 사실을 굳게 믿으십시오. "대저 사람의 길은 여호와의 눈 앞에 있나니 그가 그 사람의 모든 길을 평탄하게 하시느니라"(잠 5:21), "주는 내 허물을 주머니에 봉하시고 내 죄악을 싸매시나이다"(욥 14:17)라는 말씀대로 말입니다.

5. 당신은 당신이 언제 죽을지 그날을 알지 못한다는 사실을 잊지 말고 명심하십시오. 그리고 죽음이 임박했을 때, 당신의 재산, 즉 당신이 수고한 것들, 어쩌면 그것을 얻기 위해서 당신이 목숨까지 걸면서 애쓴 것들을 하나님께서는 당신이 알지도 못하는 이에게 주실 수도 있다는 사실을 기억하십시오. 당신의 재산을 받을 자는 어리석든 현명하든 간에 아무 상관이 없는 사람일 것입니다. "이것도 큰 불행이라 어떻게 왔든지 그대로 가리니 바람을 잡는 수고가 그에게 무엇이 유익하랴?"(전 5:16)는 말씀대로 말입니다.

게다가 당신은 당신의 손에 쥐고 갈 물건조차 가지지 못하게 될 것입니다. 만약 당신이 그 재산을 정직하지 않은 방식으로 얻었다면, 죄책이 동반될 것이며, 그 재산은 그것을 물려받는 자에게 해를 끼치게 될 것입니다. 당신이 하는 일이 물건을 파는 일이든 아니면 물건을 사는 일이든, 제가 앞서 말한 것들을 적절하게 고려할 뿐만 아니라 이를 실제로 실천에 옮길 마음의 준비가 되었다면, 그렇다면 다음으로 저는 이런 사고방식을 실천하려는 당신이 과연 어떻게 살아야 하는지에 대해 말하고자 합니다. 당신은 물건을 사려고 하는 사람입니까, 아니면 물건을 팔려고 하는 사람입니까?

1. 만약 당신이 물건을 팔려는 사람이라면, 당신은 물건을 추천해서는 안 됩니다. 만약 당신이 물건을 사려는 사람이라면, 당신은 물건에 대해 트집을 잡아서는 안 됩니다. 당신은 거래하고자 하는 물건의 정당한 가치 및 가격과 관련해서만 물건을 추천하거나 트집을 잡을 수 있습니다. 그 외의 목적으로는 불가합니다. 당신은 의도적으로 그렇게 해야 합니다. 그러지 않으면 당신은 탐욕으로 사악해진 마음의 지배를 받을 것입니다. 이렇게 해서 그 물건에 대한 정당한 가치와 가격이 제대로 매겨지지 않는다면, 판매하려는 사람은 물건 값을 높이 부를 것이며, 사려는 사람은 물건 값을 낮추어 부를 것이기 때문입니다. "물건을 사는 자가 좋지 못하다 좋지 못하다 하다가 돌아간 후에는 자랑하느니라"(잠 20:14)는 말씀대로, 물건을 사려는 자가 좋지 못하다고 말하다가 구입하는 것은, 결과적으로 싸게 구입한 물건에 대해 트집을 잡으면서 거짓말을 한 것이 아니고 무엇이겠습니까? 그렇다면 그는 왜 그 물건에 대해 트집을 잡았겠습니까? 그런 행동은 물건을 판매하는 자를 속여서 그에게 악행을 하려는 탐심에서 비롯된 것이 아니고 무엇이겠습니까?

2. 만약 당신이 판매자입니까? 그래서 당신은 물건 값을 올려 받기 위해서 많은 일들을 하고 있습니까? 당신은 당신의 손으로 물건 값을 오르게 하거나 그 오른 가격을 유지하기 위해서 어떤 일도 하지 마십시오. 이 또한 사악한 마음 없이는 행할 수 없는 일들입니다. 이것은 "에바를 작게 하고 세겔을 크게 하는"(암 8:5) 일이기 때문입니다. 만약 당신이 구매자입니까? 그래서 당신은 값싼 물건을 얻기 위해서 많은 일들을 하고 있습니까? 당신은 물건 값을 깎기 위해서 교활한 말이나 속이는 말을 절대로 하지 마십시오. 이 또한 사악한 마음 없이는 할 수 없는 일들입니다. "그렇다면 도대체 우리는 무슨 말을 할 수 있을까?"라고 말할 것입니다. 그렇지 않습니까? 저는 다음과 같이 대답할 것입니다. "모든 일들을 하나님의 섭리에 맡기십시오. 당신은 그저 그분의 손에

모든 것을 의탁하고 관용을 베푸십시오." 그런데 물건의 가격이 비싸질 때는 그 높아진 가격을 지속시키려는 손길이 가격을 내리려는 손길보다 더 강한 법입니다. 그렇게 물건 값이 비싸게 되는 것은 물건 값이 오르는 것을 좋아하는 판매자들의 특별한 손길에 의해서 이루어집니다. 그러므로 저는 말합니다. 당신은 주의해서 절대로 이런 일에 가담하지 마십시오. 이런 일로 인해 당신이 해를 받을 수 있으며, 당신의 이웃도 해를 받을 수 있기 때문입니다. 그것은 다음과 같은 세 가지 방식으로 나타납니다.

1) 일이 제대로 진행되어가는 바른 상태를 벗어나서, 사람들이 "기근이다, 기근이다"라고 부르짖게 됩니다. 특히 이 일이 장차 임할 징조를 보여준다는 사실에 주목하십시오. 이것은 사마리아 성문에서 밟혀 죽은 자의 경우와 똑같습니다. "왕이 그의 손에 의지하였던 그의 장관을 세워 성문을 지키게 하였더니 백성이 성문에서 그를 밟으매 하나님의 사람의 말대로 죽었으니 곧 왕이 내려왔을 때에 그가 말한 대로라"(왕하 7:17). 이런 화에는 이중의 악이 내포되어 있습니다. 한편으로 이런 재난은 우리 가운데 임한 현재의 하나님의 축복을 거짓으로 돌리는 것이며, 다른 한편으로 우리를 향해 넘치도록 부어주신 선한 모든 것들, 다시 말해 그분께서 선하게 주신 풍성한 것들을 평가절하하는 것입니다.

2) 이런 사악한 일들은 굶주리고 궁핍하며 가난한 사람들이 마지막 궁지에 몰렸을 때 하게 되는 매점매석의 사재기 형태로 일어납니다. 자, 보십시오. 하나님께서는 이런 일들에 대해 혐오감을 드러내셨습니다. 말하자면 하나님께서 매점매석하는 자들에게 저주를 허락하셨던 것입니다. "곡식을 내놓지 아니하는 자는 백성에게 저주를 받을 것이나 파는 자는 그의 머리에 복이 임하리라"(잠 11:26)는 말씀대로 말입니다.

3) 혹시라도 이런 일들이 일어난다면, 당신은 슬퍼해야 할 뿐만 아니라 당신이 판매하는 모든 것들에서 관용을 베풀어야 합니다. 그래서 가난한 자들이 1페니어치의 소량이라도 살 수 있도록 해야 하며, 당신이 가진 곡식을 궁핍한

자들에게 팔아야 하는 것입니다. 당신은 틀림없이 그래야만 합니다. 이런 때에 당신은 당신의 물건을 가난한 자들에게 팔면서 그들을 긍휼히 여기는 모습을 보여주어야 합니다. 왜냐하면 그들이 가난하기 때문입니다. 그들을 위해서 당신은 값을 싸게 하여 시장에 물건을 내놓아야 합니다. 이것이 바로 선한 양심으로 물건을 사고파는 것입니다. 당신은 구매자에게 악한 일을 해서도 안 되며, 당신의 양심에 악한 일을 해서도 안 되고, 당신 자신에게도 악한 일을 해서는 안 됩니다. 왜냐하면 하나님께서 틀림없이 당신에게 보응하실 것이기 때문입니다(사 57:6-8). 저는 지금까지 곡식에 대해 말했습니다. 당신이 해야 할 의무는 모든 일에서 "당신의 관용"을 드러내 보이는 것입니다. "너희 관용을 모든 사람에게 알게 하라 주께서 가까우시니라"(빌 4:5)는 말씀대로 말입니다.

제12장

악인의 교만, 불신앙, 신실하지 못함, 그리고 질투

경청 씨: 잘 알겠습니다. 선생님, 악인 씨가 행한 사악한 일들에 대해서는 지금까지 충분히 들은 것 같습니다. 가능하면 지금부터는 그의 죽음에 대해서 계속 말씀해 주시면 좋겠습니다.

현인 씨: 아니 왜 그러는 것입니까? 아직 해가 지지도 않았고, 밤이 되려면 세 시간이나 남았습니다.

경청 씨: 예, 조급한 마음이 드는 것은 아니지만, 선생님께서 지금까지 그가 어떻게 살아왔는지에 대해서는 모두 다 말씀해 주신 것 같다는 생각이 들어서요.

현인 씨: 모두 다 말하다니요! 전혀 그렇지 않습니다. 아직도 할 이야기들이 너무 많이 남아 있습니다.

경청 씨: 그렇군요. 그가 살아온 인생에 대해 아직도 하실 말씀이 남아 있다니, 그는 제가 생각했던 것보다 훨씬 더 사악한 사람이었던 것 같습니다.

현인 씨: 아마 그럴지도 모릅니다. 이제 이야기를 계속해 보겠습니다. 악인

씨가 저지른 그 모든 사악한 일에 덧붙여, 그는 아주 교만한 사람이기도 했습니다. 다시 말해서, 그는 아주 지독하게 교만한 사람이었습니다. 그는 마음이 극도로 교만하여 자고한 사람이었습니다. 그는 자신이 당연하다고 말한 것은 어떤 일이 있어도 반박이나 반대를 당해서는 절대 안 된다고 생각하는 것 같았습니다. 그는 자신이 이 나라에서 가장 지혜로울 정도로 현명한 사람일 뿐만 아니라, 자신을 이 나라에 있는 사람들 가운데 최고로 선한 사람이자 이 나라에서 가장 준수한 용모를 가진 멋진 사람으로 여겼습니다. 그는 자화자찬하는 일을 매우 기뻐하였으며, 다른 사람이 그에게 하는 칭찬에 대해서도 그렇게 말하는 사람 못지않게 스스로 크게 기뻐하였습니다. 어떤 사람이 자기보다 낫다거나, 명민함이나 인격에서 어떤 다른 사람이 자기보다 앞선다는 사실을 그는 도저히 참을 수 없었습니다.

그는 동료들에 대해서 친구라는 생각을 전혀 하지 않았습니다. 그러면서 자기보다 낮은 지위에 있는 사람들을 크게 경멸하는 등, 거의 안하무인(眼下無人)으로 행동했습니다. 자기보다 낮은 지위에 있는 자들을 먼발치에서라도 대할 때면, 언제나 그는 아주 교만한 마음으로 완전히 오만방자하게 그들을 대했습니다. 악인 씨와 같은 자들이 취하는 이런 태도에 대해서 솔로몬의 평은 매우 특징적이라고 말할 수 있습니다. "무례하고 교만한 자를 이름하여 망령된 자라 하나니 이는 넘치는 교만으로 행함이니라"(잠 21:24). 솔로몬은 자신이 먹는 아주 풍성한 식사와 매우 고급스럽게 만들어진 자신의 의복과 자신에 대한 아주 세련된 칭찬도 대단하게 여기지 않았습니다.

경청 씨: 제 생각에 대부분의 죄들과 마찬가지로, 이 교만도 본성에 아주 밀접하게 붙어 있는 것 같습니다. 이런 죄에는 부정과 교만이 속할 것 같습니다. 이 두 죄악만큼 인간 본성에 가깝게 밀착되어 있는 야비한 죄악을 저는 알지 못합니다. 이 죄악들이 가지고 있는 것은 "본성에 대한 관심"입니다. 저는 이 두 가지 죄를 그렇게 부르고자 합니다. 본성도 이 죄악들을 좋아합니다. 왜냐하면 이 죄악들이야말로 본성에서 우러나오는 정욕과 망상에 가장 잘 어울리

기 때문입니다. 그래서인지 악인 씨가 이런 교만으로 타락했다는 말이 제게는 그리 크게 놀랄 만한 이야기로 들리지 않습니다. 그는 너무 사악해서 자신을 포기하면서까지 탐욕으로 모든 부정한 일들을 저질렀으니까요.

교만은 본성에 가까이 붙어 있는 죄악이다

현인 씨: 옳은 말씀입니다. 교만은 본성에 가까이 붙어 있는 죄악이며, 그 자체로 타락을 보여주는 우선적으로 어리석은 죄악들 가운데 하나입니다. 유년기 시절부터, 아니 아주 어린아이들에게서도 교만은 제일 먼저 드러나는 죄입니다. 이 교만은 영혼의 여러 죄악들 가운데서도 비교적 일찍 나타나는 죄인 것입니다. 다시 말해서, 교만은 마음을 지배하려고 애쓰는 타락의 결과입니다. 그러므로 교만은 타락한 결과 중에서도 항상 제일 먼저 나타나는 죄악입니다. 어린아이들에게도 교만한 마음은 아주 쉽게 생길 수 있지만, 제 생각에는 조금 더 나이 든 어린이들이라면 이 교만을 수치스럽게 여겨야 한다고 봅니다.

악인 씨의 이야기를 처음 시작할 때 악인 씨의 교만에 대한 것부터 시작해도 괜찮았을 것이라는 생각이 들지만, 한 사람이 다른 사람과 구별되는 첫 출발점이 어린아이 때의 교만만은 아니라고 생각하기에, 지금까지 제가 말한 것처럼 저는 그의 삶에 대한 전반적인 것에서 시작해서 그의 교만에 대한 이야기로 넘어갔던 것입니다. 하지만 그 당시 그는 더 이상 자신의 상태는 물론이고 자신의 사악하고 죄악된 상태에 대해서도 전혀 생각하지 않았으며, 나이가 들수록 오로지 자신에 대해 자랑할 것들만 생각하였습니다. 그래서 지금부터 저는 그의 교만에 대해 언급할 기회를 가져볼까 합니다.

경청 씨: 그런데 말입니다. 혹시 교만을 대적하는 성경 구절들이 기억난다면, 말씀해 주시기 바랍니다. 저는 지금 교만을 금하는 성경 말씀을 들었으면 합니다. 왜냐하면 이런 교만은 현재에 매우 지배적인 죄악이며, 저도 때로는 교만한 자들과 어쩔 수 없이 교제해야 할 때가 있기 때문입니다. 그들은 제가 보

교만
교만이 오면 욕도 오거니와 겸손한 자에게는 지혜가 있느니라 - 잠 11:2
주께서 그 날에 그들이 장식한 발목 고리와 머리의 망사와 반달 장식과 귀 고리와 팔목 고리와 얼굴 가리개와
화관과 발목 사슬과 띠와 향합과 호신부와 반지와 코 고리와 예복과 겉옷과 목도리와 손 주머니와 손 거울과
세마포 옷과 머리 수건과 너울을 제하시리니 - 사 3:18-23

기에도 교만한 자들입니다. 그들은 아주 교만합니다. 그래서 그들과 마주하게 되면 그들의 죄악을 말해 주고 싶은 마음이 들 때도 있습니다. 제가 그들과 이야기할 때 그들에게 하나님의 말씀을 전하지 않는다면, 그들이 나를 비웃으며 조롱하지 않을까 하는 마음이 들기도 합니다.

현인 씨: 당신을 비웃으며 조롱한다! 교만한 자들은 하나님께서 그 말씀으로 그들의 양심을 강하게 내려치지 않는 한, 당신이 아무리 성경 말씀을 갖다 대도 여전히 당신을 비웃으며 조롱할 것입니다. 악인 씨는 당신처럼 성경 말씀을 말하는 자들을 비웃으며 조롱하였습니다. 게다가 당신이 할 수 있는 모든 말을 그들에게 한다면, 그들은 당신에게 자신들은 교만하지 않으며 오히려 당신이야말로 정말 교만한 사람이라고 하면서, 그렇지 않고서야 어떻게 당신이 자기들을 심판하고, 자기 문제도 아닌 다른 사람의 문제에 대해 지금처럼 뻔뻔스럽게 참견할 수 있느냐고 말할 것입니다.

그럼에도 어쨌든 당신이 이 교만을 대적하는 성경 구절을 알고 싶어 하니, 두세 군데 정도 성경 말씀들을 알려주겠습니다. 다음과 같은 성경 말씀들이 있습니다. "나는 교만과 거만과 악한 행실과 패역한 입을 미워하느니라"(잠 8:13). "사람이 교만하면 낮아지게 되겠고 마음이 겸손하면 영예를 얻으리라"(잠 29:23). "여호와께서 그의 교만으로 인하여 그 손이 능숙함에도 불구하고 그를 누르실 것이라"(사 25:11). "교만한 자와 악을 행하는 자는 다 지푸라기 같을 것이라 그 이르는 날에 그들을 살라 그 뿌리와 가지를 남기지 아니할 것이로되"(말 4:1). 이런 여러 말씀들 가운데 맨 마지막 것은 끔찍한 말씀입니다. 교만한 자들의 마음을 뒤흔들어놓기에 충분한 말씀입니다.

하나님께서 보기에 교만한 자들은 지푸라기와 같다고 말씀하십니다. 다시 말해, 교만한 자들은 불을 지피는 땔감과 같은 자들로서, 그 날이 이르면 그들은 마치 화덕(burning oven, KJV)과 같이 되어, 그 심판 날에 하나도 남김없이 모두 불살라질 것이라고 말씀하십니다. 이것이 바로 주님께서 하신 말씀입니다. 그런데도 악인 씨는 이처럼 교만을 대적하는 말씀을 전혀 들으려고 하지 않았으며, 어떤 사람이 자기를 보고 교만한 사람이라고 하는 말에 대해서 결코 참을 수 없었습니다.

경청 씨: 그 이유가 무엇입니까?

교만한 자들은 자신이 교만한 자로
불리는 것을 좋아하지 않는다

현인 씨: 그 이유를 내게 말하지는 않았지만, 제가 보기에 그런 행동들은 모든 사악한 사람들이 공통으로 하는 것으로 여겨집니다. 교만한 자들은 악한 행동들을 좋아하면서도, 정작 자신이 교만한 사람으로 불리는 것은 결코 참을 수 없는 것입니다. 이것은 술꾼들이 술 취하는 죄악을 좋아하면서도 정작 자신이 술꾼으로 불리는 것은 싫어하는 것과 같습니다. 도둑놈들도 남의 물건을 훔치는 것을 좋아하면서도, 정작 자신이 도둑놈으로 불리는 것은 싫어합니다. 창녀들도 부정한 일을 저지르기를 좋아하면서도, 정작 자신이 창녀로 불리는 것은 좋아하지 않습니다. 악인 씨도 마찬가지로 교만한 일들을 좋아하면서도, 정작 자신이 교만한 사람으로 불리는 것은 참을 수 없었습니다. 타락하여 부패한 사람은 죄의 달콤함을 바랍니다. 그러면서도 정작 그의 문장(紋章)에 타락해서 부패한 사람이라는 이름이 붙여지는 것은 오명으로 생각합니다.

경청 씨: 선생님께서 하신 말씀은 옳습니다. 그런데 이런 교만에 얼마나 많은 종류가 있는지 말씀해 주시기 바랍니다.

교만의 두 종류

현인 씨: 교만에는 두 종류가 있습니다. 마음의 교만과 육신의 교만입니다. 이 가운데 첫 번째, 마음의 교만에 대한 성경 말씀은 다음과 같습니다. "무릇 마음이 교만한 자를 여호와께서 미워하시나니"(잠 16:5). "눈이 높은 것과 마음이 교만한 것과 악인이 형통한 것은 다 죄니라"(잠 21:4). "참는 마음이 교만한 마음보다 나으니"(전 7:8) 등의 말씀들이 있습니다. 그리고 육신의 교만에 대한

성경 말씀은 다음과 같습니다. "주께서 그 날에 그들이 장식한 발목 고리와 머리의 망사와 반달 장식과 귀 고리와 팔목 고리와 얼굴 가리개와 화관과 발목 사슬과 띠와 향합과 호신부와 반지와 코 고리와 예복과 겉옷과 목도리와 손 주머니와 손 거울과 세마포 옷과 머리 수건과 너울을 제하시리니"(사 3:18-23). 이런 말씀들을 통해서 교만에는 마음의 교만뿐 아니라 육신의 교만도 존재하며, 이 두 가지 죄악 모두 주님 앞에 너무 가증스러운 것이라는 사실이 분명히 드러납니다. 그럼에도 불구하고 악인 씨는 이 성경 말씀들을 도저히 읽을 수 없었습니다. 이 말씀들은 그에게 마치 아합에게 경고하는 미가야와 같았으며(왕상 22장 참조), "그에 대하여 길한 일은 말하지 않고 흉한 일만 예언하는"(왕상 22:8) 말씀과 같았기 때문입니다.

사악한 자들은 자신들의 악행을 책망하는 말씀을 아주 싫어한다

경청 씨: 자신이 행한 악을 꾸짖는 이런 말씀들에 대해 반감을 갖는 것은, 비단 악인 씨의 경우만은 아닐 것이라고 생각합니다. 경건하지 않은 대부분의 사람들은 성경에서 말씀하고 있는 바와 같이, 자신들이 저지른 죄악을 아주 단호하고 분명하게 책망하는 하나님의 말씀에 대해 은밀한 적대감을 틀림없이 가지고 있을 것이라 저는 생각합니다.

현인 씨: 그들이 성경 말씀에 대해 적대감을 가지고 있다는 것은 의심의 여지가 없는 분명한 사실입니다. 말씀에 대한 이러한 적대감으로 인해 그들은 생명과 경건에 대한 건전한 가르침보다 오히려 죄악과 사탄을 더욱 반기고 있습니다.

경청 씨: 충분히 이해되었습니다. 그런데 우리가 나누는 대화가 악인 씨에 대한 이야기에서 벗어나지 않으면 좋겠습니다. 선생님은 그가 교만하다고 말씀하셨습니다. 그렇다면 그렇게 교만한 자들에게서 보이는 어떤 징후에 대해 설명해 주시겠습니까?

교만한 자들에게서 드러나는 일반적인 표징들

현인 씨: 알겠습니다. 말씀해드리지요. 먼저 마음의 교만에 대한 몇몇 징후부터 당신에게 설명하겠습니다. 마음의 교만은 외부적인 것에서 드러납니다. 일반적으로 육신의 교만이 마음의 교만에 대한 표징으로 드러나게 됩니다. 왜냐하면 육신에서 드러나는 모든 교만한 몸짓들은 교만한 마음에서 흘러나오기 때문입니다. 그래서 솔로몬은 "눈이 심히 높으며 눈꺼풀이 높이 들린 무리가 있느니라"(잠 30:13)고 말했습니다. 그리고 다시 "다툼을 좋아하는 자는 죄과를 좋아하는 자요 자기 문을 높이는 자(that exalteth his gate)는 파괴를 구하는 자니라"(잠 17:19)라고도 했습니다. 이 말씀처럼 눈을 높이는 것과 자기 문을 높이는 것은 교만한 마음의 표징입니다. 왜냐하면 이 두 가지 행동들은 교만한 마음에서 나오기 때문입니다. 마음속에서 교만이 나와서, 그 교만이 눈에 보이는 모든 모습으로 드러난 것입니다. "속에서 곧 사람의 마음에서 나오는 것은 악한 생각 곧 음란과 도둑질과 살인과 간음과 탐욕과 악독과 속임과 음탕과 질투와 비방과 교만과 우매함이니 이 모든 악한 것이 다 속에서 나와서 사람을 더럽게 하느니라"(막 7:21-23). 이에 대해서 조금 더 자세히 살펴보고자 합니다.

1. 교만한 마음은 드러나기 마련입니다. "시온의 딸들이 교만하여 늘인 목, 정을 통하는 눈으로 다니며 아기작거려 걸으며 발로는 쟁쟁한 소리를 낸다 하시도다"(사 3:16). 사악한 자들과 교만한 자들은 교만한 목, 교만한 발, 교만한 혀를 지니고 있습니다. 이러한 것들로 인해 그들의 걸음은 두드러집니다. 그들이 이웃들을 냉소적으로 바라보며, 그들에게 거슬리는 말을 하며, 그들을 화나게 하는 것이 바로 이런 것들 때문입니다. 2. 교만한 마음은 다른 사람들을 압박합니다. "악한 자가 교만하여 가련한 자를 심히 압박하오니"(시 10:2)라는 말씀대로 말입니다. 3. 기도하지 않는 자는 교만한 자입니다(시 10:4). 4. 다투는 자는 교만한 자입니다(잠 13:10). 5. 조롱하는 자는 교만한 자입니다(시 119:51). 6. 이웃을 박해하는 자는 교만한 자입니다(시 119:122). 7. 하나님의 말씀을 경외하며 두려워하는 마음으로 듣지 않는 자는 교만한 자입

니다(렘 13:15, 17). 8. 교만한 자들을 복되다고 하는 자도 틀림없이 교만한 자입니다. 이 모든 자들이 교만한 마음을 가진 자이며, 그들이 가진 마음의 교만은 그 자체로 드러납니다(렘 43:2; 말 3:15).

외형적인 교만에 대하여

육신의 교만이 가진 몇몇 특징들은 앞서 인용한 성경 말씀을 통해서 아주 세세하게 드러납니다. 비록 이 특성들이 교만한 마음을 드러내는 징후라 불려도, 그것이 육신에도 드러나기 때문에, 이것은 육신의 교만에 대한 징후이기도 합니다. 당신도 아는 바와 같이, 몸 속에 있는 질병들은 종종 몸 밖으로 드러나는 가시적인 표징으로 나타납니다. 몸 속에 있는 질병에서 연유한 이 표징들로 인해 몸 밖에 있는 육신까지도 상처를 받습니다. 이와 마찬가지로, 교만한 마음에서 비롯된 눈에 보이는 모든 표징들은 육신의 교만에 대한 표징이기도 합니다. 이 외형적인 표징들을 좀 더 자세히 살펴보면 다음과 같습니다. 즉, 땋은 머리와 금이나 진주나 값진 옷을 입고, 유행을 좇으며, 말이든 외모든 의상이든 걸음걸이든 어떤 바보들이 지어내는 겉만 번지르르한 교만한 자들의 몸짓을 흉내 내고자 하는 것입니다(딤전 2:9; 벧전 3:3-5). 사실 이런 풍조는 오늘날 대세가 되었습니다. 이 모든 것들, 아니 이보다 더욱더 많은 다양한 모습들이 교만한 육신의 표징인 것처럼 또한 교만한 마음의 표징이기도 합니다.

악인 씨는 교만을 교만이라고 말하지 않았다

그래도 악인 씨는 이것을 교만이라고 절대로 말하지 않았습니다. 도리어 이것을 세련된 것, 멋진 것, 어울리는 것, 정갈한 것이라고 말했습니다. 그리고 그와 같은 유행들을 특별하다고도 생각하지 않았습니다. 그는 자신이 특별하게 교만한 자로 여겨지는 것을 원하지 않았으며, 이웃 사람들에게도 괴상한 사람으로 보이고 싶지 않다고 말하였습니다.

경청 씨: 선생님의 말씀을 듣다보니, 제가 예전에 들은 이야기가 생각납니다.

어떤 사람이 다른 사람으로부터 교만하다고 책망을 받자, 그 사람은 자신을 책망한 그 형제 같은 사람에게 도리어 말하기를, "의사여, 자네 친구들이나 치료하도록 하시오. 집에 가서 자네 형제들을 찾아가거나, 아니면 자네 같은 자들 가운데서 가장 지혜로운 자를 찾아가 자네가 과연 정결한 자인지를 한번 물어보도록 하시오. 자네처럼 신앙을 고백한 자들이라 해도 말이오. 자네 같은 신앙 고백자들보다 더 교만한 자들이 과연 어디 있겠는가? 마귀도 그 정도로는 교만하지 않을 것이오"라고 하였다고 합니다.

현인 씨: 이런 이야기를 들으면 제 마음이 너무나 아픕니다. 왜냐하면 그렇게 대꾸하는 자들이 너무 많기 때문입니다. 악인 씨의 부인이 이따금씩 남편의 교만에 대해 책망하였을 때, 이 악인 씨도 바로 그렇게 대꾸하였을 것입니다.

신앙 고백을 한 성도들이 저지르는 교만 죄에 대한 책임

그는 아마도 다음과 같이 대답하였을 것입니다. "이제부터 엄청난 삶의 변화를 보게 될 거요. 마귀가 악습을 바로잡는 자로 변모하였기 때문이오. 신앙을 고백한 자들이 떠벌리는 그 교만보다 더 큰 죄악은 이제 더 이상 세상에 없을 것이오."

상황이 이 정도까지 이르렀다면, 누가 감히 그를 반박할 수 있겠습니까? 마귀에게도 자기가 할 말을 하도록 기회를 줘야겠지요. 하지만 사실은 너무나 분명해서, 누구라도 마귀의 주장을 반박하기는 어려울 것입니다. 이와 같은 대꾸는 이미 악인 씨 친구들의 입을 통해서도 동일하게 나왔을 것이라고 저는 믿어 의심치 않습니다. 그들은 신앙 고백까지 한 신자들의 복장과 태도에서 드러나는 교만을 보고 싶어 하였으며, 실제로 그들은 신자들의 교만한 모습을 보았습니다. 어떤 사람은, 신자들의 교만은 이 나라에 있는 신자가 아닌 다른 사람들과 비교해 봐도 거의 비슷하거나, 그 비신자들보다 더 교만하다고 말하기도 합니다. 정말 안타까운 일입니다.

아, 제가 우려하는 것은 이런 비신자들의 눈에 비친 신자들의 과도한 언행들이 많은 사람들의 마음을 더욱더 완고하게 하지는 않을까 하는 점입니다. 그런 우려는 악인 씨가 신자들에 대해 느낀 마음에서도 볼 수 있겠지요. 제 입장에서 말해 보자면, 저도 교회 성도들이 유행을 따라 쓸데없는 것들로 덕지덕지 장식을 하는 모습을 보았습니다.

그런데 더한 것은 하나님께서 정해 주신 방식대로 그분을 예배하는 그 엄숙한 시간에도 동일한 모습으로 나아온다는 것입니다. 남들이 보면 까무러칠 정도로 그들은 얼굴에 짙은 화장을 하고서 예배당에 앉아 있습니다. 그런 과도한 꾸밈을 하고도 그들은 아무렇지도 않게 어떻게 예배당에 앉아 있을 수 있는지, 저는 그저 궁금할 따름입니다. 지금까지 그들이 어떤 신앙 고백을 했든 간에, 하나님의 거룩하심에 비추어볼 때 자신들이 죄로 인해 더러워졌다는 사실 등이 그런 자들의 마음에는 전혀 필요하지 않을 것입니다. 이것은 확실한 사실입니다.

저는 "창녀의 낯"(렘 3:3)에 관한 말씀도 읽었으며, 그리스도인의 단정한 모습(딤전 2:9)에 관한 말씀도 읽었습니다. 또한 저는 값비싼 치장에 대해서 뿐 아니라, 여인들이 선행으로써 자신의 경건을 고백하는 말씀도 읽었습니다(벧전 3:1-3). "내 이름으로 거짓을 예언하는 선지자들의 말에 내가 꿈을 꾸었다 꿈을 꾸었다고 말하는 것을 내가 들었노라"(렘 23:15)는 말씀대로, "내가 알고 있는 것이 바로 이것이다"라고 말하고 싶기도 하고, 또 그렇게 말할 수도 있지만, 저는 그렇게 섣불리 말하는 잘못을 범하지 않고자 합니다. 그런 말들은 신앙 고백까지 신자들을 면전에서 욕하는 것이 될 수 있기 때문입니다. 그 문제에 있어서 저는 자제하고자 합니다.

경청 씨: 선생님, 선생님은 이런 문제에 아주 관심이 많아 보입니다. 이에 대해서 좀 더 말씀해 주실 수 있겠습니까? 선한 목회자들 중에서도 몇몇은 성도들의 경박한 옷차림을 지지한다는 소문이 들리기도 합니다. 더 나아가 그 성도들이 금이나 진주나 값비싼 의복 등으로 치장하는 것까지 두둔한다는 말도 듣고 있습니다.

현인 씨: 그 목회자들이 정확히 어떤 이유에서 그런 성도들을 두둔하는지 제가 잘 알지 못하지만, 자기 부인이나 자녀들에게 그런 것들을 허용하고 눈을 감아 주는 모습을 저는 쉽게 볼 수 있었습니다. "사악이 예루살렘 선지자들로부터 나와서 온 땅에 퍼짐이라"(렘 23:15)는 말씀대로 말입니다. "거룩한 자손이 그 지방 사람들과 서로 섞이게 하는데 방백들과 고관들이 이 죄에 더욱 으뜸이 되었다 하는지라"(스 9:2)는 말씀처럼, 위정자들이 손을 펴서 주도둑으로 죄악을 범할 때, 도대체 누가 감히 그 백성들로 하여금 죄악의 물결에 빠지는 것을 막을 수 있겠습니까?

경청 씨: 그야말로 개탄스러운 일입니다. 한 마디로 통탄할 만한 일이네요.

신앙고백을 한 성도들의 교만은 수치스러운 일이며, 세상에 걸려 넘어지게 하는 장애물이다

현인 씨: 그렇습니다. 정말 통탄할 수밖에 없는 일이지요. 덧붙여 말하자면, 이런 일은 수치스럽고 책망 받을 만한 일이며, 맹인으로 하여금 걸려 넘어지게 하는 장애물 같은 것입니다. 사람들이 악인 씨 같은 맹인이라 해도, 그들은 이런 어리석은 경박함을 볼 수 있습니다. 이런 경박함은 남을 흉내 내기에 급급하여 자행하는 방자한 행동들의 토대를 이루고 있는 것이 분명합니다. 그럼에도 많은 이들은 나름대로 변명할 이유들을 이미 마련해 놓고 있습니다. 즉, 그들의 부모나 남편이나 자녀들이 그런 경박함을 원한다는 식으로 말입니다. 그렇습니다. 그들은 선한 사람들이 하는 것을 본따서 그런 경박한 행동을 기꺼이 따라합니다. 하지만 위대한 하나님의 우레 같은 말씀이 하늘로부터 울려 퍼질 때, 이 모든 것들은 거미집처럼 사라져 버릴 것입니다. 이것은 죽음이나 심판 때의 경우와도 같습니다. 저는 이런 일들이 죽음이나 심판 이전에 이루어졌으면 하는 바람을 가져 봅니다. 하지만 그럴 수 없다는 게 너무나 애석합니다! 그들이 이유로 내세우는 변명들은 한낱 구실에 불과할 뿐입니다. 교만한 사람들은 그런 구실을 만드는 것을 좋아합니다.

제가 한번은 분별없이 야한 옷을 입은 어떤 아가씨를 책망하며 말한 적이 있었습니다. 그러자 그녀는 제게 다음과 같이 말했습니다. "양장점의 재봉사가 그렇게 만들어 주었는 걸요." 너무나 안타까운 일입니다! 사실은 그 가련하고 교만한 아가씨가 재봉사에게 그런 옷을 만들어 달라고 주문을 하고서도, 재봉사에게 핑계를 대는 것이었습니다. 많은 사람들이 부모, 남편, 재봉사 등을 자신의 다른 목적을 위해 맹인으로 만들고 있습니다. 하지만 그들의 고약한 마음과 그 악한 마음에 지는 것, 이것이야말로 이 모든 악의 근본 원인입니다.

왜 교만이 이렇게 열렬한 호응을 받고 있는가

경청 씨: 지금 선생님은 교만의 원인에 대해 말씀해 주셨는데, 이왕 말씀을 하신 김에, 왜 교만이 지금 이렇게 각광을 받고 있는지 그 이유에 대해 말씀해 주시면 좋겠습니다.

현인 씨: 제가 생각하는 이유에 대해 말씀드리겠습니다.

첫 번째 이유

1. 첫 번째 이유는 교만한 사람들은 하나님의 말씀으로 인도를 받기보다는 오히려 자기 마음으로부터 인도를 받기 때문입니다. "속에서 곧 사람의 마음에서 나오는 것은 악한 생각 곧 음란과 도둑질과 살인과 간음과 탐욕과 악독과 속임과 음탕과 질투와 비방과 교만과 우매함이니 이 모든 악한 것이 다 속에서 나와서 사람을 더럽게 하느니라"(막 7:21-23)는 말씀과 같습니다.

제가 앞에서도 말한 바와 같이, 교만의 근본 토대가 바로 마음이기 때문입니다. 그 마음에서 교만이 생깁니다. 그들은 마음으로부터 인도를 받기 때문에 본성적으로 교만하게 들떠 있는 경향이 있습니다. 이런 마음의 교만으로 그들은 부추겨지고, 그 교만한 속임수들에 의해 그들은 정복당합니다. 그렇습니다. 그들의 마음에는 자신들이 가진 깃털을 공작의 깃털로 변화시키는 마력이 있습니다. 그래서 결국 그들은 그 허영에 삼킴을 당하는 것입니다. "너의 마음의 교만이 너를 속였도다"(옵3).

두 번째 이유

2. 지금 우리는 신앙 고백까지 한 성도들이 왜 그렇게 교만한지, 그 이유에 대해 이야기하고 있습니다. 그 두 번째 이유는 이들이 참된 성도들을 모범으로 삼기보다는 오히려 세상 사람들을 모범으로 삼기가 더 쉽다는 사실에 있습니다. 교만은 이 세상에 속한 것입니다. "이는 세상에 있는 모든 것이 육신의 정욕과 안목의 정욕과 이생의 자랑이니 다 아버지께로부터 온 것이 아니요 세상으로부터 온 것이라"(요일2:16)는 말씀대로 말입니다.

이들은 이 세상으로부터 교만을 배우게 됩니다. 하지만 그들은 이 세상을 모범으로 삼아서는 절대로 안 됩니다. 제가 이런 말을 하면 아마도 다음과 같은 반론이 제기될 것입니다. "아니, 당신들이 거룩하다고 내세우는 성도들도 교만하지 않았습니까? 당신들도 교만하기는 다른 사람들과 별반 다르지 않습니다." 자, 어쨌든 그렇게 생각하는 자들은 자신이 지은 죄에 대해 부끄러움을 당하도록 내버려 둡시다.

그럼에도 불구하고 제가 신앙 고백자들이 삶의 모범을 참된 성도들로 삼아야 한다고 말하는 것은, 베드로 사도가 한 말씀과 같은 의미입니다. 즉, 신앙 고백자들은 옛 성도들을 모범으로 삼아야 한다는 말입니다. 왜냐하면 옛 시대는 죄악이 최고로 기승을 부리던 시대였기 때문입니다. 그래서 베드로는 옛 성도들을 우리 삶의 귀감으로 삼도록 우리를 인도하고 있습니다. "아내들아 이와 같이 자기 남편에게 순종하라 이는 혹 말씀을 순종하지 않는 자라도 말로 말미암지 않고 그 아내의 행실로 말미암아 구원을 받게 하려 함이니 너희의 두려워하며 정결한 행실을 봄이라 너희의 단장은 머리를 꾸미고 금을 차고 아름다운 옷을 입는 외모로 하지 말고 오직 마음에 숨은 사람을 온유하고 안정한 심령의 썩지 아니할 것으로 하라 이는 하나님 앞에 값진 것이니라 전에 하나님께 소망을 두었던 거룩한 부녀들도 이와 같이 자기 남편에게 순종함으로 자기를 단장하였나니"(벧전 3:1-5).

세 번째 이유

3. 성도들이 교만한 또 다른 이유는 자신들의 본성이 타락하였다는 사실을 그들이 잊었기 때문입니다. 이 사실을 기억하는 것만으로도 우리는 겸손해질 수밖에 없을 것이며, 이 사실로 인해 우리는 지속적으로 겸손해질 것입니다. 그래서 결국 우리는 교만과 거리를 두게 될 것입니다. 교만과 겸손은 정반대 방향에 있습니다. "하나님이 교만한 자를 물리치시고 겸손한 자에게 은혜를 주신다 하였느니라"(약 4:6).

분별 있는 그리스도인이 교만한 자가 될 수 있다는 것을 당신은 상상할 수 있겠습니까? 비천한 것에 대한 인식은 우리로 하여금 낮은 곳에 처하도록 하지, 교만과 더불어 우리를 높은 곳으로 끌어올리지 않습니다. 마음의 교만도 그러하고, 생명의 교만도 그러합니다. 어떤 사람이 자신이 과연 어떤 사람인지를 잊기 시작할 때, 바로 그 때 특별한 일이 없는 한 그는 교만해지기 시작합니다. 어떤 사람이 지금 벌거벗고 있는데, 그 수치를 가릴 목적으로 그에게 주어진 어떤 것이 있다고 합시다. 그런데 그 벌거벗은 사람이 자신의 몸을 가릴 용도로 주어진 바로 그것을 가지고 교만하게 군다면, 그것은 이 세상에서 가장 웃기고 분별없는 행동 가운데 하나라고 생각합니다.

네 번째 이유

4. 교만한 사람들은 하나님과 그분의 거룩하심을 시야에서 놓치고 있는 자들입니다. 만약 하나님께서 그들 앞에 서신다면(사실 하나님은 그들의 등 뒤에 서시겠지요), 그들은 그분의 거룩하심 가운데 있는 하나님을 보게 될 것이며, 반대로 하나님은 죄악과 수치 가운데 있는 그들을 보게 될 것입니다. 그래서 그들은 그들의 시답잖은 잔재주들을 보고 싶지 않게 될 것입니다.

하나님의 거룩하심으로 인해 천사들은 자기 얼굴을 가렸습니다. 만약 그리스도인들이 그 영광을 보게 된다면, 그들은 먼지와 재로 형체도 없이 사라져 버릴 것입니다. 그분의 위엄도 이러하며, 그분의 말씀도 마찬가지입니다 (사6). 그러므로 그들이 자신들의 교만을 옹호하기 위해 하나님의 말씀을 끌어들이는 것은, 그 말씀을 악용하는 것입니다.

마지막으로, 그렇게 기묘한 방식으로 자신을 치장하면서 교만을 떠는 자들의 최후는 과연 어떻게 되겠습니까?

왜 그들은 남자나 여자나 이마와 머리에 두드러진 가발을 쓰고서, 어깨를 다 드러낸 채, 마치 암소의 젖통처럼 가슴을 꺼내 보이면서 활보를 하는 것일까요? 왜 그들은 얼굴에 화장을 하고서 고개를 쭉 내밀고는 교만한 인상을 주는 온갖 형식적인 것들을 하는 것일까요? 과연 하나님을 경외하기 위해서 그런 행동들을 하는 것일까요? 아니면, 복음에 대해 경의를 표하기 위해서 그렇게 하는 것일까요? 이런 이유들이 아니라면, 그들이 믿고 있는 신앙을 아름답게 보이도록 해서 죄인들이 구원을 사모하도록 하도록 그러는 것일까요? 아닙니다. 전혀 아닙니다. 그들이 이와 같은 행동을 하는 것은 자신들의 정욕에 이끌려, 그 거칠고도 과도한 취향을 충족시키려는 데 있습니다.

제 바람은 그들의 이러한 행동이 다른 사람의 욕정을 불러일으켜서 결국에는 그들과 부정한 일을 범하지 않게 되는 것입니다. 그들의 목적이 어떤 것이든, 그들의 이런 행동은 마귀들이 꾸민 거대한 음모들 가운데 하나라고 저는 믿고 있습니다. 그리고 사탄은 휘황찬란하게 반짝이는 멋진 과시용 옷들을 통해서, 이 옷이 없었다면 전혀 감당할 수 없었을 만큼의 많은 사람들을 부정한 죄악으로 이끌었다고 저는 믿고 있습니다. 저는 예전에 "기생의 옷을 입은 간교한 여인"(잠 7:10)의 옷이 과연 어떤 옷이었는지 잘 모르지만, 오늘날 신앙고백까지 한 많은 신앙인들이 입는 옷과 비교해서 더 매혹적이거나 도발적이지는 않았으리라 확신하는 바입니다.

경청 씨: 선생님께서 잘 말씀해 주셔서 제 마음도 기쁩니다. 저는 영국에 있는

신앙 고백을 한 모든 교만한 귀부인들을 일일이 다 찾아가서 선생님께서 하신 말씀을 생생하게 들려줬으면 하는 바람을 가져봅니다.

현인 씨: 제가 앞서 드린 말씀들이 모두 사실이라고 저는 믿습니다. 하지만 영국에 있는 신앙 고백까지 한 교만한 귀부인들의 경우는, 모세와 다른 선지자들의 말을 듣지 않은 백성들의 경우와 마찬가지입니다. 즉, 만약 그들이 모세와 여러 예언자들의 말조차 듣지 않으려고 한다면, 제가 숫양의 뿔을 잡고서 둔탁한 소리를 내어 봤자 그들이 선한 것을 받아들이겠습니까? 그렇다면 제가 전한 말들이 아무런 소용이 없을 것 아닙니까? 어쨌든 저는 제 마음에 있는 바를 다 말하였습니다. 이제 당신이 원한다면, 이 악인 씨가 행한 또 다른 행동에 대해 이야기를 계속해서 나누었으면 합니다.

교만이라는 죄가 끼치는 악한 결과들

경청 씨: 아니, 잠깐만요. 악인 씨에 대한 다른 이야기를 하기 전에, 이 교만이라는 죄의 악한 결과에 대해서 좀 더 자세히 말씀해 주시면 좋겠습니다.

현인 씨: 제가 온 마음을 다 담아서 당신의 요구에 답해 보겠습니다.

첫 번째 악한 결과

1. 이제 말씀드리지요. 불쌍한 인간을 지옥에 있는 마귀처럼 만들어서, 인간 속에 있는 하나님의 형상과 그 유사성을 전혀 찾아볼 수 없도록 만드는 것이 바로 교만입니다. 천사들이 마귀가 된 것도 바로 교만 때문이며, "새로 입교한 자도 말지니 교만하여져서 마귀를 정죄하는 그 정죄에 빠질까 함이요"(딤전 3:6)라는 말씀대로, 마귀들은 교만함으로 인해 높아져서 거들먹거리다가 정죄를 받았습니다. 죄인의 마음을 들뜨게 하거나 거들먹거리게 해서 마귀가 지닌 바로 그 형상을 지니게 하는 것도 교만입니다.

두 번째 악한 결과

2. 교만은 사람을 하나님 보시기에 아주 역겨운 존재로 만들어 버립니다. 그래서 그렇게 교만하게 된 사람은 그분의 존전에 가까이 다가갈 수도 없고, 다가가서도 안 될 것입니다. "여호와께서는 높이 계셔도 낮은 자를 굽어 살피시며 멀리서도 교만한 자를 아심이니이다"(시 138:6).

교만은 하나님과 인간 영혼 사이에 거리를 만듭니다. 교만은 사람으로 하여금 하나님께 가까이 나아가지 못하도록 합니다. 하나님께서도 교만한 자가 자기 가까이에 오는 것을 허락하지 않으십니다. 자, 보십시오. 이 얼마나 끔찍한 일입니까.

세 번째 악한 결과

3. 교만은 하나님과 인간 영혼 사이에 있는 거리를 살필 뿐만 아니라, 그 거리를 계속해서 유지시킵니다. "하나님이 교만한 자를 물리치시고"(약 4:6). 여기서 물리친다는 말은 하나님께서 그 교만한 자를 대적하시며, 그를 신뢰하지 않으시고, 그의 인격과 그가 행하는 모든 것들을 경멸하신다는 뜻입니다. 교만한 자들도 나아와 하나님이 정하신 명령을 지킬 수 있습니다. 하지만 그분의 존전으로 나아와 그분과 함께 교제를 나누며 그분으로부터 축복을 받는 일은 교만한 자들이 할 수 없는 일입니다. 하늘 높은 곳에 계신 하나님께서 그 교만한 자를 물리치시기 때문입니다.

네 번째 악한 결과

4. "여호와는 교만한 자의 집을 허시며"(잠 15:25)라는 성경 말씀이 있습니다. 하나님께서는 교만한 자의 집을 멸하십니다. 이 말씀은 하나님께서 교만한 자와 그에게 속한 모든 것을 멸하신다는 뜻으로 이해할 수 있습니다. 그래서 하나님께서는 교만한 바로를 멸하셨으며, 이와 마찬가지로 교만한 고라와 많은 다른 이들을 멸하셨던 것입니다.

5. 교만한 마음이 생기고 그 마음이 환대를 받으면 조만간 머지않아서 모종의 심판이 임한다는 확실한 징조입니다. 교만이 앞서 오면, 그 뒤를 욕과 패망이 따르기 때문입니다. "교만이 오면 욕도 오거니와"(잠 11:2), "교만은 패망의 선봉이요 거만한 마음은 넘어짐의 앞잡이니라"(잠 16:18)라는 말씀대로 말입니다.

6. 지속적으로 교만한 것은 불쌍한 인간에게 불치병에 걸린 것과 같은 상황입니다. 결국은 교만하여 정죄를 받은 마귀의 형국과 같이 됩니다. "교만하여져서 마귀를 정죄하는 그 정죄에 빠질까 함이요"(딤전 3:6)라는 말씀대로 말입니다. 제가 우려한 바였지만 이것이 바로 악인 씨가 처한 상황이었으며, 그가 비참하게 죽은 이유이기도 했습니다. 이에 대해서는 이제 곧 말씀드리겠습니다. 악인 씨의 전 생애, 다시 말해 그가 지금까지 행한 모든 것들을 살펴볼 때, 그의 일생은 한 마디로 죄악의 한 뭉텅이로 보입니다. 지금까지 제가 말한 것도 많은데, 그에 더하여 그가 행한 또 다른 비상한 죄악들을 구체적으로 말하는 것이 과연 필요할까요? 사실 그는 하나님이 존재한다는 것을 믿지 않았던 것입니다.

그의 입과 생활과 행동들은 하나님이 존재하지 않는다는 것을 마치 선포하는 것처럼 보일 따름이었습니다. "악인의 죄가 그의 마음속으로 이르기를 그의 눈에는 하나님을 두려워하는 빛이 없다"(시 36:1)고 하지만, "하나님이 그 해를 악인과 선인에게 비추시며 비를 의로운 자와 불의한 자에게 내려주심이라"(마 5:45). 이처럼 하나님께서 모든 사람들에게 선을 베풀어 주시고, 특히 이 악인 씨에 대해서는 그분의 선한 섭리 가운데 친히 그를 인도해 주셨음에도 불구하고, 악인 씨는 그 하나님께 영광을 돌려드리거나 그분께서 베풀어 주신 자비에 대해 하나님을 영화롭게 하지 않았습니다. 오히려 그는 그 영광을 다른 이유들로 돌렸습니다.

이런 섭리가 하나님의 은혜라 해도, 다시 말해 그 섭리를 정직하게 바라본다면 결코 거짓말할 수 없을 그런 하나님의 섭리마저도, 그는 그것을 자신의 재간, 수고, 관심, 근면, 노련함 등으로 돌렸던 것입니다. 그를 향한 섭리가 자신에게 십자가가 되었다면, 그 섭리들은 행운이나 불행, 우연, 부적절한 사태 해결, 이웃의 악의 혹은 아내의 열광적인 종교성, 즉 그의 말을 따르자면 자기 아내가 너무 많은 시간을 성경을 읽거나 기도를 하며 허비한 결과 등으로 여기거나 이런 것들 때문에 일어난 일로 돌렸습니다. 하나님을 인정하는 것, 다시 말해 은혜로운 하나님을 인정하거나 범사에 그분의 손길을 인정하는 것은 그의 스타일이 아니었습니다.

이사야 선지자가 말씀한 바와 같았습니다. "악인은 은총을 입을지라도 의를 배우지 아니하며"(사 26:10). 선지자는 다시 "그리하여도 그 백성이 자기들을 치시는 이에게로 돌아오지 아니하며 만군의 여호와를 찾지 아니하도다"(사 9:13)라고 말합니다. 이것이 바로 악인 씨의 기질이었습니다. 하나님께서 그에게 베풀어 주신 은혜도, 하나님께서 그를 벌하신 심판에도 아랑곳하지 않고, 그는 하나님을 찾으려고 하지 않았습니다. "여호와여 주의 손이 높이 들릴지라도 그들이 보지 아니하오나"(사 26:11), "그들은 여호와께서 행하신 일과 손으로 지으신 것을 생각하지 아니하므로 여호와께서 그들을 파괴하고 건설하지 아니하시리로다"(시 28:5)라는 말씀대로 말입니다.

게다가, 그는 하나님의 섭리로 인해 그의 영혼으로 봐서는 최선의 수단으로 혜택을 받은 적도 여러 번 있었습니다. 즉, 앞서 말한 바와 같이 그에게는 선한 선생님이 있었으며, 그 전에는 선한 아버지가 있었고, 그 후에는 더할 나위 없이 선한 아내가 있었으며, 때로 여행을 할 때면 선한 설교 말씀을 듣게 될 때도 있었습니다. 물론 그가 설교 말씀을 듣게 된 것은 어떤 새로운 이야기가 없나 싶어서 선한 설교자를 찾다가 듣게 된 일이었지만 말입니다. 어쨌든 그에게는 선한 섭리의 손길이 여러 번 지나갔지만, 그럼에도 불구하고 그는 이모든 손길들을 선용할 마음이 어느 때도 없었습니다. "지나친 말을 하는 것도 미련한 자에게 합당하지 아니하거든"(잠 17:7)라는 말씀대로 말입니다. 그의 형국은 "정직한 자의 땅에서 불의를 행하고 여호와의 위엄을 돌아보지 아니하는도다"(사 26:10) 하신 말씀과 같았습니다.

성경 말씀이 봉독되고 설교되고 논의될 때에도 그는 성경 말씀을 찾아보기는커녕 졸거나, 아니면 다른 업무에 관한 이야기를 하거나, 그것도 아니면 성경의 권위나 성경의 일치 혹은 성경의 지혜 등을 반대하는 이야기들만 늘어놓았습니다. 그는 다음과 같은 식으로 말하였습니다. "이 말씀이 하나님의 말씀인 줄 당신이 어떻게 아는가? 또한 이 말씀들이 사실인지 당신이 어떻게 아는가?"

성경 말씀에 대한 악인 씨의 판단

그러고는 자신의 질문에 대해 스스로 다음과 같이 대답하였습니다. "원래 성경은 '귀에 걸면 귀걸이, 코에 걸면 코걸이'와 같아서, 어떤 말씀이든 자신이 원하는 쪽으로 사용하면 되는 거야. 어느 한 성경 구절이 이런 말씀을 하면, 또 다른 성경구절은 그와는 정반대의 말씀을 하기도 하지. 또한 성경에는 전혀 불가능한 이야기들이 수천 가지나 들어 있어. 이런 성경 말씀이야말로 이 땅에서 생기는 모든 분쟁과 불화의 주된 원인이라고 할 수 있지. 그러므로 당신이 성경 말씀에 대해 어떻게 생각하는지 잘은 모르겠지만, 적어도 내 생각으로는 이 성경 말씀과는 가능하면 관계를 맺지 않는 것이 최선의 방법인 것 같아."

말쟁이
나무가 다하면 불이 꺼지고 말쟁이가 없어지면 다툼이 쉬느니라 - 잠 26:20
남의 말 하기를 좋아하는 자의 말은 별식과 같아서 뱃속 깊은 데로 내려가느니라 - 잠 26:22

선한 자들을 조롱하는 악인 씨의 노래

성경 말씀을 사랑하고 경외해서 이마에 성경 각권의 이름을 붙이고 다닌다거나, 그 삶에서 그리스도의 형상을 드러내기는커녕, 성경 말씀을 조롱거리로 삼고, 그 말씀을 중상모략의 대상으로 삼아 성경을 놀리는 것이 그의 노래가 되었습니다. 그는 성도들의 진지한 태도와 그들의 은혜로운 언어와 조용한 행동들을 조롱하였으며, 그것으로도 성이 차지 않으면, "그들의 행동은 완전히 사기이며 위선이다"라고 필사적으로 저주를 퍼부었습니다. 또한 그는 할 수만 있으면 경건한 자들을 혐오하고 경멸하고자 애썼습니다. 성도들에게 수치스러운 말은 누가 한 말인지 알아보지도 않고 그것이 설령 거짓말이라 해도 사실이라고 장담하면서, 그는 그 소문들이 바르게 시정되는 것을 참지 못했습니다. 이사야 선지자가 한 다음과 같은 말씀이 그에게 딱 들어맞았습니다. "네 입을 악에게 내어 주고 네 혀로 거짓을 꾸미며 앉아서 네 형제를 공박하며 네 어머니의 아들을 비방하는도다"(시 50:19-20).

게다가 그는 아내까지도 비난하였습니다. 하지만 그의 아내가 아주 고결한 사람이라는 사실은 그의 양심도 증언하는 사실이었고, 다른 많은 사람들도 그렇게 증언하는 데도 불구하고, 그는 자기 아내를 마뜩잖게 여겼습니다. 그는 또한 아내의 친구들에 대해서도 중상모략을 하였습니다. 즉, 그 친구들이 아내에게 가르쳐 주는 것이라고는 기껏해야 음탕한 것들이며, 친구들의 모임에서는 남녀가 서로 적절하지 않은 행동들을 실제로 하고 있다는 식으로, 다시 말해 남녀가 서로 부정한 음행을 저지르고 있다는 식으로 아내의 친구들까지 싸잡아 비난하였습니다. 이런 면에서 그는 사도 바울이 "또는 그러면 선을 이루기 위하여 악을 행하자 하지 않겠느냐 어떤 이들이 이렇게 비방하여 우리가 이런 말을 한다고 하니 그들은 정죄 받는 것이 마땅하니라"(롬 3:8)고 말했던 그 비방자들과 아주 흡사하다는 생각이 들었습니다. 그리고 "나는 무리의 비방과 사방이 두려워함을 들었나이다 그들이 이르기를 고소하라 우리도 고소하리라 하오며"(렘 20:10)라는 말씀과도 그의 상황은 아주 잘 맞아떨어졌습니다.

그렇게 시간을 보내다가 그가 신앙 고백자들과 관련된 어떤 추문을 드디어 입수하게 되면, 그는 그 소문이 얼마나 허위인지는 전혀 개의치 않고, 오! 이제야 비로소 신앙인들 전체를 도매금으로 희롱하고 기뻐하며 의기양양해질 기회를 갖게 되었다는 생각에, 다음과 같이 말하곤 하였습니다. "저 사기꾼들을 교수대에 매달아라. 저 거룩한 형제들을 꼼짝하지 못하도록 단단히 동여매라. 모두 똑같은 놈들, 대장인 마귀에게 아뢰어라. 대장님의 충직한 똘마니들을 이 자리에 대령토록 하였나이다."

경청 씨: 신앙 고백을 한 현명한 신자들이라면 악인 씨가 자기들을 예의주시하고 있다는 것과 그의 저주들로 인해 좀 더 깨어서 범사에 조심해야겠다는 생각을 할 것 같습니다.

사악한 자들이 지켜볼 때는 하나님의 백성도 주의해야 한다

현인 씨: 맞습니다. 사람들은 우리의 발걸음을 주시하고 있으며, 우리가 실족하여 넘어지는 것을 보고 기뻐하는 자들이 있다는 사실을 알기에, 우리는 더욱더 조심해야만 할 것입니다.

이 악인 씨가 주님을 경외하는 자들에 대해 어떤 거짓말을 듣고서, 그 거짓말을 부풀려 다른 사람에게 전하고, 또 어떤 때는 그들에 대한 거짓말을 지어내는 것은, 마치 그가 피곤할 때 침상으로 가서 잠을 자는 것처럼, 그의 일상의 즐거움이었습니다. 이와 관련된 이야기는 이 시점에서는 그냥 넘어가기로 하겠습니다. 이런 일에서 그는 충분히 악한 사람이었습니다. 그와 관련해서는 이 일들 외에도 훨씬 많은 일이 있었지만, 그냥 넘어가는 것이 좋을 것 같습니다.

악인은 화를 내고 시기하는 인간이었다

그는 화를 잘 내고 격분해서 시기를 잘 하는 사람이었습니다. 또한 그는 온유함이나 너그러움 등은 전혀 없었으며, 그런 성품들을 배워 볼 마음조차 전

분노

가난한 자를 학대하는 가난한 자는 곡식을 남기지 아니하는 폭우 같으니라 – 잠 28:3

노하기를 속히 하는 자는 어리석은 일을 행하고 악한 계교를 꾀하는 자는 미움을 받느니라 – 잠 14:17

급한 마음으로 노를 발하지 말라 노는 우매한 자들의 품에 머무름이니라 – 전 7:9

시기와 다툼이 있는 곳에는 혼란과 모든 악한 일이 있음이라 – 약 3:16

혀 없었습니다. 타고난 그의 기질은 무뚝뚝하고 성급하며 까다로운 성격이었습니다. 그래서 그는 작은 일에도 곧잘 짜증을 내었습니다. 매사에 그는 불같이 화를 내었으며, 특별히 그의 기분이 나쁠 때는 선한 일이나 선한 것과 관련된 일에 대해서 더더욱 화를 내었습니다.

경청 씨: 솔로몬은 "노하기를 속히 하는 자는 어리석은 일을 행하고"(잠 14:17)라는 말씀을 하셨습니다.

현인 씨: 맞습니다. 그는 또한 "노는 우매한 자들의 품에 머무름이니라"(전 7:9)는 말씀도 하셨지요. 노를 자기 품에 안고 있는 것이 어리석은 자의 징표라면, 그는 자기가 지닌 재능으로 온갖 술수를 다 꾀한다고 말하겠지만, 사실은 그가 어리석은 자 가운데서도 더욱더 어리석은 자일 것입니다.

경청 씨: 어리석은 자들은 대부분 자기 눈에는 자기가 아주 똑똑하게 보인다고 하더군요.

현인 씨: 그렇습니다. 그런데 제가 방금 말한 대로, 사람이 어리석은 징표가 바로 분을 자기 품에 안고 있는 것이라면, 악의와 시기를 자기 품에 안고 있는 것은 어떤 사람에 대한 징표라고 당신은 생각합니까? 제가 알고 있는 한, 이 악인 씨만큼 악의와 시기로 가득한 사람을 아마 당신은 지금까지 들어보지 못했을 것입니다.

경청 씨: 악의와 시기는 틀림없이 교만과 오만에서 흘러나올 것 같습니다. 그리고 이 교만과 오만은 다시 무지로부터 나오고, 이 무지는 마귀로부터 나오는 것 같습니다. 그래서 제 생각에 선생님은 악인 씨의 교만에 대해서 앞에서 미리 말씀해 주셨던 것 같습니다. 이제 다른 말씀을 더 나누기 전에 이 악의, 시기, 교만, 오만 등에 대해서 한 말씀해 주시기 바랍니다.

시기의 유래

현인 씨: 진실로 시기는 무지로부터 나오는 것이 맞습니다. 이 악인 씨도 여느 사람들처럼 다른 사람과 자신이 비교될 때면 그 마음이 시기로 가득 차곤 하였

습니다. 마치 두꺼비가 독을 품을 때 그 배가 부풀어 오르는 것처럼, 그의 마음도 시기로 부풀어 올랐습니다. 악의를 품고 있는 사람은 그가 어디서 누구를 만나든지, 누가 어떤 일로 그와 마주하게 되든지, 모든 사람이 그의 얼굴에서 시기심을 읽었을 것입니다. 그의 시기심은 너무나 대단하고 강력해서 언제든 한 사람을 향해 그 시기심이 발동한다면, 평상시의 상태로 되돌아가기가 거의 불가능할 정도였습니다. 그는 마치 고양이가 쥐를 잡아먹기 위해 지켜보는 것처럼, 그렇게 어떤 사람이 자신에게 해를 끼치지는 않는지 예의주시하고 있었습니다. 그렇습니다. 그는 7년을 기다려서라도, 자기에게 해를 끼친 자를 해할 기회를 모색할 정도였습니다. 그러다가 그런 기회를 얻게 되면, 그의 시기가 얼마나 혹독한지를 상대방이 느끼도록 보복을 하였습니다.

시기는 마귀적인 일이기도 합니다. 성경 말씀은 그 누구도 질투 앞에 설 수 없음을 암시하고 있습니다. "돌은 무겁고 모래도 가볍지 아니하거니와 미련한 자의 분노는 이 둘보다 무거우니라 분은 잔인하고 노는 창수 같거니와 투기 앞에야 누가 서리요"(잠 27:3-4)라는 말씀대로 말입니다.

이런 시기는 또한 더러운 것이어서, 더러운 것들, 즉 음행과 호색과 우상 숭배와 주술과 원수 맺는 것과 분쟁과 시기와 분냄과 당 짓는 것과 분열함과 이단(갈 5:19-20)과 같은 가장 더러운 것들 가운데 하나로 여겨집니다. 그렇습니다. 이 시기는 너무 악의로 가득해서 부패하게 됩니다. 그리하여 시기는 그것을 품은 사람의 뼈를 썩게 만듭니다. "평온한 마음은 육신의 생명이나 시기는 뼈를 썩게 하느니라"(잠 14:30)는 말씀대로 말입니다.

많은 사악한 것들의 아버지와 어머니인 시기

경청 씨: 이 시기는 가증스럽고 엄청나게 사악한 무수히 많은 것들을 낳은 바로 그 아버지와 어머니인 것 같군요. 제가 말씀드리지만, 이 시기야말로 이 모든 것들을 낳은 그 아버지와 어머니로 여겨집니다. 시기가 이 모든 사악한 것들을 낳고 양육하여서, 이 사악한 것들을 환대하는 자의 품에서 저주스런 모

시기

시기, 살인, 분쟁, 사기, 악독이 가득한 자요 – 롬 1:29

습으로 성숙해가는 것이지요.

현인 씨: 당신은 아주 적절한 예를 들어서 질투에 대해 말해 주었습니다. 이 시기를 무수히 많은 다른 거대한 사악함을 낳은 아버지와 어머니로 표현했네요. 이 시기야말로 너무나 큰 독을 품고 있는 사악한 것이어서, 모든 본성이 나아가야 할 길을 무질서하게 만들고 혼란스럽게 할 뿐, 우리 인생에는 전혀 도움이 되지 않습니다. "시기와 다툼이 있는 곳에는 혼란과 모든 악한 일이 있음이라"(약 3:16)는 말씀대로 말입니다. 제가 말하지만, 이 시기야말로 이 많은 다른 죄악들의 아버지와 어머니라고 한 당신의 표현은 아주 옳은 말입니다. 자, 이제는 우리 믿음의 덕을 더 세우기 위해서, 시기에서 생기는 또 다른 몇 가지 특징들을 살펴보고자 합니다.

시기에서 생기는 몇몇 특징들

1. 시기는 앞서 말한 바와 같이 그것을 품은 사람의 **뼈**를 썩게 합니다. 2. 당신도 이미 암시한 바와 같이, 이 시기는 돌과 모래보다 무겁습니다. 저는 여기에 한 가지 특징을 더 보태려고 합니다. 즉, 시기는 마치 자기 머리 위에 떨어지는 맷돌과도 같다고 말입니다. 3. 또한 시기는 이것을 던지는 자도 죽이고, 이 시기에 맞은 자도 죽게 합니다. "시기가 어리석은 자를 멸하느니라"(욥 5:2)는 말씀대로, 시기는 그것을 품은 자뿐만 아니라 그 시기의 대상까지도 모두 멸합니다. 4. 예수 그리스도를 죽였던 것도 바로 시기였습니다. 예수님의 원수들은 질투로 인해 그분을 핍박하였습니다(마 27:18; 막 15:10). 5. 요셉의 형제들이 요셉을 애굽으로 판 것도 동생에 대한 형제들의 시기 때문이었습니다(행 7:9). 6. 하나님의 성도들 간에 불화를 일으키는 손길도 바로 시기에서 나옵니다(사 11:13). 7. 죄인들을 선동하여 하나님께 신실한 종들을 그 지역에서 쫓아낸 것도 바로 죄인들의 마음속에 있는 시기였습니다(행 13:50;14:6). 8. 이제 무슨 말을 더 해야 할까요? 서로 숙덕이며 논쟁하고, 뒤에서 험담하고 중상모략하며, 비방하고 살인하는 등, 이 모든 것들의 온상이 바로 시기입니다.

이 죄악의 뿌리에서 나온 열매들을 하나하나 되풀이하여 열거하는 것은 불가능한 일입니다. 그러므로 이 악인 씨가 그렇게 악한 본성을 지닌 사람이었다는 것은 그리 놀랄 만한 사실이 아닐 것입니다. 왜냐하면 온갖 사악한 것들이 자라나게 한 그 큰 뿌리들이 그의 안에서 죽지 않고 멀쩡하게 살아 기승을 부리고 있었기 때문입니다.

경청 씨: 악인 씨의 경우는 아주 드문 경우였던 것 같습니다. 그는 평생을 살아가면서 악을 행하고 자신의 삶을 허비하였다는 회개를 단 한 번도 진심으로 하지 않았으니 말입니다.

제13장

술에 취해 다리가 부러진 악인 씨, 술 취한 자들을 향한 하나님의 심판

현인 씨: 자신이 행한 악한 일에 대한 후회라는 뜻으로 당신이 '회개'라는 용어를 썼다면, 저는 그가 회개했다는 말을 한 번도 들어보지 못했습니다.

몇 번 마음이 심란했던 악인 씨

하지만 그가 처한 상황과 관련해서 그의 마음이 심란했던 적은 두어 번 있었던 것으로 저는 기억합니다. 한번은 그가 술집에서 술을 먹고 집으로 돌아오다가 다리가 부러진 때였고, 또 한 번은 몸에 병이 나서 죽는다는 생각까지 했을 때였습니다. 이렇게 두 번 외에는 한 번도 그의 삶에서 회개 비슷한 것을 해 본 적이 없었습니다. 최소한 제가 기억하는 한에서는 그렇습니다.

경청 씨: 그의 다리가 부러졌던 적도 있었나요?

현인 씨: 예, 술집에서 술에 취해 집으로 돌아오다가 다리가 부러졌지요.

경청 씨: 그 내막을 좀 더 자세히 말씀해 주시면 좋겠습니다.

현인 씨: 그러니까 집에서 한 3~4km 가량 떨어진 사악한 술집에서 하루 종

일 술을 진탕 마시고는 밤이 되자 더 이상 그곳에 있을 수 없어서, 그는 일어나 말을 타고 마치 미친 사람처럼 마구 달리기 시작했습니다. 술에 취한 사람이 말을 타면 늘 그렇듯, 그도 정신없이 말을 타고 아주 과감하게 내달렸습니다. 그러고는 지나는 길이 시궁창인지도 모른 채 달리다가 그만 말이 미끄러지면서 땅에 털썩 주저앉게 되었습니다. 그 바람에 말을 타고 가던 악인 씨도 말에서 떨어져 땅에 고꾸라졌습니다. 그 와중에 다리가 부러지게 되었던 것이지요.

그가 욕을 하다

그는 한동안 땅에 널브러져 있었습니다. 그 때 잠시 정신을 잃었던 것 같습니다. 하지만 정신이 없을 때도 그가 얼마나 심한 욕을 했는지, 당신은 아마 상상도 못할 것입니다. 어느 정도 시간이 흘러 그가 정신을 차렸을 때, 그는 아주 심한 고통을 느꼈습니다. 다리를 쓰지 못하게 되었다는 사실을 안 후, 그는 객지에서 옴짝달싹하지 못하고 있다가 죽으면 어떡하나 하는 두려운 마음에 휩싸이기 시작하였습니다.

그가 기도를 하다

그래서 그는 간절한 마음으로 다음과 같이 소리를 질렀습니다. "주님, 저를 도와주십시오. 주님, 저를 불쌍히 여겨 주십시오. 선하신 하나님, 나를 구해 주십시오." 이런 말들로 소리쳤습니다. 그가 이렇게 소리 지르면서 누워 있을 때, 그의 곁을 지나가던 어떤 사람이 그를 발견하고는 그에게 다가와 그를 부축하여 집으로 데려다 주었습니다. 다시 밖으로 나다닐 수 있게 되기까지 그는 한동안 집에 누워 있었습니다.

경청 씨: 선생님 말씀은 그 때 그가 하나님을 불렀다는 것인가요?

현인 씨: 그는 고통 때문에 소리를 지르면서 "오, 하나님, 오, 하나님, 저를 도와주세요"라고 말했던 것입니다. 그 외침이 자기 죄를 용서해 달라거나 자

악인의 다리가 부러지다. 다리가 부러지는 사고도 그에게는 별 효과가 없었다.

(원서 초판의 삽화)

기 영혼이 구원받기를 원한다는 뜻이었는지, 아니면 단순히 자기의 고통을 없애 달라는 뜻이었는지는 잘 모르겠습니다. 제가 확정적으로 답할 수는 없을 것 같습니다. 이런 말을 해서 미안하지만 아마도 그는 두 번째 뜻으로 하나님을 불렀던 것 아닌가 하는 생각이 듭니다.

다리가 부러지는 사고도 그에게는 별 효과가 없었다

왜냐하면 시간이 흘러 그의 고통이 사라지고 다리가 낫겠다는 희망이 생기자, 그는 집 밖으로 나오기도 전에 벌써 기도하는 것을 중단하고 다시 옛 습관대로 살아가기 시작하였기 때문입니다. 다시 말해, 그는 예전만큼이나 사악한 생활을 다시 시작했던 것입니다. 그 당시 그는 옛 친구들을 불러들였을 뿐아니라, 예전에 알고 지내던 창녀들까지 집으로 불러들였습니다. 그들과 더불어 친구들이 마음으로 원하던 사악한 짓들을 하면서, 그도 완전히 쓰지 못하는 다리를 이끌고서 온 힘을 다해 악한 짓들을 저질렀던 것입니다.

경청 씨: 그의 목이 부러지지 않은 게 이상하게 느껴지는군요.

현인 씨: 악인 씨를 향한 하나님의 오래 참으심이 아니었다면, 아마도 그의 다리 대신에 그의 목이 부러졌을 것입니다. 그는 목이 수천 번 더 부러져도 마땅한 삶을 살아왔지요. 제가 지금까지 들은 많은 이야기들 가운데 앞에서도 잠시 언급한 바 있지만, 술 취한 사람이 말을 타고 가다가 사고를 당한 이야기를 해드리겠습니다.

술 취한 상태로 말을 타고 가다가 바로 무덤으로 직행한 이야기입니다. 술집에서 말을 타고 집으로 가다가 떨어져 목이 부러졌으니까요. 우리 집 근처에 사는 한 사람도 술에 취해 죽었습니다. 그는 술을 마시다가, 바로 그 자리에서 죽었던 것입니다.

경청 씨: 술을 먹다가 취해서 죽는 것은 정말 비극인 것 같습니다.

현인 씨: 정말 그렇습니다. 하지만 더 이상 그렇게 죽는 사람이 없을지는 조금 의심스럽습니다. 왜냐하면 술 취하는 죄의 흉악함을 생각해 보고, 이 죄와 동반되는 다른 많은 죄악들, 즉 거짓 맹세, 신성모독, 거짓말, 난동, 매춘, 싸움 등을 생각해 볼 때, 이런 죄를 짓고도 하늘로부터 임하는 형벌을 피해 무덤으로 고꾸라지지 않는 인생을 저는 도저히 상상할 수 없기 때문입니다.

게다가 그들이 짐승처럼 술을 퍼 마실 때 그들의 형국을 살펴보면, 그들은 위험을 전혀 두려워하지 않으면서, 마치 정신병원에 수용되어 있는 미치광이들처럼, 미친 듯이 말을 몹니다. 그들은 자기들이 이렇게 술 취했으니 누가 감히 건드릴 수 있겠는가, 하나님도 감히 자기들을 간섭할 수 없을 것이라고 생각하는 듯합니다. 제가 감히 말하건대, 혹시라도 하나님께서 그들에 대한 섭리를 취소하시고 그들이 행한 범죄에 대한 보응으로 위험과 파멸에 내버려두시지는 않을까, 그래서 그들이 광기로 스스로 멸망하지는 않을까 하는 두려운 마음이 들었습니다. 그러다 다시 다음과 같은 생각이 들기도 하였습니다. 즉, 하나님께서는 그들의 형벌에 대해 보응하실 한 날을 정하셨을 뿐만 아니라, 몇몇 사람을 그들에 대한 본보기로 삼으셔서, 그들을 통해서 하나님은 그들이 행한 죄악을 주의 깊게 보고 계시며, 그들이 걷는 길들을 가증스럽게 여기시고, 정해진 때가 되면 그들이 지은 죄에 합당하게 보응하실 것을 말씀하고 계신다는 생각을 하게 되었습니다. "알지 못하던 시대에는 하나님이 간과하셨거니와 이제는 어디든지 사람에게 다 명하사 회개하라 하셨으니 이는 정하신 사람으로 하여금 천하를 공의로 심판할 날을 작정하시고 이에 그를 죽은 자 가운데서 다시 살리신 것으로 모든 사람에게 믿을 만한 증거를 주셨음이니라 하니라"(행 7:30-31)는 말씀대로 말입니다.

경청 씨: 하나님께서 사람들이 짓는 죄악을 혐오하신다는 사실을 보여주기 위해 죄인 몇몇을 치신다는 것을 우리는 주목해 볼 필요가 있을 것 같습니다. 악인 씨의 다리가 부러진 것도 분명히 하늘로부터 임한 형벌이었을 것입니다.

현인 씨: 맞는 말입니다. 우리가 주목해 볼 필요가 있는 부분이지요. 그의 죄가 극도로 치달았을 때 하나님께서 그를 공개적으로 치셔서 다리가 부러진 것이었습니다. 이것은 욥기에 나오는 다음과 같은 말씀과도 아주 흡사해 보입니다. "그러므로 그는 그들의 행위를 아시고 그들을 밤 사이에 뒤집어엎어 흩으시는도다 그들을 악한 자로 여겨 사람의 눈 앞에서 치심은"(욥 34:25-26). 이 본문에 해당하는 난외주에는 "구경꾼들이 보는 곳에서"(in the place of beholders[KJV 1611년 판 marginal notes—역주)라고 되어 있습니다. 다시 말해, 하나님께서는 이 죄인들을 구경꾼들이 보는 곳에서 내리치셨던 것입니다. 이렇게 많은 구경꾼들이 보고 있는 가운데 악인 씨가 드러누워 있었던 셈입니다. 하나님께서 그를 내리치셨던 것이 모든 사람의 이목을 사로잡았고, 그의 다리가 부러졌다는 소문이 온 동네에 제대로 다 알려졌습니다.

공개적으로 치심

"악인 씨의 다리가 부러졌다네"라고 한 사람이 말하자, 그 말을 들은 다른 사람은 "어떻게 하다가 다리가 부러졌어?"라고 되물으면서, 그 말을 들은 제삼자가 "술집에서 술을 먹다 취해서 집으로 돌아오던 중에"라고 말하였고, 그 말을 들은 또 다른 사람은 "하나님으로부터 심판을 받은 셈이지 뭐" 하는 식으로, 계속해서 그에 관한 말들이 사람들 입에 오르내렸던 것입니다. 그가 행한 죄악, 그가 받은 수치, 그에게 내려진 심판, 이 모든 것들을 그의 주변에 있는 모든 사람들이 분명히 알게 되었습니다. 저는 이와 관련된 또 다른 이야기를 한두 개 정도 더 하려고 합니다.

영국 성직자인 새뮤얼 클락[Samuel Clark, 1599-1683]이 1646년에 쓴 『죄인들을 보여주는 유리』라는 책자(41쪽)에 나오는 이야기입니다. 한번은 어떤 사람이 술에 취해 술잔을 기울이면서 천국도 없고 지옥도 없다고 떠벌리고 있었습니다. 그는 사람에게는 영혼도 없다고 말하면서, 누가 자기 영혼을 사겠다는 사람이 있으면 자기는 영혼을 팔고 싶다는 말까지 하였습니다. 그러자 그의 친구 가운데 한 사람이 포도주 한 잔으로 그의 영혼을 사겠다고 말했습니다. 그 순간 인간의 모습으로 변장한 마귀가 같은 가격인 포도주 한 잔에 그 사람의 영혼을 샀습니다. 그러자 마귀는 모든 사람이 있는 자리에서 자기의 영혼을 팔았던 그 자를 사로잡아 공중으로 데리고 가 버렸습니다. 그 이후로 그에 대한 소식은 전혀 들을 수 없게 되었다고 합니다.

저자는 141쪽에서 또 다른 이야기를 하고 있습니다. 솔즈베리(Salisbury, 영국 잉글랜드 남부 지역인 윌트셔 주의 마을―역주)에 살던 한 사람이 선술집에서 건배를 외치면서 술을 마시며 떠들고 있었습니다. 그는 마귀에게도 건배를 제의하면서 술을 마시다가, 급기야 마귀가 지금 자기에게 와서 건배를 받아 주지 않는다면, 하나님이 존재한다는 사실도, 마귀가 있다는 사실도, 둘 다 믿지 않겠노라고 말하였습니다. 그렇게 말한 순간 그와 함께 술을 마시던 술친구들은 두려워 떨면서 그 방을 속히 나가 버렸습니다. 그러자 잠시 후 엄청나게 큰 굉음이 들렸고, 아주 고약한 냄새가 진동하였습니다. 그래서 술집 주인이 그 방으로 달려가 보니 조금 전까지도 술을 마시던 그 손님은 온데간데없고, 그 방의 창문이 모두 깨져 있었으며, 쇠 창틀도 휘어져 버렸고, 온 방이 피로 흥건히 젖어 있었습니다. 그 이후로 그에 대한 소식은 전혀 들을 수 없었다고 합니다.

저자는 또한 149쪽에서 헤들리(Hedley on the Hill, 영국 북동부에 있는 마을―역주)에 사는 한 지방 행정관에 대해 이야기하고 있습니다. 그는 주일에 멜포드에서 술에 취해 말을 타고서 집으로 오던 중, 어느 길가에서 "이 놈의 말이 나를 마귀에게로 데려가는구나"라고 말하였습니다. 그러자 말이 그를 땅에다 냅다 내동댕이 쳐 버렸고, 그로 인해 그의 목이 부러졌습니다. 이 경우는 악인 씨의 다리가 부러진 것보다 더 심했습니다. 살아 있는 그의 모든 친구들은 이 일을 경계로 삼아, 자신들의 죄로 인해 하나님께서 내리시는 이와 같은 서글픈 심판이 자신들에게는 떨어지지 않도록 조심하였습니다.

제가 앞서 말한 바와 같이, 악인 씨는 이 모든 것들을 한순간에 잊어버렸습니다. 즉, 그의 양심은 다리가 채 낫기도 전에 이미 마비되고 말았던 것입니다. 그리하여 그가 범한 죄악의 열매가 충분히 익기도 전에, 그는 하나님을 시험하여 또 다른 심판이 그에게 내려졌습니다. 이번 심판도 삽시간에 그에게 임하였습니다. 그의 다리가 나은지 몇 달 지나지 않아서 그는 매우 위험한 중병에 걸리게 되었습니다. 그는 이번에는 정말로 죽을 수밖에 없겠다는 생각이 들기 시작하였습니다.

제14장

죽음이 잔인하게 그를 응시하자 거짓으로 회개하고,
거짓으로 삶의 개선을 약속하는 악인 씨

경청 씨: 그렇게 되었군요. 그런데 그는 그 때 무슨 생각을 하고 어떤 행동을 하였나요?

현인 씨: 그는 자신이 틀림없이 지옥에 떨어질 것이라고 생각하였습니다. 제가 알기로 그는 그렇게 말할 수밖에 없었습니다. 오래전 일이라 생생히 기억은 나지 않지만, 어렴풋한 기억을 최대한 더듬어보자면, 그는 이런 두려움에 휩싸여 며칠 밤을 울면서 지냈던 것 같습니다. 때로는 그가 너무 두려워 떨어서 그의 침상까지 흔들릴 정도였습니다. 보십시오. 오! 죽음과 지옥불과 영원한 심판 등에 대한 생각으로 그의 양심은 얼마나 가책을 받았는지 모릅니다. 그런 두려움은 그의 얼굴에서도 역력히 드러났습니다.

　그는 이런 생각으로 안절부절못했습니다. 또한 그는 다음과 같은 말들을 하곤 했는데, 그가 종종 울면서 내뱉은 그 말들은 그의 마음에서 우러나오는 극심한 신음 소리처럼 들렸습니다. "이제 나는 끝났어. 이제 끝이 났다고. 지금까지 해 오던 이 악한 생활은 이제 끝났어."

경청 씨: 그렇다면 지금까지 그의 삶을 지탱해주던 예전 생각들, 즉 무신론적인 사고들과 원칙들은 이런 영원한 저주라는 두려움 앞에서 너무나 연약한 것들이었나요?

무신론은 그에게 더 이상 소용이 없었다

현인 씨: 예, 맞습니다! 사실 이런 것들은 너무 약한 것들입니다. 이런 것들은 사람이 번영을 누릴 때는 사람의 양심을 마비시키며, 하나님을 떠나 타락한 마음이 되어 자포자기했을 때는 사람의 마음을 완고하게 하는 역할을 하게 됩니다.

하지만 애석하게도 이런 무신론적인 생각과 개념들과 의견들은, 죄인이 행한 죄에 대한 보응으로 하나님께서 그 영혼에 질병을 내리실 그 때에만 기세가 꺾여 사라지게 됩니다.

우리가 사는 이곳에서 거의 한 20킬로미터 떨어진 곳에 사는 한 사람은, 무신론적인 사고로 훈련을 받아서 드디어 예수 그리스도를 대적하고 성경의 거룩한 권위를 대적하는 책 한 권을 쓰려고 했었습니다. 결국 그 책은 인쇄되지 못한 것으로 알고 있지만, 어쨌든 그는 그런 계획을 세우고 수일 후에 하나님께서 그를 치시는 바람에, 중병에 걸리고 말았습니다. 그래서 그는 죽었습니다. 그는 죽기 전에 질병으로 고생하면서 자신이 예전에 행한 일들을 곰곰이 생각해 보게 되었습니다. 그러다가 문득 자신이 쓰려고 했던 그 책이 마음에 떠올랐습니다. 예수 그리스도와 성경을 대적하는 악한 책을 쓰려고 했다는 죄책감에 사로잡히자, 그의 양심은 마치 사자가 어린 새끼 양을 갈기갈기 찢어 놓는 것 같은 아픔을 느꼈습니다.

하나님의 분노에 대한 끔찍한 한 사례

그래서 그는 이런 서글픈 상태로 임종을 맞을 침상에 누워서, 많은 양심의 가책을 받고 있었습니다. 그러던 중에 어느 날 제 친구들 가운데 몇몇이 그를 문안하기 위해 그의 방에 들어갔습니다. 그러자 그는 그 친구들에게 빨리 펜과 잉크와 종이를 가져다줄 것을 요청하였습니다. 그것들을 그에게 건네주자 그는 그것들을 받아 쥐고는 다음과 같은 내용의 글을 썼습니다.

"아무개 마을에 사는 아무개인 나는 예수 그리스도와 거룩한 성경을 대적하는 책을 쓰려고 했기 때문에 지옥에 떨어질 것이 분명하다." 그는 이런 글을 쓰고는 자기 집 창가로 가서 거기서 뛰어내려 자살하려고 하였습니다. 하지만 주위 사람들의 제지로 그는 그렇게 하지 못하였습니다. 그러다 마침내 그는 침상에서 죽음을 맞이했습니다. 그가 죽으려고 했던 비참한 죽음 못지않게 비참하게 생을 마감하게 되었던 것입니다. 이렇게 끝난 그의 삶이 다른 사람들에게 경계가 된다면 그것으로 이 이야기는 소기의 성과를 달성한 셈입니다.

경청 씨: 정말 범상치 않은 이야기입니다.

현인 씨: 흔하지 않은 이야기지만 실화입니다. 저는 이 이야기를 제가 굳건히 신뢰하는 사람에게서 들었습니다. 그 사람은 실제로 이 이야기를 자기의 눈과 귀로 보고 들었으니 이 이야기의 증인이라고 할 수 있겠지요. 그는 그 사람이 자기 방에서 뛰어내려 자살하려고 할 때 그의 팔을 붙잡아서 목숨을 구해 준 사람이기도 합니다!

경청 씨: 말씀 잘 들었습니다. 선생님께서는 악인 씨가 중병에 걸렸을 때 그의 처지에 대해서 그가 한 생각에 대해 말씀해 주셨는데, 이제는 그가 그렇게 아팠을 때 어떤 행동을 했는지에 대해 말씀해 주시면 좋겠습니다.

악인 씨가 중병에 걸렸을 때 행한 많은 일들

현인 씨: 행동이라! 그는 정말 많은 것들을 했습니다. 제가 분명히 알고 있는 것인데, 그는 지금까지 한 번도 무언가를 진심으로 해볼 생각을 전혀 하지 않았습니다. 자기 아내와 자녀들을 살필 생각도 그는 한 번도 한 적이 없었습니다. 이 또한 분명한 사실입니다. 하지만 그가 중병에 걸리자 그는 아내에 대한 생각부터 완전히 바꾸기 시작했습니다.

제가 말하지만, 아내에 대한 그의 생각은 아내에게 하는 말과 태도에서 충분히 미루어 짐작할 수 있습니다. 지금까지도 그녀는 선한 아내였고, 경건한 아내였으며, 정직한 아내였고, 사랑스러우며 귀여운 아내였습니다. 그것이 전부였습니다. 하지만 지금에야 비로소 그는 아내에게 그녀가 자신의 삶에서 최고로 귀중한 사람이며, 그의 곁에서 선한 삶을 꾸려온 사람이었다고 고백하였습니다. 물론 과거에는 그의 파렴치하고 경건하지 않은 생활로 항상 그녀의 얼굴을 노려보고 있었지만 말입니다. 하지만 지금 그는 그녀에게 말하기를, 비록 자기가 아주 나쁘다고 여겨서 전혀 받아들이지 않았던 그녀의 충고도, 지금 생각해 보니 정말로 선한 것이었다고 했습니다.

그때에야 비로소 그는 그녀가 하는 말을 귀담아 들었습니다. 그녀가 이런 저런 말들을 할 때면, 그는 그녀 옆에 누워서 때늦은 한숨을 내쉬었습니다. 이제 그는 아내에게 하나님께서 자신을 지옥에서 구원해 주시도록 기도해 달라고 부탁을 하기도 하였습니다. 그는 또한 그를 위로해 주기 위해서 아내가 섬기던 선한 목회자들이 그를 방문하는 것도 허락하였습니다. 그 뿐만 아니라 그들이 왔을 때 그는 그들에게 친절까지 베푸는 것처럼 보였습니다.

악인 씨에게 일어난 엄청난 변화들

그는 그들을 친절한 말로 응대하였으며, 그들이 하는 말씀을 성실히 귀담아들었습니다. 다만 그들이 그가 살아온 잘못된 과거의 삶에 대해서 이야기하는 것은 그리 반기지 않았습니다. 왜냐하면 그의 양심도 이미 충분히 가책을 받고 있었기 때문입니다. 이제 그는 옛 친구들을 보는 것조차 꺼려하였습니다. 그 친구들을 본다는 생각만으로도 그에게는 고문처럼 느껴졌습니다. 또한 그는 아내의 길을 좇아가던 자녀들에게 친절한 말을 건넸습니다. 이전에는 그들과 한순간도 함께 있지 못했지만 이제는 그의 마음이 완전히 달라졌던 것입니다.

그는 또한 은혜로우신 하나님께서 자신의 생명을 조금만 더 연장시켜 주시기를 기도해 달라고 선한 성도들에게 부탁하였습니다. 그는 그들이 자기를 위해 기도해 주기를 바랐습니다. 하나님께서 이번 한 번만 자신을 병에서 구해 주신다면, 완전히 새 사람이 되어 하나님을 향해 철저한 회개를 할 뿐만 아니라, 아내를 사랑하는 자상한 남편이 될 것과 아내에게 자유를 줄 것을 약속하였습니다. 그의 약속은 이것으로 끝나지 않았습니다. 그는 아내와 함께 아내가 출석하는 교회에 가서 그 교회 목사님들의 설교 말씀을 들으며, 아내와 함께 손을 맞잡고 천국에 이르는 길에 함께 나아갈 것이라고 약속하였습니다.

경청 씨: 여기까지 말씀을 듣고 보니 모든 일들이 한편의 드라마처럼 보입니다. 제가 장담하건대, 그의 아내가 남편의 이런 변화에 매우 기뻐했을 것 같습니다.

현인 씨: 기뻐한 사람은 그의 아내뿐만이 아니었습니다! 많은 선한 성도들이 다같이 기뻐하였습니다. 악인 씨에게서 일어난 이 엄청난 변화로 인해 온 마을 사람들은 기쁨의 환호성을 질렀습니다.

악인 씨의 변화에 대해 마을 사람들이 여러 말들을 하다

자신이 행한 죄악에 대해 그가 어느 정도로 후회하고 있는지, 그가 아내를 언제부터 그렇게 사랑하게 되었는지, 하나님께서 자신의 생명을 연장시켜 주시기를 기도해 달라고 선한 성도들에게 얼마나 간절히 부탁하였는지, 중병을 앓으면서도 하나님께 어떤 것들을 약속하였는지 등에 관한 얘기들로 온 동네가 시끌벅적하였습니다. 하나님께서 그를 중병에서 건져 주셔서 다시 건강을 회복시켜 주신다면, 그가 하나님께 얼마나 간절한 회개를 하고 그의 선한 아내를 얼마나 사랑으로 다정하게 대할 것인지도 그는 하나님께 약속하였습니다. 그리하여 마을에는 거의 경사가 일어난 것 같았습니다. 목회자들은 그를 위해 기도하고, 선한 성도들은 마귀의 손아귀에서 한 사람을 구해내었다는 생각을 하면서 진심으로 기뻐하였습니다.

그의 아내 또한 위로를 받다

아니, 그뿐만이 아니었습니다. 마음이 여린 성도들 가운데 몇몇은 하나님께서 그의 마음에 은혜로운 사역을 시작하셨다는 이야기를 스스럼없이 하였습니다. 그의 아내, 그 불쌍한 아내 역시 그들의 이런 말을 어떻게 해서 그렇게 쉽게 믿었는지 당신은 잘 이해하지 못하겠지만, 어쨌든 그녀는 기뻐하면서, 변화된 남편을 갖게 될 것에 대한 소망을 가지고 있었습니다. 하지만 이것이 다가 아니었습니다! 너무나 슬프고 안타까운 일이 벌어졌습니다! 아주 짧은 시간 안에 이 모든 것들이 완전히 반전(反轉)되는 일이 벌어졌던 것입니다.

그가 병상에 누워 있은 지 얼마 지나지 않아 그의 병세는 호전되기 시작하였고, 그의 병은 차츰 차도를 보였습니다. 그는 짧은 시간 안에 아주 좋은 경과를 보이면서 건강이 회복되었습니다. 그가 집 주위를 걸어다닐 수 있게 되었고, 아주 작은 양이지만 음식물을 섭취할 수 있게 되었던 것입니다.

건강이 회복되자 다시 옛 습성대로 돌아간 악인 씨

그래서 그의 아내와 그 선한 친구들은 악인 씨가 예전에 한 약속, 즉 하나님께는 새로운 사람이 될 것과 아내에게는 사랑스러운 남편이 되겠다는 약속을 과연 지킬 것인지, 모두 다 예의주시하고 있었습니다. 하지만 그와는 정반대의 모습이 보이기 시작하였습니다. 병세가 호전되어가는 기미가 보이고, 그의 기력이 회복되는 것을 느끼자마자, 그의 양심을 짓누르던 고통은 그의 마음에서 사라지기 시작하였으며, 병중에 있을 때 그토록 그를 괴롭히던 공포와 두려움들(사실 그는 이런 공포와 두려움을 예전에는 한 번도 느껴보지 못했다)이 이제는 그와 전혀 상관없는 것처럼 여겨지기 시작하였던 것입니다.

제15장

죽음은 그를 잠시 동안 이 땅에 남겨두었고, 그는 "돼지가 씻었다가 더러운 구덩이에 도로 누웠다"[1] 함과 같이 죄된 습성으로 되돌아갔다

현인 씨: 이렇게 그는 병상에서 느꼈던 그 두려움을 더 이상 기억하지 않거나, 아니면 그 두려움에 더 이상 의미를 두지 않게 되었습니다. 이렇게 돌변하게 된 한 가지 이유는, 그가 기력을 회복하면서 의사와 대화를 하던 중 그 의사가 그에게 한 몇몇 말들 때문이었습니다. 의사가 한 말들이 그에게 치명적인 영향을 끼쳤으리라는 생각을 저는 쉽게 할 수 있을 것 같습니다.

악인 씨의 병세가 다소 호전되자마자 의사는 그의 집을 찾아와서는, 침상 옆에 앉아서 그의 질병의 특성에 대해 대화를 나누기 시작하였습니다. 다른 얘기들도 많이 나누었지만, 두 사람은 악인 씨가 겪었던 고통에 대해 특히 많은 이야기를 나누었습니다. 즉, 그의 병세가 아주 위중하였을 때, 그가 어떻게 해서 소리를 지르게 되었는지, 어떻게 해서 그가 지옥에 갈 것 같은 두려움에 떨게 되었는지, 그러한 두려움을 어떤 식으로 표현하게 되었는지 등에 대

---

1 벧후 2:22

해 이야기를 나누었던 것입니다.

무지한 의사들은 환자들의 육신을 치료하면서,
환자의 영혼을 죽이기도 한다

그의 이런 현상에 대해 그 의사는 대답하기를, 그런 두려움을 느끼는 것과 자신도 모르게 고함을 치게 되는 현상은 환자의 정신상태가 극도로 불안할 때 일어나는 증세이며, 이 질병에는 종종 머리가 혼란스러워지기도 하는데, 그것은 환자가 고통으로 인해 잠을 잘 못자거나 침울한 우울 증세로 두뇌 작용이 방해 받아서 그런 것이라고 하였습니다. 그러면서 "당신과 같은 경우는 잠을 충분히 자고 충분히 안정만 취한다면, 곧 회복될 것이며, 기력을 회복하게 되면 당신의 머리도 안정을 되찾아, 앞서 보였던 그런 광기도 사라지게 될 것입니다"라고 말하였습니다. 시간이 흐르자, 실제로 의사가 말한 그대로 되었습니다. 그래서 의사가 한 이 말을 들은 악인 씨는 "내가 당한 고통들은 단지 나의 정신상태가 극도로 불안해서 일어난 결과인가, 아니면 우울한 심적 상태가 나의 뇌에 작용한 결과인가? 정말 나를 치료해 준 의사야말로 나의 구세주로구나. 나의 욕망만이 나의 하나님이 될 것이로다"라고 생각하였습니다. 그래서 그는 더 이상 신앙에 개의치 않게 되었으며, 다시 세상으로 나아가 그의 정욕과 사악한 친구들을 의지하였습니다. 여기까지가 악인 씨가 잠시나마 회심하게 된 이야기의 결말입니다.

경청 씨: 그에 대한 선생님의 말씀을 듣고 보니, 그의 결말이 일반적인 여느 사람들의 경우와 별로 다르지 않다는 생각이 듭니다. 선생님께서 말씀해 주신 여러 정황들로 판단해 볼 때, 회심했다는 참된 징후가 그에게는 보이지 않았던 것으로 여겨집니다. 그리고 회심한 것처럼 보이는 그 이후의 징후들도 타락한 자들의 경우와 전혀 다르지 않은 것 같고요.

회심했다는 참된 징후인 죄에 대한 인식과

은혜를 갈망하는 것이 악인 씨에게서는 전혀 없었다

현인 씨: 바른 말입니다. 그가 아무리 현명하다 해도 자신의 본성이 오염되었다는 인식이 그에게는 없었습니다. 그는 다만 자신의 악한 행동들에 대한 죄책감 정도만 느낄 수 있었습니다. 이러한 모습은 그가 태어나기 이전에 살았던 가인이나 바로나 사울이나 유다 등, 타락한 자들에게서 볼 수 있는 공통된 모습이기도 합니다(창 4:13-14; 출 9:27; 삼상 15:24; 마 27:3-5).

게다가 그가 간절히 바란 것은 지옥으로 떨어지는 것을 면하는 것이었습니다. 지옥에 떨어지는 것을 누가 감히 원하거나 바라겠습니까? 그리고 그가 바란 또 한 가지는 이 땅에서 자신의 생명이 연장되는 것이었습니다. 그가 한 모든 말과 행동들을 볼 때, 그가 구세주이신 예수 그리스도가 주시는 의의 옷이 필요하다는 것을 인식하고서 그분을 갈망했다거나, 자신을 거룩하게 해줄 성령님의 필요성을 인식했다는 증거를 우리는 찾아볼 수 없었습니다.

그의 능력은 오로지 자신 안에 있다는 생각을 하였고, 그의 마음속에 있는 기만은 하나도 보지 못하였습니다. 만약 이런 사실들을 알았더라면, 그는 그렇게 자유롭게 하나님 앞에서 회심하리라는 약속을 하지 못했을 것이며, 설령 그의 삶이 개선되었다 해도 마치 개가 그 토하였던 곳으로 다시 돌아가는 것처럼, 자신도 그렇게 될 것을 두려워하였을 것입니다. 그래서 성도들에게 기도해 줄 것을 요청하고, 이 일과 관련하여 하늘로부터 오는 도움을 바라면서, 자신이 토한 곳으로 다시 돌아가는 개처럼 되지 않도록 언행을 삼갔을 것입니다. 물론 그가 선한 성도들에게 기도를 부탁한 것은 사실이었습니다. 하지만 그의 이런 부탁은 바로가 모세와 아론에게 기도를 부탁한 것이나, 마술사 시몬이 시몬 베드로에게 기도를 부탁한 것과 별반 다르지 않았습니다(출 9:28; 행 8:24). 그리고 질병 이후로 그는 아내와 자녀들에 대해서 마음이 바뀐 것처럼 보였습니다. 하지만 그런 변화는 너무나 슬픈 일이었습니다! 아내와 자녀들에 대한 그의 태도 변화는 그들에게서 드러난 하나님의 역사하심에 대한 참된 흠모가 그의 속에 있어서가 아니라, 하나님께서 그들이 가진 행복한 상태보다 더 나은 멋진 행복을 그에게 주셨다는 것을 이전에는 자각하지 못했다는 후회에서 비롯된 것이었습니다. 그가 가족들에게 친절한 모습을 보인 것은 어쩌면 사실인 것 같기도 합니다. 가진 것이 많았던 부자는 지옥에 있으면서도 아직 이 세상에 있는 다섯 명의 자기 형제들에게 친절을 베풀었습니다. 그 부자는 자신은 비록 지옥에 있지만, 자기 형제들은 천국에 가기를 바랄 정도로 그들을 사랑하였습니다. 다시 말해, 그들이 이 지옥으로 와서 고통 받지 않게 되기를 바랐던 것입니다(눅 16:27-28).

진의가 의심스러운 병상에서의 회개에 대하여

경청 씨: 병상에서 하는 회심은 어떤 경우라도 소용이 없는 것 같습니다.

현인 씨: 맞는 말을 했습니다. 사실 병상에서 하는 회심이 소용이 있었던 경우는 아주 드물었던 것 같습니다. 죽음은 인간 본성에 잘 받아들여지지 않는 것이지요. 질병과 죽음이 죄인을 찾아갈 때는 더더욱 그러합니다. 먼저 질병과 죽음이 죄인의 어깨를 감싸고, 그 다음으로 그것들은 침상이 있는 방문 곁에 서서 그 죄인을 맞이합니다. 그러면 죄인은 주위를 둘러보면서 자신에 대해 생각하기 시작합니다. "이들이 나를 끌고서 하나님 앞으로 데리고 가겠지. 나는 마땅히 살아야 하는 삶을 지금까지 살지 못했다. 나도 이 사실을 알고 있다. 이제 하나님 앞에 서게 될 텐데 나는 어떻게 해야 하는가!"

이런 생각뿐 아니라, 자신이 받을 형벌에 대한 생각이나 죄인들이 형벌을 받을 장소 등을 생각하게 된다면, 쿵쿵 소리를 내며 문을 열고 들어오는 죽음의 인기척에 놀란 더럽혀진 양심에게는 이런 생각이 새로운 출발점이 될 것입니다. 그로 인해 흔히 병상에서 회개하는 자들에게서 다음과 같은 일들이 일어납니다. 지옥이나 죽음에서 구원함을 받아 그들의 병이 나을 때까지 하나님께서 건강을 회복시켜 주실 것이라고 믿게 되는 것입니다. 그러나 결론적으로 그들은 이런 회복의 능력이 자신에게서 나온 것이라고 생각합니다. 이런 사실은 회심할 것을 매우 과감하고 분별없이 약속하는 그들의 모습에서 분명히 볼 수 있습니다. 사람들은 병에 걸렸을 때 이런 유의 회개를 무수히 많이 하게 됩니다. 이런 회개의 소리와 소문은 온 동네를 울릴 정도가 되지만, 정작 회개는 오직 그 때뿐입니다. 저는 이런 경우를 많이 알고 있습니다. 정말 애석한 일입니다! 병상에서 하는 이런 회개가 과연 얼마나 지속될까요? 드문 일이긴 하지만, 환자의 병이 나을 때까지 그 회개가 지속되는 경우도 있습니다. 하지만 일반적으로 병상에서의 회개는 안개나 수증기처럼 사라져 버리는, 전혀 지속성이 없는 회개입니다. 이런 유의 회개는 하나님이 보시기에 개가 울부짖는(howling) 소리로 들릴 뿐입니다. "성심으로 나를 부르지 아니하였으며 오직 침상에서 슬피 부르짖으며(howled, "울부짖으며" KJV)"(호 7:14)라는 말씀대로 말입니다.

인간 마음이 절망적이라는 한 징표

경청 씨: 이런 일을 통해서 인간의 마음이 얼마나 절망적인지를 알 수 있게 되는 것 같습니다. 하나님께서 생명만 연장시켜 주신다면 거짓으로라도 하나님께 회개할 것을 약속하는 이 인간의 너무 절망적인 사악함을 볼 수 있을 뿐입니다. 그러다가 건강이 회복되면 언제 그랬느냐는 식으로 즉시 예전에 하던 대로 죄악에 빠져서 자신이 병중에 했던 약속은 더 이상 쳐다보지도 않는군요.

현인 씨: 그것이 바로 인간의 마음이 절망적이라는 하나의 징표이지요. 정말 그렇습니다. 다음과 같은 하나님의 말씀도 광기 어린 인간의 절망적인 모습을 보고 한 것입니다. "여호와께서 너희의 말소리를 들으시고 노하사 맹세하여 이르시되 이 악한 세대 사람들 중에는 내가 그들의 조상에게 주기로 맹세한 좋은 땅을 볼 자가 하나도 없으리라"(신 1:34-35). 사람들은 다음과 같은 사실들을 분명히 기억해 둘 필요가 있습니다. 즉, 하나님께서는 그들이 한 약속에 주목하시며, 그들이 한 말들을 들으시고, 장차 임할 때를 대비하여 그 말들을 기억해 두시며, 그 때가 되면 그 말들을 드러내시고, 그들의 얼굴 앞에서 증거로

삼으실 것이라는 사실입니다.

"하나님이 그들을 죽이실 때에 그들이 그에게 구하며 돌이켜 하나님을 간절히 찾았고 하나님이 그들의 반석이시며 지존하신 하나님이 그들의 구속자이심을 기억하였도다 그러나 그들이 입으로 그에게 아첨하며 자기 혀로 그에게 거짓을 말하였으니 이는 하나님께 향하는 그들의 마음이 정함이 없으며 그의 언약에 성실하지 아니하였음이로다"(시 78:34-37).

악인 씨는 제가 지금까지 당신에게 말한 바와 같이, 그리고 시편 말씀에 기록된 바와 같이 행동하였습니다. 그는 새로운 사람이 되어 지금까지 행하던 모든 죄악들과 단절하고 회심하여서 경건한 아내를 사랑하겠다는 식으로 엄청난 약속들을 하였습니다. 그가 질병에 걸렸을 때는 이렇게 좋은 말들을 많이 하였습니다. 하지만 정작 건강이 회복되자 그는 아무런 선한 행동도 하지 않았습니다.

제16장

남편을 보면서 가슴이 미어지는 안타까움을 느끼며 그 아내가 죽다. 남겨진 가족들을 향한 그녀의 임종 메시지

경청 씨: 악인 씨의 삶이 전혀 개선되지 않았을 뿐 아니라, 마치 개가 그 토하였던 곳으로 다시 돌아가는 것처럼, 그의 옛 습성으로 되돌아간 것을 본 아내는 이런 남편의 모습을 어떻게 받아들였습니까?

현인 씨: 글쎄요. 그녀의 마음은 가슴이 미어지는 것 같았습니다. 당시 그녀는 예전에 사기 결혼을 당했을 때보다 더 심한 절망감을 느꼈습니다. 이 문제로 그녀는 적지 않은 마음의 상처를 입었습니다. 이 상처를 극복해 보려고 애썼지만 쉽게 이겨낼 수 없었습니다. 당신이 반드시 알아야 할 사실은 그녀는 예전에도 하나님께 남편을 위해서 많이 기도하였다는 점입니다. 즉, 남편이 그녀를 심하게 학대할 때도, 그리고 지금처럼 중병에 걸려 두려워 떨고 있을 때도, 그 남편의 생명이 연장되고 그의 삶이 개선되게 해 달라고 그녀는 언제나 항상 기도하였습니다. 그녀는 정말 불쌍한 여인이었습니다. 하나님께서 그 기도에 응답해 주실 때가 곧 오리라고 그녀는 생각하였습니다. 기도한 대로 곧 이루어질 것이라는 기대로 인해 그녀는 기쁨을 감출 수 없었으며, 친구

들에게도 그 기대를 널리 말하곤 하였습니다. 하지만 병에서 어느 정도 회복된 남편이 다시 죄악으로 돌아가는 것을 보자 그녀는 심히 절망하였으며, 그 낙담한 상태에서 헤어나올 수 없었습니다. 그녀는 우울한 상태로 기력이 쇠해지더니, 이윽고 수주 후에 그녀의 영혼이 떠나버리고 말았습니다.

경청 씨: 그녀가 어떻게 죽었는지에 대해 말씀해 주시면 좋겠습니다.

현인 씨: 그녀는 죽었습니다! 정말 아름답게 생을 마감하였습니다. 그녀는 그리스도 안에서 얻는 유익과 그리스도로 인해 장차 올 세상에 대한 믿음으로 풍성한 위로를 받으며 이 세상을 떠났습니다. 그녀는 병상에 있을 때도 신앙과 관련된 멋진 표현들을 많이 하였습니다. 그래서 그녀를 방문한 자들에게 그녀는 자신이 구원을 받았다는 많은 표적들을 보여주었습니다. 즉, 자신이 죽어 묻힐 무덤을 생각하면 그리 유쾌하지 않았지만, 그 무덤에서 다시 부활한다는 생각만 하면 자신이 묻힐 무덤조차도 그녀에게는 달콤하게 여겨졌던 것입니다. 그녀는 죽음을 갈망하였습니다. 왜냐하면 죽음도 그녀의 친구가 될 수 있다는 것을 알고 있었기 때문입니다. 그녀는 신랑을 만나기 위해 준비하는 신부처럼 단장을 하는 것 같았습니다. 자, 그 당시에 그녀는 다음과 같이 말하였습니다.

그리스도인다운 그녀의 유언

"이제 저는 나의 슬픔, 나의 탄식, 나의 눈물, 나의 애통함, 불평 등과 작별하고 안식에 들어갈 것입니다. 지금까지 저는 천상의 성도들 가운데 있기를 갈망하였지만, 제가 천국에 가는 것이 아직까지는 허락되지 않았습니다. 하지만 이제 저는 천국으로 나아갑니다. 그 누구도 저를 막지 못할 것입니다. 저는 지금 '시온 산과 살아 계신 하나님의 도성인 하늘의 예루살렘과 천만 천사와 하늘에 기록된 장자들의 모임과 교회와 만민의 심판자이신 하나님과 및 온전하게 된 의인의 영들'(히 12:22-23)이 있는 곳으로 나아갑니다.

거기서는 제 마음에 바라던 소원이 실현될 것입니다. 거기서는 그 어떤 유혹이나 방해를 받지 않고 예배를 드릴 것입니다. 또한 거기서는 내가 지금까지 그토록 사랑하고 섬겼으며 지금도 나의 영혼을 구원해 주실 것으로 알고 있는 내 예수님의 얼굴을 보게 될 것입니다. 저는 지금까지 시간 나는 대로 나의 남편을 위해 기도하였습니다. 그가 회심하게 해 달라고 기도를 하였지만, 하나님께서는 이 문제와 관련하여 지금까지 아무런 응답도 하지 않으셨습니다. 제가 드린 기도가 하나님께 상달되지 않은 것일까요? 아니면 제가 드린 기도들을 하나님께서 잊으신 것일까요? 그것도 아니라면 그 기도들은 천국의 담장 밖으로 내쳐진 것일까요?

모두 아닙니다. 제가 드린 기도들은 현재 천국에 있는 황금 제단 뿔 위에 걸려 있어서, 제가 그 천국 문에 들어가는 순간 저는 그 기도들로부터 유익을 얻게 될 것입니다. '너희는 문들을 열고 신의를 지키는 의로운 나라가 들어오게 할지어다'(사 26:2)라는 말씀대로 말입니다. 제가 감히 말하건대, 그 문 안에서 저는 제가 드린 기도들로부터 유익을 얻게 될 것입니다. 저는 그 문 안에서 비로소 거룩한 다윗이 했던 말을 할 수 있게 될 것입니다. 다시 말하건대, 다윗이 그의 원수들을 생각하면서 했던 말을 이제야 저는 저의 남편을 생각하면서 말할 수 있게 될 것입니다. '나는 그들이 병 들었을 때에 굵은 베 옷을 입으며 금식하여 내 영혼을 괴롭게 하였더니 내 기도가 내 품으로 돌아왔도다'(시 35:13)라고 말입니다. 내가 드린 기도들은 잃어버린 것이 아닙니다. 나의 눈물은 여전히 하나님의 병 안에 들어 있습니다. 저는 남편과 그의 걸음을 따르는 자녀들로 인해 면류관과 영광을 얻게 될 것입니다. 이 모든 것에도 불구하고 제가 지금 알고 있는 것은 이 모든 것들을 제가 희망할 수 있는 모든 바람으로 여기면서 안식해야 한다는 사실입니다."

경청 씨: 그녀는 이런 말들을 공개적으로 했습니까?

현인 씨: 아닙니다. 평상시에 가장 친밀하게 알고 지내던 지인들 한두 명에게

만 말했습니다. 그들은 그녀의 기력이 급속히 쇠하여 임종을 앞둔 시점에, 그녀에게 와서 그녀를 보도록 허락받은 사람들이었습니다.

경청 씨: 잘 알겠습니다. 계속해서 이렇게 은혜로운 이야기들을 말씀해 주시면 좋겠습니다. 이런 이야기를 들으니 제 마음도 기쁩니다. 이런 이야기야말로 이 나무 아래에서 지금까지 들었던 것들 가운데 마음에 힘을 주는 이야기인 것 같습니다.

현인 씨: 임종이 다가오자 그녀는 남편을 불렀습니다. 남편이 다가오자 그녀는 남편에게 이제는 작별을 고해야 할 시간이라고 하면서 그에게 다음과 같이 말하였습니다.

남편에게 남기는 그녀의 말

"하나님도 아시고 당신도 알겠지만, 저는 지금까지 당신의 아내로서 당신을 사랑하고 당신에게 신실함을 지켰습니다. 저는 지금까지 당신을 위해 많이 기도하였습니다. 그리고 제가 지금까지 받았던 당신의 손찌검과 그 모든 학대를 이제 저는 아무런 조건 없이 진심으로 용서합니다. 제가 이 땅에서 마지막 숨을 쉬는 그 순간까지, 즉 제 목숨이 붙어 있는 한 저는 당신의 회심을 위해 계속해서 기도할 겁니다. 여보, 이제 저는 악한 사람은 절대로 올 수 없는 그곳으로 갑니다. 당신이 회심하면 모를까 당신은 맘 편하게 저를 다시는 보지 못할 거예요. 지금 제가 하는 말은 솔직한 심정으로 하는 것이니, 그리 불쾌하게 여기지 말아 주세요. 저는 지금 임종을 앞둔 당신의 아내입니다. 당신을 향한 나의 마지막 신실함으로 다음과 같은 당부의 말씀을 당신에게 남깁니다. 당신이 저지르던 죄악들을 벗어 버리고, 은혜의 문이 아직 열려 있는 동안에 은혜를 간구하며 하나님께 빨리 나아가세요. 당신이 비록 지금은 강건하여 원기왕성 하겠지만 당신도 저처럼 죽음의 문턱에 틀림없이 이르게 될 것입니다. 그 때가 지금도 다가오고 있음을 당신은 기억하세요. 불타는 화염검을 든 천사들과 마주했을 때, 당신이 가진 것이라고는 벌거벗은 영혼밖에 없다면, 그 때 당신은 어떻게 하시겠어요? 그 뿐만이 아닙니다. 죽음과 지옥이 당신을 찾아 왔을 때, 당신이 여전히 죄악 가운데 있고 율법의 저주 아래 놓여 있다면, 그 때 당신은 어떻게 하시겠어요?"

경청 씨: 그녀의 말은 정직하고 진심에서 우러나온 것 같군요. 이 말에 대해 악인 씨는 무슨 말을 하였습니까?

현인 씨: 그는 할 수만 있다면 다른 얘깃거리를 꺼내어 그녀가 하는 말에서 주의를 돌려보려고 하였습니다. 또한 그는 그녀를 동정하는 것 같은 말들을 하기도 했습니다. 그러면서 그는 그녀가 진정으로 원하는 것이 무엇인지를 물으며, 그녀가 말하는 도중에 쓸데없이 다른 말들을 많이 하면서 그녀가 더 이상 말하지 못하도록 했습니다. 남편이 자기 말을 귀담아 듣지 않고 있다는 것을 눈치 챈 그녀는 깊은 한숨을 쉬고서 그냥 가만히 누워 있었습니다. 남편이 방을 나가자, 그녀는 이번에는 자녀들을 불러서 말을 하기 시작하였습니다.

무례한 자녀들에게 남기는 그녀의 말

먼저 그녀는 무례한 자녀들에게 각자의 마음이 은혜를 받기 전에 죽는다는 것이 얼마나 위험한 일인지를 말해주었습니다. 또한 그녀는 그들이 알고 있는 것보다 이 죽음이 훨씬 더 가까이 있다는 사실도 말해 주었습니다. 그들이 혹시라도 교회 내에 있는 공동묘지를 지나갈 일이 생긴다면, 어린아이를 묻은 작은 무덤들이 있지는 않은지 살펴보도록 당부하였습니다. "아, 얘들아, 우리가 심판 날에만 만났다가 다시 헤어진 채로 영원히 만나지 못하게 된다면, 너희들에게 얼마나 끔찍한 일이 되겠니?" 이런 말들을 하면서 그녀가 울자, 자녀들도 함께 울었습니다. 그녀는 계속해서 말을 이어갔습니다. "얘들아, 이제 나는 너희들 곁을 떠나게 될 거야. 나는 예수 그리스도에게 나아가서, 그분과 함께 슬픔과 탄식과 고통과 눈물과 죽음이 없는(계 7:16;21:3-4) 곳에 있게 될 거야. 나는 너희도 그리로 갔으면 좋겠지만, 나는 너희를 그리로 데려갈 수도 없고, 그곳은 억지로 잡아끌고 갈 수 있는 곳도 아니란다. 하지만 너희들이 죄악에서 떠나 하나님께로 향하고, 예수 그리스도로 말미암아 그분의 손에서 은혜를 갈구한다면, 너희는 나를 따르는 것이 되어, 나중에 너희가 죽게 될 때 내가 지금 가는 그곳, 복된 안식이 있는 그곳으로 너희도 오게 될 거란다. 그러면 우리는 우리의 구세주이신 그분의 얼굴을 바로 보면서, 영원한 기쁨을 누리며 영원히 함께 있게 될 거야."

그러고 나서 그녀는 비록 자신의 육신은 냉기가 흐르는 무덤 속에 있겠지만, 자신이 임종하면서 남긴 말들을 그들이 기억해서, 혹시 그들이 죄악 가운데 빠져 있을 때라도 자신이 한 이 말들로 인해 그들의 악습을 개선하고 하나님께로 돌아갈 것을 잊지 말라고 당부하였습니다.

귀여운 자녀에게 남기는 그녀의 말

이제 무례한 자녀들이 모두 방을 나가고, 그녀가 제일 귀여워하던 자녀, 즉 그녀가 가는 길을 따랐기 때문에 평소에도 제일 많이 사랑했던 자녀만 남게 되었습니다. 그녀는 그 아이에게 다음과 같이 말하였습니다. "애야, 내게 가까이 오너라. 내가 가장 귀여워하던 아이, 너는 내게 기쁨을 주는 자녀란다. 지금까지 살면서 나는 네가 하나님의 종인 것을 알았단다. 너는 앞으로도 영생을 가지게 될 거란다. 나는 비록 먼저 가지만, 내게 달콤한 마음 그 자체[1]인 네가 '우리가 시작할 때에 확신한 것을 끝까지 견고히 잡고 있으면'(히 3:14) 너도 나의 뒤를 따라 오게 될 거야. 내가 이 세상을 떠난 뒤에도 너는 여전히 내가 한 말들을 기억하여라. 네가 가진 성경책을 사랑하고, 내가 섬기던 목회자들의 말씀을 따르고, 계속해서 경건하지 않은 것들을 거부하여라. 설령 어떤 고난의 시기를 마주한다고 해도 그리스도와 그분의 말씀과 그분께서 보여주신 길들과 선한 양심이 증언하는 바를 모든 세상적인 것들보다 훨씬 더 가치 있게 여겨야 한다. 네 아버지에게 친절히 대하고 자녀 된 도리를 하여라. 하지

---

1 my sweet heart, 셰익스피어가 쓴 '헨리4세'에 나오는 애정의 표현이다 — 원주

만 아버지가 하는 일들은 절대로 본받아서는 안 된다. 예배를 드리러 갈 시간이 되면 절대로 집 안에 있지 말고, 천국에 이르는 길에 도움이 되는 예배에 참석하여라. 이를 명심하여라. 너는 예배에 참석하고, 혹시라도 네가 어떤 문제가 생긴다면 네게 말씀을 전해준 목사님에게 도움을 요청하여라. 그분이 너를 도와주실 거다.

사랑하는 아이야. 내가 네게 일러줄 말이 한 가지가 더 있는데, 그것은 네 형제와 누이들을 사랑해야 하겠지만, 그들의 못된 계략은 단 하나라도 배워서는 안 된다는 사실이다. '너희는 열매 없는 어둠의 일에 참여하지 말고 도리어 책망하라'(엡 5:11)는 말씀대로 말이다. 너는 하나님의 은혜를 받았지만, 다른 자녀들은 그러한 은혜를 전혀 받지 못했단다. 그러므로 너는 하나님께서 계시하신 그 뜻에 합당한 경건한 생활과 유순한 대화를 함으로써, 네 형제와 누이들이 주님이 가르쳐 주신 선한 길들을 보고 그 길에 대해 좀 더 기쁜 마음을 가질 수 있도록 해야 한다. 이런 식으로 너는 네 동기들이 보는 앞에서 네 구원의 길을 아름답게 하여야 한다. 후에 네가 장성하여 결혼할 나이가 되면, 너는 내 경우처럼 되지 않도록 주의를 기울여야 한단다. 무슨 말인가 하면, 달콤한 말이나 거짓 혀에서 나오는 사탕발림에 속지 않도록 하라는 것이다. 먼저 너는 배우자가 될 사람의 경건을 확인해 보아야 한다. 즉, 이 세상에서 그 사람과 과연 함께 살아갈 수 있을지를 분명히 살펴보아야 한다는 말이다. 이런 문제에서는 네 눈이나 네 자신의 판단력을 믿어서는 안 된다. 나는 지금 너와 결혼하기 위해 청혼하려는 배우자의 경건에 대해서 말하는 것이란다. 결혼과 관련해서는 선한 분들과 상의하고, 내가 섬기던 목사님이 그때까지 살아 계신다면 그분에게 묻고, 그분의 조언이 없이는 어떤 행동도 해서는 안 된다. 목사님께서 너를 잘 돌봐 주셨으면 하는 것이 나의 간절한 바람이다."

임종을 앞둔 그녀는 먼저 무례한 자녀들을 앞에 두고서 이런 말들을 중심으로 이런저런 조언들을 했습니다. 그러고 나서는 이 착한 아이를 불러서 조금 더 길게 이야기를 나누었습니다. 대화가 끝난 후 그녀는 그 자녀에게 입을 맞춘 다음, 밖에 나가 있도록 명하였습니다.

이제 드디어 때가 되었습니다. 즉, 그녀가 죽어야만 하는 순간이 다가왔던 것입니다. 하지만 그녀의 영혼은 은혜로 충만하였고, 그녀의 마음도 충만한 위로를 받으며 마침내 그녀는 죽음을 맞이하였습니다.

그녀의 죽음

그녀가 죽음으로써 이 땅에서 고생만 했던 그녀의 삶이 끝났습니다. 그녀의 남편은 장례를 치렀습니다. 아마도 그는 그녀가 없어져서 마음이 기뻤을 것입니다. 하지만 정말 기뻤는지는 심판 날에 그의 마음이 완전히 드러날 때까지 덮어 두기로 하겠습니다.

경청 씨: 이 여인은 정말 멋지게 돌아가셨군요. 그리스도인들이 임종할 때와 관련된 이야기가 나왔으니, 우리가 사는 마을에서 며칠 전에 죽은 한 사람에 대한 이야기를 선생님께 말씀드리겠습니다.

그 사람은 늙고 경건한 청교도였습니다. 옛날에는 경건한 사람을 청교도라고 불렀지요. 이 사람은 평생토록 경건한 삶을 살다가 질병에 걸려 세상을 떠났답니다. 병상에 누워 있던 그가 임종을 맞이할 때였습니다. 그의 아내가 그의 곁으로 다가가서 그를 살피자, 지금까지 살면서 한 번도 들어보지 못한 아주 감미로운 음악 소리가 그에게서 들리는 것 같았습니다. 그 음악소리는 남편에게서 영혼이 떠나갈 때까지 계속해서 들렸습니다. 그러다가 드디어 그의 영혼이 떠나가자 그 음악소리도 점점 멀리 들리다가 나중에는 집 밖에서 들려왔습니다. 그 음악소리는 그렇게 더 멀리, 더 멀리에서 들리더니, 급기야 더 이상 귀에 들리지 않게 되었습니다.

현인 씨: 당신은 이것이 무슨 일이라고 생각합니까?

경청 씨: 그것은 하나님께서 그 노인을 데려가기 위해 보내신 천사들의 아름다운 음악 소리였다고 저는 생각합니다.

현인 씨: 하나님께서는 때때로 우리처럼 죽어야만 하는 불쌍한 자들을 영접

하기 위해서, 그분이 하시는 일상적인 길을 벗어나 일하신다고밖에 저는 말할 수 없을 것 같습니다. 그 경건한 노인의 부인이 들었던 음악 소리도 그와 같은 경우였다고 확정해서 말할 수는 없지만, 그래도 그녀는 지금까지 귀로 들었던 그 어떤 음악보다도 더 아름다운 소리를 마음으로 들었던 것이 분명합니다.

경청 씨: 저도 그렇게 믿고 있습니다. 이제 다시 악인 씨의 이야기로 돌아가서 한 말씀 여쭙겠습니다. 악인 씨의 여러 자녀들 가운데 이 어머니가 임종하면서 남긴 말들을 듣고서 영혼이 개선된 자녀가 있었습니까?

악인 씨의 부인이 남긴 유언으로 자녀들 가운데 한 명이 회심하게 되다

현인 씨: 그 자녀들 가운데 딱 한 명이 바뀌었지요. 그 아이는 커서 아주 전도 유망한 청년이 되었습니다. 하지만 나머지 다른 자녀들에 대해서는 제가 할 말이 없습니다.

경청 씨: 악인 씨는 아내가 죽은 후에 행실이 조금 바뀌었나요?

현인 씨: 글쎄요. 그의 행실은 부인이 죽기 전과 마찬가지였습니다. 그는 아내를 위해 한두 주 정도 애도의 기간을 가지고 그 시간에만 애도를 표하였습니다. 그가 그런 애도의 시간을 가진 것도 그나마 진심에서 우러나온 것이 아니라, 그저 생색을 내기 위한 것이었다는 게 맞는 말일 듯합니다.

경청 씨: 악인 씨는 아내가 죽은 후에 가끔 아내에 대해 무슨 말을 했습니까?

현인 씨: 무슨 바람이 불었는지, 아니면 실성(失性)을 했는지 그가 그녀에 대해서 극도로 칭찬을 할 때가 있었습니다. "그녀는 선하고 경건하며 덕스러운 여인이었다"라고 말입니다. 하지만 이런 일은 전혀 놀랄 만한 것이 아닙니다. 사악한 자들은 하나님의 종들이 살아 있을 때는 미워하다가, 그 종들이 죽은 후에 칭찬하는 법이기 때문입니다. 바리새인들과 서기관들도 그러하였습니다. 그들은 선지자들이 죽었을 때 그 선지자들을 칭찬했지만, 선지자들이 살아 있을 때는 정죄했습니다. "화 있을진저 외식하는 서기관들과 바

리새인들이여 너희는 선지자들의 무덤을 만들고 의인들의 비석을 꾸미며 이르되 만일 우리가 조상 때에 있었더라면 우리는 그들이 선지자의 피를 흘리는 데 참여하지 아니하였으리라 하니"(마 23:29-30).

제17장

자기만큼이나 악한 여인에게 속아서
재혼하게 된 악인 씨

경청 씨: 이 악인 씨는 바로 재혼을 하였습니까?

현인 씨: 그렇지 않습니다. 그는 아내가 죽은 후로 꽤 오랫동안 재혼하지 않았습니다. 재혼하지 않은 이유를 사람들이 물으면, 그는 다음과 같이 아주 간단하게 대답하였습니다. "1페니로 우유 1리터를 살 수 있는데, 도대체 누가 소를 소유하려고 하겠는가?" 이 말은 "내가 원하기만 하면 언제든 창부와 짝할 수 있는데, 도대체 왜 아내를 얻는 수고를 감당하겠는가?"라는 뜻이었습니다. 이처럼 그는 아내가 죽은 후에도 매우 비열하고 극악무도한 생활들을 지속하였습니다. 그런 생활을 계속하다가 드디어 그가 감당하기에 아주 버거운 한 여인을 만나게 되었습니다.

악인 씨가 재혼하게 되다. 후처가 그를 대하는 태도

그녀는 어느 날 악인 씨에게 접근하여, 고주망태가 되도록 그에게 술을 먹인 후, 아주 교활하게 그에게서 결혼 약속을 받아내었습니다. 그는 꼼짝없이 그녀와 결혼할 수밖에 없었습니다. 사람들이 말하는 소문에 따르면, 그녀는 함부로 말하고 남을 속이는 계략에서 아주 비열하다고 했습니다. 그녀의 이런 야비함은 악인 씨의 야비함과 거의 대등하다고도 했습니다. 악인 씨에게 친구들이 있었던 것처럼 그녀에게도 친구들이 있었고, 그녀는 이 친구들을 선술집이나 맥주 집 등에서 만났습니다. 악인 씨가 친구들을 만나는 것보다 더 자주 그녀는 친구들을 만났습니다.

후처의 정체와 그 부부가 살아가는 모습

한 마디로 그녀는 아주 문란한 매춘부였으며, 그녀를 상대하는 모든 남자들과 마찬가지로 그녀도 시간과 장소만 약속하면 어디서든 흔쾌히 그들과 최고의 유흥을 즐겼습니다. 아, 이제 그녀의 남편이 된 악인 씨도 그녀의 정체에 대해 낌새를 채기 시작하였습니다. 하지만 그는 어찌해야 할 지 알 수 없었습니다. 그가 이에 대해 말을 하려고 하면, 그녀는 그가 밥을 먹는 중이어도 아랑곳하지 않고, 그녀가 알고 있는 대로 그가 자주 들르는 창녀들을 거론하면서 거의 발악하다시피 그에게 온갖 욕과 저주를 퍼부었기 때문입니다. 이에 질세라 악인 씨도 그녀에게 욕과 저주를 퍼부었지만, 그럴수록 그녀도 온갖 욕과 저주로 그에게 맞섰습니다.

경청 씨: 그는 그녀에게 어떤 욕을 하였습니까?

현인 씨: 그는 그녀에게 "저주 받을 년", "망할 년", 뭐 그런 욕들을 하였습니다.

경청 씨: 그는 정말 심한 욕을 했군요.

현인 씨: 예, 그렇습니다. 하나님께서는 이 땅에서 이런 심한 욕을 하는 자들에게 벌을 내리지 않은 채 그냥 내버려 두지 않으십니다. 이런 자들이 받는 벌에 대해서 저는 당신에게 이미 말한 바 있지만, 이 시점에서 이와 관련된 사건 한두 가지를 당신에게 더 말하고자 합니다.

어떤 사람이 하는 말을 들어보면,[1] 1551년 사보이라는 도시에 무시무시하게 욕을 하고 악담을 하는 한 사람이 있었다고 합니다. 그런 욕지거리로 인해 그는 다른 사람들로부터 종종 주의도 받고 책망도 받았지만, 그는 욕하는 습관을 절대 바꾸려고 하지 않았습니다. 그러다 마침내 그 도시에 엄청난 역병이 돌자 그는 아내와 처가 사람들과 함께 자기 집의 뜰로 피신을 했는데, 거기서도 그의 사악함 때문에 훈계를 받게 되었습니다. 그러자 그의 마음이 더욱 완악해져서 하나님을 향해 거의 신성모독에 가까운 욕을 하더니, 결국 그 자신을 마귀에게 내주었습니다. 하나님을 상대로 욕을 하자마자 갑자기 마귀가 그를 낚아채더니, 그의 아내와 처가 사람들이 다 보는 가운데 그가 사라져 버렸던 것입니다. 이 소식을 듣고 치안관리들이 그 장소를 탐문하였으며, 그 사실을 주장했던 여인들까지 조사를 받았다고 합니다.

　클락 씨는 마가라폴 공국(公國, duchy of Magalapole)인 오스터에 살던 한 사악한 여인에 대해서도 말하고 있습니다. 이 여인은 "자신의 몸과 영혼을 마귀에게 내주겠다"라는 욕을 습관적으로 했다고 합니다. 이런 욕을 해서 사람들로부터 책망을 받기도 했지만, 그래도 그녀는 여전히 그런 욕을 계속 사용했습니다. 그러던 어느 날 한 결혼식장에서 마귀가 사람의 모습을 하고 나타나서는 아주 끔찍한 괴성을 지르며 소란을 피웠습니다. 그러고는 그녀를 공중으로 데리고 올라가더니 그 상태로 마을 전역을 돌아다녔습니다. 이를 본 마을 주민들은 너무 두려워서 죽기 일보 직전이었습니다. 그녀를 공중에서 데리고 다니던 마귀는 그녀의 육신을 네 조각으로 찢어 나눈 다음, 큰 도로가 있는 네 개의 지역에 그 몸의 사분의 일씩 집어던졌습니다. 그리고 그녀의 내장은 결혼식장으로 다시 가지고 와서 마을 시장이 앉아 있는 식탁 위에 내려놓았습니다. 그러면서 마귀는 다음과 같이 말하였습니다. "보아라. 이 고깃덩이는 너를 위한 음식이다. 만약 너도 너의 그 사악한 행실을 바꾸지 않는다면, 이 여

1　새뮤얼 클락의 『죄인들을 보여주는 유리』라는 책자의 135쪽

자와 같이 멸망할 줄 알아라."

경청 씨: 하나님께서는 오래 참으셔서, 그분의 이름을 망령되이 일컫는 모든 자들을 이렇게 대하지 않으시며, 그들에게 즉각적인 심판도 절대로 내리시지 않습니다. 하지만 그들에게 다른 심판을 내리셔서 그들의 삶을 아주 비참하게 만드십니다. 그렇지 않습니까?

현인 씨: 맞습니다. 정말 그렇습니다. 당신이 한 말씀에 대한 증거로, 멀리 갈 것도 없이 악인 씨와 그의 새 아내를 들 수 있을 것 같습니다. 그들이 행한 폭언과 저주와 욕은 그저 말로 끝나지 않았습니다. 그들은 마치 개와 고양이처럼 서로 물고 뜯으며 악착같이 싸웠습니다. 부부간에 벌어지는 이런 싸움은 악인 씨가 행한 극악무도한 짓들에 대해서 하나님께서 직접 그 손으로 치시는 하나님의 심판으로 보아야 할 것입니다. 재혼하기 전에 그에게는 정직한 아내가 있었습니다. 그런데 이 경건한 아내의 희생으로도 그는 변화되지 않았습니다. 그래서 하나님께서는 그녀를 데려가시고, 이번에는 악인 씨와 똑같이 사악한 여인을 아내로 주셨던 것입니다. 하나님께서는 그에게 딱 맞는 여인을 첫 번째 아내로 주신 것처럼, 이번에도 그에게 딱 맞는 여인을 아내로 주셨습니다. 이것이 바로 하나님께서 행하시는 방식입니다. 이것은 하나님께서 사악한 자들을 벌하기 위한 일종의 하나님의 처벌 방식이기도 합니다. 그래서 아모스 선지자는 아마샤에게 "여호와께서 이와 같이 말씀하시기를 네 아내는 성읍 가운데서 창녀가 될 것이요"(암 7:17)라고 말하였습니다. 악인 씨는 후처와 꽤 오랫동안 함께 살았습니다. 하지만 앞서 말한 바와 같이, 이 부부의 생활은 아주 서글프고 지옥 같았습니다. 상황이 이렇게 되자 비로소 악인 씨는 죽은 전처를 생각하며 몹시 슬퍼하였습니다. 그러나 이것 역시 그녀가 지닌 경건한 모습에 대한 흠모 때문은 아니었습니다.

전처를 악하게 홀대한 것에 대한 벌을 후처를 통해서 받게 된 악인 씨

사실 그는 예전에도 그녀의 경건한 모습을 감당할 수 없었습니다. 그가 죽

은 전처를 아쉬워한 것은, 전처는 항상 가정에 있었지만 후처는 항상 밖으로 싸돌아다녔기 때문이며, 전처는 항상 정직해서 신실하게 신앙생활을 하였지만, 후처는 육신적으로 창녀였기 때문입니다. 그 뿐만이 아니었습니다. 그의 첫 번째 부인은 집안 물건들을 모두 잘 간수하였지만, 두 번째 부인은 악인 씨만큼이나 물건들을 어질러 놓았습니다. 첫 번째 부인은 악인 씨가 꾸중할 때면 조용하게 들었고 학대를 받을 때도 묵묵히 견뎌냈지만, 두 번째 부인은 악인 씨가 말을 하면 말로 되받았고, 때리면 되받아 쳤으며, 욕을 하면 되받아 욕을 하였습니다. 결론적으로 이제야 비로소 악인 씨는 그에게 딱 맞는 적수를 만난 셈이었습니다. 하나님께서 그의 후처로 이런 여자를 주신 것은, 그로 하여금 그의 아내가 된 이 여인의 사악함을 보면서, 그가 얼마나 야비한 삶을 살았는지 비로소 몸소 느끼게 하려는 의도였습니다. 하지만 이 모든 것들은 그에게 아무런 도움이 되지 못했습니다. 그는 아무것도 바뀌지 않은 채, 여전히 예전의 악인 씨와 동일한 모습으로 살았습니다. 이런 심판조차 그의 삶을 개선시키는데 전혀 도움이 되지 못했습니다. 즉, 하나님에 대해서나 사람들에 대해서나 그를 개선해 보고자 하는 의도로 준비된 이 심판까지도 그에게는 아무런 도움이 되지 않았던 것입니다. 다시 말하지만, 정말 하나도 도움이 되지 않았습니다.

경청 씨: 장담하건대, 악인 씨는 아내가 죽자 이번에는 지난번보다 더 좋은 짝을 얻을 수 있으리라 생각했을 것입니다.

현인 씨: 그의 생각을 다 알 수는 없지만, 이번에 얻은 짝이 죽은 전처보다 더 좋을 것이라는 기대를 그는 할 수 없었을 것 같습니다. 왜냐하면 재혼 건에 대해서는 그녀가 쳐놓은 올무에 자기가 걸려들었다는 것을 그도 알고 있었으며, 자기가 어쩔 수 없이 이 여인과 얽히게 되었다는 것도 알고 있었기 때문입니다. 그는 다시 예전으로 돌아가고 싶었지만, 그렇게 할 수 없었습니다. 제가 말했듯이, 그녀가 창녀 출신이라는 것을 그도 알고 있었기 때문에, 그녀와 함께 하는 행복한 삶을 그는 기약할 수 없었을 것입니다. 자신의 영혼에 신실하

지 않은 자는 남자든 여자든 상관없이 그 배우자가 자신에게 신실하게 행할 것이라는 기대를 할 수 없는 법입니다. 그래서 솔로몬 임금도 "대저 음녀는 깊은 구덩이요"(잠 23:27)라고 말했습니다. 이 말씀이 악인 씨에게 딱 들어맞는 것이었습니다. 그녀가 쳐 놓은 올무에 그가 걸려들자, 그녀는 그를 사로잡고는, 그에게서 결혼 약속을 받아내기 전까지 절대로 놓아주지 않았습니다. 드디어 그녀가 악인 씨를 장악하게 되자, 그녀는 정말 강제로 그와 결혼하였습니다. 그 후로 그들은 지금까지 제가 당신에게 말한 바와 같은 결혼 생활을 하게 된 것입니다.

경청 씨: 이웃 사람들은 악인 씨에게 일어난 삶의 변화를 알아채지 못하였습니까?

> 악인 씨가 당한 슬픔을 보면서 그를 동정하여
> 불쌍히 여기는 사람은 단 한 명도 없었으며,
> 오히려 모든 사람들은 이를 의로운 보응으로 보았다.

현인 씨: 알다마다요. 그의 이웃들 대다수가 이를 알고 있었습니다. 아니, 정말 육신적인 사람들까지도 "전처를 그렇게 말과 행동으로 학대하더니, 결국 그런 여자와 재혼하게 되었네. 이건 하나님의 의로운 심판이 분명해"라고 말하였습니다. 이웃 사람들은 모두 "첫 번째 부인은 그리도 덕스러운 여인이었는데, 이 사악하고 파렴치한 남편이 바로 그런 아내를 죽였다"라고 확신하고 있었습니다. 저는 악인 씨에 대해 그 정도까지는 말할 수 없을 것 같습니다. 그래도 그렇게 말하는 사람들의 심정은 충분히 공감합니다.

제18장

그의 아내와 헤어진 악인 씨
― 급성 폐렴이라는 질병에 걸려
몸이 몹시 쇠약해지다가 죄악의 엄호를 받으며 죽다

경청 씨: 이 부부는 이런 생활을 얼마 동안 계속하였는지 말씀해 주시기 바랍니다.

현인 씨: 두 사람은 한 14년인가 16년 정도 같이 살았습니다. 그녀가 지참금으로 얼마를 들고 오기는 했지만, 어쨌든 이 부부가 죄악된 생활을 하면서 완전히 알거지가 되어 헤어질 때까지, 그들은 그렇게 살았습니다. 상식적으로 생각해 봐도, 이 부부의 삶은 어떤 다른 결말을 예측할 수 없었을 것 같습니다. 그렇지 않습니까?

악인 씨와 그의 후처는
알거지가 되어 서로 헤어지게 되었다

남편은 남편대로 자기가 하고 싶은 대로 하고 싶었고, 아내도 자기가 하고 싶은 대로 하려고 했으니 말입니다. 남편은 자기 친구들과 함께 어울렸고, 아내도 자기 친구들과 함께 어울렸습니다. 남편은 창부(娼婦)들과 함께 놀았으

며, 아내 역시 악한 사기꾼들과 함께 놀았습니다. 그들은 그렇게 세월을 보내면서 가진 재산을 전부 탕진하였던 것입니다.

경청 씨: 그 후에 악인 씨는 무슨 병으로 죽게 되었습니까? 이제 우리는 그의 죽음에 대해 이야기를 나눠야 할 때가 된 것 같습니다. 한 말씀 해주시기 바랍니다.

현인 씨: 그가 한 가지 질병으로 죽었다고 제가 단정해서 말할 수는 없을 것 같습니다. 왜냐하면 여러 질병들이 모여서, 서로 머리를 맞대고 연합하여, 그를 궁극적으로 죽음으로 이끌기로 동의하였기 때문입니다. 거기에 그런 병들이 많이 모였기 때문입니다.

악인 씨의 죽음을 초래한 여러 질병들

그의 질병은 수종, 폐결핵, 비만, 통풍 등이었으며, 어떤 사람의 말에 따르면 내부 장기에 매독 증세까지 있었다고 합니다. 하지만 이 모든 질병들 가운데서도 그를 죽음으로 이끈 주된 두목과 같은 질병은 결핵이었습니다. 그를 무덤 속에 누인 질병이 바로 결핵이었기 때문입니다.[1]

경청 씨: 아주 선한 사람들도 결핵이나 수종이나 비만 등으로 죽는 경우가 있다고 저는 말할 수밖에 없습니다. 이런 다양한 질병들이 선한 사람들의 목숨까지도 앗아가는 것이 현실입니다. 그럼에도 불구하고 제가 다시 말하고 싶은 것은, 많은 경우에 이런 질병들은 사람이 무절제한 생활을 해서 일어나는 결과라는 점입니다. 술을 많이 마시면 수종, 결핵, 비만과 또 다른 많은 질병에 걸립니다. 악인 씨의 사망은 그가 합당하든 합당하지 않은 일이든 모든 일에 자신을 혹사하면서 얻은 질병 때문일 것이라고 저는 믿어 의심치 않습니다. 이런 저의 판단은 선생님께서 지금까지 제게 이야기해 주신 그의 일생을 근거

---

1 번연의 알레고리적 정신은 그가 쓴 모든 저술들에서 드러나고 있다. 사람들을 죽음으로 끌고 가기 위해서 여러 질병들이 모여 그들의 대장으로 결핵을 선정하고, 이렇게 선정된 결핵이 두목이 되어 악인 씨를 무덤으로 데려가기 위해 서로 다른 질병들이 머리를 맞대어 궁리하고 있다 — 원주.

로 생각해 본 것입니다.

현인 씨: 솔직히 말해서 그의 사망에 대한 당신의 판단을 재고할 필요는 전혀 없을 것 같습니다. 왜냐하면 많은 사람들이 그가 평생토록 해온 주색잡기(酒色雜技)로 인해 그가 이런 파국을 맞게 되었다고 생각하기 때문입니다. 그는 죽을 때 그리 나이가 많은 것도 아니었으며, 천성적으로 매우 허약한 체질도 아니었습니다. 오히려 그는 강건하였고 혈색도 아주 건강해 보였습니다. 그럼에도 불구하고 그는 앞서 말한 바와 같이 동물들이 한 겹 한 겹 허물을 벗듯 그렇게 몸이 쇠약해져 갔으며, 몸을 움직일 때마다 더욱더 쇠약해져서 마침내 무덤에 이르기까지 썩어갔던 것입니다. 그래서인지 그가 죽을 때 그에게서는 매우 심한 악취가 났습니다. 제가 말하고 싶은 것은 그의 몸에서도 실제로 악취가 났을 뿐만 아니라, 그의 이름과 명성에서도 악취가 났다는 사실입니다. 다시 말해, 그는 더러운 질병에 걸려 악취를 풍기면서 죽었습니다. 그의 일생은 죄악으로 가득하였으며, 죽을 때까지도 회개하지 않고 죽었습니다.

경청 씨: 죄악으로 가득한 인생, 회개하지 않은 죽음, 이런 사실만으로도 그는 충분히 악취 나는 삶을 살다가 죽은 것이 분명합니다.

악인 씨가 죽었을 때, 그의 이름도 썩어 버렸다

현인 씨: 정말 그렇습니다. 이 두 가지 사실만으로도 그의 인생은 악취 나는 삶이었습니다. 그래서 그가 죽었을 때 그에 대해 좋은 얘기를 하는 사람은 단 한 명도 없었습니다. 그의 이름은 이 땅 위에서 완전히 썩어 버렸습니다. 마치 그의 육신이 땅 속에서 썩은 것처럼 말입니다. "의인을 기념할 때에는 칭찬하거니와 악인의 이름은 썩게 되느니라"(잠 10:7)고 한 지혜자의 말씀과 같이 되었습니다.

이 성경 말씀에서 언급된 의인과 악인의 특성 두 가지는 모두 그와 그의 첫 번째 부인에게서 성취되었습니다. 즉, 첫 번째 부인은 죽은 지 17년이 지났어도 여전히 그 이름으로 찬사를 받았지만, 악인 씨는 장사된 지 겨우 17일이 지났는데도 그의 몸이 썩어 악취가 나기 시작하였던 것입니다.

경청 씨: 죄악으로 가득한 인생을 살다가 진심으로 회개하지 않고 죽은 사람은, '황금처럼 빛나는 질병'이라고 불릴 만한 그런 병이 실제로 있는지 모르겠지만, 어쨌든 그런 아주 귀한 질병으로 죽었다 해도, 그의 이름은 썩기 마련입니다. 그런 죄인의 이름은 하늘에서나 땅에서나 틀림없이 썩게 될 것입니다. 이 사실은 제가 장담할 수 있습니다.

현인 씨: 맞는 말입니다. 그래서 가인, 바로, 사울, 유다, 그리고 바리새인들 등은 죽은 지 수천 년이 지났는데도, 마치 최근에 죽은 사람들처럼 그 이름들은 여전히 이 세상에서 새로운 악취를 풍기고 있습니다.

악인 씨가 회개하지 않은 채로 죽었다는 사실이 입증되다

경청 씨: 이 점에서 저는 선생님의 말씀에 전적으로 동감합니다. 그런데 선생님은 악인 씨가 회개하지 않고 죽었다고 비난하셨는데, 그가 과연 회개를 했는지 안했는지, 다시 말해 그의 회개 여부를 입증할 수 있는 방법이 있는지를 말씀해 주시면 좋겠습니다. 그렇다고 해서 악인 씨가 회개를 하지 않은 채로 죽었다고 한 선생님의 말씀을 제가 못 믿어서 하는 말은 아닙니다. 그래도 혹시 다른 사람들이 이렇게 중요한 문제에서 이의를 제기하면 그에 따른 증거 자료들을 가지고 있는 것이 더 낫지 않겠나 하는 생각에서 그러는 것입니다.

현인 씨: 그가 회개하지 않은 채로 죽었다고 한 말은, 그를 알고 있던 사람들이 그의 삶과 하나님의 말씀과 그의 죽음 등을 총체적으로 살펴보았을 때, 비로소 판단할 수 있을 것입니다.

경청 씨: 잘 말씀하신 것 같습니다. 이것이야말로 사람들이 그의 상태를 확인해 볼 수 있는 올바른 방법이겠군요. 다시 말해, 이 방법이야말로 그가 회개를 했는지 그렇지 않은지를 분명하게 드러내겠군요. 자, 그렇다면 그가 전혀 회개하지 않았다는 사실이 어떻게 입증되었는지를 말씀해 주십시오.

그가 회개하지 않고 죽었음을 보여주는 첫 번째 증거

현인 씨: 그럼 말씀드리겠습니다. 먼저 위에서 제시된 방법을 통해 그가 회개하지 않았다는 사실을 입증해 보겠습니다. 그는 병상에 있을 때 줄곧 자신이 지은 죄악들을 인식하지도 못했고 죄악에 대한 자각도 없었습니다. 마치 그는 평생토록 한 번도 죄를 지어보지 않은 사람처럼 아주 평온하게 안정을 취하고 있었습니다.

경청 씨: 이런 모습이야말로 그가 회개하지 않았음을 보여주는 징후이겠군요. 사람이 지금까지 한 번도 인식하지 못했거나 자각조차 하지 못한 것에 대해 어떻게 회개를 할 수 있겠습니까? 그가 예전에 병으로 고생할 때는 자신이 행한 악한 일들을 인식하고서 스스로 각성을 하더니, 막상 죽을 때가 임박했는데도 어떻게 자신의 죄를 인식하지도 못하고 자각하지도 못하는지, 제가 봐도 이상할 따름입니다.

현인 씨: 앞에서도 말한 바와 같이 그는 마치 죄를 한 번도 지어본 적이 없는 천사처럼 안정을 취하고 있었습니다. 그가 행한 죄악들이 그의 이마에 새겨져 있어서 모든 사람들이 그가 어떤 죄인인 줄 다 알고 있는데도 말입니다. 그가 지금까지 살아온 일생이 어땠는지는 모든 사람들이 다 알고 있었습니다. 반면에, 그가 회개했다는 사실을 알고 있는 사람은 아무도 없었습니다. 제가 앞서 말한 바와 같이, 그는 한 번도 회개하지 않았기 때문입니다. 그리고 저도 마땅히 알아야 할 사실이지만, 그가 죄악에 대해 자각하지 못했던 이유는 그 죄에 대한 자각이 자신에게 주는 유익을 예전부터 전혀 알지 못했기 때문이라는 것입니다. 당시에 그는 하나님에 대한 지식을 갖는 것을 좋아하지 않았습니다. 사실 하나님에 대한 지식이 있어야만 자신이 범한 죄가 기억나는 것인데 말입니다. 하나님께서는 그의 마음이 타락한 마음이 되고, 그의 영혼이 완악하고 어리석은 영혼이 되도록 내버려 두셨습니다. 그렇게 해서 다음과 같은 성경 말씀이 그에게서 성취되었습니다. "이 백성의 마음을 둔하게 하며 그들의 귀가 막히고 그들의 눈이 감기게 하라"(사 6:10). "그들의 눈은 흐려 보지 못

하고"(롬 11:10). 오, 사람이 죄악 가운데 살아가는 것, 그렇게 살다가 회개하지도 않은 채 이 세상을 떠나는 것— 사람에게 임하는 하나님의 심판 중에서 이것이 가장 서글픈 일일 것입니다.

입증된 사실: 죄에 대한 자각이 없이는 회개도 없다

경청 씨: 그런데 선생님, 저나 선생님이나 동의한 사실은 자신이 지은 죄를 인식하고 자각하지 못한다면, 그 죄에 대한 회개가 있을 수 없다는 것인데요. 어쩌면 그것은 단순히 주관적인 우리의 견해일 수도 있다는 생각이 듭니다. 그래서 이제 우리는 성경 말씀을 통해서 우리의 생각이 맞는지 확인해 보았으면 합니다.

현인 씨: 우리의 이 생각을 성경을 통해 확인하는 일은 아주 간단합니다. 회심한 3천 명들은(행 2) 자신이 범한 죄를 인식하고 자각하기 전까지는 회개하지 않았습니다. 사도 바울도 자신이 범한 죄를 인식하고 자각하기 전까지는 회개하지 않았습니다(행 9). 간수도 자신이 범한 죄를 인식하고 자각하기 전까지는 회개하지 않았습니다(행 16). 그렇다면 제가 질문 하나 하겠습니다. "사람은 무엇을 회개해야 합니까?" 그 대답은 "죄"입니다.

그렇다면 "죄를 회개한다는 것은 또 무엇입니까?" 그 대답은 "죄를 범한 것에 대해 안타까운 마음을 가지고 그 죄로부터 돌아서는 것"입니다. 그런데 자신이 인식하지도 못하고 자각하지도 못한 죄에 대해 어떻게 안타까운 마음이 들 수 있겠습니까? "내 죄악을 아뢰고 내 죄를 슬퍼함이니이다"(시 38:18)라는 말씀을 통해 다윗의 경우를 살펴보자면, 하나님으로부터 부르심을 받은 나단 선지자가 나타나서 다윗에게 자신이 행한 죄악들을 보여주고 자각하게 하기 전까지, 그는 죄를 범하고도 뉘우치지 않은 채 그대로 있었습니다. 나단 선지자의 책망을 듣고 나서야 뒤늦게 다윗은 지은 죄들을 진심으로 회개하였습니다(삼하 12). 욥도 회개하기 위해서 다음과 같이 울부짖었습니다. "내가 하나님께 아뢰오리니 나를 정죄하지 마시옵고 무슨 까닭으로 나와 더불어 변론하시는지 내게 알게 하옵소서"(욥 10:2)라고 말입니다. 그리고 다시 "내가 깨닫지 못하는 것을 내게 가르치소서 내가 악을 행하였으나 다시는 아니하겠나이다"(욥 34:32)라고 말하였습니다. 이 말씀은 내가 알고 있어 회개한 죄도 다시는 행치 않겠으며, 내가 알지 못한 죄, 즉 하나님께서 내게 가르쳐 주신 죄악도 다시는 행치 않겠다는 것입니다. 에브라임의 회개도 그가 자신의 죄악을 인식하고 그 죄에 대한 자각이 있은 후에 이루어졌습니다.

　다시 말해, 하나님으로부터 그가 지은 죄악에 관해 가르침을 받은 후에야 비로소 그가 회개하게 되었다는 것입니다. "에브라임이 스스로 탄식함을 내가 분명히 들었노니 주께서 나를 징벌하시매 멍에에 익숙하지 못한 송아지 같은 내가 징벌을 받았나이다 주는 나의 하나님 여호와이시니 나를 이끌어 돌이키소서 그리하시면 내가 돌아오겠나이다 내가 돌이킨 후에 뉘우쳤고 내가 교훈을 받은 후에 내 볼기를 쳤사오니 이는 어렸을 때의 치욕을 지므로 부끄럽고 욕됨이니이다 하도다"(렘 31:18-19).

경청 씨: 이런 성경 말씀들은 죄를 자각하지 못하면 회개할 수 없다는 진리에 대한 훌륭한 증거가 되는 것 같습니다. 이 증거의 말씀이 사실이라면, 이것은 악인 씨를 책망하는 근거가 되는 말씀이기도 할 것이며, 그가 죄에 대한 자각을 하지 못했기에 결국 회개를 하지 않았다는 사실을 입증하는 말씀이기도 할 것입니다. 따라서 그는 회개하지 않은 채로 살다가 마지막에는 죄악 가운데 죽었을 것입니다. "그의 기골이 청년 같이 강장하나 그 기세가 그와 함께 흙에 누우리라"(욥 20:11)는 말씀대로, 회개하지 않은 자는 틀림없이 자신의 죄악 가운데서 죽을 것입니다. 왜냐하면 그 죄악들이 그를 흙 가운데 눕혔다가, 심판 날에 그를 일으켜서 그가 하나님의 심판대 앞에 설 때 그 죄의 줄과 끈들로 그의 목을 맬 것이기 때문입니다. "악인은 자기의 악에 걸리며 그 죄의 줄에 매이나니"(잠 5:22)라는 말씀대로 말입니다. 그리고 그가 심판석에서 "저주를 받은 자들아 나를 떠나 마귀와 그 사자들을 위하여 예비된 영원한 불에 들어가라"(마 25:41)는 말씀을 듣게 될 때, 그는 이 말씀과 함께 그 자리에서 영원히 사

라지게 될 것입니다. 거기서 그의 양심은 이를 갈고 슬피 울 것입니다. 왜냐하면 이 말씀들이 그에게는 마치 그를 괴롭히는 영원히 죽지 않는 구더기와 같을 것이기 때문입니다(막 9:44[KJV]; 사 66:24).

자신의 죄를 인식하고 그 죄를 자각한 모든 사람이 다 회개를 하는 것은 아니다

현인 씨: 아주 잘 말씀하셨습니다. 제가 이미 말을 했지만, 여기에 한두 마디 덧붙이고자 합니다. 회개는 자신이 지은 죄를 인식하고 그 죄에 대한 자각이 없이는 가능하지 않습니다. 하지만 자신이 지은 죄를 인식하고 그 죄에 대한 자각을 한 모든 사람이 다 회개를 하는 것은 아닙니다. 제가 하고자 하는 말은 죄를 인식하고 자각했다고 해서 모두가 반드시 회개를 하게 되는 것은 아니라는 것입니다.

다시 말해, 모든 사람이 구원에 이르는 회개, 즉 후회하심이 없는 회개를 모든 사람이 다 하는 것은 아닙니다. 우리에게 신기한 말처럼 들리겠지만, 악인 씨도 예전에 중병에 걸렸을 때 자신이 지은 죄를 인식하고 그 죄를 자각하였습니다. 그럼에도 불구하고 그는 그 회개에 합당한 경건한 열매를 맺지 못하고 그냥 죽고 말았습니다. 이것은 개가 그 토하였던 곳으로 재빠르게 다시 돌아가는 것과 같은 것으로, 그의 모습을 분명히 드러내 주었습니다. 회개는 자신이 지은 죄만 고백하는 것이라고 생각하는 사람들이 많은 것 같습니다. 하지만 그렇게 생각하는 사람은 잘못 생각하고 있는 것입니다. 왜냐하면 회개는 제가 앞서 말한 바와 같이 죄를 범한 것에 대해 안타까운 마음을 가지고서, 그 죄로부터 돌아서 예수 그리스도로 말미암아 하나님께로 향하는 것이기 때문입니다.

자, 보십시오. 자신이 지은 죄를 인식하고 그 죄를 자각한 모든 사람이 반드시 회개하는 것이 아니라는 이 말이 사실이라면, 자신의 죄를 인식하지 않고 자각하지 않은 마음에서는 회개가 전혀 일어나지 않는 것이 당연할 것입니다. 자신의 죄를 인식하고 그 죄를 자각하는 모든 사람이 회개—우리가 지금 말하고 있는 것은 경건한 회개를 가리킵니다—를 하는 것이 아니라는 사실은 가인, 바로, 사울, 유다 등에게서 분명히 볼 수 있습니다. 이들 모두는 자신의 죄에 대해서 자각했습니다. 그것도 아주 뼈저리게 자각했습니다. 그럼에도 이들 가운데 생명으로 인도하는 회개를 한 사람은 단 한 명도 없었습니다. 그러므로 이제 저는 악인 씨가 회개를 하지 않았으며, 그렇게 회개하지 않은 채 아주 비참한 죽음을 맞이했다는 것으로 우리의 이야기를 끝낼 수 있을 것 같습니다.

그가 회개하지 않고 죽었음을 보여주는 두 번째 증거

경청 씨: 그런데 선생님, 악인 씨에 대한 이야기를 끝내기 전에 그가 죄 가운데 죽었다는 또 다른 증거를 하나만 더 말씀해 주시면 좋겠습니다.

현인 씨: 또 다른 증거를 말해 달라고 하니 아마도 다음과 같은 사실이 해당될 것 같습니다. 즉, 그는 자신이 저지른 죄를 인식하거나 자각하고 싶어 하지 않았으며, 그에 대해 회개하고 싶은 마음은 더더욱 없었습니다. 그는 이런 것들을 전혀 바라지 않았습니다. 이 부분에 대해서는 제가 앞에서도 말한 것 같은데, 좀 더 자세히 말해 보겠습니다. 그는 자신이 안정된 상태에 계속해서 머물기를 아주 간절히 바랐습니다. 이 말이 무슨 뜻인지 하나하나 설명하겠습니다. 먼저, 그는 어떤 사람이 자신의 죄악된 삶에 대해 말하는 것을 도저히 참을 수 없었습니다. 그런데 자신의 죄를 인식하고 자각하게 되어 그 영혼 속에서 죄에 대한 회개를 하게 되는 방법이, 바로 남들로부터 자신에 대한 이야기를 듣는 것이었습니다.

하지만 그는 제가 방금 말한 바대로, 남들이 자신에 대해 왈가왈부하는 것을 도저히 참을 수 없었습니다. 그가 인생 말년에 중병으로 누워 있을 때, 그가 살아온 잘못된 삶에 대해 그에게 말한 몇몇 사람들은 그로부터 그리 환영을 받지 못하였습니다. 그것은 마치 나봇의 포도원을 차지하러 내려가던 아합 왕을 만나서 그를 책망한 엘리야 선지자에게 도리어 역정을 내는 아합의 경우와 같았습니다. "아합이 엘리야에게 이르되 내 대적자여 네가 나를 찾았느냐?"(왕상 21:20)라고 말했듯이, 악인 씨 또한 자기를 찾아온 자들에게 마음속으로는 아합처럼 말했을 것입니다. 그들은 악인 씨가 살아온 악한 삶을 그에게 납득시켜서 그가 그 삶을 회개하도록 하여 하나님의 은혜를 입었으면 하고 흠모하여 찾아갔던 사람들이었습니다.

경청 씨: 그가 말년에 중병으로 누워 있을 때 선한 사람들이 그를 찾아갔었습니까?

현인 씨: 찾아갔었습니다. 그의 첫 번째 부인의 지인들이 그를 찾아가서 그에게 말을 건네며 대화를 나누었습니다. 아마도 자신에 대해 마지막으로 생각해 볼 것과 하나님께 은혜를 간구하라고 권면했을 것입니다.

경청 씨: 지옥으로 떨어질 그 영혼을 구원하기 위해 이렇게 마지막까지 노력하다니, 그들은 정말 대단한 일을 했습니다. 그런데 그가 선한 사람들과 만나서 이야기하는 것을 그리 좋아하지 않았다는 것을 선생님은 어떻게 아셨습니까? 그 부분에 대해 한 말씀 해주시기 바랍니다.

현인 씨: 그가 예전부터 사귀던 육신적인 친구들이 그를 찾아왔을 때 그가 보인 태도와, 선한 사람들이 왔을 때 그가 보인 태도의 차이에서 저는 알게 되었습니다. 그의 옛 친구들이 그를 보러 왔을 때, 그는 아주 흥분해서 생기발랄하였습니다. 그들을 환영한다는 뜻을 말과 표정으로 드러내었습니다. 그는 그들과 아주 허심탄회하게 대화를 나누었으며, 아주 쾌활해 보였습니다. 물론 그 친구들이 하는 얘기는, 다윗이 병중에 있을 때 그를 찾아온 육적인 자들이 그에게 한 말들과 전혀 다르지 않았을 것입니다. "나를 보러 와서는 거짓을 말하고 그의 중심에 악을 쌓았다가 나가서는 이를 널리 선포하오며"(시 41:6)라는 말씀대로, 그를 찾아온 친구들도 다윗을 찾아와 거짓을 말한 자들과 그리 다르지 않았습니다. 감히 말하건대, 악인 씨는 선한 사람들과 교류하기보다는 악한 자들을 만나는 것이 더 낫다고 생각한 것입니다.

그가 말년에 병이 들었을 때,
그를 찾아온 선한 사람들을 대하는 악인 씨의 태도

이제 저는 선한 사람들이 그를 찾아왔을 때, 그가 그들을 어떻게 대했으며, 그들이 하는 선한 말들에 대해서 그가 어떻게 반응했는지, 이와 관련된 그의 특징적인 태도 몇 가지를 좀 더 자세히 말씀드리겠습니다.

1. 그들이 그를 찾아왔을 때, 그는 그들이 다가오는 것을 보고 마음이 낙담한 것처럼 보였습니다.

2. 그가 지은 죄와 죽음과 지옥과 심판 등에 대해서 그가 어떻게 생각하는지를 그들이 그에게 이따금씩 물을 때면, 그는 그들이 어떤 질문을 하든 아무 관심이 없는 듯이 말했습니다. 그는 아무 말도 하지 않거나 설령 대답한다고 해도 그 질문을 회피하는 발언을 하였으며, 그것도 여의치 않으면 자신이 지금 너무 연약한 상태라 많은 말을 해서 힘을 빼고 싶지 않다는 식으로 그들에게 말했습니다.

3. 그는 말을 하거나 그들과 대화를 나누는 일에서 결코 적극적이지 않았습니다. 오히려 그들이 입을 다물고 있을 때 그는 기뻐하였습니다. 그는 자신의 현재 상태나 내세에 관해서도 묻지 않았을 뿐 아니라, 자신에게 임할 저주를 어떻게 하면 피할 수 있는지에 대해서도 그들에게 묻지 않았습니다.

4. 선한 사람들이 그를 만나기 위해 찾아오려고 하면, 그도 더 이상은 참을 수가 없어서, 자기 아내나 보살펴주는 자에게 자기가 잠을 자고 있다거나, 아니면 이제 막 잠을 자려고 한다거나, 그것도 아니면 지금 자기 몸이 너무 연약한 상태여서 조그마한 소음에도 잠을 잘 수 없다는 식으로 말해 달라고 당부하였습니다. 그래서 그의 아내나 그를 보살펴주는 사람들은 그를 찾아온 선한 사람들을 자신들이 부탁받은 대로 응대할 수밖에 없었습니다. 그리하여 마침내 그 선한 사람들마저 낙담하여 그를 찾아올 마음이 더 이상 없게 되었습니다.

5. 그가 병상에 누워 있을 당시 그의 마음은 너무나 완악해진 나머지, 그의

악한 친구들이 그를 찾아오자 그는 조금 전에 그를 찾아온 선한 사람들에 대해 욕을 하였습니다. 즉, 그를 찾아온 선한 사람들과, 사랑으로 그를 찾아와 말해 준 그들의 선한 가르침과 그를 회개시키기 위해 애써 수고한 것들, 이 모든 것들에 대한 비방을 그는 그의 악한 친구들에게 늘어놓았습니다.

6. 선한 사람들이 그를 떠날 때, 그는 "청컨대, 여러분이 기뻐하신다면 다시 뵈었으면 좋겠습니다. 언제쯤 뵙게 될까요? 저는 여러분과 좀 더 교제를 나누면서 선한 가르침을 좀 더 들었으면 좋겠습니다"라는 말을 하지 않았습니다. 그는 이런 말들을 절대로 하지 않았습니다. 그가 이런 말을 한 적은 단 한 번도 없었습니다. 그들이 자리에서 일어서려고 하자, 그는 그들에게 더 이상 차를 권하지도 않았으며, "지금까지 나눈 좋은 교제와 선한 가르침에 감사드립니다"라는 말도 하지 않았습니다.

7. 그가 병들었을 때 그의 악한 친구들과 그가 나눈 대화의 내용은 세상적인 것과 장사, 집, 땅, 유명 인사들, 큰 벼슬, 높은 자리, 외형적인 번영이나 외형적인 역경 등의 그렇고 그런 육적인 것들이었습니다. 그의 이런 모습들을 보고서 저는 그에 대해서 다음과 같이 결론을 내렸습니다. 즉, 그는 회개하여 구원받기 위해 자신의 죄를 인식하고 자각하기를 원하지 않았다고 말입니다.

경청 씨: 선생님께서 그에 대해 결론적으로 말씀하신 이 모든 일들이 사실이라면, 더 이상 그에 대해 선생님께서 말씀하실 필요가 없을 것 같습니다. 저는 선생님께서 하신 이 모든 이야기들을 사실로 믿을 뿐입니다. 선생님께서 죽은 사람에 대해서 거짓말을 하실 분이라고는 생각하지 않기 때문입니다.

현인 씨: 저도 그를 찾아간 사람들 가운데 한 사람입니다. 그를 찾아가서 저는 그의 태도나 응대 방식 등을 직접 보았습니다. 그러므로 제가 당신에게 들려드린 이야기들은 모두 사실입니다.

경청 씨: 잘 알겠습니다. 그렇다면 하나님께서 이런 자들에게 어떤 선고를 하실지, 가능하면 성경 말씀을 근거로 말씀해 주시면 좋겠습니다.

현인 씨: 알겠습니다. 이처럼 회개하기를 싫어하는 자, 다시 말해 그가 회개

하여 구원받도록 하기 위해서 그의 죄에 대해 하는 말들을 결코 듣기 싫어하는 자는 하나님을 향해서도 다음과 같이 말하는 자라고 기록되어 있습니다. "우리를 떠나소서 우리가 주의 도리 알기를 바라지 아니하나이다"(욥 21:14)라고 말입니다. 그는 또한 그의 마음과 행동으로 다음과 같이 말하는 자입니다. "내가 이방 신들을 사랑하였은즉 그를 따라 가겠노라"(렘 2:25). 그는 눈을 감아 버리고 귀를 막으며 그 마음을 돌려 하나님을 대적하는 자입니다(슥 7:11-12; 행 28:26-27). 그렇습니다. 그는 하나님에게 적대감을 가진 자이며, 그 마음으로 하나님을 증오하는 자입니다.

경청 씨: 악인 씨가 회개하지 않고 죽었다는 또 다른 징후에 대해 선생님은 해 줄 말씀이 있으신지요?

그가 회개하지 않고 죽었음을 보여주는 세 번째 증거

현인 씨: 또 다른 징후가 있긴 있지요. 그는 고통 받는 내내 하나님의 은혜를 구하지도 않았으며, 진심에서 우러나오는 간구를 단 한 번도 하지 않았습니다. 사실, 육적인 사람들도 병에 걸리거나 쿡쿡 쑤시는 듯한 극심한 고통이 엄습해 올 때면, "주여, 나를 도우소서. 주여, 나를 강하게 하옵소서. 주여, 나를 구해 주옵소서"라고 외치는데, 그는 그렇게 아플 때도 하나님의 은혜를 간구하지 않았습니다. 앞에서도 잠시 언급했던 것처럼, 오히려 그는 한 번도 죄를 지은 적이 없는 사람처럼 태연히 병상에 누워 있었습니다.

경청 씨: 이것은 정말 나쁜 징후입니다. 왜냐하면 하나님께 은혜를 간구한다는 것은 회개하는 자에게서 첫 번째로 보이는 여러 징후들 가운데 하나이기 때문입니다. 사도 바울이 자신의 죄악으로 인해 침상 위에서 회개하고 있을 때, 성령께서는 그에 대해 "그가 기도하는 중이니라"(행 9:11)고 말씀하셨습니다. 그런데 이처럼 회개의 첫 징후들을 가지지 못한 그에게는 회개의 또 다른 징후들도 없었을 것이고, 따라서 그에게서는 회개의 징후가 하나도 보이지 않았던 것이네요. 그렇다고 해서 간구만 하면 회개의 징후가 반드시 나타난 것이

라고 말하려는 것은 아닙니다. 다윗도 다음과 같이 말하고 있습니다. "그들이 … 여호와께 부르짖어도 그들에게 대답하지 아니하셨나이다"(시 18:41). 그들의 부르짖는 간구가 회개의 첫 열매였더라면, 하나님께서는 그들에게 응답하셨을 것입니다. 그러나 감히 말하건대, 사람들이 간구하였음에도 불구하고 그들이 전혀 회심하지 못했다면, 그것은 그들이 진심으로 간구하지 않았기 때문일 것입니다. 이것은 틀림없는 사실입니다. 욥기에도 다음과 같은 말씀이 기록되어 있습니다. "하나님이 속박할지라도 도움을 구하지 아니하나니"(욥 36:13). 한 마디로 그들이 회심을 하지 않았기 때문에, 그들에게는 회개 행위도 없었고, 하나님께 부르짖는 간구도 없었던 것입니다. 거짓 회개에는 거짓 간구가 뒤따르며, 참된 회개에는 참된 간구가 뒤따르는 법입니다.

현인 씨: 회개한 사람은 간구할 수밖에 없습니다. 그것은 마치 치명적인 고통을 겪고 있는 사람이 신음할 수밖에 없는 것과 같습니다. 그런 고통 가운데서 참을 수 있는 사람이야말로 회개하고도 간구하지 않을 수 있는 사람일 것입니다. 저도 이런 사실을 잘 알고 있습니다. 시편에는 회개의 참된 의미와 그 결과까지 아주 생생하게 잘 나타나 있습니다. 시편을 자세히 살펴본 사람은 부르짖음, 강력한 부르짖음, 진심에서 우러나오는 부르짖음, 큰 소리로 부르짖음, 쉬지 않고 부르짖음 등, 이런 것들이 회개의 열매라는 것을 알 수 있을 것입니다. 하지만 이런 여러 부르짖음 가운데 단 하나도 악인 씨에게서는 찾아볼 수 없었습니다. 그래서 그는 자신의 죄악 가운데서 죽었던 것입니다.

부르짖음이 회개의 필연적인 결과라는 사실은 다음과 같은 성경 구절에서도 볼 수 있습니다. "하나님이여 주의 인자를 따라 내게 은혜를 베푸시며 주의 많은 긍휼을 따라 내 죄악을 지워 주소서"(시 51:1). "여호와여 주의 분노로 나를 책망하지 마시오며 주의 진노로 나를 징계하지 마옵소서 여호와여 내가 수척하였사오니 내게 은혜를 베푸소서 여호와여 나의 뼈가 떨리오니 나를 고치소서 나의 영혼도 매우 떨리나이다 여호와여 어느 때까지니이까 여호와여 돌아와 나의 영혼을 건지시며 주의 사랑으로 나를 구원하소서"(시 6:1-4). "여호와여 주의 노하심으로 나를 책망하지 마시고 주의 분노하심으로 나를 징계하지 마소서 주의 화살이 나를 찌르고 주의 손이 나를 심히 누르시나이다 주의 진노로 말미암아 내 살에 성한 곳이 없사오며 나의 죄로 말미암아 내 뼈에 평안함이 없나이다 내 죄악이 내 머리에 넘쳐서 무거운 짐 같으니 내가 감당할 수 없나이다 내 상처가 썩어 악취가 나오니 내가 우매한 까닭이로소이다 내가 아프고 심히 구부러졌으며 종일토록 슬픔 중에 다니나이다 내 허리에 열기가 가득하고 내 살에 성한 곳이 없나이다 내가 피곤하고 심히 상하였으매 마음이 불안하여 신음하나이다"(시 38:1-8).

선한 사람들의 마음속에 회개가 일어났을 때, 그들이 어떤 상태였는지, 그들이 무엇을 느꼈는지, 그들이 과연 부르짖었는지 그러지 않았는지 등에 관해 언급하는 거룩한 말씀들을 저는 아주 많이 당신에게 말씀드릴 수도 있습니다. 아, 너무나 슬프게도, 죄악의 고통이 어떤 사람에게 엄습하였을 때 그가 기도하는 것을 참을 수 있다고 한다면, 그것은 마치 여자에게 해산의 고통이 찾아왔을 때 울부짖는 것을 참을 수 있는 것과 같은 것입니다. 그 해산의 고통을 참을 수 있는 사람만이 죄악의 고통 가운데서도 기도하는 것을 참을 수 있는 사람일 것입니다. 아무개가 회개를 하였다고 세상 모든 사람들이 다 말을 하여도, 만약 그가 기도하는 사람이 아니라면, 저는 그 사람이 회개하였다는 사실을 감히 믿지 못할 것입니다.

경청 씨: 그가 회개하였다고 선생님께서 믿어야 할 이유가 전혀 없을 것 같습니다. 제가 보기에도 그러합니다. 왜냐하면 그 사람이 회개하였음을 분명하게 보여주는 증거가 하나도 없기 때문입니다. 그런데 선생님, 선생님은 지금까지 이 악인 씨가 자신의 죄악 가운데 죽어서 영원한 형벌을 받을 상태에 처하게 되었다는 말씀을 해주셨는데, 그가 죽어서 이런 처지에 처하게 된다는 또 다른 징후가 있었습니까?

현인 씨: 이 이야기가 아마도 그 증거가 될 것 같습니다. 그는 병들어 병상에 있을 때 자기 친구들과 함께 육신의 얘기를 나누면서 가장 기뻐하였습니다.

그런데 그 때 그 친구들은 그가 건강할 때도 교제를 나누던 오래 전부터 알고 지내던 죄악의 친구들이었다는 사실입니다. 앞에서도 종종 이런 말을 했지만, 이런 모습이야말로 그가 은혜를 받지 못했다는 하나의 증거가 됩니다. 왜냐하면 진정으로 그 마음에 은혜가 역사했다면, 그 은혜의 역사로 말미암아 그 마음이 변화되었을 뿐만 아니라, 그 사람의 생각과 소망과 그가 나누는 대화까지도 변화했을 것이기 때문입니다. 맞습니다. 하나님의 은혜가 역사하면 대화의 내용과 그 친구들도 변합니다. 사도 바울의 경우를 봐도, 그의 영혼에 하나님의 은혜가 역사하자, 예수님의 제자들 가운데 자신도 합류하고자 애썼습니다. 바울은 옛 친구들과 절교하고는 더 이상 그들과 상종하지 않았습니다. 이제 그는 예수님의 제자가 되어 그 제자들과 교제했습니다. 다음의 성경 말씀이 이 사실을 증언하고 있습니다. "바나바가 데리고 사도들에게 가서 그가 길에서 어떻게 주를 보았는지와 주께서 그에게 말씀하신 일과 다메섹에서 그가 어떻게 예수의 이름으로 담대히 말하였는지를 전하니라 사울이 제자들과 함께 있어 예루살렘에 출입하며"(행 9:27-28).

경청 씨: 예전에 선생님께서 이처럼 유유상종과 관련된 말씀을 하셨을 때 다음과 같은 생각이 떠올랐습니다. 즉, 악인 씨가 예전부터 알고 지내던 그 악한 친구들과 유대를 끊지 못하고 지속했다는 사실은 그의 마음에 하나님의 은혜가 전혀 없었다는 분명한 징후일 것이라는 생각 말입니다. 새들도 깃이 같은 것들끼리 한 무리를 이루는 법입니다. 제 생각에도 그럴 것 같습니다. 만약 이 사람이 하나님의 자녀들 가운데 한 사람이었다면, 그는 이 하나님의 자녀들과 한 무리를 이루었을 것이며, 그의 기쁨은 하나님의 자녀들과 교제를 나누면서 그들과 함께 하는 것이었을 것입니다. 다윗이 "나는 주를 경외하는 모든 자들과 주의 법도들을 지키는 자들의 친구라"(시 119:63)고 말한 대로 말입니다.

현인 씨: 잘 말씀하셨습니다. "그리스도와 벨리알이 어찌 조화되며 믿는 자와 믿지 않는 자가 어찌 상관하며"(고후 6:15)라는 말씀도 있지 않습니까? 경건한 자들 가운데 합류한 자들이 모두 경건한 자들은 아니라는 말이 맞는 말이긴

해도, 악인 씨처럼 겉으로는 경건한 척하면서도 속으로는 경건한 자들을 친구로 삼기는커녕 경건하지 않은 자들, 즉 노골적으로 하나님을 모독하는 자들을 택해서 친구로 삼은 자는, 틀림없이 경건한 자가 아닐 것입니다. 앞에서도 말한 바와 같이, 선한 사람들이 그를 만나기 위해 찾아왔을 때 그는 그런 분위기가 싫었던 것입니다. 반면에 그의 허망한 친구들이 그를 둘러섰을 때, 그는 그 자리가 좋았고 그것이 바로 그가 바라던 분위기였습니다. 너무나 안타까운 일입니다! 제가 말한 바대로 은혜는 모든 것들을 바꾸어 놓습니다. 은혜를 받은 자의 마음, 생활, 친구 그리고 모든 것들을 바꾸어 놓습니다. 왜냐하면 이 은혜로 말미암아 그 사람의 마음뿐 아니라 그 사람 자체가 새로워지기 때문입니다. 이렇게 새로워진 마음, 새로워진 사람은 새로운 기쁨의 대상을 필연적으로 가질 수밖에 없으며, 그렇게 새로워진 자신을 사랑할 수밖에 없습니다. 그는 "이전 것은 지나갔으니"라고 외칩니다. 그가 이렇게 외치는 이유는 무엇일까요? 그것은 "보라 새 것이 되었도다"(고후 5:17)이기 때문입니다. 이제 이 모든 것들이 새로워졌다면, 다시 말해 마음, 지성, 생각, 소망 그리고 기쁨 등이 새로워졌다면, 마땅히 그가 사귀는 친구도 이에 상응하여 새롭게 바뀌는 일이 일어나야 할 것입니다.

그래서 다음과 같은 성경 말씀들이 기록된 것입니다. "믿는 사람이 다 함께 있어"(행 2:44), "사도들이 놓이매 그 동료에게 가서"(행 4:23), 그리고 "주께서 구원 받는 사람을 날마다 더하게 하시니라"(행 2:47), "믿는 무리가 한 마음과 한 뜻이 되어"(행 4:32)라고 말입니다. 악인 씨가 말년에 자기 같은 악한 친구들과만 사귄 것에 대해서, 악인 씨는 병상에 있었기 때문에 경건한 사람들을 만날 수 없어서 그럴 수밖에 없었다고 이의를 제기할 수도 있을 것입니다. 하지만 그는 자기 생각을 혀로 표현할 수는 있었기 때문에, 마음만 있었다면 옆에 있는 사람들에게 말을 해서라도 경건한 사람들이 자기를 방문해 주도록 부탁할 수 있었을 것입니다. 맞습니다. 그에게 그런 마음만 있었다면, 그는 당연히 그런 부탁을 했을 것입니다.

그렇습니다. 만약 그에게 경건한 사람들이 자기를 찾아 주기를 바라는 마음이 있었다면, 모든 다른 친구들 특히 그의 악한 친구들이 그의 눈 앞에 나타나기만 해도 그에게는 그들이 일종의 부담이자 슬픔으로 여겨졌을 것입니다. 그의 마음과 애정이 항상 선한 쪽으로 기울어져 있었다면, 선한 친구들이 그에게 가장 적합한 친구가 되었을 것입니다. 하지만 그가 지금까지 사귀어 오던 친구들은 악한 친구들이었으며, 그들과 함께 하는 것이 그의 기쁨이었습니다. 그러므로 그의 마음과 영혼은 여전히 경건하지 않았음이 분명합니다.

경청 씨: 드디어 그의 임종이 다가왔을 때, 그가 어떤 상태였는지를 말씀해 주시기 바랍니다. 제가 느끼기로 그의 상태와 행동에 대해서 선생님이 제게 지금까지 해주신 이야기는 그의 발병 초기일 때인 것 같은데, 그렇지 않습니까? 발병 초기에는 여전히 그런 친구들을 만나서 그들과 많은 이야기들을 나눌 때이며, 이렇게 사람들을 만나 이야기를 하는 것 외에도, 그 당시에는 자신의 건강이 회복될 생각을 하지, 이런 병으로 죽지는 않을 것이라고 생각했을 것 같습니다. 하지만 그 후에, 병세가 깊어져 그의 몸이 수척해지면서 자기 무덤 문이 열린 것을 감지하게 되었을 때는 발병 초기와는 달리 생각했을 것입니다. 다시 말하건대, 우리가 앞에서 말한 바와 같이, 열린 무덤 문 앞에 서서 사망에 한 발을 내딛고 있을 때, 즉 이제 곧 죽을 수밖에 없고 죽은 후에는 하나님의 심판대 앞에 서야 한다는 사실을 알고 체감한 상태에서 이 사실을 모른 척하려고 해도 할 수 없는 바로 그때, 그의 상태가 어땠는지에 대해 말씀해 주시겠습니까?

현인 씨: 그의 몸에 생긴 질병으로 인한 변화 외에는 그에게서 다른 변화를 찾아볼 수 없었습니다. 당신도 아는 바와 같이, 질병은 육신에 많은 변화를 일으키는 법입니다. 즉, 육신에 고통을 불러일으키고, 가끔 참을 수 없을 만큼 온몸을 쑤시는 것 같은 통증으로 인해 환자는 신음소리를 내기도 합니다. 악인 씨도 이런 육신의 변화를 겪었습니다. 그럼에도 불구하고 그의 사고에는 아무런 변화가 없었습니다. 그의 사고는 예전과 똑같았고, 그의 마음 상태도 예전

과 같았습니다. 그는 예전의 악인 씨와 하나도 변함이 없었습니다. 그 이름뿐 아니라 마음 상태까지도 똑같았습니다. 그는 인생의 마지막 죽는 순간까지 조금도 변함이 없었습니다. 그렇습니다. 그가 죽는 순간까지 제가 살펴보았지만, 그에게는 조금의 변화도 없었습니다.

경청 씨: 이제 그가 임종할 때의 모습이 어떠했는지 말씀해 주시기 바랍니다. 죽을 때 고통을 심하게 겪었나요? 아니면 편안하고 고요히 죽음을 맞이했나요?

현인 씨: 그는 한 마리 어린 양처럼 고요하게 죽었습니다. 임종을 지키며 그의 곁에 있던 자들이 보기에는 심한 고통 없이 순리대로 고요하게 임종을 맞이한 것처럼 보였습니다. 그의 정신 상태도 아주 고요한 가운데 숨을 거둔 것 같았습니다. 그런데 당신은 왜 이런 질문을 하는 것입니까?

임종에 대해 잘 모르는 자들의 무식한 생각

경청 씨: 제 자신을 위해서 이런 질문을 한 것이 아니라, 다른 사람의 유익을 위해서 한 것입니다. 임종에 대해서 잘 모르는 자들은, 만약 사람이 죽을 때 그들이 하는 말대로 한 마리 어린 양처럼 죽었다고 하면, 다시 말해 일반적으로 다른 사람들이 죽을 때 보이는 모습처럼 경악스러운 모습을 보이지 않고 고요히 죽었다고 하면, 그렇게 죽은 사람은 의심의 여지도 없이 천국으로 갔다고 하면서 장차 임할 진노를 틀림없이 면했을 것이라고 이구동성(異口同聲)으로 결론을 내리기 때문입니다.

제19장

완악한 자가 아무리 고요하게
죽음을 맞이했다 해도
그에게서는 복된 미래를 기대할 수 없다

어떤 사람이 복스럽게 죽었는지 그렇지 않은지를

우리는 분명히 판단할 수 없다

현인 씨: 고요히 죽은 자에 대한 판단, 즉 조용하게 죽은 자의 영원한 상태에 대해서는 섣불리 판단할 수 없습니다. 이를테면 어떤 사람은 고요히 죽었고, 또 어떤 사람은 갑작스럽게 급사를 하였고, 또 다른 어떤 사람은 정신적으로 극심한 상태에서 경악스러운 모습으로 죽었다고 가정해 봅시다. 이렇게 각기 다른 다양한 임종의 모습으로는 아무도 그 죽은 사람의 영원한 상태를 판단할 수 없을 것입니다. 고요히 죽은 사람이든, 갑작스럽게 죽은 사람이든, 아니면 정신적인 공포 가운데 죽은 사람이든, 어떤 모양으로 임종을 맞이했든 상관없이, 사람은 죽으면 천국으로 가거나, 아니면 지옥으로 떨어지게 될 것입니다. 죽을 때 어떤 모습으로 죽었는지에 따라서 죽은 사람이 어디로 갔는지는 아무도 장담할 수 없습니다.

그러므로 죽은 사람의 영원한 상태에 대해서 우리가 내릴 수 있는 판단은 다른 기준들을 통해서 추측해 볼 수밖에 없습니다. 즉, 그가 자신의 죄악 가운데서 죽었는지, 또는 불신앙 가운데서 죽었는지, 또는 중생하기 전에 죽었는지의 물음들에 대해 그렇다고 대답한다면, 다시 말해 그가 죄악 가운데서 죽었거나, 불신앙 가운데서 죽었거나, 중생하기 이전에 죽었다고 한다면, 그 사람이 아무리 고요하게 임종하였다 해도, 그는 마귀가 있는 지옥으로 떨어진 것이 분명합니다. 그렇다면 이번에는 그가 선한 사람이었는지, 믿음을 가진 경건한 사람이었는지, 말씀에 따라서 그리스도로 말미암아 하나님을 사랑하고 그분을 경배하는 사람이었는지의 물음에 그렇다고 대답한다면, 다시 말해 그가 선한 사람이고, 믿음을 가진 경건한 사람이고, 말씀에 따라서 그리스도로 말미암아 하나님을 사랑하고 그분을 경배하는 사람이었다고 한다면, 그 사람이 아무리 경악스러운 모습으로 죽었다 해도, 그는 하나님이 계신 천국으로 간 것이 분명합니다. 그런데 악인 씨는 아주 쓸모없는 사람이었고, 그의 생활은 사악했으며, 그의 행동거지 또한 악했습니다. 그는 죽기 직전까지도 악한 사람이었습니다. 그러므로 그가 아무리 고요하게 죽었다 해도 그는 마귀가 있는 지옥으로 떨어진 것이 분명합니다.

사람이 어떻게 죽었는지 그 모습을 보고
그의 영원한 상태에 대해 우리가 판단할 때

하지만 어떤 경우에는 그 사람이 죽게 된 다양한 사인(死因)에 의해서 그의 영원한 상태를 분명하게 판단할 수도 있습니다. 이를테면 어떤 사람이 자살을 했다거나, 아니면 사악한 생활을 하다가 그 후에 완전히 절망해서 죽었다면, 이들 두 사람은 의심의 여지없이 모두 지옥에 떨어질 것이 분명합니다.

이쯤에서 저는 악인 씨의 형제들에 대해 말해 보고자 합니다. 당신도 기억하겠지만 앞에서 저는 악인 씨에게 형제들이 있다고 말했습니다. 그들이 어떻게 죽었는지에 대해서 이야기하고자 합니다. 그 형제들 가운데 한 사람은 자살했으며, 다른 한 사람은 사악한 생활을 하다가 나중에 완전히 절망하여 죽었습니다. 자, 보십시오. 이런 모습으로 죽은 이 두 사람은 두말할 필요도 없이 지옥에 떨어졌을 것이라고 저는 아무 거리낌 없이 결론적으로 말하는 바입니다.

경청 씨: 그 첫 번째 형제에 대해서 제게 말씀해 주시겠습니까? 그가 어떻게 해서 자살하게 되었는지 말입니다.

현인 씨: 그러니까, 그는 칼을 집어 들고서 자기 목을 그었습니다. 그 즉시 그는 정신을 잃고 죽었습니다. 자, 이런 상황에 대해서 우리는 어떤 판단을 할 수 있을까요? 성경은 "살인하는 자마다 영생이 그 속에 거하지 아니하는 것을 너희가 아는 바라"(요일 3:15)고 말씀하고 있습니다. 이런 자는 지옥에 떨어졌을 것이라고 우리는 단호하게 말할 수 있을 것입니다. 그는 살인자였습니다. 다시 말해 그는 자신을 죽인 살인자였던 것입니다. 또한 그는 최악의 살인자이기도 합니다. 왜냐하면 자신의 몸과 영혼을 죽였기 때문입니다.[1] 이런 행동을 한 자들이 저주를 받지 않을 것이라고 언급한 부분을 우리는 성경에서 도저히 찾을 수 없습니다. 다시 말하지만, 이렇게 자살을 한 자가 저주를 받지 않았다는 말씀은 성경 어디에서도 찾아볼 수 없습니다.

죄악을 행한 자들을 하나님께서 처벌하실 때, 다시 말해 그 같은 죄악을 범한 자들을 하나님께서 심판하셔서 그에게 노를 베푸실 때, 그 때에야 비로소 그들은 자기들에게 임하는 하나님의 극심한 심판을 깨닫게 될 것입니다. 그러므로 저는 간절한 마음으로 다음과 같은 경고의 말씀을 죄인들에게 전하고자 합니다. "여러분이여, 악인 씨의 형제에게 내린 하나님의 심판이 여러분에게 임하지 않도록, 여러분은 여러분의 죄악들을 청산하십시오. 다시 말씀드립니다. 여러분이 여러분 자신을 죽인 것에 대해 하나님께서 여러분을 심판하지 않도록 하십시오."

---

1 소망(Hopeful)과 크리스천(Christian)이 '의심의 성(Doubting Castle)'에서 나눈 대화는 자살이 얼마나 사악한 행동인지를 입증했다. 이 무식한 땜장이의 지식은 런던에 있는 성 바울 대성당(St. Paul's Cathedral)의 수장(首長)이 가진 그 모든 현란한 지식보다 더 뛰어나다. 『천로역정』에 나오는 '의심의 성' 부분을 참조하라 — 원주.

경청 씨: 자살과 관련된 이야기를 선생님께서 꺼내셨으니, 저도 예전에 들어 알고 있는 한 이발사에 관해 말씀드리겠습니다. 그는 자신이 사용하던 면도칼로 자기 목을 잘랐습니다. 그리고는 자기가 한 행동을 이웃 사람들에게 과시하기 위해서 자기 방의 창문을 열고 머리를 내밀었습니다. 물론 그는 얼마 후 죽고 말았습니다.

현인 씨: 지금 당신이 한 것보다 더 끔찍한 이야기를 하나 들려드리겠습니다. 자살해서 죽은 사람의 실화인데 그가 자살한 방식에 관한 이야기입니다. 한 12년 전에 노샘프턴(Northampton) 인근의 브래필드(Brafield)에 살던 존 콕스(John Cox)라는 남자가 자살을 하였습니다. 그가 자살한 방식은 다음과 같았습니다. 그는 가난했고 한동안 병상에 있었습니다. 그가 병중에 있을 때는 건초 수확이 막 시작될 시기였습니다. 그는 병상에 누워서, 일을 해야 할 이 시기를 놓쳐 수확을 하지 못하게 된다면, 앞으로 뭘 먹고 살아야 할지 많은 생각을 하였습니다. 그리고는 이 세상에 대해 깊은 절망을 하고 자살을 한 당일 아침, 그는 자기 아내에게 "이제 우리에게는 모든 것이 끝났어"라고 소리쳤습니다. 이 큰 소리가 잦아들기도 전에 그는 "이제 나는 푹 쉬고 싶소"라고 말하고는 아내에게 방에서 나가줄 것을 부탁하였습니다. 아내가 방을 나가자, 그는 잠을 자기는커녕 면도칼을 재빠르게 꺼내서는 그 칼로 옆구리를 도려내어 큰 구멍을 만들었습니다. 그리고는 그 옆구리에서 내장 몇 개를 끄집어내어 칼로 끊어서 그것들을 내던졌습니다. 당연히 그의 방은 온통 피로 흥건해졌습니다. 그런데 이렇게 해도 그의 목숨은 그가 원했던 것만큼 빨리 끊어지지 않았습니다. 그러자 그는 자기 내장을 끄집어 낼 때 썼던 그 면도칼로 자기 목을 그어버렸습니다. 그러지 않아도 문 밖에서 남편의 탄식소리를 듣고 이상한 낌새를 눈치 챈 그의 아내가 그가 있던 방문을 열어보았습니다. 그리고는 그가 행한 일들을 보고서 밖으로 뛰쳐나와 이웃 사람들에게 도움을 요청하였습니다. 몇몇 이웃 사람들이 찾아와 이렇게 피투성이가 된 채로 누워있는 그를 보고는 그 광경에 놀랐습니다.

이웃 사람들 가운데 한 사람이 그에게, "이보게! 존, 지금 자네 무슨 짓을 한 건가? 자네가 한 일에 대해 후회하지는 않는가?"라고 말하였습니다. 그러자 그는 아주 단호하게, "후회하기에는 너무 늦었어"라고 말하였습니다. 그러자 앞에서 그에게 질문한 그 이웃 사람이 그에게 재차 "이보게! 존, 자네가 한 이 피비린내 나는 행동에 대해 하나님께 기도로 용서를 구하게나"라고 말하였습니다. 그는 이런 권면을 아주 불쾌하게 듣는 것 같았습니다. 그리고 아주 화난 표정으로, "기도를?"이라는 말을 하고는 몸을 벽 쪽으로 돌려 몇 번 숨을 거칠게 헐떡이다가 비참하게 죽고 말았습니다.

그가 죽은 후, 벽 쪽을 향해 있던 그의 등을 바르게 돌리자, 그의 내장뿐 아니라 그의 배에서도 피가 쏟아져 나왔습니다. 그로 인해 그의 침상이 피로 흥건히 젖었을 뿐 아니라, 침상의 틈 사이에 있던 피도 땅으로 모두 쏟아졌습니다. 어떤 이웃 사람들은 말하기를, 그들이 그를 보러 왔을 때, 그는 자기 손으로 내장들을 주물럭거리며 위로 끌어당겨서, 마치 그 내장들을 심장이 있는 곳까지 끄집어내어 잘라내는 것처럼 보였다고 하였습니다. 또 어떤 이들은 그가 간의 일부를 찢어서 침상에 내던지고, 다른 많은 내장들을 침상의 옆 부분에 걸어놓았다고도 하였습니다. 물론 이런 세세한 것까지 모두 확실한 것으로 인정할 수는 없겠지만, 어쨌든 위에서 언급한 정황과 맞물려 전반적인 이야기의 흐름상 어느 정도는 사실인 것이 분명합니다. 저는 이 이야기를 건전하고 믿을 만한 사람으로부터 들었습니다. 그는 이렇게 피범벅이 된 상태에 있던 그를 본 사람들 가운데 하나였습니다. 이 사람이 바로 제가 앞에서 언급했던, 존과 이야기를 나눈 그 사람이었습니다.

이런 유의 또 다른 끔찍한 이야기들을 당신에게 해드릴 수도 있지만, 이것으로 충분할 것 같습니다. 하나님께서 그분의 지혜로 이런 죽음이 일어나지 않도록 막으시는데 필요한 이야기로는 이것으로도 이미 충분할 것 같습니다.

경청 씨: 정말 끔찍한 이야기로군요. 존 콕스가 행한 것처럼 그렇게 하나님께서 내버려 두는 자들이 없도록, 다시 말해 자살을 시도하려는 자들이 이 이야

기를 듣고서 하나님 앞에서 두려움을 갖고 그들이 교훈을 얻어 경계(警戒)를 삼도록 저는 하나님께 기도하고자 합니다. 자살한 자들이 천국에 갈 수 없다는 것은 분명한 사실이겠지요. 선생님도 이미 말씀하신 바와 같이, 자기 손으로 목숨을 끊는 자는 분명히 지옥에 떨어질 것입니다. 이제 선생님이 말씀하신 악인 씨의 또 다른 형제에 대해서 한두 말씀 해주시면 좋겠습니다.

현인 씨: 아, 예. 절망하면서 죽은 그 사악한 자에 대해서 말입니까?

경청 씨: 예. 절망하면서 죽은 그 사악한 자에 대해서 말씀해 주시기 바랍니다.

현인 씨: 그렇다면 말씀드리지요. 악인 씨의 또 다른 형제인 이 자는 마음 상태나 생활에서 모두 아주 사악한 자였습니다. 그는 삶에서도 아주 악한 생활을 하였기 때문에 그의 마음도 악했다고 말한 것입니다. 이 세상에 있는 그 어떤 것도 그를 회심시킬 수 없었습니다. 다시 말해, 선한 사람들이나 선한 책들이나 선한 모범이나 심지어는 하나님의 심판까지도 그를 회심하게 할 수 없었다는 것입니다. 그렇습니다. 그는 아주 오랜 기간 동안 자신의 죄악 가운데 살았기 때문에, 하나님께서는 그를 질병으로 치셨습니다.

절망하면서 죽는 것에 관하여

그는 그 질병으로 죽었습니다. 죽기 전 그가 병들었을 때 그의 양심이 깨어나기 시작하였습니다. 그는 지금까지 잘못 살아왔던 자신의 삶에 대해 울부짖기 시작하였습니다. 그 울부짖는 소리가 얼마나 컸던지 그에 관한 이야기가 온 동네에 자자할 정도였습니다. 그에 관한 소문이 온 동네에 퍼지자, 많은 이웃 사람들이 그를 보러 와서는 그런 자들에게 일반적으로 하듯, 그의 곁에서 성경 말씀을 읽어 주었습니다. 하지만 동네 사람들의 이 모든 노력에도 불구하고 그의 두려움은 진정시킬 수 없었습니다.

오히려 그는 침상에 누워 이를 갈고, 손목을 비틀면서 자기 영혼에 저주가 임한 것으로 종결을 지으며 극심한 공포와 절망 가운데 죽었습니다. 그는 하나님을 부르지도 않았고, 오히려 하나님께서 그와 같은 자도 불쌍히 여기신다는 사실을 믿지 못한 채, 그분의 이름을 망령되이 일컬으면서 죽어 버렸습니다.

경청 씨: 이 이야기를 듣다보니, 제 친구가 말해 준 한 사람이 생각납니다. 그는 지금까지 사악한 삶을 살아온 사람이었습니다. 그러다가 죽을 때가 임박하자 그는 절망하게 되었습니다. 그는 하나님께서 자기를 불쌍히 여기지 않으신다고 결론 내리고는 "선한 마귀여, 나를 선대하라"고 말하면서, 마귀가 자기에게 은혜를 베풀어 줄 것을 간구하였습니다.

현인 씨: 그 이야기는 거의 사울의 이야기와 비슷하군요. 하나님으로부터 버림을 받아 엔돌에 있는 신접한 여인, 즉 마귀에게 도움을 청하러 갔던 사울의 이야기(삼상 28)와 거의 비슷한 것 같습니다. 너무나 슬픈 이야기이긴 하지만, 이런 끔찍한 이야기들을 제가 기억해 내려고 한다면 얼마 지나지 않아 모두 기억해 낼 수 있을 것입니다. 그 중에서 수백 편이 넘는 이야기들을 지금 당장 당신에게 해주는 것은 그리 어려운 일도 아닐 것입니다. 하지만 제가 이런 이야기를 꺼낼 때 했던 것과 같은 말씀을 드림으로써 이런 이야기를 그만하고자 합니다. 그것은 한평생 사악한 삶을 살다가 자기 손으로 목숨을 끊거나 절망 가운데 죽은 자들은 분명히 지옥에 떨어진다는 사실입니다. 하지만 이 부분에서 한 가지 주의할 점을 말씀드리고 싶습니다. 무슨 말인가 하면, 정신적으로 공포를 느끼며 죽은 모든 이들, 즉 어떤 당황스러움과 큰 두려움 가운데 죽은 자라고 해서 그 사람들이 모두 절망 가운데 죽은 것은 아니라는 것입니다. 왜냐하면 선한 자들도 죽음의 사슬에 매여 이런 상태에 이를 수 있기 때문입니다. 그럼에도 불구하고 그들은 천국에 올라가 영광 가운데 이르게 됩니다. "그들은 죽을 때에도 고통이 없고 그 힘이 강건하며"(시 73:4)라는 말씀대로 말입니다.

제가 앞에서도 말한 바와 같이, 선한 사람이며, 믿음을 가진 경건한 사람이며, 하나님의 말씀을 따라 그리스도로 말미암아 하나님을 사랑하고 그분을 경배하는 사람이라 해도, 정신적으로 공포를 느끼며 죽을 수 있습니다. 왜냐

하면 사탄은 아무리 선한 자들이라도 그들이 임종을 맞이하는 침상에 있을 때
조차 공격을 늦추지 않기 때문입니다. 그럼에도 불구하고 그들은 하나님의 능
력과 말씀으로 보호를 받습니다. 그렇습니다. 그들의 영혼이 아무리 고통을
받는다 해도, 그들은 믿음과 기도로 도우심을 받습니다. 그래서 그들은 절망
가운데 죽는 자들처럼 절대로 그렇게 죽지 않습니다. 성도들이 어떻게 죽음
을 맞이하는지에 대한 이야기는 이 정도로 하고, 이제 다시 악인 씨의 이야기
로 돌아가서 그가 어떤 방식으로 죽음을 맞이하게 되었는지에 대해 좀 더 자세
히 말씀드려 보겠습니다.

경청 씨: 선생님과 저, 우리 두 사람은 생각이 서로 통하는 것 같습니다. 저도
이쯤에서 다시 악인 씨로 돌아갔으면 하고, 선생님께 부탁드려야겠다는 생각
을 하고 있었거든요. 다른 주제에 관한 얘기를 하다가도 다시 악인 씨에 대한
얘기로 돌아오는 것이 선생님의 스타일 같다는 생각이 듭니다. 선생님은 이
악인 씨가 고요하고 조용한 가운데 죽었다고 말씀하셨는데, 이 부분에 대해서
가능하면 조금 더 말씀 해주시면 좋겠습니다.

현인 씨: 제 마음을 다 담아서 말씀드리겠습니다. 당신도 기억하겠지만, 우리
는 앞에서 이 악인 씨가 어떤 방식으로 죽었는지에 대해 말했습니다. 그는 정
말 고요하고 조용한 가운데 숨을 거두었습니다. 이에 대해서 일반적으로 사
람들이 어떻게 생각하고 있는지를 살펴본 후에 당신은 제게 다음과 같은 말을
해주었습니다. 즉, 사람이 고요하게 죽는다면, 다시 말해 그들이 말하는 대로
마치 한 마리 어린 양처럼 고요하게 죽었다면, 그는 결론적으로 틀림없이 천
국으로 갔다고 다들 생각한다는 말을 해주었습니다. 하지만 슬픈 일입니다.
비록 사악한 자가 고요히 죽었다 해도, 다시 말해 평생 악명 높게 죄악만 저지
르며 살아온 자가 고요히 죽었다 해도, 그의 고요한 죽음은 그가 구원받았다
는 징표와는 전혀 거리가 먼 것입니다. 오히려 그의 고요한 죽음은 그가 저주
받았다는 하나의 철석 같은 증거일 뿐입니다. 이것은 악인 씨의 경우에도 해
당됩니다. 그는 생애 마지막인 임종 직전까지 사악한 생활을 했음에도 불구하

고, 임종 시에는 고요히 이 세상을 떠났던 것입니다. 그러므로 악인 씨는 지옥에 떨어진 것이 분명합니다.

경청 씨: 잘 알겠습니다. 그런데 선생님은 지금 죄인이 고요하게 죽은 것에 대해 말씀하시면서, 그 죄인의 사후 상태에 대해 확신 있게 언급하고 계십니다. 즉, 어떤 사람이 죽을 때까지 사악한 생활을 하다가 고요히 죽었다 해도, 그는 지옥에 떨어졌다고 분명히 말씀하셨습니다. 그렇다면 선생님께서 이런 생각을 하는 증거를 보여주시면 좋겠습니다.

죄악된 생활을 하다가 회개하지 않은 채 죽은 사람은 지옥에 떨어진다.

첫 번째 증거.

현인 씨: 제가 말씀드릴 첫 번째 증거는 회개의 필연성에서 나옵니다. 회개하지 않는 자는 그 누구도 구원받을 수 없으며, 자신이 죄인이라는 사실을 알지 못하고 그 사실을 자각하지 못하는 자는 회개할 수 없습니다. 그리고 자신이 죄인이라는 것을 알고 있는 자는 그 사실을 알게 된 시점부터 괴로워할 것입니다. 분명히 그러할 것입니다. 그 점에 대해서는 제가 장담할 수 있습니다. 이것은 모든 성경 말씀이 증언하는 사실이기도 하고, 그리스도인의 경험에서 증언되는 사실이기도 합니다. 자신이 죄인임을 아는 사람은 괴로워합니다. 특별히 병상에 누워 임종의 자리에서 이 사실을 알게 된다면 더더욱 괴로워할 것입니다.

감히 말하건대, 그 사람은 너무나 괴로워서 고요히 눈을 감을 수 없을 것입니다. 그렇습니다. 그는 괴로워하고 낙심하며 좌절하게 될 것입니다. 그래서 그는 그리스도께서 자신을 불쌍히 여겨 주시기를 마치 주리고 목마른 사람처럼 큰 소리로 간구할 것입니다. 그의 간구가 혹시라도 받아들여진다면, 그제야 그는 진실로 고요히 죽게 될 것입니다. 여기서 말하는 '고요함'은 하나님의 긍휼하심을 믿고 소망하는 가운데 생기는 고요함입니다. 이 고요함은 악인 씨와 그의 형제들에게는 너무나 낯선 것입니다. 하지만 죄인이 죽을 때도 임하는 이 고요함에 대해서 사리분별을 할 줄 아는 모든 사람들은, 이 고요함이 임하기 이전의 그의 상황과 이 고요함에서 비롯된 상황과 그 고요함으로부터 맺힌 열매 등, 여러 가지를 고려해서 종합적으로 판단할 것입니다.

솔직히 말해서, 저는 병상에서 하는 회개가 그리 바람직하다고 생각하지 않습니다. 왜냐하면 그런 회개는 아무짝에도 쓸모가 없기 때문입니다. 그것이 저의 진심입니다. 다시 한 번 말하지만, 악인 씨처럼 평생토록 죄악된 생활을 하며 신성모독적인 일들을 행한 사람은 그가 비록 임종 시에 고요히 죽었다 해도, 즉 삶과 죽음이 갈리는 생사의 갈림길에서 회개도 하지 않고 아무런 조치도 취하지 않은 채 죽은 사람은 아무리 고요하게 죽었다 해도 틀림없이 지옥에 떨어져 저주를 받게 될 것입니다.

경청 씨: 이 말씀은 정말 논리적인 주장 같습니다. 왜냐하면 회개는 반드시 필요한 것이며, 이 회개가 없다면 지옥 불에 떨어지는 것이 마땅하기 때문입니다. 추잡하게 살던 어떤 사람이(제가 말하는 이 사람은 죽는 날까지 계속해서 그런 삶을 산 사람입니다), 악한 삶을 살았으나 고요히 이 세상을 떠났다 해도, 그것은 그가 회개하지 않고 죽었다는 징후일 것이며, 또한 그가 지옥에 떨어지는 저주를 받았다는 징후일 것입니다.

현인 씨: 아주 흡족한 말씀을 하셨습니다. 회개하지 않은 죄인이 지옥에 떨어지는 것은, 제 입장에서 말하자면, 회개의 필연성과 회개의 본질 때문일 것입니다. 회개는 필수적입니다. 왜냐하면 하나님께서 이 회개를 요구하시기 때문입니다. 회개가 없이는 죄 용서가 없는 법입니다. "너희도 만일 회개하지 아니하면 다 이와 같이 망하리라"(눅 13:5). 이것은 하나님께서 하신 말씀입니다. 회개하지 않으면서 영광 가운데 천국에 이르고자 하는 자는 무모한 자들이라는 사실을 하나님께서는 만천하에 드러내 보이실 것입니다. 왜냐하면 "회개하라 …… 이미 도끼가 나무 뿌리에 놓였으니 좋은 열매를 맺지 아니하는 나무마다 찍혀 불에 던져지리라"(마 3:2,10)고 이미 말씀하셨기 때문입니다. 건전한 회개가 없는 곳에서는 선한 열매가 맺히지 않습니다. 오히려 나무마다 찍

혀 불에 던져질 뿐입니다.

　이것이 바로 악인 씨의 경우였습니다. 그는 죄악된 생활을 지속했으며, 마지막 임종 직전까지도 그런 삶을 살았습니다. 그럼에도 불구하고 그는 고요히 죽었습니다. 즉, 회개도 하지 않은 채 고요히 생을 마감하였습니다. 그래서 그는 지옥에 떨어져 저주를 받았습니다. 이번에는 회개의 본질에 대해 말씀드리겠습니다. 제가 이미 말했고 자세히 설명한 바와 같이, 어떤 사람이 죄악된 생활을 했음에도 불구하고 직접적으로 고요하게 죽음을 맞이한 자에게는 회개가 함께할 수 없습니다. 그래서 이 악인 씨도 지옥에 떨어진 것입니다.

두 번째 증거

　제가 말씀드릴 두 번째 증거는 그리스도께서 하신 복된 말씀으로부터 비롯됩니다. 즉, "강한 자가 무장을 하고 자기 집을 지킬 때에는 그 소유가 안전하되 더 강한 자가 와서 그를 굴복시킬 때에는 그가 믿던 무장을 빼앗고 그의 재물을 나누느니라"(눅 11:21-22). 무장한 더 강한 자가 악인 씨의 집을 지켰던 것입니다. 여기서 '집'은 그의 마음과 영혼을 말합니다. 그래서 그는 죄악된 생활에도 불구하고 고요하게 이 세상을 떠날 수 있었습니다. 그 강한 자가 그의 죄악된 생활과 고요한 죽음 사이에 들어와서 건전한 회개를 하지 못하도록 방해하였기 때문입니다. 그래서 악인 씨는 지옥에 떨어질 수밖에 없었습니다.

　이 무장한 강한 자는 마귀이며, 이 고요함은 마귀가 지켜주는 그의 안전입니다. 마귀가 죄인의 마음을 고요하게 지켜 주기만 한다면, 마귀는 이 죄인을 놓치지는 않을까 하고 걱정할 필요가 없습니다. 마귀가 죄악된 생활을 하는 그 죄인을 고요히 지켜주고, 죽을 때 고요하게 죽을 수 있도록 해준다면, 그 죄인은 마귀의 소유가 될 것입니다. 그래서 성경에도 "그 소유가 안전하되"라고 기록되어 있습니다. 즉, 위험이 없다는 말입니다. 마귀는 그런 영혼을 놓칠까 봐 걱정하지 않습니다. 왜냐하면 이런 사태를 가장 잘 파악하고 계신 그리스도께서 "그 소유가 안전하되"라고, 즉 '위험이 없다'고 말씀하셨기 때문입니다.

죄악 가운데서도 평온한 상태를 유지하는 것은
저주받아 지옥에 떨어질 하나의 징후이다

경청 씨: 이 논변도 훌륭한 것 같습니다. 제가 말씀드리지만, 죄악 가운데 평온하고 고요하여 어떤 위험도 없이 안전하다는 것은 그 영혼이 저주받아 지옥에 떨어질 아주 분명한 여러 징후들 가운데 하나인 것입니다.

현인 씨: 그렇습니다. 그래서 하나님께서는 이 세상에 있는 죄악과 죄인들에 대해서 크게 격분하십니다. 하나님께서는 이러한 격분을 다음과 같은 말씀을 통해 드러내셨습니다. "에브라임이 우상과 연합하였으니 버려두라"(호 4:17). 그들을 버려두라, 즉 그들을 신경 쓰지 말라고 하셨습니다. 그들을 간섭하지 말라, 마귀가 그들과 평화롭게 즐기도록 내버려 두라, 회개하지 않은 그들을 마귀가 고요히 이 세상에서 데려가도록 내버려 두라는 말씀입니다. 이것이야말로 죄인들을 향한 가장 신랄한 심판 가운데 하나이며, 이들을 향한 하나님의 불타는 분노가 표출된 것입니다. 당신은 집에 가서 호세아 4장 14절 말씀을 읽어 보십시오. "너희 딸들이 음행하며 너희 며느리들이 간음하여도 내가 벌하지 아니하리니." 즉, '나는 그들을 버려둘 것이니, 그들은 그들의 죄악 가운데서 살다가 죽게 될 것이라'는 말씀입니다.

세 번째 증거

제가 말씀드릴 세 번째 증거는 "그들의 눈을 멀게 하시고 그들의 마음을 완고하게 하셨으니 이는 그들로 하여금 눈으로 보고 마음으로 깨닫고 돌이켜 내게 고침을 받지 못하게 하려 함이라"(요 12:40)는 그리스도의 말씀으로부터 비롯됩니다. 이 말씀에서 제가 주의해서 설명하고자 하는 네 가지가 있습니다.

1. 첫째는 그 눈이 멀고 마음 또한 완고해진 경우에는 하나님께로 회심이 전적으로 불가능하다는 사실입니다. 우선적으로 눈은 볼 수 있어야만 합니다. 그리고 죄로 인해 죄 아래에서 완악해진 마음 또한 부서지고 부드러워져야 합니다. 그러지 않고서는 회심이 일어날 가능성은 전혀 없습니다.

"그들의 눈을 멀게 하시고 그들의 마음을 완고하게 하셨으니 이는 그들로 하여금 눈으로 보고 마음으로 깨닫고 돌이켜 내게 고침을 받지 못하게 하려 함이라." 이것이 바로 악인 씨의 경우였습니다. 그는 평생토록 사악한 인생을 살았으며, 죽을 때도 그의 눈은 먼 상태였고, 그의 마음은 완고한 상태 그대로였습니다. 분명하게 드러난 바와 같이 그는 죄악된 인생에 연루되었음에도 불구하고 고요하게 죽음을 맞이하였습니다. 이로써 그는 회심하지 않은 채, 지옥불 가운데서 그가 살아온 죄악된 삶의 열매에 참여하게 된 것입니다.

2. 그리스도의 이 말씀에서 제가 둘째로 주의해서 살펴보고자 하는 점은, 이 말씀은 죄인을 향한 하나님의 분노에 대한 표명이며 그에 대한 섭리라는 사실입니다. 하나님께서 사람들에게 노를 발하실 때, 다시 말해 하나님께서 어떤 사람에 대해 너무 큰 노를 발하실 때, 그분은 그 죄인들을 내버려 두십니다. 이것이 그분께서 행하시는 많은 심판들 가운데 하나입니다. 저는 그 점을 말씀드리고 싶습니다. 즉, 하나님께서 죄인들을 심판하는 것이 바로 그 죄인들의 마음의 눈을 멀게 하시고 그들의 마음을 완고하게 하시어, 그들이 지옥문에 들어올 때까지 그 상태로 내버려 두신다는 말씀입니다. 그래서 다음과 같은 말씀이 부자에게 하신 것으로 누가복음서에 기록되어 있습니다.

"부자도 죽어 장사되매 그가 음부에서 고통 중에 눈을 들어 멀리 아브라함과 그의 품에 있는 나사로를 보고"(눅 16:22-23). 이 말씀은 그가 예전에는 눈을 들어 보지 않았다는 뜻입니다. 그는 지금까지 자신이 행한 일들을 보지 않았을 뿐만 아니라, 그에 대한 형이 집행되는 곳인 지옥에 이르기까지 단 한 번도 자신이 지금 어디로 가고 있는지를 살펴보지 않았다는 것입니다. 그는 자신의 영혼이 잠자고 있는 가운데 죽었습니다. 그래서 정신이 멍한 채로 마치 바보처럼 되어 결과적으로 한 마리의 어린 양처럼 고요하게 죽었던 것입니다. 이것은 악인 씨가 죽은 모습과 아주 똑같습니다. 이것이 바로 하나님께서 노하신 징조였습니다.

하나님께서는 그 부자를 그가 지은 죄악으로 인해 저주할 마음을 가지고 계셨습니다. 그래서 하나님께서는 그 죄인이 자신의 모습을 보지 못하도록 하셨을 뿐만 아니라, 그 죄악들을 회개할 마음조차 갖지 못하도록 하셨던 것입니다. 이것은 그가 회심하지 못하게 하려는 것뿐 아니라, 하나님께서 그에게 내리기로 한 저주가 철회되지 않도록 하려는 것이었습니다. "이는 그들로 하여금 눈으로 보고 마음으로 깨닫고 돌이켜 내게 고침을 받지 못하게 하려 함이라."

3. 그리스도께서 하신 이 말씀에서 제가 셋째로 주의해서 살펴보고자 하는 점은, 죄악된 삶과 그와 관련된 고요한 죽음은, 이미 준비되고 개통되어 단단히 다져진, 누구나 다닐 수 있는 지옥으로 향하는 큰 길이라는 사실입니다. 어떤 사람이 죄악된 생활을 하고도 고요하게 죽는 것은 그가 확실히 저주를 받았다는 표일 것입니다. 이것보다 더 확실한 징표는 없을 것입니다. 그렇다고 해서, 임종 시에 자신이 범한 죄악을 자각하고 지옥에 대한 공포로 괴로워하는 사악한 자들이 모두 천국에 간다고 말하는 것은 아닙니다. 왜냐하면 어떤 이들은 자신의 죄악을 보게 되었음에도 불구하고, 절망한 채로 남겨진 자들이 있기 때문입니다. 그런 자들은 눈을 들어 이 모든 것들을 바라보았지만 회심하지 않아서, 울부짖으며 이 세상을 떠나 자기에게 정해진 곳으로 갈 것입니다. 제가 다시 말하지만, 사람이 죄악된 생활을 한 후에 고요하게 죽는 것, 영적인 눈을 뜨지 못한 채 죄를 범하다가 죽는 것, 차마 회개할 수 없는 마음으로 죄를 범하다가 죽는 것, 이런 것들은 그가 저주를 받았다는 확실한 표입니다.

이보다 더 확실한 징표는 아마 없을 것입니다. "그들의 눈을 멀게 하시고 그들의 마음을 완고하게 하셨으니 이는 그들로 하여금 눈으로 보고 마음으로 깨닫고 돌이켜 내게 고침을 받지 못하게 하려 함이라"(요 12:40). 하나님께서는 그들이 이 세상에 살아 있는 동안에는 그 상태 그대로 내버려 두셨습니다. "너희가 듣기는 들어도 도무지 깨닫지 못하며 보기는 보아도 도무지 알지 못하는도다 이 백성들의 마음이 우둔하여져서 그 귀로는 둔하게 듣고 그 눈은 감았으니 이는 눈으로 보고 귀로 듣고 마음으로 깨달아 돌아오면 내가 고쳐 줄까

함이라 하였으니"(행 28:26-27; 롬 2:1-5).

하나님께서는 지금까지 사악한 자들을 심판하셨으며, 앞으로도 사악한 자들을 철저히 심판하실 것입니다. 하나님께서는 경건하지 않은 자들이 형을 받는 그 심판 날까지 그들을 지키는 방법을 알고 계십니다. "불의한 자는 형벌 아래에 두어 심판 날까지 지키시며"(벧후 2:9). 이것은 하나님께서 악인들을 심판하는 여러 방법들 가운데 하나입니다. 또한 이것은 악인 씨를 심판한 방법이기도 했습니다.

4. 넷째로 사악한 자들과 관련해서 시편에는 "그들은 죽을 때에도 고통[bands. '끈들'-KJV]이 없고 그 힘이 강건하며"(시 73:4)라고 기록되어 있습니다. 시편 기자가 말한 고통이 없다는 말은 고난이 없고, 위엄 있는 징벌이 없으며, 하나님의 자녀들이 받게 될 운명적인 경우와 마찬가지로 죄에 대한 제재가 없다는 뜻입니다. 그렇습니다. 그들이 죽을 때 그들에게는 이런 일들이 여러 번 일어납니다. 그래서 시편 기자는 이 사악한 자들과 관련해서 다음과 같은 말을 덧붙입니다. "사람들이 당하는 고난이 그들에게는 없고 사람들이 당하는 재앙도 그들에게는 없나니"(시 73:5).

오히려 그들은, 지금까지 하나님을 대적하는 죄를 한 번도 범하지 않아서 자기 영혼에 저주받을 위험에 한 번도 처해지지 않은 자처럼, 이 세상을 안전하게 떠나기도 합니다. "그들은 죽을 때에도 그들을 묶고 있던 끈들이 없고"(KJV)라는 말씀대로 말입니다. 비록 그들이 지금까지 평생토록 악명 높은 사악한 짓들을 했다 해도, 그들은 자신들을 속박하던 끈들에서 풀려진 채 자유의 몸이 되어 이 세상을 떠나는 것처럼 보입니다. 자신의 죄악으로 인해 교수형에 처해질 죄수들의 경우에는 먼저 그의 다리를 결박하고 있던 쇠로 만든 차꼬를 풀어줍니다. 그래서 그가 실제로 처형을 받으러 갈 때는 극도로 자유로운 사람이 되어 걸어가는 것처럼 보입니다. 마찬가지로 이 사악한 자들이 죽을 때도 그들을 속박하던 끈들이 없어집니다. 그들은 끈들이 없이 죽습니다. 그래서 그들은 지금까지 살아온 자신의 사악한 삶을 마무리하는 그 시점에서도 인생의 그 어느 때보다 아주 자유롭게 보이는 것입니다.

이런 여러 이유들로 인해 사악한 자들은 임종을 맞는 침상에서도 하나님의 자비를 믿으며 소망하는 것 같은 여러 헛소리들을 떠벌리는 것입니다. 당신은 그런 얘기들을 들을 수 있을 것입니다. 그렇습니다. 그들은 마치 평생토록 하나님을 섬겨왔던 사람처럼, 자신들의 구원을 확신하며 여러 이야기들을 할 것입니다. 당신도 그런 말을 들을 수 있을 것입니다. 하지만 실상은 이러합니다. 즉, 그들이 이렇게 자랑하며 떠드는 그 밑바닥에는 그들이 죽을 때 그들을 묶고 있던 끈들이 없어졌기 때문입니다. 그들은 사악하고 비열한 삶을 살아왔기에 자신들의 죄악을 교정하고 회개할 마음이 없습니다. 오히려 그들은 건방진 생각들을 하고 있습니다. 즉, 마귀가 그들의 영혼을 사로잡아 그 영혼이 영원히 멸망할 것인데도, 그들은 거미줄 같은 소망과 믿음을 가지고 있습니다. "하나님을 잊어버리는 자의 길은 다 이와 같고 저속한 자의 희망은 무너지리니 그가 믿는 것이 끊어지고 그가 의지하는 것이 거미줄 같은즉"(욥 8:13-14).

제20장

사악한 자들이 경건하게 회개하지 않는다면, 그들의 소망과 생명 또한 함께 죽는다

현인 씨: 그러므로 사악한 자들의 소망은 그들이 죽기 전에 사멸되는 것이 아니라, 그들과 함께 사멸된다고 말할 수 있을 것 같습니다. 그들은 또한 그들의 정신도 함께 포기하게 됩니다. 악인 씨의 경우도 이와 같았습니다. 그의 죄악과 소망은 그와 함께 지옥 문 앞까지 갔지만, 그 문 앞에서 소망은 그를 떠나 버렸습니다. 왜냐하면 그는 그 문에서 죽어버렸기 때문입니다. 하지만 그가 저지른 죄악들은 그와 함께 그 문 안으로 들어가 한 마리의 벌레가 되어서 그의 양심을 영원무궁토록 갉아먹었습니다.

이런 유의 죽음에 대해 일반인들은 사소하고 하찮은 것으로 생각하고 있습니다. 왜냐하면 악인 씨는 한 마리 어린양처럼, 다시 말해 보통 사람들이 말하듯 유아세례를 받는 어린아이처럼 고요하게 아무런 두려움도 없이 죽었기 때문입니다. 저는 지금 이 고요한 죽음을, 살려고 하는 생명의 본성과 죽음 간의 갈등과 관련해서 말하는 것이 아니라, 양심과 하나님의 심판 간의 갈등과 관련해서 말하는 것입니다. 살려고 하는 생명의 본성은 죽음과 갈등하는 법이라는 것을 저도 잘 알고 있습니다. 개와 양들이 죽을 때가 되면 죽지 않으려고 애쓰는 것을 본 적이 있습니다. 사악한 자들이 임종할 때 보이는 모습도 이와 마찬가지입니다. 왜냐하면 생명 본성과 죽음은 적대적인 관계에 있기 때문입니다. 심지어는 이 죽음과 생명의 본성이 영혼을 장악하기 위해 투쟁을 하고 있는 동안에도, 양심은 어리둥절한 채 멍하니, 마치 나무토막이나 환자가 누워 있는 침상처럼, 이 처참한 상황에 무지하여 무감각하게 서 있기만 합니다. 그리하여 죄인들이 유아세례를 받는 어린아이처럼 고요하게 죽은 것처럼 보여도, 실상은 하나님의 심판을 받아 결박당해 영원한 저주로 넘겨진 자로 죽은 것입니다. 다시 말해, 이들은 그 동일한 심판에 의해 현재 자신이 처한 상황을 보지 못하고, 또한 지금 자신이 어디로 가고 있는지도 알지 못한 채, 급기야 지옥 불 속으로 내던져지게 됩니다.

사악한 자가 자신의 죄악 가운데서 고요히 죽었을 때, 그것은 그의 죽음을 지켜본 자들을 향한 하나님의 심판이기도 하다

사악한 자들이 고요히 죽는 것은 하나님께서 행하시는 아주 큰 심판입니다. 왜냐하면 악인들이 고요히 죽음으로써 그들에게는 회개할 모든 가능성들이 차단되며, 그 구원의 가능성도 모두 차단되기 때문입니다. 그리고 이런 죽음은 그들의 사후에 남겨진 그 친구들에게 내려지는 큰 심판이기도 합니다. 왜냐하면 자신들의 친구가 고요히 죽는 것을 보고서, 자신들도 소위 유아세례를 받는 어린아이처럼 고요히 죽을 것을 기대하고는 더욱 완악해져서 담대하게 그 친구의 선례를 따라갈 것이기 때문입니다.

그들은 친구의 죽음과 자신들의 삶을 비교해 봅니다. 다시 말해, 그들은 친구가 마치 어린아이처럼 또는 어린양처럼 고요히 죽은 것과, 그들이 지금까지 살아온 죄악된 저주받을 만한 삶을 비교해 봅니다. 그리고는 모든 것이 잘되어 가고 있다고 생각하며, 저주 같은 것이 그들에게는 절대로 임하지 않을 것이라고 확신하게 됩니다. 비록 그들이 마귀의 화신처럼 살아왔다 해도, 그들은 흠 없는 자처럼 죽을 것이라고 생각합니다. 자신들이 죽을 때는 격렬한 광풍이나 대소동도 없으며, 고통이나 역병도 없을 것이라고 생각하는 것입니다. 그들은 마치 경건한 대부분의 성도들이 죽는 것처럼 고요히 죽어서, 그들이 구원받을 것이라는 큰 소망과 믿음을 가진 채, 자신들의 구원을 확신이라도 한 것처럼 아주 담대하게 그들이 구원을 받았다고 떠벌리기도 합니다. 그들은 살아갈 때도 소망이 있었지만, 죽어갈 때도 소망이 있었습니다. 하지만 그들의 소망은 심판이 없는 소망이었습니다. 왜냐하면 그 소망은 하나님께서 역사하시는 소망이 전혀 아니었기 때문입니다. 그들의 죽음 또한 아무 방해가 없었습니다. 그것은 그들을 향한 하나님의 심판이었기 때문입니다.

감히 말하건대, 이런 죄인들의 사후에 남은 자들에게는 죽은 죄인들의 전철을 밟고 싶은 마음이 생길 뿐 아니라, 심지어 그 남은 자들은 하나님의 법을 범하는 생활을 지속하기도 합니다. 그렇습니다. 그들은 이런 극악무도한 짓들을 아주 당당하게 행하고 있습니다. 시편에 기록된 말씀과 똑같습니다. "그들은 죽을 때에도 고통이 없고 그 힘이 강건하며 사람들이 당하는 고난이 그들에게는 없고 사람들이 당하는 재앙도 그들에게는 없나니 그러므로 교만이 그들의 목걸이요 강포가 그들의 옷이며"(시 73:4-6)라고 말입니다. 그들은 악을 행할 담대함을 얻게 됩니다. 그들이 저지르는 악행에 자부심마저 느낍니다. 그렇다면 왜 이런 일들이 벌어지게 된 것일까요? 그것은 그들의 악한 친구가 고요히 죽었기 때문입니다. 그는 오랫동안 아주 사악하고 신성모독적인 생활을 하였지만, 그 후에 그가 죽을 때는 아무런 흠이 없는 어린 양처럼 고요히 죽었기 때문입니다.

그렇습니다. 그들은 자기 친구가 이렇게 죽은 것을 보고 담대해져서, 하나님은 자신들의 죄악을 눈여겨보지 않으시며, 그렇게 하실 마음도 없다고 단호하게 말합니다. "그들은 능욕하며 악하게 말하며 높은 데서 거만하게 말하며"(시 73:8)라는 말씀과 같습니다. 그들은 죄에 대해 사악하게 말합니다. 그들은 죄에 대해서 하나님의 말씀이 규정한 것보다 더 우호적으로 말하기 때문입니다. 그들은 또한 압제에 대해서도 사악하게 말하면서 그런 압제를 칭송하기도 하고, 지혜로운 행동으로 여기기도 합니다. 또한 그들은 거만하게 말하기도 합니다. "그들의 입은 하늘에 두고 그들의 혀는 땅에 두루 다니도다 말하기를 하나님이 어찌 알랴 지존자에게 지식이 있으랴 하는도다"(시 73:9, 11)라고 말입니다. 이 모든 일들은, 제가 판단하기에, 자기 친구가 어린양처럼 고요하게 죽는 것을 지켜보고 난 후 그들의 마음에서 비롯된 것들로 보입니다. "볼지어다 이들은 악인들이라도 항상 평안하고 재물은 더욱 불어나도다"(시 73:12)라고 말하면서 말입니다. 그들의 재물이 불어난 것도 사악한 방법으로 이루어진 것입니다.

이처럼 죄인이 고요하게 죽는 것은 자신의 죄 가운데 죽은 자에게 내려지는 하나님의 큰 심판일 뿐만 아니라, 이렇게 죽는 것을 지켜본 그의 친구들에게도 동일하게 내려지는 하나님의 심판입니다. 그는 죄를 범하였습니다. 그리고 자신의 죄악 가운데서 죽었습니다. 하지만 그는 고요히 죽었습니다. 이에 대해 그의 친구들은 무슨 말을 할 수 있을까요? 그의 친구가 어린양처럼 고요하게 죽는 것을 지켜본 그의 친구들은 하나님께서 그를 과연 어떻게 대우하셨다고 판단할까요? 이런 광경을 지켜본 자들은 "화로다, 이런 심판이 그의 앞에 내려졌으니 내게도 임할 것이로다"라고 결코 말하지 않을 것입니다. 악인 씨가 어린아이처럼 고요히 죽음으로써, 사람들은 죄악이 끔찍한 것이며 냉혹한 것이라는 생각을 절대로 할 수 없을 것입니다. 오히려 그들이 현재 보고 있는 것에 따라 혹은 그들의 타락한 이성에 따라 판단한다면, 다음과 같은 성경 말씀처럼 예전의 사악한 자들과 같이 결론을 내릴 것입니다. "모든 악을 행하는 자는 여호와의 눈에 좋게 보이며 그에게 기쁨이 된다 하며 또 말하기를 정의의 하나님이 어디 계시냐 함이니라"(말 2:17).

그렇습니다. 이것은 가장 지혜로운 사람마저도 당황스럽게 하기에 충분합니다. 다윗도 경건하지 않은 자가 고요하게 죽는 것을 보고서 곤혹스러웠습니다. 그는 다음과 같이 말하였습니다. "내가 내 마음을 깨끗하게 하며 내 손을

씻어 무죄하다 한 것이 실로 헛되도다"(시 73:13)라고 말입니다. 그들의 외모도
자신보다 월등히 낫다는 말씀을 하고 있습니다. "살찜으로 그들의 눈이 솟아
나며 그들의 소득은 마음의 소원보다 많으며 나는 종일 재난을 당하며 아침마
다 징벌을 받았도다"(시 73:7, 14). 감히 말하건대, 이런 일들로 인해 다윗은 놀
랐습니다. 그렇습니다. 욥과 예레미야도 놀랐던 것은 마찬가지였습니다. 그
러나 다윗이 성소로 나아갈 때, 그제야 비로소 그는 그들의 종말을 이해하게
되었습니다. 그 전에는 그 이유를 도무지 알 수 없었습니다. "하나님의 성소에
들어갈 때에야 그들의 종말을 내가 깨달았나이다"(시 73:17). 그가 이것을 깨닫
게 된 곳은 어떤 곳입니까? 성소에서 그는 하나님에게 질문할 수 있었으며, 거
기서 이 문제를 해결할 수 있었습니다. "주께서 참으로 그들을 미끄러운 곳에
두시며 파멸에 던지시니"(시 73:18)라는 말씀에서, 그들을 '파멸에 던지신' 것
은 그들에게 느닷없이 일어난 일이었습니다. 그 다음 성경 구절에서 이 말씀
이 설명되고 있습니다. "그들이 어찌하여 그리 갑자기 황폐되었는가 그들이
공포로 완전히 멸절되었나이다"(시 73:19 KJV, "놀랄 정도로 그들은 전멸하였나이다"[개역
개정]). 공포는 병상에 있는 죄인들을 사로잡지 못했습니다. 왜냐하면 그 죄인
들이 죽을 때 그들에게는 그들을 속박할 끈들이 없었기(no bands) 때문입니다.
그래서 공포는 그들을 영원히 속박할 수 있는 곳인 지옥에서 그들을 사로잡
던 것입니다. 감히 말하건대, 다윗은 바로 이 사실을 깨달았습니다. 그래서
그 죄인들에게는 큰 고통이나 슬픔이나 자기 허리를 찌르는 듯한 아픔이 없었
던 것입니다. 죄인이 고요히 죽는 이 문제에 대해서 바른 결정을 내리는 것은,
이처럼 심오하고 난해하며 어려운 일인 것을 다윗도 알게 되었던 것입니다.

그리고 실제로 이것이야말로 하나님께서 경건하지 않은 죄인들에게 내리
시는 심오한 심판입니다. 이런 심판은 온 세상을 두려워 떨게 하기에 충분합
니다. 오직 이 세상에 있는 경건한 자들만이 성소로 나아갈 수 있습니다. 이
성소는 하나님의 계시인 하나님의 말씀이 있는 곳이며, 이 말씀을 통해서 죄
인들에 대한 그분의 심판과 그들을 그렇게 심판하시는 그 많은 이유들이 경건

한 자들에게 알려지고 설명됩니다.

경청 씨: 정말로 놀랄 만한 섭리입니다. 여기에는 하나님의 분노와 지혜가 충분히 담겨 있는 것 같습니다. 선생님도 이미 말씀하신 바와 같이, 이 섭리에는 세상에 대한 심판까지도 충분히 담겨 있다고 저는 믿습니다. 악인 씨가 어떻게 살아왔는지를 전혀 모른 채 다만 그가 죽는 모습만 본 사람이라면, 악인 씨는 경건하게 살았을 뿐만 아니라 사람들과도 경건한 대화를 나누었던 사람이라고 어떻게 착각하지 않을 수 있겠습니까? 그는 아주 조용하고 고요히, 마치 한 마리 어린양이나 유아세례를 받는 어린아이처럼 죽었기 때문에, 사람들이 그를 경건한 사람으로 착각하는 것은 당연하지 않겠습니까? 제가 감히 말씀드리지만, 사람들은 그를 보고서 결론적으로 경건한 사람이었다고 말하지 않겠습니까? 혹은 그가 어떻게 살아왔는지 그의 인생을 알던 사람이라도, 그가 그렇게 고요히 죽는 것을 보고서, 그가 하나님과 화해하였다고 결론을 내리지 않겠습니까? 그뿐 아닙니다. 그가 죄악 가운데 죽었다는 사실을 아는 사람이라 해도 그가 한 마리 양처럼 고요하게 죽었다는 것을 알게 되었다면, 하나님은 우리가 범한 죄악들을 알지 못한다거나, 아니면 그분은 그와 같은 죄악들을 좋아하신다고, 혹은 그와 같은 죄인들을 벌할 능력이나 의지나 마음이나 기술 등이 하나님에게는 없다고, 그렇게 결론을 내리지 않겠습니까? 이 모든 의혹들은 악인 씨가 죄악된 생활을 하다가 너무나 조용하게, 너무나 평화롭게, 마치 어린 양처럼 고요히 죽었기 때문에 생겨난 것이지 않습니까?

현인 씨: 이 문제에 대해서는 더 이상 논의할 필요가 없을 것 같습니다. 이것은 사악한 자들에게 내려진 하나님의 엄중한 심판이기 때문입니다. 어떤 사람은 평화로운 가운데 지옥으로 가기도 하고, 또 어떤 사람은 고통 가운데 지옥으로 가기도 합니다. 어떤 사람은 자기 손으로 행한 죄악으로 지옥에 가기도 하고, 또 어떤 사람은 자기 친구들의 손으로 행한 죄악 때문에 지옥으로 가기도 합니다. 어떤 사람은 눈이 감겨진 채로 지옥에 가기도 하고, 또 어떤 사람은 눈을 감지 못하고 뜬 채로 지옥에 가기도 합니다. 또 어떤 사람은 울부짖

으면서 가기도 하고, 어떤 사람은 인생의 마지막 길을 갈 때 천국과 기쁨을 자랑하면서 지옥으로 가기도 합니다. "어떤 사람은 죽도록 기운이 충실하여 안전하며 평안하고"(욥 21:23)라는 말씀대로 말입니다. 또 어떤 사람은 악인 씨처럼 살다가 지옥으로 가기도 하고, 또 어떤 이들은 그의 형제들처럼 살다가 지옥으로 가기도 합니다.

하지만 이 모든 다양한 모습들 가운데서도, 이 악인 씨가 죽을 때 보인 그 모습은 사악한 자들에게 올가미와 함정이 되기에 아주 충분합니다. 그래서 그와 같이 죄악된 생활을 하다가, 죽을 때 고요히 죽은 자들은 세상에 크게 걸려 넘어진 자들입니다. 그들은 걸어갑니다. 그들은 나아갑니다. 그들은 유년시절부터 노년에 이르기까지 승승장구합니다. 그러다가 무덤으로 들어가서는 소리 소문도 없이 지옥으로 떨어집니다. "젊은이가 곧 그를 따랐으니 소가 도수장으로 가는 것 같고 미련한 자가 벌을 받으려고 쇠사슬에 매이러 가는 것과 같도다"(잠 7:22)는 말씀대로 말입니다. 그들은 아무런 자각도 없이 안전하게 아무 일도 없다는 듯 지옥을 향해 나아갔던 것입니다. 오! 지옥문에 이르렀을 때, 오! 그 지옥문들이 그들을 맞아들이기 위해 활짝 열려 있는 것을 보았을 때, 오! 그곳이 그들의 집이고, 이제 그곳으로 가야만 할 때, 바로 그때 그들의 평화와 고요함은 영원히 사라져 버릴 것입니다. 그제야 그들은 사자처럼 울부짖을 것이며, 용처럼 크게 트림할 것이고, 개처럼 짖을 것이며, 그들을 심판하는 그 심판대 앞에서 두려워 떨게 될 것입니다. 그 심판대 앞에서 두려워 떨던 마귀들처럼 말입니다. 오! 사람이 건널 수 없는 지옥의 큰 구렁텅이가 자기 앞에 입 벌리고 있으며, 자기가 거기로 들어가야만 한다는 것을 알게 되었을 때, 그 끔찍한 지옥문이 자기를 집어삼키려고 하는 것을 보게 되었을 때, 드디어 눈이 떠져서 자기가 창자 같은 지옥의 내부에 들어와 있다는 것을 알게 되었을 때, 그제야 비로소 그들은 슬피 울고 자책하면서 극심한 고통으로 이를 갈게 될 것입니다. 그러나 죄인들이 이처럼 자신의 처지를 자각하고서 회개하는 일들은, 그들 사후에 이 땅에 남겨진 죽을 운명의 사람들이 사라지고 이들에 대한 이야기들이 전혀 들리지 않게 되기까지는 절대로 일어나지 않을 것입니다. 설령 일어난다 해도 아주 드물게 일어날 것입니다.

경청 씨: 잘 알겠습니다. 제 선한 이웃인 현인 씨, 이제 해도 저물어가고, 선생님께서 지금까지 해주신 악인 씨의 삶과 죽음에 대한 이야기도 이제 끝이 난 것 같습니다. 그러니이제 선생님께 작별 인사를 드려야겠습니다. 무엇보다 선생님께 말씀드리고 싶은 점은, 오늘 선생님을 만나게 되어 아주 즐거웠다는 것과, 또한 우연히 악인 씨의 일에 대해서 듣게 되어 기뻤다는 것입니다. 제게 시간을 내주셔서, 제가 하는 질문 하나하나에 모두 대답해 주신 것도 감사드립니다. 제가 선생님께 간청하고 싶은 것이 하나 있습니다. 하나님께서 제게 많은 은혜를 베푸셔서 악인 씨처럼 그렇게 살다가 죽지 않도록 저를 위해 기도해 주시기 바랍니다.

현인 씨: 제게도 선한 이웃인 경청 씨, 저도 당신이 영육 간에 강건하기를 기원합니다. 악인 씨의 삶과 죽음에 대해 제가 말씀드린 것이 당신에게 유익하였는지 모르겠습니다. 그 이야기들이 혹시라도 당신에게 유익하였다면, 제게는 더할 나위 없이 기쁜 일이 될 것입니다. 이런 이야기를 듣게 되어 당신이 하나님께 감사를 드렸으면 하는 마음뿐입니다. 저도 당신과 함께, 구원에 이르는 믿음으로 말미암는 하나님의 능력으로 보호하심을 받도록 저를 위해서도 진심으로 기도해 주시기를 바랍니다.

경청 씨: 아멘. 안녕히 가십시오.

현인 씨: 진심으로 감사드립니다. 당신도 안녕히 돌아가십시오.

"크리스천의 영적 성장을 돕는 고전"
세계기독교고전 목록